·추·천·사·

우리 목회자에게 부여된 설교의 특권은 어떤 것과도 비교할 수 없는 영광이며 또한 어깨를 누르는 부담이기도 합니다. 어떤 이들은 진리보다도 설교를 멋지게 하려고 하기도 하고 본인의 성숙의 무게보다 더한 말들을 하려고도 합니다.

이런 때에 찰스 스윈돌 목사님의 신약 인사이트 시리즈가 나오게 된 것은 모든 목회자들을 위한 축복이라고 생각합니다. 그는 50년 가까이 사역을 하면서 단 한 번의 소란스러운 소문도 내지 않고 모든 교인에게 존경을 받은 목회자입니다. 탁월한 삶의 안목으로 진리를 발견하고, 가장 풍성한 언어로 본문의 강해를 전하는 목회자입니다. 그런가 하면 그는 가장 말씀을 잘 교육하는 달라스 신학교를 맡아 후학들을 교육하여 미국에서 가장 영향력 있는 신학교로 발전시켜나갔습니다.

이 책은 그의 50년 말씀 강해 사역의 결산입니다. 어렵고 난해한 설명이 아니라 진리에 대한 분명한 이해와 전 생애를 통해 입증한 진리의 말씀을 그만이 할 수 있는 언어의 연금술사적 표현으로 이 강해를 완성했습니다. 이 시리즈는 가볍고 빈약한 말씀으로 얼룩진 한국 교회의 강단에 풍성한 말씀의 은혜를 가져다줄 것입니다. 성경 본문을 다시 보게 만들고, 진리의 깊은 뜻에 목회자 자신이 먼저 은혜를 받게 하며, 전해야 할 메시지를 분명하게 정리해 주는 가이드가 될 것입니다. 한국 강단에 말씀이 흥왕되기를 간절히 바라며 젊은 목회자뿐만 아니라, 말씀 앞에 오늘도 씨름하며 간절히 사모하는 모든 설교자에게 진심으로 이 책을 권합니다.

홍정길 목사_남서울은혜교회 원로 목사

찰스 스윈돌은 우리 시대 하나님의 선물입니다. 그는 가장 신실한 강해 설교의 모본을 보이신 분입니다. 그는 학자는 아니지만 언제나 본문에 성실한 설교자입니다.

그는 주석/ 석의의 기본을 중시하면서 본문을 강해하는 분입니다. 그러면서 탁월한 적용으로 우리를 삶의 마당으로 안내합니다. 이번에 도서출판 디모데가 『찰스 스윈돌의 신약 인사이트』 시리즈를 펴낸 것에 대해 한국 교회와 더불어 축하하며 기뻐하고 싶습니다.

그만큼 한국 교회 강단이 풍성해질 것을 기대하기 때문입니다. 설교자들은 옷을 팔아서라도 이 시리즈를 비치하고, 모든 성경 연구자는 새로운 재산 목록으로 이 시리즈를 추가하십시오. 이 시리즈가 오늘의 허약한 강단을 부요하게 하고, 위기에 처한 한국 교회를 살리는 보약이 될 것을 예감합니다. 진지하게 말씀을 묵상하는 모든 이에게 이 책은 우리 시대의 동의보감이 될 것입니다. 찰스 스윈돌이 이미 끼친 영향력보다 더 오래, 그리고 더 깊게 이 시리즈는 말씀을 연구하는 모든 사람의 길잡이가 될 것입니다.

함께 귀한 보화를 나누는 기쁨으로 이 책을 추천합니다.

이동원 목사_지구촌교회 원로 목사

찰스 스윈돌 목사님은 저 개인의 판단으로는 현재 생존하고 있는 설교자 가운데 최고의 설교자라고 늘 생각해왔습니다. 제가 미국에 거주했던 오랜 시간 동안 기회가 있을 때마다 스윈돌 목사님의 설교를 들으면서 하나님의 말씀이 얼마나 귀하고 위대한 진리인지를 강하게 느끼곤 했습니다. 특히 설교를 전달하는 그분의 능력은 누구와도 비교가 되지 않습니다. 사실 이러한 판단은 저만의 느낌이 아니고 그분의 설교를 들어본 전 세계 수많은 기독교인들이 같은 판단을 하고 있다고 생각합니다. 스윈돌 목사님의 설교는 거의 강해식 설교인데 성경 말씀의 현실적 가치를 남김없이 드러내줍니다. 설교자들이 본받아야 할 모델임에 틀림없습니다. 달라스 신학대학원 총장을 은퇴한 스윈돌 목사님은 달라스에 교회를 개척하신 후 오늘까지도 설교를 하고 계십니다. 그 설교 시리즈를 〈인사이트 포 리빙(Insight for Living)〉이라 부릅니다. 이번에 디모데에서 출판한 『찰스 스윈돌의 신약 인사이트』 시리즈는 그분의 설교를 주석 형태로 정리하여 출판한 것으로서, 비록 활자화된 책이 그분의 현장 설교를 그대로 반영할 수는 없겠지만, 그래도 그분의 탁월한 말씀 선포를 최대한 반영한 것이라 할 수 있습니다. 한국의 모든 목회자와 신학생과 한국 교회에 이 시리즈가 소중한 자료로 사용되어지고, 독자들에게 큰 은혜를 끼치게 될 것을 기대해마지 않습니다.

김상복 목사_세계복음주의연맹(WEA) 회장, 할렐루야교회 원로 목사

포스트모던 시대에 살고 있는 현대 크리스천들과 목회자들과 선교사들에게 있어서 가장 큰 취약점은 날이 갈수록 성경 말씀이 그들로부터 멀게 느껴진다는 사실이다. 찰스 스윈돌 목사님의 설교와 성경 강해는 이런 추세를 돌이키고도 남음이 있음을 지난 47여 년 동안 그의 설교를 듣고 하나님의 말씀이 주는 감동을 다시 찾은 미국 교회 회중들에 의해 충분히 입증된 바 있다. 이 『찰스 스윈돌의 신약 인사이트』 시리즈도 현대 한국 크리스천들과 목회자들과 선교사들로 하여금 말씀에 대한 이해와 적용을 할 수 있도록 도움으로써 다시 한 번 성경의 원저자가 의도했던 감동을 주기에 충분할 것이다.

성경 말씀이 처음 선포되었을 때 이를 들은 회중에게 일어났던 임팩트가 재현되기 위해서는 최소한 다음 두 가지 여건이 재조성되지 않으면 안 된다. 첫째, 하나님이 원래 의도하셨던 대로 그 의미(meaning)가 정확하게 전달되어야 한다. 둘째, 듣는 이들의 마음속에 말씀이 들어가서 하나님이 그 말씀을 통해 의도하셨던 일이 선명하게 드러나야 한다. 이럴 때 비로소 우리는 전해진 말씀이 자신들과 연관성(relevance)이 있다는 사실을 피부로 느끼게 될 것이다. 이를 다시 한국 상황에 맞게 정리하면 성경에 대한 이해와 아울러 이 말씀을 듣는 회중, 즉 한국 사람들의 마음에 대한 이해가 깊지 않으면 안 된다는 말이다. 이에 한 가지 중요한 요소를 더 보탠다면 이 둘 사이에 다리를 놓는 것, 즉 커뮤니케이션이 잘 되어야 한다는 것이다.

이 시리즈는 이 세 가지 모두를 탁월하게 이해한 이 시대의 가장 저명한 강해자 가운데 한 사람이 그의 전 생애를 건 결실이기도 하다. 이를 사용하는 한국 크리스천들과 목회자들과 선교사들에게도 다시 한 번 하나님의 말씀이 가슴속 깊이 파고들어가 원저자이신 성령이 의도하신 대로의 메시지에 따라 삶이 변화되며, 급기야 그 가치관과 세계관이 성경적이 되어 더 이상 얄팍한 크리스천이라는 비난을 받지 않게 되기를 간절히 기원하며 이 시리즈를 모든 사람에게 추천한다.

이태웅 목사_한국글로벌리더십연구원 원장

찰스 스윈돌 목사님은 우리 시대 최고의 목회자요 설교자로서 이미 수많은 저서를 통해 우리에게 잘 알려진 존경받는 저술가이기도 하다. 『찰스 스윈돌의 신약 인사이트』 시리즈는 목회자에게 유익을 주는 또 하나의 저서이다. 이 책은 목회자들의 설교나 성경 공부 준비에 아주 요긴한 좋은 지식을 제공하고 있어 대단히 유익하다.

김경원 목사_서현교회

"나는 성경 말씀을 고찰하고 선포하는 일에 중독되었다고 서슴없이 말할 수 있습니다." 이것은 찰스 스윈돌 목사님이 서문에서 고백한 내용이다. 그는 설교자로서 하나님의 말씀을 정확하고, 명료하고, 현실적이고, 통찰력 있게 전달하고자 애썼으며 이 일에 자신의 전 생애를 헌신했다. 이 책은 지난 50여 년 동안 설교하고 가르치면서 하나님의 진리를 이해하고 설명하고 적용한 귀한 책이다.

김병삼 목사_만나교회

찰스 스윈돌 목사님은 본문 주해와 적용에 탁월한 강해 설교자이다. 그에게는 원어로 말씀을 분석하는 지력과 말씀을 삶에 실제적으로 적용하는 통찰력이 있다. 그에게는 하나님의 말씀인 로고스(Logos), 그 말씀을 자신 있게 전하는 설교자의 에토스(Ethos), 그리고 열정과 헌신으로 가득한 설교자의 파토스(Pathos)가 있기에 이 시리즈가 말씀을 사랑하는 평신도와 목회자에게 큰 유익이 되리라 확신한다.

노창수 목사_워싱턴 중앙장로교회

찰스 스윈돌은 모든 사역자에게 존경을 받는 분입니다. 그분의 분명한 성경 강해와 실천적인 적용의 원리는 모든 곳, 모든 사람에게 깊은 영향력을 끼치고 있습니다. 이번에 디모데에서 출간된 『찰스 스윈돌의 신약 인사이트』 시리즈는 설교를 준비하는 신학생으로부터 담임목사에 이르기까지 매 주일 말씀을 선포하는 사역자들의 목마름을 해갈시켜줄 좋은 도움서입니다. 모든 분들의 일독을 적극 추천합니다.

박은조 목사_샘물교회

지난 반세기를 말씀을 전하는 일에 헌신해온 찰스 스윈돌 목사님은 과연 이 시대 가장 탁월한 설교자답게 모든 설교자를 위하여 대단히 귀한 선물을 준비했다. 설교자 치고 자료의 중요성을 모르는 사람이 어디 있을까? 이번에 그가 펴낸 이 새로운 시리즈는 어렵고 난해한 주석들과 너무도 평범한 설교집들 사이에서 방황하던 설교자들에게 마침표를 찍어줄 것이다.

박정근 목사_부산영안침례교회

내가 처음 강해 설교를 배운 후 연습을 위해 참고한 것이 찰스 스윈돌의 성경 공부였다. 그가 말씀을 묵상한 내용은 깊이도 있지만 적용의 포인트가 아주 신선했다. 무엇보다도 의사소통에 천재적인 능력을 보여주었다. 그는 자신이 강조하는 것처럼 성경 신학자는 아니다. 그럼에도 불구하고, 아니 그렇기 때문에 그의 성경 해석은 모든 사람에게 쉽게 전달이 된다. 이 시리즈는 성경을 공부하는 사람들에게 부담을 주지 않으면서도 실제적으로 많은 도움을 줄 것이다.

방선기 목사_직장사역연구소 소장

신약의 성경들과 관련된 주석들을 많이 읽어보았지만 찰스 스윈돌 목사님의 시리즈만큼 insightful한 책은 없었습니다. 방대한 자료를 제시하며 깊이 있게, 여러 가지 관점으로 볼 수 있도록 인도하는『찰스 스윈돌의 신약 인사이트』시리즈는 신기할 정도로 한결같이 친절하고 생생한 언어를 사용해 성경의 원저자들을 만난 것 같은 기분을 느끼게 합니다. 가르치는 사람이라면 꼭 읽고 공부하시기를 권합니다. 다만, 이 책을 펼치시기 전에 조심해야 할 일이 있습니다. 이 책을 읽는 사람이라면 누구나 이 시리즈의 전도사가 될 것이기 때문입니다.

서정인 목사_한국컴패션 대표

명료하면서도 풍성한 표현, 정확하면서도 깊은 이해, 어렵지 않으면서도 부족함이 없는 성경 해석서가 있기를 바라왔는데 주님은 그런 축복을 찰스 스윈돌 목사님을 통해 우리에게 주셨습니다. 훌륭한 목회자로, 탁월한 설교자로서 그의 47년 목회 사역의 귀중한 자료들을 망라한 이 책을 말씀에 대한 갈증을 느끼는 모든 목회자, 특별히 설교를 준비하는 모든 설교자에게 진심으로 권합니다.

이찬수 목사_분당우리교회

오늘날 교계의 가장 빼어난 지도자 가운데 한 분으로 나는 주저 없이 찰스 스윈돌 목사님을 꼽는다. 그는 탁월한 지도력을 갖춘 목회자이고, 건강한 신학적 안목을 지닌 성경 강해자이며, 선명한 복음을 선포하는 설교자이다. 그러나 내가 그를 존경하는 진짜 이유는 말과 행실이 일치하는 그의 성숙한 신앙 인격 때문이다. 평생 스캔들 한 번 없이 수많은 사람들에게 거룩한 영향력을 미친 그의 47년 사역의 결정체가 책자로 출간되었다니 말할 수 없이 기쁘고 감사하다. 전통적 주석과 달리 성경을 통합적으로 꿰어내는 통찰력이 그의 라디오 사역인 〈인사이트 포 리빙(Insight for Living)〉을 연상시킨다. 이 보석 같은 책자를 모든 성도와 신학도와 설교자에게 자신 있게 추천한다.

정민영 선교사_WBT 부총재

찰스 스윈돌 목사님은 우리에게 잘 알려져 있는 목사님이다. 그가 가진 성경 공부와 강해 설교에 대한 탁월한 은사는 우리로 하여금 성경을 전체적으로 그리고 세밀하게 바라볼 수 있도록 도와준다. 그리고 그가 저술한 여러 책들은 누구나 성경을 바로 이해할 수 있도록 도와줄 뿐만 아니라 말씀을 삶에 적용하고 실천하는 데 대단히 훌륭한 가이드가 된다. 이번에 디모데에서 출판한 『찰스 스윈돌의 신약 인사이트』 시리즈는 목회자들의 설교 사역에 대단히 큰 도움을 줄 것이라고 확신한다.

정주채 목사_향상교회

드디어 기다리던 작품이 나오게 되어 기쁘다. 찰스 스윈돌, 그는 실천적 성경 해석가요 본문을 살아나게 하는 설교자이다. 그는 '그때 거기서' 주어졌던 말씀을 '지금 여기에서도' 적용되도록 실용적 인사이트를 준다. 특히 그는 어느 본문에서도 예수 그리스도가 나타나도록 설교의 절정을 이루는 원리와 비법을 자연스럽게 제시해준다. 그래서 말씀을 듣는 사람들을 부활의 능력으로 소생시켜준다. 이것이 그가 만들어내는 인사이트 주석의 핵심이다.

조봉희 목사_지구촌교회(서울)

본문에 대한 세밀한 통찰력과 시대를 읽어내는 예리한 지성이 청중을 사로잡는 수사학과 버무려진 책이다. 본문을 통하여 하나님의 음성을 읽어내는 영성과 그 음성을 청중의 삶에 적용하기 위한 찰스 스윈들의 열정과 사랑이 집대성되었다. 이 책에는 천상의 소리를 지상의 소리로 만드는 비법이 고스란히 담겨 있다.

최명덕 목사_건국대학교 교수

『찰스 스윈돌의 신약 인사이트』 시리즈를 통해 찰스 스윈돌 목사님을 우리 개인의 서재로 초대하고, 그분과 함께 목회 동역자로 일할 수 있는 길이 가능해졌다. 성경에 대한 그분의 애정과 깊은 영성은 모든 목회자에게 엄선된 자료, 탁월한 분석과 요약, 놀라운 통찰력, 감동과 도전을 준다. 우리는 더 이상 성경 본문 속에서 방황할 필요가 없다. 왜냐하면 이제 성경의 핵심으로 바로 뛰어들어갈 수 있기 때문이다.

홍인종 목사_장로회신학대학원 교수

찰스 스윈돌의 신약 인사이트 시리즈

요한계시록

Swindoll's New Testament Insights on Revelation

Originally published in the U.S.A. under the title: Insights on Revelation

Translated by Jongsuk Yoon
Published by permission of Zondervan, Grand Rapids, Michigan, U.S.A.
through arrangement of rMaeng2, Seoul, Republic of Korea.

※본문의 성경은 한글개역개정을 사용하였습니다. 별도의 경우 따로 표기해두었습니다.

찰스 스윈돌
신약 인사이트 시리즈

윤종석 옮김

SWINDOLL'S NEW TESTAMENT INSIGHTS

REVELATION

요한계시록

디모데
Timothy Publishing House

차례

■ 지도·도표·사진 목록

머리말

60여 년 동안 나는 성경을 애독해왔습니다. 성경을 향한 그 사랑에 내가 해병대 복무 중에 받은 복음 사역으로의 부르심이 더해져 나는 달라스 신학교에 입학하게 되었습니다. 그 4년 동안 나는 하나님의 말씀을 사랑하는 훌륭한 하나님의 사람들 밑에서 수학하는 특권을 누렸습니다. 그분들은 무오한 하나님의 말씀을 추앙하고, 신중하게 가르치며, 열정적으로 설교하고, 행동으로 실천하는 모범을 보여주었습니다. 나는 내 것이라고 선포된 위대한 유업에 대해 하나님께 감사하지 않고 보낸 주가 한 주도 없었습니다! 하나님의 진리를 이해하고 설명하고 적용하는 일에 이토록 헌신하도록 나를 키워준 그 훌륭한 신학자들과 멘토들에게 나는 영원한 빚을 지고 있습니다.

45년 이상을 나는 이 일에 정진해왔습니다. 그리고 얼마나 이 일을 사랑하는지 모릅니다! 고백하건대 나는 성경 말씀을 고찰하고 선포하는 일에 중독되었다고 서슴없이 말할 수 있습니다. 그렇기 때문에 이 시리즈 – 특히 하나님이 기록하신 말씀 속에 담겨진 진리를 설명하고 이해를 돕는 – 는 내 삶에서 매우 중요한 의미를 가집니다. 오랜 세월 힘을 다해 성경을 성실하게 연구하면서 발견한 소중한 서적들을 모아 널찍한 서재를 만들었습니다. 생의 마지막 날까지 내 인생의 가장 중요한 목표는 하나님의 말씀을 정확하고, 명료하며, 현실적이고, 통찰력 있게 전달하는 것입니다. 찾아볼 수 있는 많은 자료가 담겨진 신뢰할 만한 서적들이 없었다면 나의 작업은 몇 십 년 전에 '고갈'되어버렸을 것입니다.

내가 가장 많이 그리고 즐겨 사용한 책들은 성경의 본문을 더 잘 이해하는 데 유용한 책들입니다. 대부분의 주석가들이 그렇듯이 나는 끊임없이 나의 재능을 연마하고 더 날카롭게 해줄 문헌들을 찾고 있습니다. 다시 말해서, 복잡한 것을 단순하고 이해하기 쉽게 만들어주고, 내가 살고 있는 21세기 세상의 관점에서 신성한 진리와의 관련성을 볼 수 있게 해주는 통찰력 있는 해설과 눈으로 보는 듯한 생생한 서술을 제공하며, 그 진리들을 내가 쉽게 잊지 못하도록 마음속 깊이 새겨주는 자료들을 찾는다는 뜻입니다. 그런 책을 발견하면 나는 그것을 손에서 놓지 않고 탐독한 후에 나중에 다시 찾아보기 위해 내 서재에 보관합니다. 그리고 정말로, 나는 자주 그 책들을 찾아봅니다. 신선한 통찰이 부족하거나 적합한 이야기나 예화가 필요할 때, 또는 본문 해석이 잘 풀리지 않아 빠져나올 방법을 찾을 수 없을 때 찾아볼 수 있는 자료가 풍부한 저작들이 있다는 게 얼마나 다행인지 모릅니다. 열정적인 주석가들에게 서재는 반드시 있어야 합니다. 나의 멘토 중 한 분이 이런 말을 한 적이 있습니다. "도대체 다른 어디에서 자네 손바닥에 만 명의 교수들을 올려놓을 수 있겠나?"

최근에 나는 내가 방금 설명한 것과 같은 충분한 자료들이 턱없이 부족하다는 사실을 알게 되었습니다. 그리고 문제를 한탄하기보다는 내가 그 해답의 일부가 되자는 생각을 품게 되었습니다. 그러나 그 해답은 큰 임무를 떠맡는 것이 될 터였습니다. 신약의 모든 책과 편지들을 망라하는 저술 작업은 너무나 벅차고 두렵게 느껴졌습니다. 그러나 내가 지난 45년여 동안 신약 성경의 대부분을 가르치고 설교했다는 사실을 깨달았을 때 안도감이 밀려왔습니다. 내 자료 파일들은 이 시대의 필요에 부응하는 새로운 의미가 보태어져 세상에 나가 주님의 신선한 말씀을 갈망하는 사람들의 삶에 적용되기를 기다리며 숨어 있던 메시지들에 대한 주석들로 가득했습니다. 이거면 됐다! 나는 내 꿈을 실현시켜줄 최고의 출판사를 찾기 시작했습니다.

나의 저작권 대리인인 실리(Sealy)와 맷 예이츠(Matt Yates)의 노고에 감사합니다. 나는 이렇게 방대한 프로젝트에 관심이 있는 출판사를 택했습니다. 완간하는 데 10년 이상이 걸릴 전집을 출판하는 모험에 열정적인 지원을 아끼지 않은 존더반 출판사의 훌륭한 직원들에게 감사를 전합니다. 여러 해 동안 나의 다른 저작들을 출판하면서 그들 대부분과 알고 지냈던 나는 그들이 이러한 임무를 해낼 역량이 있으며, 내 자료들을 출판하는 작업에서 선한 청지기가 되어줄 것을 확신했습니다. 확신과 격려를 준 스탠 건드리(Stan Gundry)와 폴 앤글(Paul Engle)에게 감사합니다. 그들은 처음부터 끝까지 충성스럽게 도움을 주었습니다. 베를린 버브룩(Verlyn Verbrugge)과 함께 일하는 것은 또 하나의 기쁨입니다. 그의 경험에서 우러나온 지혜와 예리한 통찰에 진심으로 감사를 드립니다.

나의 오랜 친구이자 이전의 편집자였던 존 슬론(John Sloan)과 또다시 함께 일하게 된 것도 특별한 기쁨이었습니다. 그는 편집장으로서 참으로 소중한 조언을 해주었습니다. 무엇보다도 가장 감사한 것은 그의 열정적인 지원이었습니다. 직접 편집을 해준 마크 게이더(Mark Gaither)와 마이크 스비겔(Mike Svigel)의 지칠 줄 모르는 노고에도 감사의 마음을 전합니다. 그들은 신약 성경 27권의 각 장과 구절들을 모두 섭렵하는 작업을 멋지게 해냈습니다. 그들은 원고를 성경 본문에 충실하고 흥미롭고 독창적이면서도 읽기 편한 문체로 다듬고 자연스럽게 내 목소리가 드러나게 해주었습니다. 그 과정을 지켜보는 것은 또 다른 즐거움이었습니다.

내가 50년 가까이 섬겨온 미국 여러 지역의 교인들에게도 깊은 감사를 드립니다. 매년 하나님의 메시지를 지키고 전달하는 소명을 수행하면서 그분들의 사랑, 지원, 인내 그리고 수많은 격려의 말을 들을 수 있었던 것은 행운이었습니다. 나는 목자로서 그 양 떼들을 이루 말할 수 없이 사랑했습니다. 또한 내가 지금 기쁨으로 섬기고 있는 텍사스 주 프리스코에 있는 스톤브라이어 교회(Stonebriar Community Church)의 양 떼들은 더더욱 그렇습니다.

마지막으로, 공부와 설교와 글쓰기에 중독된 나를 이해해준 아내 신시아(Cynthia)에게 감사합니다. 아내는 내가 이 일을 하는 것을 한 번도 반대한 적이 없습니다. 언제나 내가 최선을 다하도록 격려해주었습니다. 그녀의 애정 어린 지원과 더불어 30여 년간 인사이트 포 리빙(Insight for Living)을 훌륭히 이끌어온 그녀의 헌신에 힘입어 "때를 얻든지 못 얻든지" 나의 소명에 충실할 수 있었습니다. 평생을 함께 사역하면서 형성된 동역자로서의 관계는 그렇다 치더라도, 나에 대한 그녀의 헌신이 없었다면 이 시리즈는 결코 시작되지 못했을 것입니다.

이 책에 당신의 손길이 닿을 수 있어서, 그리고 궁극적으로 당신의 서가에 놓일 수 있게 되어서 정말 기쁩니다. 나의 끊임없는 기도와 바람은 이 책들이 당신이 성경을 공부하고 적용하는 데 유용하게 쓰이는 것입니다. 내가 오랜 세월에 걸쳐 깨달았듯이 당신 또한 하나님의 말씀은 시대를 초월하는 진리라는 사실을 깨닫는 데 이 책이 도움이 되기를 기도합니다.

"풀은 마르고 꽃은 시드나
우리 하나님의 말씀은 영원히 서리라"(사 40:8).

찰스 스윈돌(Charles Swindoll)

텍사스 주 프리스코

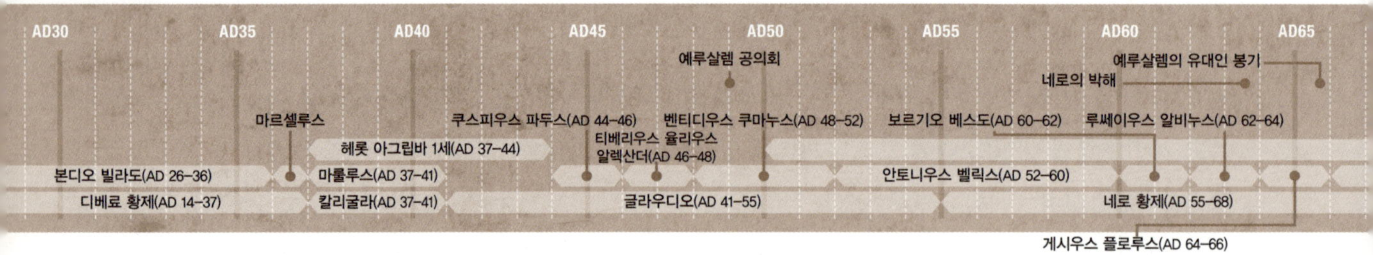

소아시아의 일곱 교회와 밧모 섬은 소아시아 서부 지방(현재의 터키)에 있었다.

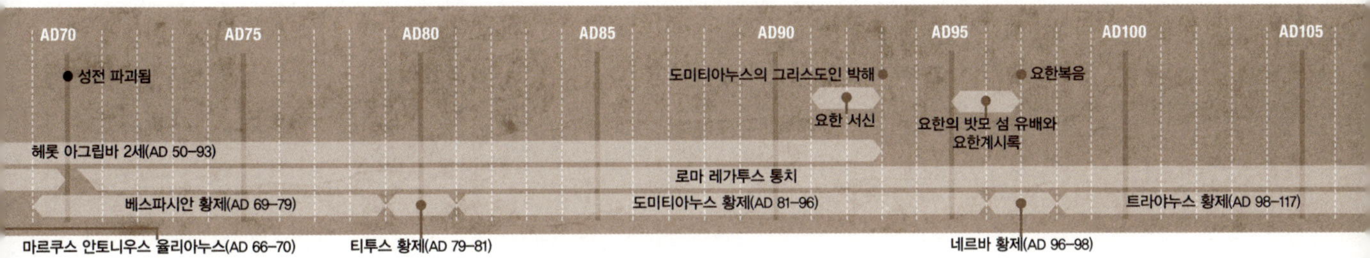

요한계시록

서론

불빛이 희미해지자 전 세계의 관객들은 어둠에 휩싸였다. 관객들이 속닥거리던 소리가 섬뜩한 음악 소리에 파묻히면서 잡담이 잦아들었다. 그 어둠 속에서 꼬마 요정 같은 등장인물의 첫마디가 극장 안에 가득히 울려 퍼지자 전 세계 관객들은 순식간에 공상의 세계 속으로 빨려들었다. 그 얽히고설킨 세계에 등장하는 호빗들과 마법사들과 요정들과 난쟁이들의 복잡한 신화를 해석하기 위해서만도 여러 권의 책들이 따로 나왔을 정도다. 고전 문학 『반지의 제왕』(The Lord of the Rings)을 각색한 영화는 관객들을 어두운 탑들과 어두운 나라들과 어두운 제왕들로 가득한 세계, 생생한 가공의 세계로 떠밀어 넣었다. 난공불락처럼 보이던 적을 상대로 벌어진 웅대한 전투는 선이 악을 이기는 최후의 승리로 절정에 달하고, 드디어 오랫동안 기다려온 왕이 귀환한다.

하지만 그 흡인력과 복잡한 줄거리에도 불구하고 J. R. R. 톨킨(Tolkien)의 삼부작은 성경의 마지막 책인 요한계시록을 휘감고 있는 강렬한 매혹에는 근처에도 가지 못한다. 빠른 속도로 전개되는 요한계시록의 영상은 여태까지 할리우드에서 선보인 그 무엇에도 뒤지지 않는다. 요한계시록은 선과 악의 마지막 충돌 장면을 하나님의 영감으로 묘사하면서, 오랫

한눈에 보는 요한계시록

<table>
<tr><th>단락</th><th>엄위하신 구주의 메시지</th><th>합당하신 어린 양을 예배함</th><th>의로우신 구속자의 심판</th></tr>
<tr><td>주제</td><td>영화로운 보좌의 환상
악인들을 향한 경고와 의인들을 위한 보상
일곱 교회에 주시는 메시지
예수, 우리의 엄위하신 메신저</td><td>하늘 보좌의 환상
천상의 웅장한 예배와 지상의 남은 자들의 구원
일곱 인을 떼심
예수, 우리의 합당하신 어린 양</td><td>환난 초기의 환상들
심판 중의 마귀의 기만, 비참한 죽음, 악한 반항
처음 일곱 나팔을 붊
예수, 우리의 의로우신 심판자</td></tr>
<tr><td rowspan="2">핵심 용어</td><td colspan="3">"예수 그리스도의 계시라…
"이 예언의 말씀을 읽는 자(는)…
"인자 같은 이가
"하나님을 두려워하며 그에게 영광을 돌리라…</td></tr>
<tr><td>회개하다
교회
이기다</td><td>합당하다
인(印)
영광
존귀</td><td>나팔
별
화(禍)</td></tr>
<tr><td>본문</td><td>1:1-3:22</td><td>4:1-7:17</td><td>8:1-10:11</td></tr>
</table>

주권자이신 주님의 적들	영광스러운 구원자의 복수	다시 오실 왕의 통치
환난 중기의 환상들 두 증인의 시련, 두 군대의 전쟁, 두 짐승의 통치 일곱째 나팔을 붊 예수, 우리의 주권자이신 주님	환난 말기의 환상 말세에 임할 구원과 죽음과 멸망 일곱 대접을 부음 예수, 우리의 위대하신 목자	그리스도의 통치의 환상 온 인류의 마지막 두 종착지 일곱 번째 시대의 종말 예수, 다시 오실 우리의 왕
반드시 속히 일어날 일들을"(1:1). *복이 있나니 때가 가까움이라"(1:3).* *발에 끌리는 옷을 입고"(1:13).* *하늘과 땅(을)… 만드신 이를 경배하라"(14:7).*		
표적 권세 증언	대접 진노 재앙 할렐루야	공의 둘째 사망 새롭다
11:1-13:18	14:1-19:10	19:11-22:21

핵심 용어

ἀποκάλυψις [*apokalypsis*, 아포칼립시스] *(602)* '베일을 벗김, 발표, 계시'

이 헬라어 단어는 요한계시록에 한 번밖에 나오지 않지만(1:1) 책 전체의 제목 역할을 한다. 이 낱말은 여태껏 숨겨져 있던 것을 드러낸다는 뜻이다. 신약에서 이 용어는 (1) 과거에 비밀이던 하나님의 구속(救贖) 계획의 전개(롬 16:25, 엡 3:3), (2) 현재에 계시된 영적 진리(고전 14:6, 엡 1:17), (3) 하나님이 인류 역사 속에 침투해 들어오실 미래의 사건들(롬 2:5, 8:19, 고전 1:7, 살후 1:7) 등을 가리킨다. 흥미롭게도 요한계시록에는 이 단어의 그 세 가지 측면이 모두 나온다. 즉, 이 책은 구약의 예언들을 풀어주고, 중요한 영적 진리들을 드러내주며, 말세의 그리스도를 통하여 하나님을 최종 계시해준다.

ἐν τάχει [*en tachei*, 엔 타케이] *(1722+5034)* '속히', ἐγγύς [*engys*, 엥귀스] *(1451)* '가깝다'

요한계시록에는 그리스도가 "속히"*(en tachei)* 오실 것이며(1:1) 그분의 재림이 "가까움"*(engys)*이라는 표현이 나오는데(1:3), 이런 용어들은 그리스도의 강림이 임박했다는 뜻이지 당장이라는 뜻이 아니다. 이는 그리스도가 불시에 오신다는 뜻이지 그때까지 남은 시간이 짧다는 뜻이 아니다. 성경이 만일 그리스도가 승천하신 뒤로 단시간 내에 재림하실 거라고 말하려 했다면 *oligos*라는 단어를 썼을 것이다. 요한이 요한계시록 12장 12절과 17장 10절에 쓴 그 단어는 시간의 길이가 짧다는 뜻이다. 반면 *en tachei*와 *engys*라는 단어는 절박성의 교리를 뒷받침해준다. 즉, 그리스도가 언제라도 다시 오실 수 있다는 의미다.

ὅμοιος [*homoios*, 호모이오스] *(3664)* '같다, 닮았다, 비슷하다'

둘 사이의 비슷한 점을 지적할 때 쓰는 말이다. 대개 하나가 다른 하나를 닮았거나 연상시키는 상징적 유사성을 가리킨다. 예수님은 비유로 천국을 여러 가지 일상적인 것들에 견주실 때 이 단어를 자주 쓰셨다(마 13:31, 33). 요한계시록에는 이 단어가 21번 쓰였는데, 특히 고도의 상징 언어가 나오는 본문들에 쓰였다(계 9:10, 13:2). 독자들은 그 점을 염두에 두고 요한계시록을 읽어야 한다. 많은 경우에 요한이 본 것은 미래의 사건들에 대한 상징적 표현이었다. 본질상 형언할 수 없는 것들을 그는 말로 표현하려 했던 것이다.

προσκυνέω [*proskyneō*, 프로스퀴네오] *(4352)* '앞에 절하다, 경의를 표하다, 경배하다'

예배는 요한계시록 전반에 흐르는 중요한 주제다. 예배의 외적인 표현을 말할 때 흔히 쓰이던 이 단어가 요한계시록에 24번 나온다. 하늘에 있는 자들은 하나님을 경배하지만(4:10, 5:14, 7:11, 11:16, 19:4), 악한 자들은 귀신들이나 사탄이나 적그리스도나 우상들을 경배한다(9:20, 13:4, 8, 15). 요한계시록이 독자들에게 던지는 질문은 단순하고도 명백하다. 당신이 절하고 경의를 표하며 예배를 바칠 대상은 누구인가? 하나님인가, 사탄인가? 14장 7절에 보면 "영원한 복음"을 전하는 천사가 이 땅의 모든 사람에게 "하나님을 두려워하며 그에게 영광을 돌리라… 하늘과 땅(을)… 만드신 이를 경배하라"고 촉구한다.

προφητεία [*prophēteia*, 프로페테이아] *(4394)* '예언'
신약에는 두 종류의 '예언'(prophecy)이 나온다. 예언(predictions)이 미래의 사건들을 밝히는 일이라면(마 13:14, 딤전 1:18), 선포(proclamations)는 영적 진리들을 알리는 일이며, 그 진리들은 대개 특별 계시를 통하여 주어진다(고전 13:2). 많은 학자들은 요한계시록이 묵시라는 옛 장르에 속하는 것으로 본다. 이 책을 묵시 문학으로 본다면 하나님, 세상, 사탄, 인류에 관한 숨겨져 있던 영적 진리들을 선포하는 일이 책의 주목적이 될 것이며, 미래의 사건들에 대한 예언은 없어도 될 것이다. 하지만 요한계시록 자체에 이 책은 주로 전자의 의미를 지닌 "예언"으로 지칭되고 있다(1:3, 22:18-19). 즉, 요한계시록은 "반드시 속히 일어날 일들"(1:1)을 계시한 책이다.

동안 기다려온 만왕의 왕을 우리에게 가리켜 보인다. 이 왕은 장차 세상의 어두운 임금과 그 군대를 물리치시고, 하나님의 정의와 영원한 평화가 흐르는 새 세상이 오게 하실 것이다. 그러니 호기심에 찬 그리스도인들과 진지한 학자들이 하나같이 요한계시록의 내용에 경탄하며 그 이미지에 매혹되어온 것은 당연한 일이다.

성경에 요한계시록보다 더 우리를 매료하거나 많은 논란을 불러일으킨 책은 없다. 요한계시록에 나오는 심오한 신비, 알기 힘든 상징, 강력한 예언, 생생한 언어를 성경의 어느 부분도 따라갈 수 없다. 이 책의 세부 사항을 해석하려다가 사람들은 고상한 쪽으로든 우스꽝스러운 쪽으로든 극단으로 치우치곤 한다. 그동안 사역을 하면서 나는 요한계시록 때문에 광신도들이 그리스도의 재림 날짜를 정하는 것도 보았고, 신자들이 심판과 진노에 기가 질려 겁을 먹는 것도 보았으며, 그러잖아도 성경을 해독 불능의 헛소리 일색으로 간주하던 회의론자들이 아예 관심을 접는 것도 보았다.

이 모두가 얼마나 잘못된 반응인가! 하나님은 요한계시록을 공부하고 그 메시지에 순종하는 사람들에게 큰 복을 약속하신다. 이 책에 나오는 환상들의 세부 사항이 때로 알쏭달쏭하기는 해도, 사실 하나님이 인류에게 주시는 마지막 메시지는 분명하다. 결국 선이 악을 이겨 악은 심판을 받고 의인들은 보상을 받는다는 것이다.

이제부터 우리는 전체 그림에 스포트라이트를 비추면서 복잡한 세부 사항들을 풀어나갈 텐데, 그러기 전에 잠시 요한계시록에 관한 몇 가지 기본 정보부터 살펴보도록 하자. 아울러 요한계시록을 이해하는 데 꼭 필요한 몇 가지 지침도 정해둘 것이다. 이런 정보와 지침에 힘입어 우리는 이 여정을 가는 동안 균형을 잃지 않을 수 있다. 서론의 마지막 단락에서는 요한계시록 전체를 간략히 개괄할 것이다. 이로써 우리는 늘 최종 목적지를 염두에 둘 수 있다.

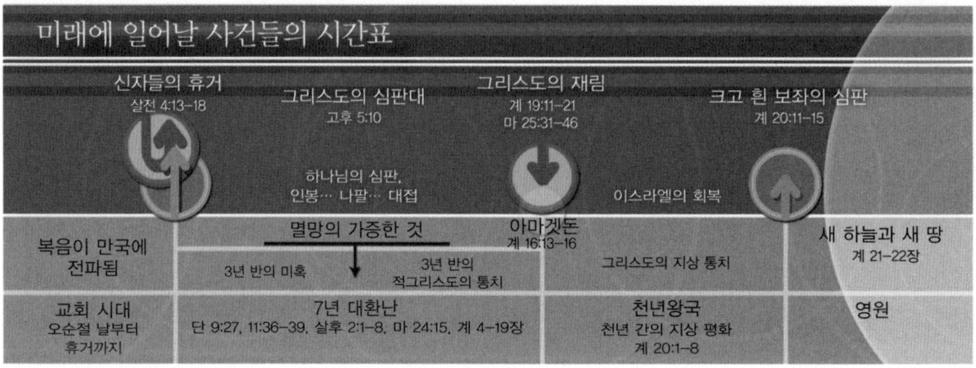

요한계시록의 이해를 돕는 기본 정보

젊고 순진한 요한이라는 어부가 자기 형제 야고보와 함께 그물을 버려두고 예수님을 따랐던 날(마 4:21)로부터 60년이 넘는 세월이 흘렀다. 예수님의 공생애 3년 동안 요한은 대부분의 다른 제자들이 보지 못한 것들을 목격했다. 우선 그는 예수님이 어느 죽은 소녀를 살리실 때 베드로와 야고보와 함께 그 현장에 있었다(막 5:37–42). 또 이 세 제자는 예수님이 헤르몬 산에서 놀랍게 변화되신 일도 경험했다(마 17:1–2). "우레의 아들"(막 3:17)이라는 별명을 얻은 야고보와 요한이 장차 그리스도께서 보좌에 올라 통치하실 때 자기들도 가장 높은 영광의 자리에 오를 거라고 건방지게 떠벌인 것(막 10:35–37)도 아마 예수님과 그렇게 가까웠기 때문일 것이다. 하지만 바로 그런 특별한 관계 덕분에 그들은 예수님이 공적인 사역을 하시는 동안에는 들을 수 없던 가르침까지도 받을 수 있었다(막 13:3). 또한 우리는 예수님이 겟세마네 동산에서 팔리시던 그 밤에 베드로와 야고보와 요한에게 당신과 함께 깨어 있어 기도하라고 당부하셨다는 사실도 잊어서는 안 된다(막 14:33–34).

예수님의 지상 사역이 절정에 이르렀을 때 이 젊은 제자는 인류 역사의 방향을 바꾸어 놓을 획기적인 사건들을 목격했다. 그는 십자가에 달리신 주님을 목격했고, 거기서 예수님의 어머니 마리아를 위로하고 보살피는 남다른 책임을 부여받았다(요 19:26–27). 예수님이 부활하신 후 요한과 베드로는 제일 먼저 무덤으로 달려갔다. 무덤에 먼저 들어간 사람은 베드로였지만, 남아 있는 열한 제자 중에서 빈 무덤을 잘 관찰하여 예수님이 부활하셨음을 처음으로 믿은 사람은 요한이었다(요 20:8).

그 후로 요한은 소아시아(현재의 터키)의 에베소 부근에서 60년 가까이 말씀을 전하고 가르쳤다. 그러다 노년이 되어 그는 그리스도의 지상 사역에 대한 자신의 기억들을 글로 풀어냈는데 그것이 바로 요한복음이다. 그 책에서 요한은 초대 그리스도인들 사이에 떠돌던 소문, 즉 그리스도가 다시 오실 때까지 자신이 죽지 않을 거라는 소문을 불식시켰다(요 21:20-23).

하지만 어떤 의미에서 이 제자는 그리스도가 하늘로부터 영광스럽게 재림하시는 모습을 정말 살아서 '보게' 된다. 도미티아누스 황제는 아흔을 넘긴 사도 요한을 밧모 섬이라는 죄수 유형지로 유배시켰다. 에게 해에 위치한 그 섬은 에베소에서 65킬로미터쯤 떨어져 있었다. 어느 주일 아침 요한이 주님을 예배하고 있는데 하늘과 땅 사이의 휘장이 찢어졌다. 그러면서 다시 한 번 요한은 부활하여 영광을 얻으신 예수님의 존전으로 초대되었다. 이번에는 예수님이 요한에게 "네가 보는 것을 두루마리에 써서 에베소, 서머나, 버가모, 두아디라, 사데, 빌라델비아, 라오디게아 등 일곱 교회에 보내라"(1:11)는 사명을 맡기셨다. 이어 "반드시 속히 일어날 일들"(1:1)을 보여주는 일련의 환상들이 여러 음성과 함께 요한의 눈앞에 펼쳐졌는데, 하나님이 주신 그 환상들은 극적이고도 종종 두려움을 자아냈다.

요한이 부활하신 주님을 만난 그 결과물이 바로 요한계시록이다. 이 책의 제목은 '베일을 벗김, 발표'라는 뜻의 헬라어 단어 *apokalypsis*에서 왔다. 이 단어는 여태까지 숨겨 왔거나 비밀로 했던 것을 밝힌다는 뜻이다. 오늘날 *apocalypse*라는 단어에는 우주적 격변이나 재앙이 임박했다는 개념이 담겨 있다. 요한의 '묵시록'에도 그런 비극적 요소가 일부 들어 있기는 하지만, 이 단어는 의미의 폭이 그보다 훨씬 넓다. 비밀을 밝히는 일이라면 무엇이든 다 이 단어에 해당된다. 이 경우 하나님은 장차 일어날 일들을 그분의 사람들에게 알려주시기 위해 요한에게 미래를 계시해주셨다(1:1).

이 계시에는 복이 함께 따라나온다. 요한계시록 1장 3절에 보면 "이 예언의 말씀을 읽는 자와 듣는 자와 그 가운데에 기록한 것을 지키는 자는 복이 있나니 때가 가까움이라"고 했다. 또한 마치 요한의 환상들을 하나로 묶는 액자를 닫기라도 하듯이, 22장 7절에는 이런 말씀이 나온다. "보라 내가 속히 오리니 이 두루마리의 예언의 말씀을 지키는 자는 복이 있으리라."

요한계시록이 기록된 배경

누가?	예수님의 제자이며 요한복음과 요한 서신의 저자인 요한이 기록했다.
무엇을?	요한이 직접 보고 들은 메시지와 예언과 환상을 기록했다.
어디서?	소아시아 해안에서 65킬로미터쯤 떨어진 작은 밧모 섬에서 기록했다. 그곳은 요한이 신앙 때문에 유배되어 있던 곳이다.
언제?	95년이나 96년에 기록했다. 따라서 요한계시록은 성경에서 가장 나중에 기록된 책들 가운데 하나다.
왜?	말세에 일어날 일들을 신자들에게 알리고 또한 그들에게 회개와 충성을 권고할 목적으로 기록했다.

극단을 피하기 위한 지침

앞서 말했듯 요한계시록을 읽고 듣고 그 교훈을 지키는 사람들에게는 복이 약속되어 있다(1:3). 하지만 많은 사람들이 그 복을 놓칠 수 있다. 이 책을 잘못 읽거나, 있지도 않은 내용을 듣거나, 전체 그림에 담긴 원리들을 실천에 옮기지 않으면 그렇게 된다. 우리 모두는 이 책을 공부할 때 신중한 독서, 무난하고 절제된 해석, 실제적 적용 사이에서 균형을 이루고자 힘쓰며 겸손한 자세로 공부해야 한다. 그러한 균형을 염두에 두고 지금부터 몇 가지 기본 지침을 제안하고자 한다. 그대로 따르면 극단에 빠지지 않을 뿐더러 요한계시록을 공부하는 유익을 놓치지 않을 것이다.

첫째, 특이한 내용들을 미리 예상해야 한다. 요한계시록은 성경의 다른 어떤 책과도 다르다. 구약의 다니엘과 스가랴 등 일부 책들에는 이와 비슷하고 상호 보완적인 환상과 상징들이 나오지만, 신약에는 요한계시록에 맞먹을 책이 없다. 요한이 보고 들은 내용을 읽노라면 여태 우리가 어디서도 읽어본 적이 없는 방식으로 언어와 상징과 이미지들이 쏟아져 나온다. 처음에 혼란스러운 느낌이 드는 것은 정상이다. 세부 사항에 파묻혀 전체 그림을 놓치는 경우도 흔히 있다. 심지어 오해가 고질적으로 굳어질 수도 있다. 그래도 괜찮다! 요한계시록은 잠언처럼 지혜로운 삶을 외우기 좋게 경구로 담아내거나, 로마서처럼 논리적 논증을 전개해나가지 않는다. 그보다 요한계시록은 그림을 그려내고 드라마를 제시하기 때문에 자칫 우리의 생각은 물론 마음과 상상력까지 덫에 걸리기 쉽다. 그래서 두 번째 지침이 필요하다.

둘째, 상상력을 절제해야 한다. 상징적 특성을 지닌 환상들이 많이 나오다보니 어떤 사람들은 시시콜콜한 세부 사항 하나하나까지 다 해부하여 어떤 특정하고 심오한 의미를 뽑아내려 한다. 그 결과 말세의 복잡한 구조를 성경의 명백한 가르침보다는 추측과 억측에 기초하여 세우는 경우가 많다. 이처럼 요한계시록에 지나치게 창의적으로 접근하는 태도를 물리치려면, 이미 분명히 해석되어 있는 부분들을 강조해야 한다. 그런 해석은 요한계시록 자체에 나올 수도 있고, 구약이나 신약의 명백한 상응 본문들에서 나올 수도 있다. 동시에 우리는 세부 사항이 불확실할 경우 잠정적 결론을 내리거나 판단을 보류하는 선에서 만족해야 한다. 한 노련한 주석가가 이 상황을 잘 표현했다. “어차피 오류를 범할 거라면 해석이 지나친 쪽보다 해석을 자제하는 쪽이 낫다.”[1]

셋째, 네 가지 질문을 던지라. 성경을 해석하는 한 가지 검증된 방법은 다음과 같은 과정을 따르는 것이다. (1) 관찰(“본문의 내용은 무엇인가?”), (2) 해석(“본문의 의미는 무엇인가?”), (3) 상관(“본문은 다른 부분들과 어떻게 들어맞는가?”), (4) 적용(“본문은 어떻게 삶으로 연결되는가?”).[2] 이러한 4단계 성경공부법을 요한계시록에 적용할 때 주의해야 할 몇 가지 조건이 있다. 요한계시록의 경우 우리는 때로 호기심을 자제하고 관찰의 결과에 만족해야 한다. 그것은 사도 요한 자신도 하나님이 주신 환상들을 일일이 다 이해하지는 못했기 때문이다(참고 7:13-14). 그래도 많은 경우에 우리는 문맥을 바탕으로 해석에 확신을 품을 수 있는데, 그런 해석은 요한계시록 자체에 나올 수도 있고 나머지 성경의 상응하는 본문들에 나올 수도 있다.

상관 질문은 본문이 성경의 다른 부분들과 어떻게 맞아들어가는가를 따져보는 단계인데, 요한계시록의 경우에는 해석 과정에 이 단계가 꼭 필요할 때가 많다. 일단 본문이나 환상, 예언의 의미를 파악했으면 이제 우리는 중요한 단계인 적용으로 넘어갈 수 있다. 대부분의 경우 우리의 적용은 구체적이고 개인적인 것이 될 것이며, 간혹 일반적이거나 신학적인 적용도 있을 것이다. 어느 경우든 우리의 목표는 호기심을 채우거나 정보를 수집하는

데서 그쳐서는 안 된다. 요한계시록의 목적은 단순히 지식을 알려주려는 것이 아니라 우리를 변화시키려는 것이다.

초점을 유지하기 위한 요한계시록 개관

요한계시록은 대하드라마처럼 많은 인물과 갈등과 절정과 반전으로 이루어진다. 줄거리가 극적인 결말을 향해 가면서 긴장이 점점 고조되다가 마침내 깜짝 놀랄 종결부에 이르러 이야기의 아슬아슬한 긴장이 해소된다. 드라마 전체에서 회상과 암시, 반복과 대조, 화면의 확대와 축소, 카메라의 상하좌우 이동을 볼 수 있다. 아울러 군데군데 막간이 충분히 있어 하나님이 계시해주시는 그분의 영광스러운 계획을 묵상하고 소화할 기회를 우리에게 제공해준다. 이처럼 요한계시록은 하나님의 영감으로 제작된 멀티미디어 작품이라 할 수 있는데, 지금부터 그 '예고편'으로 요한계시록의 주요 악장을 간략히 훑어보고자 한다.

예수님이 1장 19절에서 이 책의 개요를 친히 밝혀주신다. 요한이 기록할 내용이 무엇인지를 다음과 같이 명백히 일러주신 것이다. "네가 본 것과 지금 있는 일과 장차 될 일을 기록하라." 세 가지 내용으로 되어 있는 이 명령을 잘 보라. 과거("네가 본 것")는 1장 10-16절에 기록된 요한이 그리스도를 목격한 놀라운 환상을 가리키는 것으로 보인다. 이것은 이 책의 핵심 주제가 엄위한 왕이신 예수님임을 우리에게 상기시켜준다. 현재("지금 있는 일")는 2-3장에 기록된 예수님이 소아시아의 일곱 교회에 보내라고 구술해주시는 메시지를 가리킨다. 이 일곱 편의 메시지는 1세기의 특정한 교회들이 처한 특정한 상황을 다룬 것이지만, 예수님은 그것이 모든 신자에게 적용되는 말씀임을 우리에게 친히 지적해주신다. "귀 있는 자는 성령이 교회들에게 하시는 말씀을 들을지어다"(2:7, 11, 17, 29, 3:6, 13, 22). 글자 그대로, 당신에게 귀가 하나라도 있다면 그 메시지들은 오늘을 살고 있는 당신을 위한 것

성경이 미래에 대해 가르치는 내용

- 성경은 하나님의 성품 전체를 알려주어 우리의 신학에 균형을 잡아준다.
- 성경은 우리의 오늘에 희망을 주고 미래에 대한 불필요한 두려움을 없애준다.
- 성경은 우리를 강권하여 미래의 상급을 내다보며 경건한 삶을 살아가게 한다.
- 성경은 우리를 감화하여 마침내 악을 이기실 하나님을 예배하게 한다.

이다! 미래("장차 될 일")는 앞날에 벌어질 사건들을 가리킨다(4:1–22:21). 그리스도가 재림하셔서 그분의 약속된 나라를 도래시키실 날이 점점 다가오고 있다.

요한계시록을 개관하는 또 한 가지 방법은 주인공이신 예수님과 몇 가지 주요 악장 내지 '에피소드'에 초점을 맞추는 것이다. 하나님이 감독하시는 이 드라마 전체에서 무대의 중심을 차지하시는 분은 다름아닌 예수 그리스도시다. 결국 모든 에피소드와 장면은 왕과 심판자로 다시 오실 그분을 가리켜 보인다. 일련의 환상들을 통하여 계시되는 분은 어떤 의미에서 바로 예수 그리스도 자신이시다. "예수의 증언은 예언의 영"(19:10)이기 때문이다. 이렇듯 요한계시록에서 우리는 다양한 배역을 연기하시는 예수님을 볼 수 있다. 이 책의 흐름을 여섯 개의 별개이면서도 상호 연관된 에피소드들로 보면 도움이 된다. 그리스도를 중심으로 돌아가는 그 에피소드들을 차례대로 하나씩 간략히 살펴보면 다음과 같다.

에피소드 1: 엄위하신 구주의 메시지(1:1–3:22). 첫 에피소드에는 요한계시록에 대한 요한 자신의 도입부(1:1–8)에 이어 그가 예수님의 영광스러운 위엄을 목격한 놀라운 환상이 나온다. 환상 속에서 예수님은 요한에게 그가 보고 듣는 것을 모두 기록하라고 명하신다(1:9–20). 다음에 예수님은 에베소(2:1–7), 서머나(2:8–11), 버가모(2:12–17), 두아디라(2:18–29), 사데(3:1–6), 빌라델비아(3:7–13), 라오디게아(3:14–22) 등 친히 엄선하신 소아시아 일곱 교회의 지도자들에게 말씀하신다. 높이 들리신 그리스도는 교회의 머리 역할을 하신다. 지금 교회를 징계하시고 장차 교회에 상을 주시는 일이 다 그분의 소관이다.

에피소드 2: 합당하신 어린 양을 예배함(4:1–7:17). 이 에피소드의 첫 장면은 사도 요한이 갑자기 영의 세계, 즉 하늘의 보좌 앞으로 붙들려 올라가면서 시작된다(4:1–2). 거기서 그는 성부 하나님과 성자 하나님을 예배하는 장면을 목격하는데, 성자 하나님은 일곱 인으로 봉한 두루마리를 정식으로 떼심으로 미래의 사건들을 계시하시기에 합당한 "하나님의 어린 양"이시다(4:3–5:14). '두루마리 심판'은 이 땅에 임할 하나님의 진노 가운데 첫 단계를 상징적인 환상들을 통하여 보여준다(6:1–17). 그런데 이러한 심판 도중에 요한은 이스라엘과 만국의 구속받은 무리를 환상으로 본다. 이는 심판 가운데서도 하나님의 은혜와 자비가 이긴다는 사실을 우리에게 일깨워준다(7:1–17).

에피소드 3: 의로우신 구속자의 심판(8:1–10:11). 일곱째 인을 떼실 때 반 시간 정도 일이 중단되었다가 두 번째 시리즈의 일곱 심판이 시작되는데 이번에는 일곱 나팔이다(8:1–5). 나팔 소리는 하나님의 진노 중 다음 단계를 알린다. 회개하지 않는 완악한 죄인들을 향한 하나님의 의로운 심판이 더욱 강도 높게 드러난다(8:6–9:21). 나팔 소리가 고막을 찢을 듯 크레셴도로 치달을 무렵, 소리가 그치면서 요한은 또 한 번 휴지기를 경험한다. 그 기간에 요한은 "많은 백성과 나라와 방언과 임금"에게 예언하라는 사명을 다시 위임받는다(10:1–11).

에피소드 4: 주권자이신 주님의 적들(11:1–13:18). 요한이 다시 사명을 위임받고나서부터 대하드라마의 장면은 하늘의 진노로부터 이 땅의 상황들로, 특히 약속의 땅에서 벌어지는 사건들로 바뀐다. 선택받은 두 증인이 예루살렘에서 예언하는데, 그들과의 싸움은 그들이 순교했다가 부활하는 것으로 끝난다(11:1–14). 하늘에서 일곱째 나팔이 울려 그리스도의 나라가 도래한 것이 선포된 뒤로(11:15–19) 요한은 일련의 환상들을 목격한다. 영적인 지상 나라가 그리스도와 하늘나라를 대적하는 최후의 모습들이 그 환상들을 통하여 상세히 묘사된다. 요한이 이 극적인 환상에서 본 것처럼, 미래에 정치적 폭군과 종교적 폭군 둘이 사탄의 사주를 받고 일어나 3년 반 동안 사실상 아무런 저지 없이 세상을 통치할 권한을 받게 된다(12:1–13:18).

에피소드 5: 영광스러운 구원자의 복수(14:1–19:10). 그리스도를 대적하던 악한 적들의 신성모독과 이적이 끝나고 다시 일련의 환상들이 나온다. 땅의 곡식을 마지막으로 모아 구원할 일과 추수하여 심판할 일이 그 환상들을 통하여 선포된다(14:1–20). 이것은 다시 새로운 환상으로 이어지는데, 바로 말세의 가장 혹독한 재앙인 진노의 일곱 대접에 관한 환상이다(15:1–16:21). 이어 지상의 악한 군대가 당할 마지막 운명이 드러나려는 찰나 잠시 극이 중단되면서 큰 천사 하나가 나타난다. 그는 요한을 따로 한쪽으로 데려가 요한계시록의 일부 상징들과 사건들을 설명해준다. 악한 제국에 임할 심판과 하나님의 백성이 누릴 승리도 그 안에 자세히 묘사된다(17:1–19:10).

에피소드 6: 다시 오실 왕의 통치(19:11–22:21). 그렇게 이 땅의 악한 통치자들이 당할 마지막 운명이 묘사된 뒤 요한계시록의 드라마는 다시 시작된다. 요한은 그리스도께서 군대를 거느리고 다시 오시는 찬란한 광경을 목격한다(19:11–21). 그 뒤 그리스도는 부활한 성도들과 함께 평화로운 천년 통치를 시작하시고, 그 절정으로 사탄은 물론 악과 고통과 사망 자체까지 최후의 멸망을 맞이한다(20:1–15). 요한은 새 하늘과 새 땅에 궁극적 평화와 완성이 이루어진 영원한 상태를 놀라운 환상 속에서 목격하고, 이로써 구속의 대하드라마는 막을 내린다(21:1–22:5). 끝으로, 마지막 음악과 함께 자막이 올라가듯 요한계시록의 종결부는 예수께서 과연 다시 오실 것을 우리에게 상기시킨다(22:6–21).

요한계시록은 우리를 혼란에 빠뜨리거나 겁주거나 즐겁게 해주려고 기록된 책이 아니다. 이 책은 신자들에게 읽고, 깨닫고, 적용하게 하려고 주신 것이다. 지금까지 이 책을 전체적으로 개관하면서 우리는 그리스도의 능력과 영광을 조금이나마 엿볼 수 있었다. 이제부터는 우리가 읽고, 깨닫고, 마침내 순종해야 할 원리들에 초점을 맞추어 요한계시록이라는 긴 여정에 오를 것이다. 요한계시록을 탐험하는 이 모험이 모든 독자의 삶에 헤아릴 수 없이 많은 복을 가져다주고, 현 세대에는 물론 오는 세대에까지 열매가 풍성하게 해주기를 마음을 다하여 기도한다.

적용

출범을 위한 점검

요한계시록이라는 망망대해에 우리의 배를 띄우기 전 먼저 항해 내내 염두에 두어야 할 몇 가지 실제적인 교훈을 점검해보자. 불확실함이라는 파도가 우리를 괴롭히거나, 심판이라는 풍랑이 우리를 불안하게 하거나, 세부 사항이라는 무풍지대에서 배가 표류하려 할 때 다음과 같은 원리들을 기억하면 여정이 다시 제 궤도를 찾고 풍성해질 수 있다.

첫째, 하나님의 무오한 말씀은 믿을 수 있는 항해도다. 요한계시록의 난해한 환상들이 아무리 이해하기 어려울지라도 우리가 확신할 수 있는 것이 있다. 우리의 느낌과 무관하게 하나님의 말씀은 반드시 우리의 삶 속에 그 의도한 목적을 이룬다는 사실이다. 이사야 55장 10–11절에서 하나님은 이렇게 말씀하신다.

> 이는 비와 눈이 하늘로부터 내려서
> 그리로 되돌아가지 아니하고 땅을 적셔서
> 소출이 나게 하며 싹이 나게 하여
> 파종하는 자에게는 종자를 주며
> 먹는 자에게는 양식을 줌과 같이

내 입에서 나가는 말도 이와 같이
헛되이 내게로 되돌아오지 아니하고
나의 기뻐하는 뜻을 이루며
내가 보낸 일에 형통함이니라.

그래서 우리는 요한계시록을 읽고 지키는 사람들에게 복을 주신다는 하나님의 약속을 믿을 수 있다. 우리가 모든 내용을 다 이해해야만 하나님이 이 놀라운 책을 통해서 우리 안에 그분의 목적을 이루시는 것이 아니다. 요한계시록의 전체 그림만 이해해도 그것이 우리 삶의 지침이 되기에 충분하다.

둘째, 하나님의 주권적인 계획은 두려움을 몰아내고 희망을 준다. 온 세상 사람이 미신, 미지의 세계에 대한 두려움, 장래에 대한 불안 등에 노예가 되어 살아가고 있다. 그들은 개인적으로 자신의 앞날에 대하여 의문을 품을 뿐 아니라 온 세상과 인류가 통제 불능으로 돌아가고 있다는 느낌에 젖어 있는 사람들도 많다. 전쟁, 기근, 질병, 자연재해 같은 비참한 일들을 대하면 정말 혼란이 세상을 지배하는 듯 보인다. 하지만 요한계시록이 보여주듯, 아무리 상황이 어두워 보여도 하나님은 그분의 주권적인 계획을 정확히 이루어나가고 계신다. 이 책은 결국 하나님이 승리하신다고 선포하며 우리를 안심시켜준다! 이러한 기본 진리를 알고 그 일이 어떻게 이루어질지를 묵상하면, 불필요한 두려움은 사라지고 대신 희망과 확신이 찾아온다. 그 희망과 확신의 근거는 우리 자신이나 다른 사람들이 아니라 하나님이다.

셋째, 하나님의 영광스러운 아들은 예배를 받으시기에 합당한 분이시다. 요한계시록은 예수 그리스도가 예언의 구심점임을 우리에게 시종일관 거듭 지적해준다(19:10). 우리는 그리스도가 우리를 위해 이미 행하신 일을 인하여 그분을 찬양한다. 그분은 십자가에서 우리의 죄를 없애주셨다. 우리는 또 그분이 우리를 위하여 지금 행하고 계신 일 때문에 그분을 찬양한다. 그분은 하늘에서 우리를 위하여 중보하고 계신다. 그런데 요한계시록에 그분을 찬양할 이유가 하나 더 나온다. 우리는 그분이 우리를 위해 장차 행하실 일을 인하여 그분을 찬양한다. 이렇듯 그리스도는 지금부터 영원토록 우리 예배의 중심이시고, 우리 순종의 구심점이시며, 우리 복의 근원이시다.

주

1. Earl F. Palmer, *1,2,3 John, Revelation*(The Communicator's Commentary, 제12권, 책임 편집 Lloyd J. Ogilvie, Waco, TX: Word, 1982), 107.
2. 다음 책을 참고하라. Howard G. Hendricks & William D. Hendricks, *Living by the Book: The Art and Science of Reading the Bible*(Chicago: Moody Press, 2007). (『삶을 변화시키는 성경연구』 도서출판 디모데)

엄위하신
구주의 메시지

요한계시록 1:1–3:22

잘 생각하고 이 질문에 대답해보라. 만일 예수 그리스도께서 당신의 교회에 예고 없이 찾아오셔서 당신의 예배를 평가하시고 교인들의 대인 관계를 신중히 검토하신다면, 그분은 어떤 반응을 보이실까? 여기서 우리는 정직해져야 한다. 그분은 당신 교회의 지도자들과 함께 앉아 그들의 등을 두드려주시고 무척 자랑스러워하시면서 앞으로도 계속 잘하라고 격려해주실까? 아니면 주님은 그들과 마주앉아 눈을 똑바로 쳐다보시며 실망으로 고개를 내저으실까?

예수님은 우리의 어두운 비밀, 숨겨진 실상, 해묵은 원한, 창피한 실수, 순수하지 못한 동기를 다 훤히 알고 계신다. 그런 분께 직접 평가를 받는다는 것은 생각만 해도 두려운 일이다. 그런데 요한계시록의 첫 석 장에 따르면 그리스도께서 바로 그 일을 하셨다. 그분은 엄위하신 영광 가운데 나타나셔서 요한에게 미래에 대한 환상들을 전해주시고, 특정한 일곱 교회를 향한 시의적절한 메시지를 구술해주신다. 자신이 죽거나 주께서 재림하실 때까지 다시는 주님을 뵐 수 없을 줄로 알았던 요한에게 그것은 깜짝 놀랄 일이었다. 예수께서 우리의 사생활이나 교회 생활을 평가하신다면 당연히 다양한 진단을 내놓으실 것이다. 여기서도 마찬가지다. 나무랄 데 없이 훌륭하다는 진단에서부터 한심하고 딱하다는 진단에 이르기까지 그리스도는 칭찬도 책망도 아끼지 않으신다. 일곱 교회의 모든 신자에게 그분은 그들의 삶과 사역이 그분이 제시하신 믿음과 소망과 사랑의 기준에 부합하는지 점검해볼 것을 주문하셨다.

요한계시록의 맨 처음 큰 단락에는 이 책에 대한 요한 자신의 도입부(1:1-8)에 이어 그가 예수님의 영광스러운 위엄을 목격한 놀라운 환상이 나온다. 환상 속에서 예수님은 요한에게 그가 보고 듣는 것을 모두 기록하라고 명하신다(1:9-20). 다음에 예수님은 에베소(2:1-7), 서머나(2:8-11), 버가모(2:12-17), 두아디라(2:18-29), 사데(3:1-6), 빌라델비아(3:7-13), 라오디게아(3:14-22) 등 친히 엄선하신 소아시아 일곱 교회의 지도자들에게 말씀하신다. 높이 들리신 그리스도는 여기서 교회의 머리 역할을 하신다. 교회를 징계하시고 재림 때에 상을 주시는 일이 다 그분의 소관이다. 땅과 하늘을 가로막고 있던 휘장이 걷히면서 엄위하신 구주의 메시지가 들려온다. 이제 우리는 그분의 말씀이 우리 마음의 휘장을 뚫고 들어와 우리의 강점은 더 강하게 해주시고 우리의 약점은 바로잡아주시도록 해드려야 한다.

핵심 용어

ἐκκλησία [*ekklēsia*, 에클레시아] *(1577)* '모임, 교회'

이 단어는 그리스도를 믿음으로 구원받아 성령께서 그 안에 내주하시는 신약 시대 하나님의 백성을 가리킨다. 여기에는 오순절(행 2장)로부터 시작하여 교회가 부활하여 휴거할 때(살전 4:17)에 이르기까지 이미 죽었거나 현재 살아 있는 신자들이 다 포함된다. 이 단어는 요한계시록에 스무 번 나오는데 그중 열아홉 번은 일곱 교회에 주신 메시지에 나온다(1–3장). 마지막 언급은 이 책 마지막 부분에 그 동일한 교회들을 지칭하실 때 나온다(22:16). 4장부터 21장까지는 '교회'가 전혀 언급되지 않는데, 이는 교회가 환난 전에 휴거될 것이라는 견해를 뒷받침해준다.

μετανοέω [*metanoēo*, 메타노에오] *(3340)* '생각을 바꾸다, 회개하다'

성경이 가르치는 회개는 진정한 '생각의 변화'로 시작된다. 사고와 태도와 가치관과 정서가 안에서부터 뒤바뀌는 것이다. 그러나 전정한 회개가 삶의 보이지 않는 부분들에만 국한된다고 결론짓는다면 그것은 오산이다. 참된 회개는 또한 행동의 변화로 이어진다. 따라서 신자들은 "회개"하여 처음 행위를 가져야 한다(2:5). 마찬가지로 비신자들도 "손으로 행한 일을 회개"하고 "여러 귀신(에게)··· 절하"지 말아야 한다(9:20).

νικάω [*nikaō*, 니카오] *(3528)* '정복하다, 제압하다, 이기다'

요한계시록 2–3장에서 예수님은 "이기는"(*nikaō*) 자에게 여러 가지 약속을 주신다. 이 단어는 의미의 폭이 넓어 적을 제압한다는 뜻도 있고(눅 11:22), 선으로 악을 이긴다는 뜻도 있다(롬 12:21). 그러나 요한의 저작에서는 그 의미가 예수께서 이미 이루신 일을 믿음으로써 우리가 사탄과 세상을 이기는 것과 관계가 있다. 그리스도께서 우리 대신 이미 이기셨다(요 16:33, 요일 4:4). "이긴다"는 말이 무슨 뜻인지를 이해하는 열쇠가 요한일서 5장 4–5절에 나와 있다. "무릇 하나님께로부터 난 자마다 세상을 이기느니라 세상을 이기는 승리는 이것이니 우리의 믿음이니라 예수께서 하나님의 아들이심을 믿는 자가 아니면 세상을 이기는 자가 누구냐."

엄위하신 메신저(요한계시록 1:1–20)

1예수 그리스도의 계시라 이는 하나님이 그에게 주사 반드시 속히 일어날 일들을 그 종들에게
보이시려고 그의 천사를 그 종 요한에게 보내어 알게 하신 것이라 2요한은 하나님의 말씀과 예수
그리스도의 증거 곧 자기가 본 것을 다 증언하였느니라 3이 예언의 말씀을 읽는 자와 듣는 자와 그
가운데에 기록한 것을 지키는 자는 복이 있나니 때가 가까움이라

4요한은 아시아에 있는 일곱 교회에 편지하노니 이제도 계시고 전에도 계셨고 장차 오실 이시
며 그의 보좌 앞에 있는 일곱 영과 5또 충성된 증인으로 죽은 자들 가운데에서 먼저 나시고 땅의

임금들의 머리가 되신 예수 그리스도로 말미암아 은혜와 평강이 너희에게 있기를 원하노라 우리
를 사랑하사 그의 피로 우리 죄에서 우리를 해방하시고 6그의 아버지 하나님을 위하여 우리를 나
라와 제사장으로 삼으신 그에게 영광과 능력이 세세토록 있기를 원하노라 아멘 7볼지어다 그가 구
름을 타고 오시리라 각 사람의 눈이 그를 보겠고 그를 찌른 자들도 볼 것이요 땅에 있는 모든 족
속이 그로 말미암아 애곡하리니 그러하리라 아멘

8주 하나님이 이르시되 나는 알파와 오메가라 이제도 있고 전에도 있었고 장차 올 자요 전능한
자라 하시더라

9나 요한은 너희 형제요 예수의 환난과 나라와 참음에 동참하는 자라 하나님의 말씀과 예수를
증언하였음으로 말미암아 밧모라 하는 섬에 있었더니 10주의 날에 내가 성령에 감동되어 내 뒤에
서 나는 나팔 소리 같은 큰 음성을 들으니 11이르되 네가 보는 것을 두루마리에 써서 에베소, 서머
나, 버가모, 두아디라, 사데, 빌라델비아, 라오디게아 등 일곱 교회에 보내라 하시기로 12몸을 돌이
켜 나에게 말한 음성을 알아 보려고 돌이킬 때에 일곱 금 촛대를 보았는데 13촛대 사이에 인자 같
은 이가 발에 끌리는 옷을 입고 가슴에 금띠를 띠고 14그의 머리와 털의 희기가 흰 양털 같고 눈
같으며 그의 눈은 불꽃 같고 15그의 발은 풀무불에 단련한 빛난 주석 같고 그의 음성은 많은 물 소
리와 같으며 16그의 오른손에 일곱 별이 있고 그의 입에서 좌우에 날선 검이 나오고 그 얼굴은 해
가 힘있게 비치는 것 같더라 17내가 볼 때에 그의 발 앞에 엎드러져 죽은 자 같이 되매 그가 오른손
을 내게 얹고 이르시되 두려워하지 말라 나는 처음이요 마지막이니 18곧 살아 있는 자라 내가 전에
죽었었노라 볼지어다 이제 세세토록 살아 있어 사망과 음부의 열쇠를 가졌노니 19그러므로 네가
본 것과 지금 있는 일과 장차 될 일을 기록하라 20네가 본 것은 내 오른손의 일곱 별의 비밀과 또
일곱 금 촛대라 일곱 별은 일곱 교회의 사자요 일곱 촛대는 일곱 교회니라.

어느 나라나 세대나 할 것 없이 사람들은 언제나 자신의 미래에 벌어질 일을 궁금해하고 그것을 알아내기 위해 애써왔다. 그래서 영매와 점술사가 있고, 통계학자와 과학자가 있다. 간혹 예측이 적중하여 상황이 그들의 예언대로 되는 경우도 있다. 하지만 종교가 있고 없고를 떠나 이들 예언자들은 과녁을 빗나갈 때가 훨씬 많다. 빗나간 예측으로 사람들을 실망시킨 예를 당신의 생애 가운데 있었던 일들로만 몇 가지 생각해보라.

- 정치 분석가가 낙승을 점쳤는데… 상대편 후보가 승리한다.
- 군 장성이 신속한 승리를 예측했는데… 전쟁이 장기전으로 돌입한다.
- 성경학자가 예수님의 재림 날짜를 계산했는데… 그분은 오시지 않는다.

• 재정 전문가가 상승 장세를 믿었는데… 주가가 폭락한다.

미래에 대한 예언의 신빙성이란 그 출처가 가지고 있는 지혜와 지식과 식견의 정도를 벗어날 수 없다. 정보의 출처가 과거와 현재에 대한 우리 인간의 시각으로 제한되어 있다면, 아무리 똑똑한 '전문가'의 예측도 경험에 기초한 추측에 지나지 않는다. 하지만 그 출처가 전지하신 주권자 하나님이시라면 그분이 말씀하신 대로 반드시 이루어질 것을 확신할 수 있다.

하나님은 우리에게 미래의 사건들을 보여주시기 전에 그 정보의 확실한 출처부터 밝히신다. 미래에 관한 이 환상들은 어느 실성한 돌팔이나 무모한 광신자의 붓에서 나온 것이 아니다. 요한계시록의 예언은 우리의 전지하신 주권자 하나님께서 예수 그리스도를 통하여 주신 것이다. 따라서 요한계시록은 세상의 미래에 관한 정보를 얻기에 믿을 수 있고 타당한 출처다.

—1:1–3—

요한계시록은 우리를 혼란과 좌절에 빠뜨리거나 겁주거나 즐겁게 하려고 기록된 책이 아니다. 이 놀라운 책의 첫 구절은 책의 목적을 "반드시 속히 일어날 일들을 그 종들에게 보이시려고"라고 분명히 밝히고 있다. 이 책이 미래에 전개될 사건들을 계시해주는 것은 맞지만, 그러한 종말에 대한 묘사 때문에 이 책의 진짜 핵심을 놓쳐서는 안 된다. 그 핵심이란 바로 그 사건들을 주관하시는 분이다. "예수 그리스도의 계시"(1:1)라는 표제는 예수 그리스도로부터 온 계시라는 뜻일 수도 있고, 예수 그리스도에 관한 계시라는 뜻일 수도 있다. 아니면 양쪽 모두를 의미할 수도 있다. 사건들이 전개되어 마침내 그리스도의 나라가 임하는 과정을 우리가 목격하는 사이에, 예수님의 모습도 우리에게 더욱 또렷해진다. 그것은 2절에 언급된 "예수 그리스도의 증거" 자체가 곧 "예언의 영(또는 핵심)"(19:10)이기 때문에 그렇다. 그리스도의 인격과 사역이야말로 예언의 모든 퍼즐 조각들을 서로 들어맞게 하는 청사진이다.

1절에 "속히"로 번역된 헬라어 문구는 *en tachei*다. 동일한 문구가 누가복음 18장 8절에 하나님의 심판을 언급할 때도 쓰였고, 로마서 16장 20절에 장차 사탄이 망할 것을 묘사할 때도 쓰였다. 임박한 성취를 표현할 때 흔히 쓰이던 헬라어 단어로 3절에 나오는 "가깝다"는 뜻의 *engys*도 있다. *En tachei*와 *engys*라는 이 두 용어에는 미래의 사건이 언제라도 성취될 수 있다는 의미가 담겨 있다. 마치 그리스도께서 지금 세상의 문간에 서 계셔서 당장이라도 들어오실 수 있다는 말과 같다. 우리는 그리스도께서 어느 특정한 때에 재림하실 것을 고대할 것이 아니라 그분이 언제 오시더라도 준비하고 있어야 한다.

요한계시록의 '7복'

- 이 예언을 읽고 듣고 지키는 자들은 복이 있다(1:3). 그들은 삶을 변화시키는 그 메시지를 통해서 성장할 것이다.
- 주 안에서 죽는 자들은 복이 있다(14:13). 그들은 수고를 그치고 상을 받을 것이다.
- 깨어 있어 자신의 옷을 지키는 자들은 복이 있다(16:15). 그들은 상이 없어 부끄러움을 당하는 일이 없을 것이다.
- 그리스도의 혼인 잔치에 초대받은 자들은 복이 있다(19:9). 그들은 영원한 즐거움을 누릴 것이다.
- 첫째 부활에 참여하는 자들은 복이 있다(20:6). 그들은 다시는 고생이나 죽임을 당하지 않을 것이다.
- 이 책의 예언의 말씀을 지키는 자들은 복이 있다(22:7). 그들은 그리스도께서 재림하실 때 준비되어 있을 것이다.
- 자신의 옷을 빠는 자들은 복이 있다(22:14). 그들은 자신이 행한 대로 상을 받을 것이다.

3절에서 요한은 요한계시록의 예언의 말씀을 읽고 듣고 지키는 사람들은 "복이 있나니"라고 썼다. 성경적 의미에서 "복이 있다"는 말은 무슨 뜻인가? 한 주석가가 지적한 것처럼, 헬라어 원어로 이 단어는 "피상적인 감상을 표현하는 말이 아니라 하나님의 뜻 가운데서 행하는 것이 좋은 일이라는 엄연하고도 검증된 확신을 표현하는 말이다."[1] 예수님도 산상수훈의 유명한 '8복'에서 동일한 헬라어 단어를 반복해 사용하셨다(마 5:3-11). 우리는 흔히 요한계시록에 죽음과 멸망과 고난밖에 나오지 않는 줄로 생각하지만, 사실 요한계시록에는 시련을 만난 신자들에게 희망과 격려를 주기 위한 '7복'이 들어 있다.

—1:4-8—

요한은 우선 소아시아의 교회들에게 "은혜와 평강"으로 문안한다(1:5).[2] 그리스도는 육신을 입고 오신 하나님이시며 십자가에서 죽으심으로 우리의 죗값을 치르신 분이다. 죄인들이 단순히 믿음으로 그분께 나아와 그분을 하나님으로 받아들이면 그들은 은혜로 영원한 구원을 얻는다. 은혜는 공로나 수고나 자격 없이 거저 받는 호의다. 하나님이 우리를 구원하시는 것은 우리 쪽에서 어떤 선을 행했거나, 앞으로 행할 것이거나, 행하기로 약속했기 때문이 아니다. 하나님은 믿음으로 말미암아 오직 은혜로 우리를 구원하신다(엡 2:8-9). 구원은 자격 없는 죄인들에게 주시는 하나님의 선물이다. 우리는 결코 그 사실을 잊어서는 안 된다! 이 값진 은혜의 결과 우리는 하나님과의 관계에서 참된 평강을 누리게 되고, 그 평강은 세상이 줄 수 있는 모든 시련과 환난을 이긴다. 이것은 박해 속에 살고 있던 교인들에게 얼마나 용기를 주는 안부 인사인가! 물론 요한은 앞으로 심판과 환난에 대해 말할 것이고, 장차 그것은 악한 불신자들을 삼킬 것이다. 하지만 하나님의 백성은 은혜와 평강을 받을 것이다.

이러한 현재의 평강과 미래에 완성될 우리의 구원은 성부, 성자, 성령 하나님에게서 온다. 환상 속에서 본 여러 가지 이미지를 바탕으로 요한은 '삼위일체 하나님에 대한 정교한 3개조 고백'[3]을 내놓았다. 우선 그는 성부 하나님을 "이제도 계시고 전에도 계셨고 장차 오실 이"(1:4)라고 표현했다. 4장 8절에 나오는 네 생물의 노래에서도 동일한 표현을 볼 수 있다. 이것은 출애굽기 3장 14절에 나오는 하나님의 이름인 "나는 스스로 있는 자이니라"(I AM)를 암시하는 표현으로, 과거와 현재와 미래의 모든 역사를 주관하시는 하나님의 완전한 초월성을 나타낸다.[4] 하나님은 우리의 달갑잖은 과거를 주관하시는 것만큼이나 우리의 알 수 없는 미래와 힘 빠지게 하는 현재도 주관하고 계신다.

요한이 "예수 그리스도"에게 붙인 호칭들 역시 구약과 신약의 언어에서 온 것이다. "충성된 증인," "먼저(처음) 나"신 분, "땅의 임금들의 머리" 등은 시편 89편 27절과 37절에서 온 표현으로, 약속대로 다윗의 후손으로 오신 그리스도의 권세와 왕권을 가리킨다. 골로새서 1장 18절과 요한계시록 3장 14절에도 이런 표현들이 나오는데, 역시 약속된 왕으로 다윗의 혈통에서 오신 그리스도의 통치권을 가리킨다고 할 수 있다.

끝으로, 성령은 "그의 보좌 앞에 있는 일곱 영"(1:4)으로 표현된다. 요한은 지금 성령이 일곱 분이라고 말하는 것이 아니다. 성령은 오직 한 분이시다(고전 12:13, 엡 4:4). 요한계시록 4장에 기술된 천국 보좌의 환상에서 요한이 본 성령은 상징적으로 "보좌 앞에 켠 등불 일곱"(4:5)으로 묘사된다. "일곱 영"이라는 이미지는 스가랴 4장 2-7절에 나오는 유사한 이미지와 이사야 11장 2-3절에 나오는 성령의 일곱 가지 특성에서 온 것이기도 하다. 그 일곱 가지 특성이란 (1) 여호와의 영, (2) 지혜의 영, (3) 총명의 영, (4) 모략의 영, (5) 재능의 영, (6) 지식의 영, (7) 여호와를 경외하는 영이다.[5]

삼위일체 하나님에 대한 이 영광스러운 진리 앞에서 요한은 웅대한 찬가 내지 찬송으로 반응한다(1:5-6). 전에 십자가 밑에 서서 구주의 고난을 목격했던 그는(요 19:26-27, 35) 독자들의 주의를 다시 십자가로 돌린다. 그리스도는 친히 피를 흘리심으로 세상의 죗값을 완전히 치르셨고, 그리하여 신자들을 죄의 책임과 형벌에서 해방시키셨다. 우리를 대신하여 그분이 죽음을 이기셨고 모든 믿는 자들에게 새 생명을 주셨다. 그러므로 우리는 내주하시는 성령의 능력으로 말미암아 그리스도와 초자연적으로 연합함으로써, 제사장이시자 장차 오실 왕이신 그분의 권세에 동참할 수 있다(엡 2:4-7, 계 5:10, 20:6). 이런 영광스러운 소식에는 마땅히 웅대한 찬가가 제격이다!

결국 요한계시록은 예수 그리스도 자신에 관한 이야기다. 첫인사를 마친 요한은 장차 모든 영광 중에 오실 왕을 그때부터 예언적으로 묘사하기 시작한다. 진정한 주권자께서 감람산에 발을 디디실 때, 그분을 거부했던 사람들은 박수갈채를 보내지 않을 것이다. 악대가 그분께 찬가를 연주하거나, 그분이 밟으실 길에 주단을 깔거나, 큰 글씨로 '환영!'이라고 쓴 거대한 펼침막으로 그분을 반기는 일도 없을 것이다. 오히려 그분이 오실 때 그들은 애통해할 것이다. 그분이 심판자로 오시기 때문이다(1:7). 요한은 최후의 아마겟돈 전쟁에 영광스럽게 강림하실 그리스도를 당시에 잘 알려져 있던 성경의 이미지들을 빌려 예고하고 있다. 그분을 믿지 않은 사람들까지 포함해 모든 눈이 그분을 볼 것이며, 그분을 보는 사람들은 다 심히 애곡할 것이다.

여기서 요한은 불쑥 전능하신 하나님의 말씀을 인용하여 우리의 주의를 집중시킨다. "나는 알파와 오메가라 이제도 있고 전에도 있었고 장차 올 자요 전능한 자라"(1:8). 헬라어 알파벳의 첫 글자와 마지막 글자인 "알파"와 "오메가"는 창조와 재창조가 모두 하나님의 손안에 있음을 보여준다. 그렇다고 하나님이 "알파"와 "오메가" 사이의 일에는 관심이 없으시다고 생각한다면 그것은 큰 오산이다. 그래서 그분은 자신이 과거와 미래의 하나님만이 아니라 현재의 하나님도 되심을 우리에게 일깨워주신다. "전능한 자"이신 주 하나님은 모든 시간을 지배하는 분이시다.

—1:9-11—

직접 인용된 전능자의 말씀으로 강력한 도입부가 절정에 이른 뒤(1:1-8) 갑자기 요한은 첫 환상의 배경으로 넘어간다(1:9-11). 사도 요한은 일부러 스포트라이트를 예수님께만 두려는 듯 자기 자신과 자신의 상황을 간단명료하고 겸손하게 "나 요한"(1:9)이라고만 소개한다. 잔인한 도미티아누스 황제는 요한이 황제인 자신을 '주와 신'으로 고백하지 않는다는 이유로 그를 밧모 섬이라는 죄수 유형지로 추방했다. 여전히 요한은 유일하신 참 주요 신이신 예수 그리스도로부터 다른 데로 주의를 돌릴 마음이 없다.

요한은 당대의 어떤 생존 인물도 감히 따라올 수 없는 내용을 자신의 이력서에 올릴 수도 있었지만 그러지 않았다. 오히려 그는 동료 신자들과의 공통된 경험을 강조하여 자신을 "너희 형제요… 동참하는 자라"(1:9)고 표현했다. "동참하는 자"로 번역된 단어는 '교제'의 개념과 관련이 있다. 오늘날의 대다수 그리스도인들은 교회의 교제를 음식, 사람, 재미라는 이른바 3대 필수 요소와 떼어놓고는 상상하기가 힘들다. 하지만 요한이 확증하고 있듯이 초대 교회의 교제는 전혀 다른 3대 요소를 중심으로 이루어졌는데, 바로 장차 임할 '나라'를 생각하여 '환난'을 '참음'이 곧 그것이다.

'환난'으로 번역된 헬라어 단어 *thlipsis*는 그리스도의 물리적 재림으로 이어지는 말세의 대환난을 의미할 수도 있지만(마 24:21, 29), 그보다는 모든 시대의 그리스도인들이 겪는 전반적 시련과 박해를 의미하는 경우가 더 많다(마 13:21, 24:9, 요 16:33, 롬 5:3).

'나라'는 단어는 그리스도께서 재림하실 때 지상에 세워질 미래의 나라를 지칭한다(마 19:28, 행 1:6-7, 딤후 4:1, 계 20:4). 그분이 다시 오시면 신자들도 그분과 함께 왕 노릇 하는 공동 운명체가 되며, 그래서 간혹 신자들은 영적 의미에서 하나님의 "나라"로 지칭되기도 한다(고전 4:20, 골 1:13).

이렇게 고난에 동참하고 미래의 영광을 약속받은 신자들에게 성령께서는 또한 '참음'에 동참할 능력을 주신다. 여기에 쓰인 명사 *hypomonō*에는(같은 어원의 동사 *hypomenō*도 마찬가지다) 극한 역경을 견딘다는 의미가 들어 있다. 소나 나귀가 무거운 짐을 견디는 것과 비슷하다. 하나님은 친히 신자들에게 고생을 견딜 수 있는 능력을 주신다(롬 15:5, 골 1:11).

예수 그리스도는 참음과 환난과 나라라는 이 세 요소를 통하여 요한이 살던 시대의 신자들을 하나로 묶어주셨고, 고난당하는 그들에게 목적과 그것을 바라보는 전체적 시각을 주셨다. 왕으로 오실 그리스도께서 그들을 위하여 불의한 고난을 당하실 수 있다면 그들도 당연히 그분을 위하여 박해를 견딜 수 있었다.

도미티아누스 황제 재위 기간에 요한은 "하나님의 말씀과 예수를 증언하였음으로 말미

역사적 관점에서 본 도미티아누스의 박해

교회 역사를 통틀어 기독교는 다양한 크기의 박해를 받았다. 그중 로마 제국이 전국의 교회를 공격한 공식적인 박해로 역사가들은 크게 둘을 꼽는다. 첫 번째는 AD 250년대에 있었던 데키우스 황제의 박해였고, 두 번째는 약 50년쯤 뒤인 디오클레티아누스 황제의 박해였다. 후자의 잔인한 박해는 313년 콘스탄티누스 황제가 기독교에 대한 로마의 공식적 박해를 종식시킨 밀라노 칙령으로 막을 내렸다. 다음의 도표는 초창기 교회가 당한 크고 작은 박해들과 대략의 강도를 표시한 것이다.

하지만 그런 대대적인 탄압 전후에도 국지적 박해는 늘 있었다. 사실 그리스도께서 부활하여 승천하신 직후에 교회는 여러 해 동안 각 지역의 회당 지도자들로부터는 물론 이방인 당국자들의 탄압과 박해를 받았다. 60년대 말 네로는 로마의 교회를 박해하여 베드로와 바울을 비롯한 많은 그리스도인들을 처형했다. 30년 후에 도미티아누스 황제 치하에서도 박해가 일어났는데, 주요 과녁은 마지막 생존 사도 가운데 한 명으로 알려진 요한이었다.

전승에 따르면 로마 당국자들은 요한을 기름에 넣어 삶으려 했으나 요한은 기적적으로 살아났다. 그러자 미신을 믿던 관리들은 당황하여 겁을 먹었다. 그 뒤 요한은 예수 그리스도를 증언했다는 이유로 밧모 섬으로 유배되었다. 도미티아누스는 하나님의 나라를 두려워했고, 자신의 권력을 위협하는 것이면 무엇이든 다 세상에서 없애버리고 싶었다. 그래서 그는 다윗 왕의 후손들을 수소문했다. 그는 예수님의 동생인 유다의 두 손자를 소환하여 그리스도의 나라가 가진 특성에 대하여 그리고 그들이 왕위를 계승할 자들인지에 대하여 심문했다. 그러나 예수님의 친족이자 그리스도인인 이들 유대인들은 도미티아누스에게 뜻밖의 설명을 내놓았다. 그들이 믿고 선포하는 나라는 이 땅이 아니라 하늘에 속한 것이며, 세상 끝 날에 세워진다는 것이었다. 게다가 그 두 사람은 금전적 가치도 별로 없었다. 그들은 황제에게 자신들의 빈 주머니를 보여주었고, 그러자 황제는 구금시켜 놓았던 그들을 풀어주었다. 요한은 얼마 후 유배지에서 풀려나 아시아의 교회들을 지도하다가 AD 98년 트라야누스 황제가 즉위한 후 세상을 떠났다.[6]

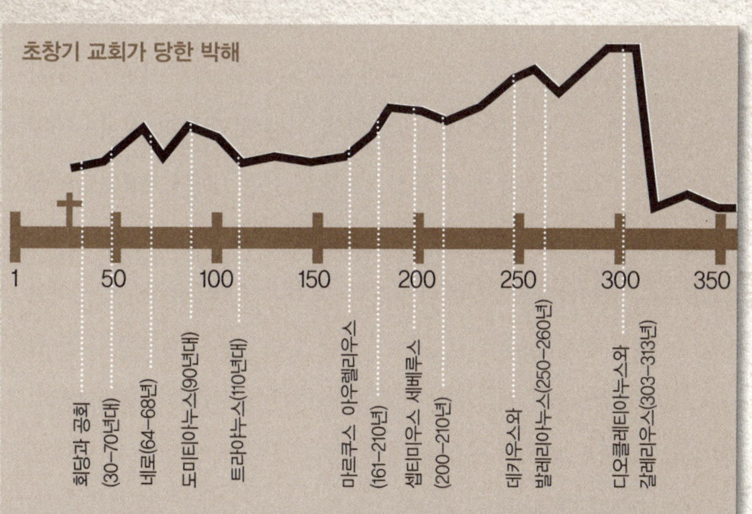

암아"(1:9) 밧모로 유배되었다. 로마는 거리가 먼 데다 환경이 열악한 작은 밧모 섬을 1세기의 죄수 유형지로 삼았다. 초대 교회에 대한 역사 기록을 보면, 사도 요한은 AD 95년부터 시작해 18개월 동안 밧모에 유배되었다.[7] 신앙 때문에 바위투성이 유배지로 귀양을 가 불확실한 상황 속에 살면서도 노령의 사도는 "주의 날"(일요일)에 시간을 떼어 예배하고 기도했다. 헌신이란 바로 그런 것이다! 아마 그는 무릎 꿇고 기도하거나 시편을 암기하고 있었을지도 모른다. 그때 초자연적인 무엇이 그를 붙들어 이 세상에서 영의 세계로 옮겨다놓았다.[8]

요한이 "성령에 감동"되자마자 그의 뒤에서 또렷하고 선명하게 들리는 음성이 있었는데, 곧 그리스도께서 "사랑하시는 그 제자"를 부르시는 "나팔 소리 같은" 음성이었다(1:10). 그분은 "네가 보는 것을 두루마리에 써서 에베소, 서머나, 버가모, 두아디라, 사데, 빌라델비아, 라오디게아 등 일곱 교회에 보내라"는 간단한 지시를 내리셨다. 그리스도께서 이 일곱 교회를 뽑으신 것은 그들의 상황과 상태가 우리 시대를 포함해서 모든 시대의 교회들에 적용될 수 있기 때문이다. 일곱 교회 중 첫 번째로 언급된 교회이자 요한의 모교회인 에베소는 밧모에서 가장 가까웠다. 나머지 여섯 교회의 위치는 그리스도께서 말씀하신 순서대로 자연스럽게 육로를 따라가면 된다(16페이지에 나오는 서론의 지도를 참고하라).

—1:12–20—

구주의 엄위하신 음성이 아직 귓전에 생생히 울리는 가운데 요한은 자신에게 말씀하시는 분이 누구인지 보려고 천천히 돌아섰다. 맨 처음 그의 눈에 들어온 것은 사람이 아니라 각각 기름 등잔을 받치고 있는 일곱 금 촛대였다(1:12). 이어 그의 시선이 음성의 주인공에게 가서 멎으니 거기 "인자 같은 이"가 일곱 촛대 사이에 서 계셨다. 물론 그분은 예수님이셨지만 요한이 이전에 알던 모습, 즉 무리에게 말씀을 전하시고, 병자를 고치시고, 십자가에서 고난당하시고, 심지어 하늘로 승천하시던 그 모습이 아니었다. 이 예수님의 메시지를 들은 요한의 기억은 60년도 더 전에 변화산에서 있었던 생생한 경험으로 쏜살같이 내달렸다(마 17:1–8, 막 9:2–8, 눅 9:28–36). 거기서 베드로와 야고보와 요한은 자기들의 눈앞에서 잠시 베일을 벗고 영광스럽게 변형되신 그리스도를 목격했었다. 그런데 이제 생애 말년에 요한은 부활하신 주님의 충만한 영광을 환상 중에 보았다.

본질상 형언할 수 없는 광경을 요한은 최선의 수식어들을 동원하여 말로 표현했다. 예수님은 언뜻 보기에 인간의 형체와 비슷하셨지만 분명히 인간 이상이셨다. 긴 옷, 금띠, 흰 머리와 털, 불꽃 같은 눈, 주석 같은 발, 많은 물 소리 같은 음성, 빛나는 얼굴(1:13-16)은 모두 한 가지 사실을 가리킨다. 예수 그리스도께서 곧 하나님이시라는 사실이다! 그분의 입에서 나온 좌우에 날선 검은 하나님의 말씀을 상징하는 것이자(히 4:12) 또한 심판의 도구를 가리킨다(계 19:11-15). 그분의 손에는 일곱 별이 들려 있다(1:16). 베일을 벗은 신성이 신비로운 상징물들에 싸여 있는 광경을 잠깐 보았을 뿐인데도, 그것은 변화산에서 있었던 요한의 경험을 능가했다. 그러자 이 사랑받는 제자는 우주에서 자신의 위치가 어디인지를 단박에 깨달았다. 전도자, 신학자, 장로, 사도, 그리스도의 최측근 정예 요원인 성 요한은 즉시 만왕의 왕이요, 만주의 주이신 그분 앞에 무력하게 엎드려 떠는 죄인이 되었다. 한마디로 이 환상은 요한을 두려움에 빠뜨렸다.

하지만 사도가 그렇게 심장이 멎을 듯한 공포에 빠져 있자 지존하신 성자 하나님께서 몸을 구부리시고 십자가에 못 박히신 손을 내밀어 이 오랜 친구를 위로해주셨다. 그분은 노령의 제자를 일으켜 세우시며 그에게 두려워하지 말라고 말씀하셨다. 이어 예수님은 자신을 아주 높은 분으로 표현하신다. "나는 처음이요 마지막이니 곧 살아 있는 자라 내가 전에 죽었었노라 볼지어다 이제 세세토록 살아 있어 사망과 음부의 열쇠를 가졌노니"(1:17-18).

곧이어 주님은 요한에게 그가 보는 것을 다 기록하라는 명령을 되풀이하셨다(1:19, 참고 1:11). 이번에는 예수님이 계시의 내용을 세 가지로 나누어 개괄하신다. 그것은 다음과 같이 과거와 현재와 미래로 구분할 수 있다.

예수님이 요한계시록 1장 19절에 친히 밝혀주신 개요

그러므로··· 기록하라		
(1) 네가 본 것과	(2) 지금 있는 일과	(3) 장차 될 일을
그리스도를 본 환상. 요한계시록 1장	일곱 교회에 주신 메시지. 요한계시록 2-3장	미래의 일들을 본 환상들. 요한계시록 4-22장
"몸을 돌이켜 나에게 말한 음성을 알아 보려고 돌이킬 때에"(1:12).	"교회의 사자에게 편지하라"(2:1, 8, 12, 18, 3:1, 7, 14).	"이리로 올라오라 이 후에 마땅히 일어날 일들을 내가 네게 보이리라"(4:1).

역사적 사건의 현장에 와 있는 기자처럼 요한은 예수님을 본 환상("네가 본 것")이 아직 머릿속에 생생할 때 부리나케 그것을 기록하기 시작한다. 이어 예수님은 그 환상에 나오는 일곱 별과 일곱 촛대라는 두 가지 상징물을 우리가 이해할 수 있도록 해석해주신다. 그분의 오른손에 들린 일곱 별은 1장 11절에 언급된 일곱 교회의 "사자"(천사 또는 인간 메신저)다. 일곱 금 촛대는 일곱 교회다(1:20). 그렇다면 요한에게 맡겨진 사명은 명백하다. 요한은 자기가 보고 듣는 모든 것을 기록하여 일곱 교회에 보내되 각 교회의 목사를 통하여 보내야 했다. 이렇게 이 책을 널리 배포하는 것은 예수 그리스도께서 주신 계시를 통하여 요한 시대의 신자들만 아니라 모든 시대의 신자들도 계속 배우고 힘을 얻게 하는 확실한 방법이었다.

적용

영광스러운 주님 앞에 엎드리라

밧모 섬에서 있었던 요한의 숨 가쁜 경험을 묵상하면서 나에게 강하게 와닿는 두 가지 원리가 있다.

첫째, 그리스도가 정말 어떤 분인지를 더 잘 알수록 우리는 더 빨리 복종과 순종으로 반응하게 된다. 요한계시록 1장 17절에 보면 "내가 볼 때에 그의 발 앞에 엎드러져 죽은 자 같이 되매"라고 했다. 우리는 사람들에게서 간혹 다음과 같은 말을 듣는다. 이다음에 예수님을 대면하여 만나면 그분을 끌어안고 그분의 무릎에 앉아 평생 찜찜했던 신학과 성경의 모든 질문을 여쭈어보겠다고 말이다. 하지만 요한이 베일을 벗은 그리스도의 영광을 잠시만 보고도 그런 반응을 보였다는 사실을 생각하면, 우리의 그런 시각은 함량 미달이다. 요한이 부활하신 주님을 만나 황공하여 떤 일을 묵상하면서 우리 자신에게 던져야 할 질문이 있다.

- 내가 알고 경배하는 예수님은 성경에 묘사된 예수님, 곧 위엄과 영광과 권능이 충만하신 분인가? 아니면 내 생각대로 지어낸 예수님, 곧 문화에 적합하고 온순하며 사용자 친화적인 분인가?

• 요한이 묘사한 예수님은 기도와 예배와 순종에서 나의 태도에 어떤 영향을 미쳐야 하겠는가? 요한계시록 1장 17절에 기록된 예수님께 대한 반응이 나의 삶에서 나타나고 있는가? 나의 주인이요 주님이신 예수 그리스도를 나는 어떤 식으로 너무 경박하게 또는 함부로 대하고 있는가?

둘째, 우리가 그리스도께 더 기꺼이 복종할수록 그분이 우리에게 계시해주시는 진리도 더 깊어진다. 물론 당신이 하나님께 종말에 관한 환상을 받을 일은 없을 것이다. 예수께서 친히 당신에게 메시지를 주시면서 목사에게 전하라고 하실 일도 없을 것이다. 다만 요한은 그리스도가 어떤 분인지를 깊이 인식하고 그분의 권위에 온전히 복종했다. 그러자 그는 그리스도와 그분이 계획하신 미래를 더 깊이 알게 되었다. 하나님의 말씀을 펴서 그리스도를 만날 때 우리가 겸손히 복종하는 자세로 임하면 그분과의 관계가 더욱 깊어진다. 이 원리를 더 잘 이해할 수 있도록 당신에게 한 가지 권하고 싶은 일이 있다.

시편 111편 10절과 잠언 1장 7절, 9장 10절을 읽으라. 각 본문을 자세히 살펴보라. 우리

요한계시록 2-3장에 나오는 "사자"는 누구인가?

21세기에 "천사"(angel)라는 말을 들으면 우리는 즉시 하늘에서 온 사자를 떠올린다. 그들은 인간의 모습으로 나타날 때도 있고 눈부신 차림새를 하고 올 때도 있다. 심지어 우리는 이사야 6장에 나오는 여섯 날개의 생물을 상상할 수도 있다. 그러나 당신이 1세기에 살다가 *angelos*라는 헬라어 단어를 들었다면, 흰옷 차림의 날개 달린 사자가 맨 먼저 떠오르지는 않을 것이다.

사실 구약의 헬라어 역본에서나 신약에서나 이 단어는 때로 인간 메신저나 전령, 즉 왕을 대표하거나 어떤 중요한 메시지를 전하는 사람을 지칭한다(창 16:7-12, 삼상 19:11-20, 말 3:1, 마 11:10, 눅 7:24, 27). 초기(AD 95-100년경)의 한 기독교 저작에 보면, 외국의 교회들에 통신문을 보내 인간 *angelos*의 역할을 하는 것이 로마의 목사가 할 일로 적혀 있다.[9] 그러므로 이 단어가 하늘의 천사를 지칭하는지 아니면 사자 역할을 하는 인간을 지칭하는지는 문맥을 보아 판단해야 한다.

요한계시록에는 *angelos*라는 단어가 1장 20절에 처음 언급되고 2장과 3장에서 계속 되풀이되는데, 문맥상 소아시아 일곱 교회의 *angelos*는 각 교회의 수석 장로 내지 '목사'라고 볼 수 있다. 사실 각 교회의 "사자"는 여러 번 "너"라는 단수로 지칭되며, 또한 잘못된 행동에 대한 책망도 "사자"에게 주어진다(2:4, 14, 20). 하늘의 천사에게는 잘못을 책망하거나 회개를 촉구할 수 없다.[10]

따라서 일곱 교회의 각 *angelos*에게 편지하라는 예수님의 지시는 오늘날의 교회 '목사'를 두고 하신 말씀이라 볼 수 있다. 일곱 교회의 목사들은 아마 요한이 잘 아는 사람들이었을 것이다. 하지만 우리가 알아야 할 것이 또 있다. 편지의 일차 수신자는 각 교회의 목사였지만, 1장 11절이 일깨워주듯 이 메시지들은 각 목사가 돌보고 있던 교회들에게 주신 것이다.

는 하나님이 계시해주신 진리에 순종해야 하는데, 이 말씀들에 따르면 그 순종을 더 깊이 이해하는 데 꼭 필요한 한 가지 태도는 무엇인가? 자신에게 이렇게 물어보라. "나는 하나님의 말씀을 펼 때 그런 태도로 임하는가? 참된 지혜와 명철을 얻는 데 필요한 공경과 경외가 나에게 있는가?" 잠시 멈추어 세 구절을 다시 한 번 읽어보라. 그 구절들을 외우면 더 좋다.

에베소: 다 있지만 가장 중요한 것만 없는 교회(요한계시록 2:1-7)

1에베소 교회의 사자에게 편지하라 오른손에 있는 일곱 별을 붙잡고 일곱 금 촛대 사이를 거니
시는 이가 이르시되
2내가 네 행위와 수고와 네 인내를 알고 또 악한 자들을 용납하지 아니한 것과 자칭 사도라 하
되 아닌 자들을 시험하여 그의 거짓된 것을 네가 드러낸 것과 3또 네가 참고 내 이름을 위하여 견
디고 게으르지 아니한 것을 아노라 4그러나 너를 책망할 것이 있나니 너의 처음 사랑을 버렸느니
라 5그러므로 어디서 떨어졌는지를 생각하고 회개하여 처음 행위를 가지라 만일 그리하지 아니하
고 회개하지 아니하면 내가 네게 가서 네 촛대를 그 자리에서 옮기리라 6오직 네게 이것이 있으니
네가 니골라 당의 행위를 미워하는도다 나도 이것을 미워하노라 7귀 있는 자는 성령이 교회들에게
하시는 말씀을 들을지어다 이기는 그에게는 내가 하나님의 낙원에 있는 생명나무의 열매를 주어
먹게 하리라.

주님의 명령대로 "네가 본 것"(그리스도를 본 환상, 1장)을 기록한 요한은 이제 "지금 있는 일"(일곱 교회에 주신 메시지, 2-3장)로 넘어간다. 이 두 장에서 그리스도는 1장 11절에 언급하신 각 지역의 신자 공동체를 평가하신다. 에베소 교회로부터 시작하여 라오디게아 교회로 끝나는 이 메시지들은 그리스도께서 그들의 믿음과 행위를 점검하시는 '실적 평가'라 할 수 있으며, 칭찬과 책망이 들어 있다. 에베소 교회를 집중적으로 살펴보기 전에, 우선 주님께서 각 교회를 면밀히 살펴보실 때마다 거기에 반복적으로 나타나는 전체적인 틀부터 살펴보자.

2-3장의 편지를 하나씩 읽어나가다 보면 몇 가지 비슷한 점들이 눈에 띈다. 우선 편지마다 맨 앞에 각 교회의 대표("사자" 내지 목사)가 언급되면서 그리스도께서 자신을 소개하시는 내용이 따라나온다. 이어 메시지의 내용, 즉 각 교회에 대한 그리스도의 평가 결과가 기술되는데 여기에는 필요에 따라 칭찬, 우려, 교정, 권고 등이 들어 있다. 끝으로 그리스

요한계시록 2-3장의 각 메시지에 나오는 공통된 요소들

수신	"…교회의 사자에게"
발신	"…이가 이르시되"
내용	"내가 아노니…"
칭찬	"네가 …하였도다."
우려	"너를 책망할 것이 있나니…"
교정	"회개하라 그리하지 아니하면…"

도는 귀가 열린 사람들은 하나님의 영이 교회들에게 하시는 말씀을 들으라고 촉구하시며 말씀을 맺으신다(2:7).

그리스도께서 이런 전체적인 구조 속에서 메시지를 전하고 계시지만, 그래도 각각의 실적 평가를 비교해보면 몇 가지 특이한 점들이 눈에 띈다. 첫째, 모든 편지에 강점과 칭찬이 나오는데 유독 라오디게아에 보낸 편지에만 없다. 이 교회는 상태가 워낙 한심하여 예수께서 교정과 우려와 권고밖에 표하지 않으셨다. 둘째, 모든 편지에 책망이 나오는데 서머나와 빌라델비아만은 예외다. 이 두 교회는 모든 면에서 나무랄 데가 없었다. 끝으로, 각 편지마다 모든 시대의 교회들과 개인들, 특히 오늘날의 신자들이 적용하기에 놀랍도록 적절한 내용들이 들어 있다.

—2:1—

이번 메시지를 시작하시면서 그리스도는 자신을 "오른손에 있는 일곱 별을 붙잡고 일곱 금 촛대 사이를 거니시는 이"라고 소개하신다. 당신도 금방 알아차렸겠지만, 이것은 요한이 엄위하신 구주를 보고 1장 12-16절에 기록한 첫 환상에 나왔던 표현이다. 사실 소아시아의 교회들에 보낸 일곱 통의 편지를 잘 보면, 초반에 나오는 예수님의 자기소개는 모두 1장의 언어와 이미지에서 온 것이다. 궁극적인 메신저이신 그분과 그분의 메시지들은 그렇게 하나로 연결되어 있다. 아울러 그리스도는 각 메시지 앞에 붙이신 자신의 호칭을 각 메시지의 내용에 그대로 적용하신다.

촛대는 소아시아의 일곱 교회를 상징하고, 일곱 별은 각 교회의 "사자" 내지 목회 지도자를 나타낸다(1:20). 그리스도께서 교회들 가운데에 임재하신다는 것은 교회들을 속속들이 아신다는 뜻이다. 그분은 교회들 가운데 그냥 서 계시는 것이 아니라 교회들 "사이를 거니시는" 분이다. 다각도로 살펴보시는 그분의 눈길을 어떤 훌륭한 특성이나 부끄러운 흠도 피해갈 수 없다. 그분은 교회의 모든 생각과 의도와 동기를 알고 계신다. 또한 그분은 교회가 현재에나 미래에나 잘되기를 간절히 바라시기에 칭찬도 하시고 책망도 하신다.

—2:2–6—

그리스도께서는 에베소의 교회와 목사를 철저히 심사하여 진단 결과를 내놓으셨다. 그것

에베소는 어떤 곳인가?

지금은 에베소가 사람이 살지 않는 곳이며 웅대한 유적만 자랑하고 있지만, 1세기 말에만 해도 에베소는 소아시아 서부에서 가장 중요한 도시였고 정치적, 경제적, 종교적 활동의 중심지였다.[11] 정치적인 면에서는 아시아의 총독이 대부분의 집무를 에베소에서 수행했다.[12] 경제적인 면에서 에베소는 항해 선박들의 첫 통관 항구였고 따라서 주요 무역로들이 만나는 전략적 요충지였다. 덕분에 에베소에는 시장이 번창했고 여러 종족들이 모여들어 인구가 많았다.[13] 종교 생활에서 이 도시는 고대의 불가사의 가운데 하나인 다산의 여신 아르테미스(아데미) 또는 다이아나에게 바쳐진 거대한 신전을 자랑하고 있었다. 그 밖에도 에베소에는 황제 숭배가 성행하여 그 용도로 지어진 신전이 여러 군데 있었다.[14]

바울은 AD 52년경에 에베소에 교회를 세웠다(행 18–19장). 그 뒤 AD 65년경에 디모데가 에베소 교회의 목사가 되었고(딤전 1:3), 다음에는 아마 사도 요한이 뒤를 이었을 것이다.[15] 요한이 밧모 섬에 유배되어 요한계시록의 환상들을 보던 그 시기에는 임시로 오네시모가 에베소의 지도자로 있었을 것이고, 그러다 요한이 죽은 후 후임 목사가 되었다.[16] 확실하지는 않지만 요한계시록 2장 1절에 언급된 에베소의 "사자"는 오네시모였을 가능성이 있다.

© Mike Lee/www.BigStockPhoto.com

에베소 유적

은 세 가지 칭찬(2:2-3, 6)과 한 가지 심각한 우려(2:4)가 그 내용이다. 이어 그분은 회복을 위한 처방을 제시하시는 데 거기에 그분의 교정과 권고가 들어 있다(2:5).

그리스도는 에베소 교회가 선행에 힘쓴 것(2:2)과 시련을 참고 견딘 것(2:2-3) 그리고 잘못된 교리를 물리친 것(2:2, 6)을 칭찬하셨다. 우선 그분은 에베소의 신자들이 왕이신 하나님을 섬겨 열심히 일한 점을 인정해주셨다. 그분은 '일'(*ergon*)에 해당하는 일반적인 단어와 '힘든 노동, 수고'(*kopos*)를 뜻하는 좀 더 구체적인 단어를 나란히 함께 쓰셨다. 그만큼 에베소 교인들은 근면하고 성실하고 열심히 일하고 적극 참여했다. 그들은 게으르거나 무관심하지 않았고, 일을 뒤로 미루거나 공약을 남발하지 않았다. 에베소 교회는 병자들을 보살피고, 노숙자들에게 잠잘 곳을 마련해주고, 배고픈 사람들에게 먹을 것을 주고, 옥에 갇힌 사람들을 찾아가고, 과부와 고아들에게 입을 것을 주느라 바빴다.

그리스도는 또 그들이 시련을 참고 견딘 것을 칭찬하셨다(2:2-3). 1장 9절에도 이미 나왔던 *hypomonē*라는 헬라어 단어에는 극한 고생, 목숨이 위태로운 난관, 불가능해 보이는 역경 등을 견딘다는 의미가 들어 있다. 에베소의 그리스도인들은 특별한 도전에 직면해 있었다. 그들은 아데미 여신이나 황제의 신상에게 무릎을 꿇지 않았기 때문에 비방과 중상과 배척과 박대를 당했다. 1930년대 베를린의 유태인 상인들과 다르지 않게 에베소의 그리스도인들도 물리적 폭력, 사회적 배척, 경제적 억압의 과녁이 되었을 것이다. 하지만 그들은 그런 무거운 짐을 잘 참고 견뎌냈다. 그들은 전임자인 바울과 디모데와 요한에게 잘 배웠던 것이 분명하다.

그리스도의 세 번째 칭찬은 그들의 교리적 분별력과 관계가 있다(2:2, 6). 에베소 교인들은 악한 사람들을 분간하여 물리쳤고 자칭 "사도"들을 시험했다. 그리스도는 또 그들이 1세기 말에 소아시아에서 활동하던 특정 부류의 거짓 교사들을 배격한 점을 칭찬하셨다. 니골라 당이라는 분파는 에베소와 버가모에서 활동한 것으로 2장 6절과 15절에만 언급되어 있다. 그들은 우상 숭배와 성적 부도덕에 가담했던 것으로 보이며, 아마 하나님께 드리는 예배와 이교 신전에서 행해진 예배를 혼합했을 것이다. 그들에 대해 확실히 알려진 바는 없지만, 2세기와 3세기의 초기 그리스도인들은 니골라 당을 일각의 추정대로 사도행전 6장 5절에 언급된 안디옥 사람 니골라를 추종한 분파로 언급하기도 했다.[17] 또 다른 가능성은 "니골라 당"이라는 호칭 자체가 남을 '주관하기' 좋아하는 사람들(참고 고후 1:24, 요삼

1:9–10)로 해독(解讀)된다는 것이다. 헬라어로 그 단어는 '정복하다'는 뜻의 *nikaō*와 '사람들'이라는 뜻의 *laos*가 결합된 것이다.

니골라 당의 정체가 무엇이든, 중요한 것은 그리스도께서 그들의 행위를 미워하신다고 말씀하셨다는 점과 그들을 단호히 배격한 에베소 교회를 칭찬하셨다는 점이다. 오늘의 세계는 죄를 맹목적으로 관용하는 문화에 푹 빠져 있다. 다행히 그리스도인들은 종종 "죄인은 사랑해도 죄는 미워하라"는 원칙으로 반응해왔다. 그리스도께서 니골라 당 사람들을 미워한다고 하지 않으시고 그들의 행위를 미워하신다고 하신 점으로 보아(2:6) 성경도 그런 입장을 뒷받침한다고 볼 수 있다. 하지만 그렇다고 해서 그들이 저지른 악이 덜 심각해지는 것은 아니다. 그리스도는 그 사람들에게 회개를 촉구하시지 그리스도인들에게 그들의 죄를 관용하라고 촉구하지 않으신다. 이처럼 죄는 대적하시고 죄인은 품으시는 그리스도의 방침을 조금이나마 알기에 이제 우리는 세상을 심판하는 일은 오직 하나님께 맡기고(고전 5:9–12) 담대히 사랑으로 진리를 말해야 한다(엡 4:15).

시골길을 유쾌하게 운전하고 있는데 느닷없이 길이 홱 꺾이는 것처럼 에베소 교인들을 향한 그리스도의 칭찬도 "그러나"라는 한 단어로 갑자기 중단된다(2:4). *Alla*라는 짤막한 헬라어 단어는 날카로운 대조를 나타내는데, 에베소 교회의 경우 이것은 매우 의미심장한 대목이다. "그러나… 너의 처음 사랑을 버렸느니라"(2:4). 에베소 교회는 모든 것이 다 있는데 가장 중요한 것만 없는 교회였다. 처음에 그들에게 있던 사랑이 하룻밤사이에 없어진 것은 아니다. 어느 날 아침 일어나 대뜸 "나는 더 이상 예수님을 사랑하지 않는다. 나는 예수님에게 싫증이 났고 기독교와도 이제 완전히 끝이다"라고 말하는 사람은 없다. 이것은 그렇게 한순간에 되는 일이 아니다. 이것은 고생, 답이 없는 의문, 무의미해 보이는 시련, 건강의 상실, 희망의 상실, 사랑하는 사람과의 사별 등을 거치면서 세월을 두고 서서히 벌어지는 일이다.

에베소 교회의 상태

에베소 교회는 행위와 믿음과 소망을 지켰지만 하나님과 사람들을 향한 마음에서 우러나는 인격적인 애정을 잃었다.

에베소 교회는 예수님을 위하여 수고하고 견뎠지만 그분을 향한 사랑은 서서히 식어갔다. 그로부터 35년 전 바울은 에베소 교회에 편지를 보내면서 그들의 사랑을 칭찬했었다(엡 1:15-16, 6:23-24). 한때 그들이 삶으로 드러낸 특징이자 신앙의 원동력이었던 사랑이 이제 본래의 활력을 잃고 말았다. 그들은 겉으로는 그 행위를 계속 이어갔지만 그것으로 부족했다. 예수님은 그들의 의로운 행위와 교리적 분별력 이상을 원하셨다. 마음에서 우러난 애정과 헌신을 원하신 것이다. 신약성경은 그리스도인의 신앙에서 사랑이 제일 중요함을 거듭 강조하고 있다. 고린도전서 13장 13절에서 보듯이, 모든 덕목 가운데 금메달은 사랑이 차지할 몫이며, 그것은 은메달과 동메달 수상자인 믿음과 소망을 언제나 이긴다. "그 중의 제일은 사랑이라."

처음 사랑을 버린 에베소 교인들을 책망하신 그리스도는 이제 그들이 뒤로 돌아 다시 바른 방향으로 갈 수 있는 세 가지 단순한 방법을 일러주신다. 그것은 바로 기억과 회개와 반복이다(2:5). 첫째, 그들은 자신들이 어디에서 떨어졌는지를 기억해야 했다. 사랑의 뿌리로부터 멀리 떨어져나간 그들에게 그리스도는 정신을 차리고 집으로 돌아올 것을 촉구하신다. 이전의 바른 삶을 기억하는 일은 신자들이 하나님을 향한 처음 사랑과 사람들을 향한 힘찬 사랑으로 다시 돌아가는 첫걸음이다.

둘째, 에베소 교인들은 회개해야 했다. "회개하다"로 번역된 헬라어 단어는 마음과 생각의 진정한 변화를 뜻한다. 행동이 진정으로 달라지려면 우선 태도부터 새로워져야 한다. 회개는 삶을 허울 좋게 개조하거나 행동을 겉으로만 수정하는 것이 아니라 내면이 변하는 것이다. 회개는 하나님의 은혜로 말미암아 우리의 내면 깊은 곳에 강력하게 이루어지는 일이며, 그러려면 우리의 깊은 인격적 결단이 요구된다.

셋째, 에베소 교인들은 처음에 했던 행위들을 반복해야 했다. 처음 사랑을 잃어버린 신자들이 일단 기억하고 회개했으면, 이제 자신들이 처음 예수님을 알고 사랑하게 되었을 때 하던 일들을 해야 한다. 이것은 단순히 행동의 변화가 아니라 우리의 태도가 완전히 새로워지는 것이다. 바른 행동은 거기서 자연스럽게 흘러나온다. 우리가 진정으로 기억하고 회개했다면, 진정한 변화를 증명하는 행동이 따라나올 수밖에 없다.

—2:7—

지금까지 에베소 교회의 강점을 칭찬하시고 약점에 우려를 표하신 예수께서 이제 "이기는 그"에게 약속을 주신다(2:7). 약속의 구체적인 내용을 살펴보기에 앞서, 이 약속의 수신자가 누구인가에 대한 일반적인 오해부터 풀 필요가 있다. 일각에서는 "이기는 그"라는 표현을 특별한 성인(聖人)들, 즉 세상과 육신과 마귀를 이기되 다른 신자들보다 더 큰 승리를 거둔 출중한 신자들을 가리키는 말로 해석해왔다. 만일 그렇다면 그리스도께서 각 메시지의 끝에 주시는 약속은 더 열심히 수고하고 더 오래 견딘 사람들만의 몫이 된다. 나는 이것을 바로잡고 싶다. 아니, 사도 요한이 직접 바로잡아준다. "무릇 하나님께로부터 난 자마다 세상을 이기느니라 세상을 이기는 승리는 이것이니 우리의 믿음이니라 예수께서 하나님의 아들이심을 믿는 자가 아니면 세상을 이기는 자가 누구냐"(요일 5:4–5).

다시 말해, 오직 그리스도를 믿는 믿음만으로 거듭난 사람들이 바로 "이기는" 사람들이다. 그렇다면 이기는 자들에게 주시는 요한계시록 2–3장의 약속들은 모든 신자를 위한 것이라는 뜻이 된다. 물론 신자들이 그리스도의 심판대에서 각자의 행위에 비례하여 상을 받는 것도 맞다(고전 3:10–15, 고후 5:10). 하지만 요한계시록의 약속들은 그리스도를 믿음으로 죽음과 죄와 세상과 마귀를 이긴 모든 신자에게 해당된다.

2장 7절의 약속은 창세기로 돌아가, 거의 망각되어버린 첫 창조와 우리 마음에 늘 사모하는 새로운 창조를 하나로 묶어준다. 예수님은 "내가 하나님의 낙원에 있는 생명나무의 열매를 주어 먹게 하리라"고 하셨다. 이 열매는 아담과 하와가 죄 없이 창조되었을 때 에덴동산 가운데에 있던 바로 그 나무의 열매다(창 2:9). 타락한 뒤로 죄인들은 영생을 주는 그 나무 열매를 더 이상 먹을 수 없게 되었다(창 3:24). 그런데 이제 그리스도께서 약속하시기를 그분을 믿는 신자들은 장차 하나님과 막힘없이 교제하게 될 때 다시 생명나무의 열매를 먹을 권리를 얻는다고 하셨다(계 22:2).

전능자와의 풍성한 교제, 친밀한 관계 그리고 영원한 사랑이 있는 우리가 고대하는 그 미래는 얼마나 영광스러울 것인가!

적용
"그가 먼저 우리를 사랑하셨음이라"

그리스도께서 에베소 교회에 주신 말씀은 1세기 말 그들이 처해 있던 구체적인 정황에 딱 적용되는 것이었다. 하지만 그리스도는 성령께서 이 편지들을 통하여 들을 귀 있는 모든 사람에게 말씀하신다고 하셨다(2:7). 거기에는 당신과 나도 포함된다! 이번 첫 메시지의 내용을 생각하면 한 가지 중심 주제가 표면에 떠오른다. 그것은 바로 사랑이다.

그리스도는 그때 거니시며 촛대를 조사하신 것처럼 지금도 거니시며 우리 사랑의 빛이 희미해졌는지 조사하신다. 한때 하나님과 사람들을 향한 사랑으로 불타오르던 신자들이 서서히 잔불로 잦아들어 연기만 피우는 경우가 얼마나 많은가! 예수님은 그 불씨를 다시 살려내고 싶어하신다. 사랑 없는 세상에 우리가 사랑의 횃불로 활활 타오르도록 말이다. 잠시 멈추어 생각해보라. 당신의 사랑은 식었는가?

당신이 처음 그리스도의 사람이 되었을 때 주님과 사람들을 향하여 품었던 사랑을 떠올려보라. 현재 당신의 태도와 행동에 나타나는 사랑은 그때보다 더한가, 덜한가, 아니면 비슷한가? 당신의 사랑이 줄었다면, 그동안 당신이 해왔던 사랑 없는 행위는 구체적으로 어떤 것들인가?

우리는 마땅히 하나님과 사람들을 사랑해야 하는데, 하나님이 우리에게 원하시는 사랑은 그리스도께서 아버지와 온 인류에게 보이신 사랑에 잘 예시되어 있다. 그리스도는 이 땅에 사시는 동안 아버지께 온전히 순종하셨고, 자신을 낮추고 십자가에 죽기까지 복종하셨다(빌 2:8). 또한 그분은 우리를 향한 사랑도 그 동일한 행위로 표현하여, 우리를 위하여 자신의 목숨을 버리셨다(갈 2:20, 엡 5:2).

당신의 사랑을 지키는 일이 대단히 중요한 일인 만큼, 그것에 필요한 한 가지 구체적인 적용을 권하고 싶다. 요한일서 4장 19–21절 말씀을 암송하지 않겠는가? 지금 잠시 시간을 내어 이 본문을 외워보라. 그러면 당신의 사랑이 자라가야 한다는 사실을 늘 기억하게 될 것이다.

우리가 사랑함은 그가 먼저 우리를 사랑하셨음이라 누구든지 하나님을 사랑하노라

하고 그 형제를 미워하면 이는 거짓말하는 자니 보는 바 그 형제를 사랑하지 아니하는 자는 보지 못하는 바 하나님을 사랑할 수 없느니라 우리가 이 계명을 주께 받았나니 하나님을 사랑하는 자는 또한 그 형제를 사랑할지니라.

서머나: 고난당하고 박해받는 교회(요한계시록 2:8-11)

8서머나 교회의 사자에게 편지하라 처음이며 마지막이요 죽었다가 살아나신 이가 이르시되
9내가 네 환난과 궁핍을 알거니와 실상은 네가 부요한 자니라 자칭 유대인이라 하는 자들의 비
방도 알거니와 실상은 유대인이 아니요 사탄의 회당이라 10너는 장차 받을 고난을 두려워하지 말
라 볼지어다 마귀가 장차 너희 가운데에서 몇 사람을 옥에 던져 시험을 받게 하리니 너희가 십 일
동안 환난을 받으리라 네가 죽도록 충성하라 그리하면 내가 생명의 관을 네게 주리라 11귀 있는 자
는 성령이 교회들에게 하시는 말씀을 들을지어다 이기는 자는 둘째 사망의 해를 받지 아니하리라.

고난의 '언어'는 인종, 국적, 민족, 성별, 사회적 지위, 연령, 종교와 관계없이 인간이라면 누구에게나 있는 것이다. 우리는 다른 문화의 음악에 공감하지 못할 수 있고, 다른 나라의 색다른 음식이 입에 맞지 않을 수 있으며, 특정한 민족의 유머를 알아듣지 못할 수 있다. 그러나 어떤 사람에게나 아픔은 아픔이고 고통은 고통이다. 고생과 상심과 고난과 슬픔과 비애의 경험은 우리 모두를 하나로 묶어준다.

그런데 그리스도인들의 경우에는 고난의 언어에 한 가지 독특하고 심오한 방언(方言)이 있다. 신앙이 없는 사람들은 이것을 오해한다. 그리스도인들은 모든 고난마다 하나님의 주권적 계획 가운데 구체적인 목적이 있다고 믿는다. 겉으로는 무의미해 보이는 고난이 우리 영혼에 그 무엇도 할 수 없는 일을 해준다. 그렇다고 박해가 아름다운 일이라든가, 악한 사람들이 사실은 선하다는 식의 주장을 펴려는 것이 아니다. 다만 그리스도인들은 비록 자신이 세상에서 고난을 당할지라도, 하나님이 고난의 의도된 결과나 당연한 결과를 되돌려 복으로 바꾸실 수 있음을 안다. 그런데도 고통이 심해지거나 두려움과 불안이 덮쳐올 때면 우리는 자칫 고난의 유익을 간과하기 쉽다.

고생과 고난은 종종 우리 힘으로 감당이 안 될 것 같지만 그것은 하나님의 사람들을 정화시키는 효과가 있다. 우리의 삶에 시련이 떨어지지 않는 이유가 어쩌면 그래서인지도 모

른다. 고난의 물결이 걷잡을 수 없이 밀려올 때 우리는 절망과 체념의 홍수에 휩쓸릴 것이 아니라 우리의 기초이신 그리스도 위에 견고히 서야 한다.

요한이 이 글을 쓸 즈음 서머나 교회는 엄청난 고통과 쓰라린 박해를 겪고 있었을 뿐 아니라 더 큰 슬픔을 앞두고 있었다. 그들의 미래는 암울해 보였다. 그런데 주목할 점은, 이 교회가 그들을 속속들이 아시는 분으로부터 아무런 책망도 받지 않았다는 사실이다. 단 한 마디의 부정적인 말씀도 없었다! 서머나 교인들은 무언가 잘못한 것이 있어서 환난을 당한 것이 아니었다. 오히려 정반대였다! 그들은 박해 때문에 빈곤해졌지만 그럼에도 불구하고 영적으로는 부자였다.

—2:8—

환난 중에 있던 서머나 교회에 주 예수 그리스도께서 희망의 메시지를 가지고 오신다. 주께서 적시에 주신 메시지는 하나님이 고난당하는 자들에게 힘을 주시고 견디는 자들에게 상을 주시는 분이라는 사실을 그들에게 상기시켜주었다. 인내로 말미암는 유익은 이생에만 아니라 내세에까지 울려 퍼진다.

그리스도가 자신을 소개하신 내용에는 그분의 위엄이 강조되어 있다. 요한이 본 첫 환상에서도 예수님은 자신을 "처음이요 마지막"이라 부르신 바 있다(1:17). 이 이름은 이사야 44장 6절과 48장 12-13절에서 오로지 이스라엘의 하나님께만 사용되던 호칭을 연상시킨다.

> 이스라엘의 왕인 여호와, 이스라엘의 구원자인 만군의 여호와가 이같이 말하노라 나는 처음이요 나는 마지막이라 나 외에 다른 신이 없느니라(사 44:6).

> 야곱아 내가 부른 이스라엘아 내게 들으라
> 나는 그니 나는 처음이요 또 나는 마지막이라
> 과연 내 손이 땅의 기초를 정하였고
> 내 오른손이 하늘을 폈나니
> 내가 그들을 부르면 그것들이 일제히 서느니라(사 48:12-13).

그렇다면 예수님의 말씀에 내포된 의미는 분명하다. "처음이요 마지막"이신 그리스도는 만군의 주, 이스라엘의 왕, 구원자로 자처하셨을 뿐 아니라, 또한 성부 하나님 자신과 동등한 권능과 위엄을 지니신 천지의 창조주로 자처하셨다. 아울러 그리스도는 자신을 "죽었다가 살아나신 이"로 표현하시는데(2:8), 이것은 요한계시록 1장 18절에 쓰신 표현과 거의 똑같다.

이 짤막한 호칭 속에 그리스도의 신성과 인성의 연합이 잘 압축되어 있다. "처음"이신 성자 하나님은 서머나나 소아시아, 로마 제국이나 세상 모든 것이 존재하기 전부터 존재하셨다. "마지막"이신 그리스도는 현재의 이즈미르나 터키, 유럽이나 온 세상보다 더 오래도록 존재하실 것이다. 그리스도는 영원한 초월자이시며, 그분의 계획과 실행은 과거에서 미래로 영원의 양극단에까지 이른다. 동시에 그리스도는 온전한 인간이시다. 그분은 진정 죽

서머나는 어떤 곳인가?

에베소에서 북쪽으로 불과 55킬로미터 거리에 있던 옛 서머나는 현재는 이즈미르(Izmir)라는 이름으로 불린다. 요한 시대에는 이 번창하던 도시에 유명한 경기장과 도서관과 극장이 있었고, 여러 종족들로 이루어진 인구도 약 50만에 달했다. 중요한 항구 도시로 소아시아에서 두 번째로 많은 수출량을 자랑했다.

다음의 두 가지 요인이 서머나의 그리스도인들에게 압박을 가했을 것이다. 서머나의 이방인들은 혼신을 다하여 황제를 숭배했다.[18] 또한 이 도시에는 구약의 종교에 헌신한 유대인 인구가 많았다. 이렇게 로마인 애국자들과 유대인 열성분자들이 섞여 있는 환경이 헌신적인 그리스도인들에게 고통을 안겨주었다. 그리스도인들은 도미티아누스 황제를 숭배하지 않았다. 유대인의 회당에서는 예수님을 하나님의 아들로 예배하는 그들을 배척했다.[19]

로마 제국의 유대인들은 황제에게 제사하는 일을 법적으로 면제받았지만, 회당에서 쫓겨난 그리스도인들은 그런 면책을 누릴 수 없었다. 때문에 서머나의 신자들은 유대인과 이방인 양쪽 모두로부터 물리적, 정서적, 경제적 불이익을 당해야 했다.

© Dr. Leen Ritmeyer

서머나의 옛 유적(현재의 이즈미르)

었다가 살아나셨기에 그분은 인간이실 수밖에 없다.

옛 칼케돈 신조(AD 451년)에 보면, 그리스도인들이 예수 그리스도를 "완전한 신성과 완전한 인성을 겸비하신… 실제로 하나님이요 실제로 인간이신 분"으로 이해하는 것이 옳다고 되어 있다.[20] 이 신중한 진술에는 사도 시대로부터 현재까지 이어져 내려오는 정통 그리스도인들의 신앙이 잘 반영되어 있다(참고 요 1:1-3, 14, 롬 1:3-4, 빌 2:6-8). 따라서 우리는 그리스도께서 두 가지 속성을 가지고 계시다는 교리를 이해하고 수용해야 한다. 그분은 하나님이시면서 동시에 인간이시다.

생각해보라. 만일 그리스도가 하나님이시기만 하다면, 그분은 구원의 대가를 치르시고자 죄인인 인류를 대신하여 죽으실 수 없었을 것이다. 반대로 만일 그분이 인간이시기만 하다면, 그분의 죽음은 죄인들에게 구원과 영원한 유익을 주지 못했을 것이다. 그런데 그분은 인간으로 성육신하여 죄의 완전한 제물로 죽으셨고, 또한 불멸의 생명으로 부활하여 그 권능으로 영원히 살아 계신다. 그렇기 때문에 그분은 당신을 믿는 모든 사람에게 영생을 주실 권세가 있으시다. 이 성육신의 교리는 한낱 신학적인 억측이 아니라 바로 우리를 구원하는 근간을 이룬다.

아울러 그리스도의 신성과 인성의 진리는 2천 년 전 서머나 교인들에게 그랬듯 오늘 우리 그리스도인들의 삶에도 영향을 미친다. 만일 그리스도가 하나님이시기만 하다면, 그분은 인간들이 겪는 고난과 멀리 동떨어진 분, 우리의 절박한 곤경을 이해하거나 공감할 수 없는 분으로 인식될 것이다. 반대로 만일 그리스도가 인간이시기만 하다면, 그분의 죽음은 한 선량한 인간이 감행한 또 하나의 순교에 지나지 않았을 것이다. 그분은 사망과 무덤을 이길 능력이 없어 비운에 죽어간 나약한 피해자가 되고 말았을 것이다.

그런데 그리스도가 "처음이며 마지막"일 뿐만 아니라 또한 "죽었다가 살아나신" 분이니 얼마나 하나님을 찬송할 일인가! 그분은 완전한 하나님이시면서 완전한 인간이시다. 완벽한 신성과 참된 인성을 겸비하신 분이다. 그래서 우리는 다음과 같은 사실에서 위로를 얻을 수 있다. 영원하신 분이 시간 속에 거하시고, 만질 수 없는 무한하신 하나님을 우리 유한한 존재들이 만질 수 있게 되었다. 그분은 우리의 고난을 보고만 계시는 분이 아니라 우리의 고통에 동참하시는 분이다. 히브리서 저자가 그것을 멋지게 표현했다.

> 그러므로 우리에게 큰 대제사장이 계시니 승천하신 이 곧 하나님의 아들 예수시라 우리가 믿는 도리를 굳게 잡을지어다 우리에게 있는 대제사장은 우리의 연약함을 동정하지 못하실 이가 아니요 모든 일에 우리와 똑같이 시험을 받으신 이로되 죄는 없으시니라 그러므로 우리는 긍휼하심을 받고 때를 따라 돕는 은혜를 얻기 위하여 은혜의 보좌 앞에 담대히 나아갈 것이니라(히 4:14–16).

—2:9—

동트기 전 쌀쌀한 아침 서머나에 모인 하나님의 사람들 사이에 당신도 함께 있다고 상상해 보라. 등잔불을 밝힌 작은 방에 모진 박해를 견디고 살아남은 교인들이 모였다. 한때 이 방은 그리스도인들로 북적거렸으나 이제는 전에 앉아 있던 형제자매들의 자리가 여기저기 휑하니 비어 있다. 박해를 견디지 못하고 떨어져나간 사람들도 있다. 체포되거나 유배되거나 처형되어 자리를 비운 사람들도 있다. 어떤 사람들은 이 모임에 오는 것만으로도 목숨을 걸어야 했다. 기도하고, 하나님을 찬송하고, 성경을 읽기 위해서 말이다. 이들은 모두 사회로부터 버림받았다. 그럼에도 그들은 눈빛을 반짝이며 좌중에 앉은 메신저로부터 간절히 격려의 말을 고대하고 있다. 희미한 불빛 속에서 목사가 두루마리를 펴 조용하고 차분하고 확신에 찬 목소리로 읽기 시작한다. 메시지가 들려오자 방 안의 소음이 사라진다. 이 메시지는 다름 아닌 부활하신 주님께서 친히 보내신 것이다. 온 무리가 숨죽여 듣는 가운데 그리스도의 칭찬이 시작된다. "내가 네 환난과 궁핍을 알거니와 실상은 네가 부요한 자니라"(2:9).

메시지는 "내가… 알거니와"라는 말로 시작된다. 이 경우 그리스도께서 아시는 그들의 곤경은 머리로만 아는 이론적 지식 정도가 아니었다. 그들이 버림받고 배척당하면서 겪은 고난과 고통을 그분은 직접 체험하여 아셨다. 서머나의 그리스도인들이 당하던 환난에는 물리적, 경제적, 사회적, 종교적 박해와 그로 인한 불이익도 있었을 것이다.[21] 이 옛 도시의 그리스도인들은 따돌림과 욕설과 배척과 박대를 당했다.

서머나 교인들은 경제적인 궁핍도 겪고 있었다. 황제를 숭배하지 않은 대가로 그들에게 심각한 재정적 파장이 미쳤을 것이다. 로마 제국의 애국자들은 그리스도인이 운영하는 상점들을 피했을 것이고, 심하게는 상점들을 파손하거나 약탈했을 수도 있다. 그런데 이런 압박에 시달리고 있던 교회를 향하여 그리스도께서는 "네가 부요한 자니라"고 말씀하셨다. 그들의 영적 부요가 물질적 궁핍을 훨씬 능가했던 것이다(고후 8:9, 약 2:5).

서머니 교회의 상태

영적인 부자

서머나 교회는 세상 재물은 없었지만 영적인 부자였다.

계속되는 물리적, 재정적 불이익 외에도 서머나 교회는 또한 언어 공격, 즉 비방을 당했다. 여기에 쓰인 단어 *blasphēmia*는 '악담, 중상'을 뜻한다. 전에는 많은 도시에서 기독교 교회가 유대교 회당에 속해 있었지만, 예수님을 메시아로 인정하지 않는 유대인들은 점점 교회를 박해했다. 결국 회당들은 메시아를 인정하는 유대인들을 받아들이지 않았고, 유대인 그리스도인들을 자신들의 모임에서 쫓아냈다. 서머나의 유대인들은 그리스도를 믿는 유대인 신자들을 '거짓 유대인'이라 불렀을 것이다. 서머나에 주신 메시지에서 예수님은 바로 그런 상황 가운데 있던 신자들을 격려하시면서, 메시아를 받아들인 유대인들이야말로 유대교의 진정한 성취를 계승하는 자들임을 지적해주셨다(롬 2:28-29 참고). 물론 예수님은 모든 유대교 회당이 다 증오에 찬 모임이라고 말씀하지는 않으셨다. 그러나 1세기의 서머나 회당이 그곳의 그리스도인들을 괴롭힌 것만은 분명하다.

—2:10—

고난에 처한 현실에 대하여 그리스도께 동정적인 말씀을 듣고난 서머나 그리스도인들은 뭔가 기쁜 소식이 이어질 것을 기대했을 만도 하다. "이제 끝났다!"든지 "이제 쉬어라! 너희는 잘 해냈다!"든지 "지금부터 상을 주겠다!"는 식으로 말이다. 하지만 예수님은 더 많은 고난이 닥쳐올 것을 예고하셨다. 사람들이 흔히 박해와 궁핍과 비방에 대해 두려움으로 반응한다는 것을 그분은 아셨다. 큰 곤욕을 치르고나면 우리는 무력하고 나약하게 움츠러들 수 있고, 그러다 결국 완전히 신앙을 버릴 수도 있다.

신자들에게 주시는 다섯 가지 면류관

신약성경에는 신자들에게 주시는 다섯 가지 천국의 '면류관'이 언급되어 있다. 이 땅에서 충성했다고 주시는 미래의 상이다.

1. 기쁨의 면류관	데살로니가전서 2:19	다른 사람들을 그리스도께로 인도하는 사람들에게 주신다.
2. 의의 면류관	디모데후서 4:8	그리스도의 재림을 사모하며 사는 사람들에게 주신다.
3. 생명의 면류관	야고보서 1:12, 요한계시록 2:10, 3:11	죽기까지 박해를 견디는 사람들에게 주신다.
4. 썩지 아니할 면류관	고린도전서 9:25	순결하게 절제하며 인생의 경주를 마치는 사람들에게 주신다.
5. 영광의 면류관	베드로전서 5:4	교회를 겸손히 이끄는 사람들에게 주신다.

그리스도는 교회를 박해하는 진짜 배후 세력에 초점을 맞추신다. 수십 년 전에 그분이 체포되어 재판받고 처형되실 때와 마찬가지로 이번에도 궁극적인 가해자는 유대인들도 아니고, 로마인들도 아니며, 불가피한 운명의 수레바퀴도 아니다. 진짜 적은 사탄이고, 그의 공격은 가차 없이 계속될 것이다. 하지만 그리스도는 앞으로 닥쳐올 박해가 비록 심할지라도 그 범위가 제한되어 있고 기간이 잠깐이라고 하시며 그리스도인들을 격려해주신다. 옥에 던져질 사람은 모두가 아니라 몇 사람이다. 환난 중에 받을 시험은 모두의 몫이지만 그 기간이 십 일로 그친다. 사탄이 비록 허락을 받아 교회를 박해할지라도, 욥이 고난당할 때와 마찬가지로 그가 할 수 있는 일은 하나님이 정하신 한계를 벗어날 수 없다.

여기서 우리가 유의해야 할 것이 있다. 예수님은 교회에게 막연히 시련을 예고하신 뒤 "잘 해보라!"고 하지 않으셨다. 그분은 무심하게 멀리 계시는 신이 아니라 우리에게 사랑으로 반응하시는 신실한 친구이시다. 그래서 그분은 서머나 교인들에게 설사 그들이 죽기까지 박해를 당해야 한다 할지라도 "생명의 관"을 받으리라고 말씀하신다. 흥미롭게도 성경의 첫 책들 가운데 하나에 처음으로 주어진 약속이 성경의 마지막 책들 가운데 하나에 메아리치고 있다. 영적 전투에 시달린 서머나의 신자들은 이 진리를 다시 들을 필요가 있었다. "시험을 참는 자는 복이 있나니 이는 시련을 견디어 낸 자가 주께서 자기를 사랑하는 자들에게 약속하신 생명의 면류관을 얻을 것이기 때문이라"(약 1:12).

오발탄에 다치지 말라

윈스턴 처칠이 이런 말을 했다고 한다. "총에 맞고도 무사한 것보다 인생에서 더 신나는 일은 없다." 당신이 정치판의 물을 먹고 사는 직업 정치가라면 난사되는 비판, 인신공격, 노골적 비방 따위에 익숙할 것이다. 하지만 당신이 그저 사랑으로 진리를 전하는 신자라면, 총알처럼 날아드는 비방이 충격으로 다가올 수 있다. 우리에게 비방이란 결국 오발탄에 지나지 않음에도 말이다.

개인적으로 나는 신학교를 졸업할 때가 다 되도록 그리스도인으로서 '비방'을 당한다는 것이 무슨 뜻인지 몰랐었다. 지독한 욕설, 비열한 악담, 추한 모욕 따위의 과녁이 되어본 적이 없었던 것이다. 졸업반 때 나는 어느 캠퍼스 선교단체에 속하여 일반 대학들에 나가 사역을 했다. 나는 앞뒤를 생각해볼 것도 없이 무분별하게 달려들었다. 나도 모르는 사이에 나는 '언론의 자유의 연단' 위에 서 있었다. 어느 대학에 설치된 그 연단은 누구나 올라서서 아무 말이나 할 수 있도록 만든 곳이었다. 그래서 나는 거기에 올라가 열심히 그리스도를 전했다.

일이 벌어진 것은 그때였다. 토마토 하나가 내게 날아왔다! 토마토를 던지려면 캠퍼스 저쪽에서 공산주의를 설파하는 사람에게나 던져야 하는 것 아닌가 하는 생각이 들었다. 옆에 있던 동료가 계속하라고 나를 격려해주었다. "마저 다 끝내. 이것도 사역의 일부야." 그래서 나는 목청을 높여 밀고 나갔다. 머잖아 토마토가 독설로 바뀌었다. 사람들은 목이 터져라 욕설을 퍼부었다. 이상하게 들리겠지만 왠지 나는 그럴수록 더 기운이 났다.

내 말을 오해하지는 말라. 그런 소소한 박해 때문에 내가 무슨 순교자라도 된 것은 아니다. 하지만 나를 향해 그렇게 고함을 질러대는 성난 무리를 만난 것은 그때가 처음이었다(물론 마지막도 아니었다!). 그 느낌은 처음 경험하는 것이었다. 하지만 재정적 어려움이나 몸의 고생과 달리 악담의 특징이 하나 있다. 비방은 사라지지 않고 그대로 남는다는 것이다. 부상이나 영구적 손상을 입히지는 않을지 몰라도 비방은 두고두고 남아 우리를 찌른다. 그래서 우리는 비방당할 때 그것이 곧바로 튕겨 나가게 하거나 물러 터진 토마토처럼 주르르 미끄러지게 해야 한다. 그렇지 않으면 그것은 우리의 담대함을 앗아가 진리를 선포하지 못하게 할 수 있다.

—2:11—

격려와 위로의 말씀을 들려주신 그리스도는 이제 서머나 교회에 주시는 적시의 메시지를 하나의 약속으로 마무리하신다. 이것은 고대의 그 교회뿐 아니라 모든 시대의 모든 신자들에게 확신을 주는 말씀이다. 이기는 자들, 즉 그리스도를 믿는 참된 신자들은 둘째 사망의 해를 받지 않는다.

성경에 "둘째 사망"이라는 말은 여기에서 처음 언급되었지만, 불신자들이 미래에 심판을 받는다는 개념은 구약성경에도 명백히 표현되어 있다. "둘째 사망"은 구원받지 못한 사람들이 몸으로 부활한 후에 가는 마지막 종착지와 관계가 있다. 다니엘 12장 2절에 보면, 이 땅의 역사가 끝날 때에 "땅의 티끌 가운데에서 자는 자 중에서 많은 사람이 깨어나 영생을 받는 자도 있겠고 수치를 당하여서 영원히 부끄러움을 당할 자도 있을 것"이다. 몸이 죽었던 신자들은 불멸의 몸으로 살아나 영광 가운데 영생을 누린다(단 12:3, 계 20:6). 그러나 불신자들은 부활한 몸으로 불못에 던져지는 둘째 사망을 당한다(계 20:14, 21:8).

사망과 저주가 들어설 자리가 없이 영광 가운데 영생을 누린다는 이 약속은 서머나의 신자들 속에 구체적인 희망을 불어넣어주기 위한 것이었다. 박해가 아무리 심해지고 교회가 견뎌야 할 상황이 무엇이든, 그리스도의 약속은 그들에게 견딜 수 있는 힘을 주었을 것이다. 이 약속은 오늘 우리에게도 그대로 해당된다.

적용

힘든 상황에 있는 사람들을 위한 희망

당신은 고통과 고생이 두려울 때가 있는가? 당신의 힘든 상황이 과연 끝날지 의문이 드는가? 금방이라도 비극이나 시련이 닥쳐와 비교적 안정되고 편안하고 예측 가능한 당신의 삶을 뒤흔들 것만 같아 불안한가? 인생에 불확실한 것이 많지만 그럼에도 시련과 고난을 피할 수 없다는 것만은 확실한 사실이다. 그리고 기쁜 소식은 우리가 그리스도를 통하여 이길 수 있다는 것이다(요 16:33). 그리스도께서 1세기의 서머나 그리스도인들에게 주신 적시의 메시지에서 우리는 모든 시대의 그리스도인들에게 적용되는 두 가지 영원한 교훈을 얻을 수 있다. 그것을 우리의 상황에 맞게 표현해보면 다음과 같다.

첫째, 주님은 우리의 형편을 자세히 다 알고 계신다. "처음이며 마지막이요" 죽었다가 살아나신(2:8) 그리스도는 우리를 처음부터 끝까지 속속들이 다 아신다. 그분은 모든 비극과 승리, 모든 죽음과 삶을 아신다. 힘겨운 환난, 처절한 궁핍, 쓰라린 비방도 모두 아신다. 그분은 우리의 형편에 능히 공감하실 수 있으며, 실제로 공감해주신다! 그러니 기운을 내라! 히브리서 4장 14-15절을 읽고 또 읽으라. 그 말씀을 마음에 새기라.

둘째, 힘든 상황이 지속되거나 더 심해져도 우리는 두려워하거나 달아날 이유가 없다. 서머나 교회가 듣고 싶었던 말은 환난이 끝났고 최악의 상황이 이미 지나갔다는 말이었을 것이다. 하지만 그리스도는 최악의 상황이 장차 올 거라고 경고하셨다(2:10). 우리의 여정에 무슨 일이 닥치더라도 그리스도는 시련 속에서 우리와 함께하신다. 그분은 우리를 죽는 날까지 버리지 않으신다. 사실 죽음은 모든 환난과 궁핍과 비방에서 벗어나 영광스러운 삶으로 들어가는 관문에 지나지 않는다. 그러니 힘을 내라. 히브리서 13장 5-6절의 약속을 마음에 품으라. 그 약속이 머릿속에서 떠나지 않게 하라.

당신이 겪고 있는 고통이나 환난이나 시련이나 고생이 무엇이든 당신이 확신할 수 있는 것이 있다. 그리스도께서 그 속에서도 당신과 함께하시며, 그분의 임재가 당신에게 초자연적으로 견딜 힘을 주신다는 것이다. 〈견고한 기초〉(How Firm a Foundation)라는 옛 찬송가 가사는 평소에도 그렇지만 특히 고난의 때에 나에게 힘이 된다. 당신에게도 힘이 될 것이다.

두려워 말라 내가 함께함이요 놀라지 말라
나는 네 하나님이니 내 너를 도와주리라
내가 너를 굳세게 하고 세워주리라
내 전능한 은혜의 손으로 붙들리라.[22]

버가모: 진리를 타협한 교회(요한계시록 2:12-17)

12버가모 교회의 사자에게 편지하라 좌우에 날선 검을 가지신 이가 이르시되
13네가 어디에 사는지를 내가 아노니 거기는 사탄의 권좌가 있는 데라 네가 내 이름을 굳게 잡
아서 내 충성된 증인 안디바가 너희 가운데 곧 사탄이 사는 곳에서 죽임을 당할 때에도 나를 믿는

믿음을 저버리지 아니하였도다 14그러나 네게 두어 가지 책망할 것이 있나니 거기 네게 발람의 교
훈을 지키는 자들이 있도다 발람이 발락을 가르쳐 이스라엘 자손 앞에 걸림돌을 놓아 우상의 제물
을 먹게 하였고 또 행음하게 하였느니라 15이와 같이 네게도 니골라 당의 교훈을 지키는 자들이 있
도다 16그러므로 회개하라 그리하지 아니하면 내가 네게 속히 가서 내 입의 검으로 그들과 싸우리
라 17귀 있는 자는 성령이 교회들에게 하시는 말씀을 들을지어다 이기는 그에게는 내가 감추었던
만나를 주고 또 흰 돌을 줄 터인데 그 돌 위에 새 이름을 기록한 것이 있나니 받는 자 밖에는 그
이름을 알 사람이 없느니라.

타협이라는 말을 들으면 당신은 어떤 느낌이 드는가? 솔직히 말해 나는 부패한 정치가, 밀실에서 이루어지는 거래, 권력이나 인기에 영합하는 행위 따위가 생각나곤 한다. 하지만 평생 동안 해온 사역이 나에게 일깨워주듯이 타협에는 건강한 측면도 있다. 예컨대 양측의 의견을 조율하는 것도 그렇고, 이해관계가 상충될 때 현실성 있는 합치점에 이르는 것도 그렇다. 그렇다면 타협이란 정말 무슨 뜻인가? 일치를 보는 것인가, 비위를 맞추는 것인가? 쌍방의 협력인가, 일방적 양보인가? 공통분모를 찾는 것인가, 내 입장을 버리는 것인가? 흥정인가, 거래인가, 화해인가?

그리스도인들은 절대 진리를 믿기 때문에 타협이라면 무조건 다 원칙에 위배된다고 생각하는 경우가 많다. 그러나 사실 상황, 관련된 사람, 예상되는 결과 등에 따라 타협은 좋을 수도 있고 나쁠 수도 있다. 지혜로운 타협도 있고 세상적인 타협도 있다. 지혜로운 타협이란 "각자가 가진 극단을 버리고 새로운 길을 찾거나 따르기로… 상호 양보하여" 합의점에 이른다는 뜻이다.[23] 이런 타협이 있기에 부부 관계나 친구 사이나 교회가 하나로 유지된다. 지혜로운 타협은 연합과 평화를 위하여 개인의 선호나 이기적인 욕심을 버린다. 그렇다고 근본적인 교리나 도덕성까지 버린다는 뜻은 아니다. 그것은 세상적 타협의 범주에 들어간다. 세상적 타협은 "부끄럽거나 불명예스러운 양보"라 정의할 수 있다.[24] 이런 타협은 도덕적 원칙에서 후퇴하며 거짓 앞에서 쉽게 진실을 저버린다. 세상적 타협은 이기적인 또는 충동적인 동기에 기초한 것이다. 그래서 이것은 사람들을 갈라놓고, 마음에 상처를 주며, 관계를 해친다.

—2:12—

악성 종양이 건강한 몸속에 침투하여 퍼져나가듯 거짓의 세포도 타협을 통해 진리 속으로 침투하여 결국 진리를 무너뜨린다. 치밀한 외과의사의 손에 들린 예리한 메스만이 환자를 죽이지 않으면서 암세포를 떼어낼 수 있다. 마찬가지로 위대한 의사이신 그리스도는 타협이라는 고질병을 진단하실 자격은 물론이고 그것을 성공적으로 치료하실 능력까지 갖추신 분이다.

버가모의 사자에게 보내는 편지에서 그리스도는 우선 자신을 심판자로 밝히신다. 그분은 재림하실 때 적들과 전쟁을 벌여 말씀으로 그들을 무찌르실 것이다(2:12, 16). 심판자이신 그분은 좌우에 날선 예리한 검을 휘두르신다. 여기에 언급된 검은 로마인들이 전투에서 사용하던 검과 비슷한 롬파이아(*rhomphaia*)라는 무기다. 요한계시록 1장 16절에 요한이 그리스도를 본 첫 환상에도 나오는 이 이미지는 의도적으로 우리를 이사야 11장 4절의 헬라어 번역으로 데려간다. 거기에 그려진 메시아는 오셔서 "그의 입의 막대기로 세상을 치며 그의 입술의 기운(헬라어로 *pneuma*, '성령')으로 악인을 죽일" 심판자이시다.[25]

롬파이아의 모형

그러므로 그분의 입에서 나오는 "검"은 입으로 선고하시는 심판을 상징한다. 적들이 모여 온갖 무기로 그리스도를 대적하지만 그들은 그분의 입에서 나오는 말씀만으로도 완전히 궤멸될 것이다. 바울도 비슷한 이미지를 사용하여 "성령의 검 곧 하나님의 말씀"(엡 6:17)을 지칭한 바 있고, 마찬가지로 히브리서 4장 12절에도 "하나님의 말씀"

이 "좌우에 날선 어떤 검"보다도 예리하다고 되어 있다. 비록 지칭하는 검의 종류는 롬파이아와 다를지라도 요점은 분명하다. 그리스도께서 오류와 악을 무찌르시는 전투는 신속하고 단호할 것이다.

침식 작용처럼 세상적 타협도 소리 없이 교묘하게 서서히 진실을 갉아먹는다. 이런 타협은 우리가 주변의 부패와 허위에 귀를 막을 때 시작된다. 결국 우리는 그런 죄들을 묵과하다 못해 주변에 넘쳐나는 그것들에 익숙해진다. 그러다 더 심해지면 아예 그것을 당연시하고 용인하게 된다. 그렇게 되면 그런 죄들을 받아들이는 것은 시간문제다. 성경의 진리와 도덕성은 타협의 문화 속에서는 존재할 수 없다.

바로 이것이 그리스도께서 버가모 그리스도인들에게 주신 메시지의 핵심이다. 세상적이고 악한 도시 버가모에 있던 그 교회는 거짓 교리와 애매한 도덕성이라는 거센 물결에 휘말려 있었다. 이 타협하는 교회를 객관적으로 심사하신 분께서 이제 부패한 문화라는 강한 시류를 거슬러 올라가려는 모든 교회에게 말씀하신다.

사탄의 권좌가 있는 도시 버가모

역사적인 도시 트로이가 위치했던 곳으로부터 내륙으로 불과 몇 킬로미터 거리에 건설된 버가모는 소아시아의 큰 도시 가운데 하나가 되었다. AD 1세기에 이곳은 황제 숭배의 공식 중심지였다. 이미 BC 29년에 여신 로마(Roma)와 황제 아우구스투스를 기려 그곳에 첫 신전이 대규모로 건축된 바 있다.[26] 버가모는 아테나(Athena), 디오니소스(Dionysus), 아스클레피오스(Asklepios) 같은 신들을 숭배하는 주요 중심지였을 뿐 아니라 신전의 높이가 12미터나 되는 제우스의 제단도 있었다. 그리스도께서 요한계시록 2장 13절에 말씀하신 "사탄의 권좌"가 그것을 가리킬 수도 있다.[27]

버가모는 한때 장서가 20만 권에 가까운 방대한 도서관으로 이름을 떨쳤으나 요한이 살던 시대에는 의학으로 유명해졌다. 고대 의학의 창시자 중 한 사람인 갈레노스(Galen)가 버가모에 살았다. 이 도시는 또 큰 체육관과 대형 극장으로 유명하기도 했다.[29]

버가모에 있는 제우스의 제단

Pergamon Altar, 180-159 BC/Pergamon Museum, Berlin, Germany/The Bridgeman Art Library

—2:13-15—

검을 휘두르시는 심판자로 자신을 무섭게 소개하신 그리스도는 이제 이 교회의 강점과 약점을 평가하시며 칭찬과 우려를 표명하신다. 13절에서 그리스도는 버가모에 사는 어려움을 알아주신다. "사는지를"에 해당하는 헬라어 단어에는 영주(永住)의 의미가 암시되어 있으며, 떠나지 않고 남아 있겠다는 다짐이 서려 있을 수 있다.[28] 버가모의 특징이 사탄의 권좌였지만, 그럼에도 교회는 그런 극도의 압박을 피하려 하지 않았다. 오히려 교인들은 그런 힘든 환경을 견디는 쪽을 택했다.

현대의 상황에 맞추어 예를 들어보자. 다른 사람들이 모두 쾌적한 신도시로 빠져나갈 때 버가모의 그리스도인들은 도심에 남아 있기로 작정했다. 소음과 폭력과 부패와 유혹 속에 그대로 남아 어두운 도시에 빛을 비추기로 한 것이다. 사실 순교자 안디바의 경우에서 보듯 상황은 이미 나빠졌다. 그의 순교가 어찌나 놀라웠던지 그리스도께서 요한계시록 3장 14절에서 자신에게 붙이신 "충성된 증인"이라는 호칭으로 안디바를 부르셨을 정도다. 이렇게 사태가 험악한데도 나머지 교인들은 예수님을 부인하지 않았다. 얼마나 굳센 의지인가! 더 이상 '그리스도인'이라는 이름으로 자처하지 않았다면 살기가 편해졌을 텐데, 버가모의 충성된 신자들은 예수 그리스도의 이름을 고수했다. 근본적인 교리를 조금 양보했다면 고난과 죽음을 면할 수 있었을 텐데, 버가모의 충성된 그리스도인들은 신앙을 단 한 줄도 부인하지 않았다.

오늘날에도 그리스도인들이 살기에 특별히 더 힘든 곳들이 있다. 그런데도 꿋꿋이 남아 있는 사람들은 "충성된 증인"들이다. 사탄이 옆집으로 이사를 오거나 길 건너에 가게를 차려도 그들은 그리스도의 이름을 부인하지 않는다. 오히려 그들은 어떤 희생에도 아랑곳없이 꿈쩍도 하지 않고 그곳을 사수한다. 정말 칭찬받을 만한 믿음이다!

하지만 버가모의 사정이 다 좋지만은 않았다. 남아 있는 충성된 사람들은 그리스도께 충실했지만, 몇 가지 해결되지 않은 문제가 충성된 그들의 이미지를 더럽히고 있었다. 교회는 중요한 이슈들에서 타협의 길을 택하여, 발람의 교훈을 지키는 자들과 니골라 당의 교훈을 지키는 자들에게 활동의 근거지를 제공했다.

그리스도께서 언급하신 발람은 민수기 22-25장에 기록된 사건으로 거슬러 올라간다.

버가모 교회의 상태

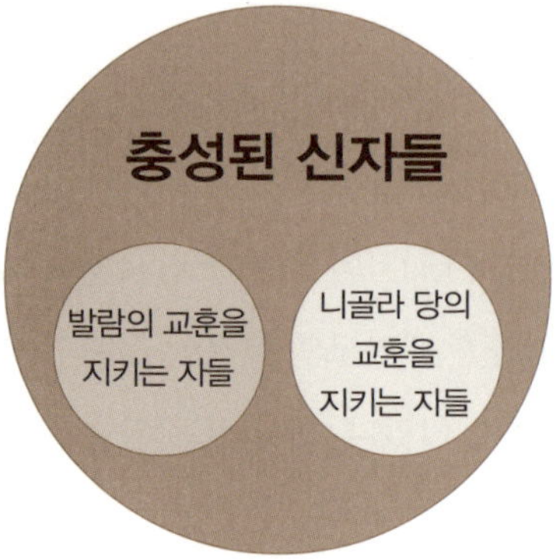

버가모 교회는 발람 및 니골라 당의 교훈을 지키는 자들을 용납하여, 충성된 그리스도인들이라는 자신들의 긍정적 평판에 오점을 남겼다.

발람은 '돈 밝히는 예언자'의 전형으로, 이스라엘을 나쁜 길로 꾀려 했다. 광야에서 이스라엘 백성이 우상을 숭배하는 인접국들의 이교도들과 결혼하고 이방 신들을 숭배하며 음란한 부도덕에 빠질 때 발람은 그것을 지지했다. 버가모에서 발람을 추종하던 무리도 그와 비슷하게 우상 숭배와 성적 부도덕을 조장했다. 물론 그것은 이기심과 탐욕과 정욕에서 비롯된 것이었다. 문제는 그 교회에서 이런 거짓 교사들이 나왔다는 사실 자체만이 아니었다. 죄와 반항은 어느 교회에나 있게 마련이다. 그보다 그리스도께서는 교회의 충성된 신자들을 책망하셨다. 왜냐하면 그들이 발람의 교훈을 지키는 자들에게 아무런 조치도 취하지 않았기 때문이다.

타협이란 한두 번 하다 보면 머잖아 습관이 되는 법이다. 버가모 교회는 발람의 추종자들을 책망하지 않고 묵인한 것만이 아니라 니골라 당까지 수용했다. 니골라 당을 기억하는가? 앞에서 에베소 교회에 주신 편지에 그리스도께서 이 거짓 교사들을 언급하신 바 있다(2:6). 에베소 교인들은 니골라 당의 행위를 미워하여 칭찬을 받았으나, 버가모의 지도자들과 교인들은 니골라 당을 받아들였다(2:15). 에베소는 죄인을 사랑하되 죄는 거부할 줄을 알았으나, 버가모는 죄인도 사랑하고 죄도 용납하는 쪽을 택했다! 교회의 평화와 연합을 위한다는 명목으로 교리와 도덕성을 타협한 것이다. 버가모 교인들은 그리스도인의 사랑과 은혜를 극단으로 몰고 갔다. 이것을 책망하시는 예수님의 검은 신속하고 단호하다. "그만하라! 회개하라!"

—2:16-17—

에베소 교회에 하신 것처럼 그리스도는 버가모 교회에도 옳은 길로 돌아설 기회를 주셨다. 그들에게 회개하라라고, 마음과 생각을 바꾸어 행동을 고치라고 촉구하신 것이다. 그리스도께서 요구하신 것처럼, 버가모의 그리스도인들은 발람 및 니골라 당의 교훈을 지키는 자들에 대한 태도를 바로잡아야 했다. 필요한 조치를 취하여 그런 거짓 교훈들을 그들 가운데서 몰아내야 했다. 타협을 종식시켜야 했다. 그리스도께서 촉구하신 회개에는 거부하는 사람들에 대한 경고가 들어 있다. 나머지 충실한 사람들이 나태한 방침을 고치지 않는다면 그리고 소수의 악인들이 방탕한 행실을 고집한다면, 그리스도께서 그들을 징계하실 것이다. 그분은 속히 오셔서 좌우에 날선 검으로 그들과 싸우실 것이다. 이것은 그분이 의로우신 재판장으로서 행하실 공정한 징계다.

이 경고와 더불어 그리스도는 "이기는" 자들, 즉 참된 신자의 진정한 모습을 보이는 사람들에게 세 가지 약속을 주신다(2:17). 그들은 하나님의 양식("감추었던 만나")과 특별한 은총("흰 돌")과 새로운 성품("새 이름")을 받는다. "감추었던 만나"란 지금부터 영원토록 신자들의 영적 양식이 되시는 그리스도 자신을 가리키는 말일 수 있다. 요한복음 6장 48-51절에 보면 그리스도께서 상징적으로 자신을 "하늘에서 내려온 살아 있는 떡," 즉 옛 이스라엘이 광야에서 방황할 때 하늘에서 내려와 그들의 양식이 되었던 만나에 비유하신다.[30]

새 이름이 새겨진 "흰 돌"이 무엇을 가리키는지는 그보다 덜 확실하다. 이는 신자들이 그리스도 안에서 새로운 정체성을 받았기 때문에 하나님께 나아갈 수 있는 특권이 있음을 상징하는 말일 수 있다. 아마 버가모 극장에 들어갈 때 '입장권'으로 쓰이던 흰 돌에 빗댄 것일 수도 있다. 또는 이 말은 신자들이 자신의 대리자요 대변자이신 그리스도와의 관계 덕분에 '무죄' 판결을 받는다는 의미일 수도 있다. 고대 세계에서는 간혹 검은 돌이나 흰 돌을 던져 유죄나 무죄의 판결을 표시하곤 했다.[31] 버가모의 그리스도인들이 이런 상징을 어떻게 이해했든 간에 전체적인 의미만은 분명하다. 끝까지 충실하게 진리와 도덕성을 지키는 사람들은 그리스도께서 재림하실 때 큰 상을 받는다.

적용

타협의 문화를 극복하라

우리 문화는 '다양한 생활방식'에 대한 평등한 권리를 요구하고, 전통적 가치관을 변색시켜 거부하며, 죄를 눈감아주고, 반항을 미화한다. 그럴수록 우리는 타협에 대한 예수님의 태도를 보며 정신을 차리고 경각심을 가져야 한다. 세상적인 타협과 관련하여 우리는 다음과 같은 네 가지 실제적 원리를 늘 기억해야 한다. 그리하여 주변 세상에 퍼져 있는 악에 대해서만 아니라 교회 안에 침투해 들어오는 악에 대해서도 마땅한 태도를 취해야 한다.

첫째, 타협은 결코 순식간에 일어나는 일이 아니다. 배가 어쩌다 항로를 벗어날 때가 있는데 대개 그것은 누가 갑자기 방향타를 홱 돌리기 때문이 아니다. 그보다는 눈에 보이지 않는 물결이나 해류나 바람 때문에 배의 방향이 서서히 틀어지는 경우가 대부분이다. 선원들이 눈치챌 겨를도 없이 어느새 선체는 해안선의 삐죽한 바위에 부딪쳐 구멍이 나고 만다. 이렇게 눈치채기 힘든 표류를 막는 확실한 대책이 히브리서 2장 1절에 나와 있다. "그러므로 우리는 들은 것에 더욱 유념함으로 우리가 흘러 떠내려가지 않도록 함이 마땅하니라." 기초를 공고히 해야 할 필요성이 지금보다 더 절실했던 적은 없다. 성경과 기독교 신앙이 가르치는 단순한 진리 앞에서 우리는 "다 뻔한 내용이지 뭐" 하는 태도를 버려야 한다. 옛 선원들이 북극성을 항로의 기준으로 삼았듯이 우리도 기독교 신앙의 불변하는 규범에 시선을 고정시켜야 한다.

둘째, 타협은 언제나 본래의 기준을 낮춘다. 대개 타협은 우리가 진리에 대한 하나님의 완전한 기준을 우리 인간이 만들어낸 규칙과 규정으로 대체하려 할 때 시작된다. 여러 교회들과 교단들이 교인을 잃지 않거나 숫자를 늘리기 위해서 하나님 말씀의 무오성이나 그리스도의 신성 같은 이슈들을 타협한 사례를 우리는 역사 속에서 볼 수 있다. 이런 타협은 조금도 가치가 없다. 히브리서 10장 23절은 오히려 정반대로 가르친다. "또 약속하신 이는 미쁘시니 우리가 믿는 도리의 소망을 움직이지 말며 굳게 잡고." 마찬가지로 예수님의 형제인 유다도 신자들에게 "성도에게 단번에 주신 믿음의 도를 위하여 힘써 싸우라"(유 1:3)고 권고하고 있다. 하나님의 진리에 당신 자신의 '진리들'을 보태지도 않고 빼지도 않기로 결단하라. 진리와 경건의 유일한 기준을 고수하라.

셋째, 타협은 좀처럼 반감을 불러일으키지 않는다. 타협을 일삼는 사람들일수록 유명한 정치가가 많고, 남들의 비위도 잘 맞춘다. '융통성이 허용되는' 이슈들에 대해 지혜롭게 타협하는 것은 불필요한 반감과 갈등을 사전에 방지할 수 있지만(고전 10:32 참고), 진리를 저버리는 세상적인 타협은 우리를 구원하신 하나님의 반감을 산다(딤후 2:12-13). 민감한 신자들 옆에서 지나치게 조심하는 그리스도인들, 기독교 신앙으로 남들의 반감을 사지 않으려고 오히려 역으로 나가는 그리스도인들을 나는 너무도 자주 본다. 물론 우리는 진리를 나눌 때 사랑으로 해야 하지만(엡 4:15), 그래도 반드시 진리를 나누어야 한다. 요한복음 15장 19절 말씀으로 우리는 이 문제를 분명히 정리해야 한다. "너희가 세상에 속하였으면 세상이 자기의 것을 사랑할 것이나 너희는 세상에 속한 자가 아니요 도리어 내가 너희를 세상에서 택하였기 때문에 세상이 너희를 미워하느니라." 타협을 거부할 때 대중의 사랑이 떠날 것을 잊지 말라.

끝으로, 타협은 대개 전적인 불순종으로 가는 첫걸음이다. 다윗이 저지른 간음죄와 살인죄는 한순간의 연약함 때문에 일어난 일이 아니다. 진작부터 그는 왕의 본분을 타협했고(삼하 11:1), 자신의 눈으로 보는 것을 타협했으며(11:2), 부하들을 부리는 방식을 타협했다(11:3–4). 이런 작은 걸음들은 그 자체로는 중요해 보이지 않지만 결국 그의 성품을 와르르 무너뜨렸다. 현재 당신이 조금씩 타협하고 있는 부분들은 무엇인가? 당신은 세금을 보고할 때 편의상 거짓말을 하는가? 이력서를 쓸 때 내용을 약간 부풀리는가? 인터넷으로 몰래 포르노를 보는가? 가끔씩 악의 없이 살짝 남의 험담을 하는가? 앞에서 말한 타협의 네 가지 원리를 다시 한 번 검토하면서 자신에게 이렇게 물어보라. 오늘 내가 그리스도의 경고에 순종하여 타협을 끊지 못하는 이유는 무엇인가?

두아디라: 관용의 함정에 빠진 교회(요한계시록 2:18–29)

[18]두아디라 교회의 사자에게 편지하라 그 눈이 불꽃 같고 그 발이 빛난 주석과 같은 하나님의
아들이 이르시되
[19]내가 네 사업과 사랑과 믿음과 섬김과 인내를 아노니 네 나중 행위가 처음 것보다 많도다 [20]그
러나 네게 책망할 일이 있노라 자칭 선지자라 하는 여자 이세벨을 네가 용납함이니 그가 내 종들
을 가르쳐 꾀어 행음하게 하고 우상의 제물을 먹게 하는도다 [21]또 내가 그에게 회개할 기회를 주었
으되 자기의 음행을 회개하고자 하지 아니하는도다 [22]볼지어다 내가 그를 침상에 던질 터이요 또
그와 더불어 간음하는 자들도 만일 그의 행위를 회개하지 아니하면 큰 환난 가운데에 던지고 [23]또
내가 사망으로 그의 자녀를 죽이리니 모든 교회가 나는 사람의 뜻과 마음을 살피는 자인 줄 알지
라 내가 너희 각 사람의 행위대로 갚아 주리라 [24]두아디라에 남아 있어 이 교훈을 받지 아니하고
소위 사탄의 깊은 것을 알지 못하는 너희에게 말하노니 다른 짐으로 너희에게 지울 것은 없노라
[25]다만 너희에게 있는 것을 내가 올 때까지 굳게 잡으라 [26]이기는 자와 끝까지 내 일을 지키는 그
에게 만국을 다스리는 권세를 주리니 [27]그가 철장을 가지고 그들을 다스려 질그릇 깨뜨리는 것과

같이 하리라 나도 내 아버지께 받은 것이 그러하니라 [28]내가 또 그에게 새벽 별을 주리라 [29]귀 있는 자는 성령이 교회들에게 하시는 말씀을 들을지어다.

1999년 1월 11일 자 〈크리스채너티 투데이〉(Christianity Today)는 "당신은 관용하는가? 관용해야 하는가?"라는 질문을 특집으로 다루었다.[32] 지난 수십 년 사이 관용주의는 점점 세속화되어가는 우리 사회에서 가장 큰 '미덕' 가운데 하나가 되었다. 옛날에는 관용이 모든 선한 사회의 기초가 되었지만, 지금 내가 말하는 관용은 그런 것이 아니다. 옛날의 관

두아디라: 작은 도시, 큰 문제

텍사스 주 댈러스라면 당신도 들어보았겠지만 그 주변의 색시(Sachse)라는 도시는 들어본 적 없을 것이다. 프랑스의 파리는 당신도 가보았을 수 있지만 인근의 트레늘(Trainel)은 아닐 것이다. 호주 시드니의 유명한 오페라 하우스는 당신의 머릿속에 영상으로 남아 있겠지만 클리프톤(Clifton)에 있는 시 클리프 다리(Sea Cliff Bridge)라면 전혀 떠오르는 게 없을 것이다.

두아디라도 그처럼 주변의 크고 유명한 도시들에 가려진 작은 도시였다. 두아디라는 본래 태양신 투림누스(Tyrimnus)의 사당으로 세워졌는데, 그 신은 요한계시록 2장 18절에 소개된 그리스도와 대체로 비슷하게 묘사되곤 했다.[33] 고대 역사에서 두아디라는 잘 알려진 곳은 아니지만, 직업별 길드가 사회생활과 종교생활의 중심을 이룬 블루칼라 지역으로 명성을 얻었다.[34] 이런 상황은 두아디라의 그리스도인들에게 한 가지 심각한 문제를 불러일으켰다. 직업별 길드에 소속되려면 이교의 종교적 의무를 다 해야 했던 것이다. 길드에 가입하지 못하면 생업을 포기해야 할 수도 있었다.[35]

두아디라의 그리스도인들이 처해 있던 이런 딜레마에 비추어볼 때, 2장 20절에 언급된 여자 "이세벨"은 직업별 길드에서 행하는 이교의 의식들에 그리스도인들도 참여해야 한다고 주장하던 집단을 대변한다고 볼 수 있다. 그런 의식들은 성전에서 이루어지던 우상 숭배와 음란한 제의(祭儀) 등으로 이루어졌을 것이다.

Todd Bolen/www.BiblePlaces.com

고대 도시 두아디라의 유적

용이란 나도 내 나름의 관점을 고수하되 남들도 그들 나름대로 믿고 살아갈 권리가 있음을 인정한다는 의미였다. 설사 내가 다른 사람의 신념과 가치관과 생활방식에 조금도 동의할 수 없고 그것을 좋지 않게 여긴다 하더라도 말이다. 다시 말해서, 우리는 나와 견해가 다르다는 이유만으로 쇠스랑을 들고 다른 사람들을 공격하던 중세의 암흑기로 돌아가지 않았다. 다른 사람들의 관점이 이상해 보여도 그들이 법의 테두리 안에서 행동하는 한 우리는 그들의 관점을 용납했던 것이다.

하지만 내가 말하려는 관용주의란 그것과 전혀 다르다. 이전에 우리는 상대방의 태도와 행동을 존중하면서도 그에 대한 자신의 강한 이견은 버리지 않았다. 그런데 지금 사회는 모든 사람에게 다른 모든 사람의 신념과 가치관과 생활방식을 받아들이고 찬성하고 정당하게 여길 것을 요구하고 있다. 온갖 희한한 개념과 괴상한 행동이 다 정상적 대안으로 인정받으려 하고 있다. 사회가 이렇다 보니 종교와 윤리의 영역에서 절대 진리는 설 곳을 잃고 있다. 모든 사람의 상충되는 견해들이 동등한 가치를 부여받는 데 어떻게 '진리'라는 것이 존재할 수 있겠는가? 다시 말하지만 나는 나와 견해가 다르다는 이유로 남들을 비난하는 데 찬동할 수 없다. 하지만 동시에 나 또한 이런 관용주의에 동의하지 않는다는 이유만으로 비난받고 싶지 않다.

텔레비전 프로그램이나 영화를 유심히 보면 알겠지만, 이미 관용의 '가치관'은 다분히 비뚤어졌다. 악을 관용하는 문화는 다른 의견을 '공포증'이라 부른다. 내 입장을 고수하는 일은 '혐오'로 간주된다. 확고한 소신은 편협한 '광신'으로 매도된다. 2천 년 동안 이어져 내려온 기독교 교리는 '차별'로 취급된다. 교리적으로 약한 오늘날의 많은 교회들이 그런 것처럼 옛 두아디라 교회도 그런 상황에 지배당하고 있었다. 이 교회에 보낸 편지에서 그리스도는 한 작은 교회의 큰 죄들과 그 죄들을 관용하는 더 큰 죄를 지적하셨다.

—2:18-23—

소아시아의 일곱 교회에 주신 모든 메시지와 마찬가지로 그리스도는 두아디라 교회에 자신을 소개하실 때도 이 교회의 특정한 상황에 맞게 하신다. 그분의 모습은 요한이 그리스도를 보았던 1장의 첫 환상과 통한다. 거기에 보면 그리스도는 눈이 불꽃 같고 발이 풀무

두아디라 교회의 상태

두아디라 교회에는 자신을 순결하게 지킨 강건한 신자들도 있었지만, 다른 신자들은 '이세벨' 일당의 악한 말을 관용했다.

불에 단련한 빛난 주석 같은 분으로 그려져 있다(1:14-15). 이 이미지는 천상의 다른 존재들(겔 1:7, 단 7:9), 특히 다니엘 10장 5-6절에 묘사된 천사 같은 존재를 연상시킨다. 이런 요소들을 통하여 우리는 그리스도가 천상의 세계로부터 요한의 세계 속에 침투해 들어오셨으며, 거룩하신 성자 하나님의 모든 권능과 권세를 지니신 분임을 알 수 있다.[36]

그래서 그리스도는 불꽃 같은 눈으로 이 교회의 가장 깊고 어두운 비밀까지 다 보실 수 있었다. "지으신 것이 하나도 그 앞에 나타나지 않음이 없고 우리의 결산을 받으실 이의 눈앞에 만물이 벌거벗은 것 같이 드러나느니라"고 한 히브리서 4장 13절 말씀과 같다. 그분이 그 예리한 눈빛으로 두아디라에서 보신 것은 무엇일까? 제일 바깥의 반경에는 사랑과 믿음과 섬김과 인내를 갖춘 충성된 신자들이 있었지만, 그분은 거기서 그치지 않고 교회의 내부까지 꿰뚫어보셨다(계 2:19). 풍성한 영적 삶을 살고 있던 그 훌륭한 무리들 뒤로 어두운 죄가 암처럼 숨어 속에서부터 갉아먹고 있는 것을 그분은 보셨다.

두아디라의 충성된 신자들을 칭찬하시고 난 후 그리스도는 그 교회의 다른 두 부류를 지목하셨다(2:20). 선한 행실로 칭찬받을 만한 무리 외에도 그곳에는 악에 적극 가담한 무리가 있었고, 또 그런 악을 관용한 무리가 있었다. 충성된 신자들, 관용하는 무리, 이세벨 일당, 이 세 부류가 한 교회 안에 공존하고 있었던 것이다. 이들이 두아디라 교회의 선한 부류, 악한 부류, 추한 부류를 구성하고 있었다.

이세벨 일당은 한 거짓 선지자를 따랐다. 그녀의 본명은 아마 "이세벨"이 아니었을 것이다. 아마 그녀의 특성이 열왕기상 16-21장에 언급된 구약의 이세벨과 비슷했을 것이다. 구약의 이세벨은 아합 왕과 결혼하여 이스라엘을 타락시켰고 백성들을 우상 숭배와 죄에 빠뜨렸다(왕상 16:31-33). 우상을 숭배하던 이세벨은 교활하고 거만하고 잔꾀가 많고 악했다. 비슷하게 두아디라의 "이세벨"도 많은 교인들을 비슷한 죄에 빠뜨렸으며, 아마 비슷한 방법을 썼을 것이다. 그녀는 공식적인 권위도 없으면서 사람들을 괴롭혔고, 정식 지도자들이 가르치는 내용과 반대되는 교훈을 퍼뜨렸다.

이세벨 일당은 초창기 영지주의 집단 가운데 하나였을 수 있다. 얼마 후인 2세기에 번성한 영지주의는 물질(몸)과 정신(영)이 완전히 서로 분리되어 있으며 몸은 구원받을 수 없다고 가르쳤다. 영지주의의 일부 분파에서는 어차피 영은 몸의 영향을 받지 않으므로 육체의 정욕에 얼마든지 탐닉해도 영에는 피해가 없다는 논리를 폈다. 하나님의 관심은 우리 영혼의 상태에만 있으므로 우리 몸으로는 무슨 짓을 해도 그분이 관여하지 않으신다는 것이었다. 이런 더러운 거짓 가르침보다 더 한심한 것이 또 있을까? 그런데도 두아디라의 많은 참된 그리스도인들이 그녀를 그냥 두었다!

두아디라의 "이세벨"은 이미 사라진 지 오래다. 우리는 그녀의 본명도 모르고 그녀가 어디에 묻혔는지는 더더욱 모른다. 그러나 그런 식의 거짓 가르침은 오늘날에도 여러 다양한 이름으로 버젓이 살아 있다. 충실한 그리스도인들이 현대판 이단들을 종식시켜도 그런 교리들은 계속 무덤에서 다시 튀어나온다! 은혜의 이름으로 부도덕을 정당화하는 일이 그만큼 매혹적이기 때문이다. 예나 지금이나 이런 거짓 교사들은 그리스도 안에서 누리는 우리의 자유를 극단으로 몰아가, 은혜를 남용하고 죄를 조장한다. 그들은 교만하게 교회의 정식 권위를 강탈하여 많은 사람들을 악한 길로 이끌었다. 건강한 교회를 분열시키기도 했다. 이런 모든 반항적 행위를 그들은 궤변적인 '독립'의 교리로 변호한다. 이세벨 일당도 같은 방식으로 활동했다.

그리스도께서 이세벨에게 악을 회개할 기회를 충분히 주셨는데도 그녀는 거부했다(2:21). 그 결과는 무엇이었는가? 그리스도는 그녀에게 엄한 벌을 내리셨다. 22-23절은 일곱 편지에 나오는 가장 엄한 심판의 말씀 가운데 하나다. 이 심판에는 질병과 죽음이 들어 있고, 그 대상은 거짓 교사 자신만이 아니라 그녀에게 속아 그녀를 추종한 모든 무리다. 그렇다면 그들 모두가 불신자였다는 말일까? 혹시 그중 일부와 어쩌면 이세벨 자신도 참된 신자인데 자기기만에 빠졌던 것은 아닐까? 성경은 참된 신자들도 죄에 빠질 수 있다고 분명히 가르친다(갈 6:1). 그렇게 육욕에 빠진 신자들에게는 엄한 징계가 임할 수 있고(히 12:6-11), 그 징계는 심지어 질병과 죽음으로 이어질 수도 있다(고전 11:30-32, 요일 5:16).

하지만 그보다 이세벨과 그녀의 많은 추종자들은 거짓 신자들로서 미혹의 씨앗을 심어 파멸을 부르려 했을 소지가 더 높다(벧후 2:1, 유 1:4, 요일 2:18-19). 둘 중 어느 경우이든 그리스도의 심판은 신속하고 단호할 것이다. 구원은 언제나 믿음으로 말미암아 은혜로 받는 것이지만(엡 2:8-9), 신자의 상급은 각자의 행위에 따라 받기도 하고 잃기도 하는 것이다(고전 3:12-15, 고후 5:10). 마찬가지로 구원받지 못한 사람이 받을 심판도 각자의 악한 행위에 근거한 것이다(계 20:12-15). 따라서 이세벨 일당이 심각한 오류에 빠진 신자였든 교활한 불신자였든, 결국 그들은 자신들의 행동에 책임을 지게 될 것이다.

—2:24-29—

책망이 이렇게 불호령 같았으니 그리스도께서 이기는 자들에게 주시는 약속도 짤막하고 빈약할 것 같지만 그렇지 않다! 오히려 그리스도는 두아디라에 "남아 있"는 자들, 곧 이세벨의 속임수에 놀아나지 않고 그것을 관용하지 않은 충성된 무리에게 알차고 풍성한 권고와 격려를 들려주신다(2:24). 그들은 이미 있는 것을 "굳게 잡"고, 이세벨의 악을 용납하지 않으며, 기어이 미혹에 맞서기만 하면 되었다(2:25). 그런 입장을 고수하기란 쉽지 않았을 것이다. 입을 다물고 평화를 지키는 것이 한 발도 물러나지 않고 악에 맞서는 것보다 항상 더 쉬운 법이다. 그래서 그리스도는 그들에게 더 이상의 짐을 지우지 않으셨다. 그런 관용의 문화 속에서 그분께 계속 충성하는 것만으로도 이미 충분히 힘든 일이었다!

이렇게 인내하라는 권고와 아울러 그리스도는 두아디라의 충성된 신자들에게 한 가지 놀라운 약속을 주신다. 이기는 자는 장차 새벽 별이신 그리스도와 함께 다스린다는 약속이다(2:26-29, 참고 22:16). 이 약속은 하나님이 다윗의 후손 가운데 한 왕을 보내셔서 이 땅의 왕들을 다스리게 하신다는 구약의 예언에 기초한 것이다(시 2:8-9). 오늘 우리는 이 예언이 예수 그리스도께서 다시 오실 때 그분을 통하여 성취될 것을 알고 있다(눅 1:32-33, 롬 1:3-4). 하지만 성경을 읽어보면 알듯이, 본래 그리스도는 이 약속을 혼자서 성취할 뜻이 없으셨다. 그분은 직접 뽑으신 제자들을 공동의 통치자로 높여주실 것이다. 마태복음 19장 28절에 보면 예수께서 제자들에게 "내가 진실로 너희에게 이르노니 세상이 새롭게 되어 인자가 자기 영광의 보좌에 앉을 때에 나를 따르는 너희도 열두 보좌에 앉아 이스라엘 열두 지파를 심판하리라"고 말씀하셨다.

두아디라의 이기는 자들에게 약속을 주실 때 그리스도는 시편 2편 8-9절을 인용하시면서 그 예언을 모든 충성된 그리스도인에게 적용하신다. 우리도 그분과 함께 다스릴 것이며, 만국을 심판하는 일에 동참할 것이다(계 2:26-27). 사실 그들에게 "새벽 별"을 주시겠다는 그분의 약속(2:28)은 장차 다윗의 후손 가운데 왕이 나신다는 민수기 24장 17-18절과 비슷한 이미지에서 온 것이며, 요한계시록 22장 16절에도 다시 언급된다.[37] 이 약속은 이제 모든 신자에게로 확대되었으며(2:29), 이 약속의 궁극적 성취는 그리스도가 재림하실 때 이루어질 것이다(19:11-16). 요한계시록 19장에 시편 2편이 다시 인용된다. 성도들은 천 년 동안 그리스도와 함께 다스리게 된다(계 20:4-6).

적용
이세벨 일당을 물리치라

이세벨 일당은 지금도 활동 중일 뿐만 아니라 번창하고 있다. 대부분의 교회에서 그녀의 거짓 가르침을 용납하는 사람들을 볼 수 있다. 서글픈 현실이지만, 죄를 관용하는 것이 죄를 지적하여 싸우는 것보다 늘 더 쉽다. 한 걸음 물러나 두아디라의 잘못된 상태와 그리스도께서 우려하시고 책망하시는 말씀을 생각해보면, 거기에 함축된 세 가지 실제적인 의미가 마음에 떠오른다.

첫째, 두아디라의 사건들이 우리에게 가르쳐주듯 작은 교회에서도 큰 문제가 발생할 수 있다. 문제가 터질 때 놀라지 말라! 물론 이 글을 읽는 대부분의 독자들은 텔레비전으로 예배를 전국에 방송하는 대형 교회의 교인들이 아닐 것이다. 사실 대중매체를 통하여 지명도가 높아진 대형 교회는 세상의 대다수 교회들에 비하면 수적으로 얼마 되지 않는다. 큰 교회에 나쁜 일이 벌어지면 그 소식은 금방 전파된다. 그래서 때로 작은 교회들은 착각에 빠질 수 있다. 자기들은 사탄의 레이더망을 피해 갈 수 있다는 착각, 자기들은 세상의 교회를 향한 원수의 전략적 공격에서 배제될 거라는 착각이다. 사실 '우리만은 괜찮을 것이다'라는 식의 사고방식이야말로 바로 사탄이 우리에게 원하는 것이다. 그것은 원수의 습격을 부르는 최적의 상태다. 우리는 늘 경각심을 가지고 준비하고 깨어 있어야 한다. 사도행전 20장 28-31절과 베드로전서 5장 8-9절을 읽고 또 읽으라. 교회가 크든 작든, 교회에 터질 수 있는 큰 문제들에서 우리만은 예외라는 생각은 금물이다.

둘째, 나쁜 가르침은 은사가 많은 사람에게서 나올 수 있다. 착각해서는 안 된다! 두아디라의 이세벨은 분명히 은사가 많았고, 아마 재력과 영향력도 있었을 것이다. 만일 교회가 그녀에게 성경적 치리를 행사하기로 한다면, 본인뿐 아니라 그녀의 모든 추종자들까지 다 잃어 그러잖아도 작은 블루칼라 교회에 소수의 사람들만 남게 될 수 있다. 오늘 우리는 멋진 카리스마나 세상적 지위로 큰 문제를 일으킬 수 있는 교사들을 조심해야 한다. 사람의 카리스마에 홀리거나 고액의 헌금에 현혹되어서는 안 된다. 우리가 잠시라도 경계를 늦추면 그들은 교리를 속여 많은 사람들의 삶을 망쳐놓을 수 있다.

끝으로, 교회는 결코 나쁜 가르침을 관용해서는 안 된다. 분명한 입장을 취하라! 이번 단락은 "당신은 관용하는가? 관용해야 하는가?"라는 질문으로 시작되었다. 질문의 방향을 바꾸어보자. 그리스도인들은 남을 판단해도 되는가? 이 단순한 질문에 대개 사람들은 "안 된다!"고 답한다. 엄연히 예수께서는 "비판하지 말라 그리하면 너희가 비판을 받지 않을 것이요"(눅 6:37)라고 말씀하셨다. 이 정도면 아주 분명한 사실인 것 같지 않은가? 바울도 "그러므로 남을 판단하는 사람아 누구를 막론하고 네가 핑계하지 못할 것은 남을 판단하는 것으로 네가 너를 정죄함이니"(롬 2:1)라고 말했다. 하지만 다른 본문에서 바울은 고린도 교인들에게 주변 세상의 죄인들을 판단하는 일은 삼가되, 교회 안에 있는 사람들을 판단하여 죄를 책망하고 거짓 가르침을 바로잡으라고 명했다. 종종 그것은 교회의 적절한 치리를 통하여 악한 사람들을 교회에서 쫓아낸다는 의미였다(고전 5:9-13). 그러한 목적은 교회의 순수성을 지키는 것뿐만 아니라 또한 죄짓는 신자가 회개하여 회복되는 것이다. 다시 말해 관용에 대한 성경적 접근은 이것이다. "세상을 심판하지 말라. 그것은 하나님이 하시는 일이다. 그러나 그리스도의 교회에는 교리적, 도덕적 순수성이라는 기준을 대야 한다."

그리스도는 우리 마음의 가장 깊은 비밀까지도 아시는 분이므로 우리는 그럴듯한 겉치레로 그분을 속일 수 없다. 그리스도께서 두아디라를 매섭게 책망하셨으니 우리도 어영부영하고 있을 시간이 없다. 행여 우리가 자신의 삶이나 가장 가까운 형제자매들의 삶에 드러나는 죄를 관용하고 있다면 지금 당장 그 문제를 해결해야 한다!

사데: 죽은 교회의 부검(요한계시록 3:1-6)

1사데 교회의 사자에게 편지하라 하나님의 일곱 영과 일곱 별을 가지신 이가 이르시되 내가 네
행위를 아노니 네가 살았다 하는 이름은 가졌으나 죽은 자로다
2너는 일깨어 그 남은 바 죽게 된 것을 굳건하게 하라 내 하나님 앞에 네 행위의 온전한 것을 찾
지 못하였노니 3그러므로 네가 어떻게 받았으며 어떻게 들었는지 생각하고 지켜 회개하라 만일 일
깨지 아니하면 내가 도둑 같이 이르리니 어느 때에 네게 이를는지 네가 알지 못하리라 4그러나 사
데에 그 옷을 더럽히지 아니한 자 몇 명이 네게 있어 흰 옷을 입고 나와 함께 다니리니 그들은 합
당한 자인 연고라 5이기는 자는 이와 같이 흰 옷을 입을 것이요 내가 그 이름을 생명책에서 결코
지우지 아니하고 그 이름을 내 아버지 앞과 그의 천사들 앞에서 시인하리라 6귀 있는 자는 성령이
교회들에게 하시는 말씀을 들을지어다.

당신은 죽은 교회에 가본 적이 있는가? 죽은 교회라는 표현을 나는 사람들에게서 자주 듣는다.

- "나는 죽은 교회에서 자랐다."
- "우리 교회는 한때는 역동적이었는데 지금은 죽어 있다."
- "그 교회에 가지 말라. 그 교회는 죽었다."

이 말들은 정확히 무슨 뜻일까?

그들의 교회당이 첨탑이 달린 영안실이라는 뜻인지도 모른다. 교인들은 시신, 안내 위원들은 염하는 사람, 장로들은 시체를 방부 처리하는 사람, 사역자들은 장의사다. 그들의 목사는 신학 묘원을 졸업했고, 찬양대 지휘자는 지역별 검시관이다. 그들은 '길르앗의 입관'이라든가 '나 같은 죄인 묻으신 이 무덤 놀라워'를 찬양한다. 그들의 예배는 시체처럼 뻣뻣하다고 표현할 수 있다. 휴거 때 그런 교회들이 맨 먼저 하늘로 들려 올라갈 것이다. 성경에 "그리스도 안에서 죽은 자들이 먼저 일어나고"라고 했으니 말이다. 그들의 차들은 장례 행렬처럼 길게 한 줄로 늘어서서 전조등을 켜고 교회에 간다. 새 교인이 오면 교회 사무실에서 즉시 가장 가까운 유족에게 부고를 해준다. 매주 교회는 부음난에 광고를 싣는다.

교회 버스는 하얀색 영구차이고 교회 표지판은 묘비다. 그리고 교회의 표어는 "싸늘한 시신은 많되 냉동된 시신은 적으니라"이다.[38]

죽은 교회가 이런 소름끼치는 표현들처럼 확실히 표가 난다면 얼마나 좋을까! 그러나 대부분의 교회들은 겉으로 살아 있는 것처럼 보이며, 그것은 죽은 교회들도 마찬가지다. 하지만 인간이 보기에는 살아 있어도 하나님이 보시기에는 '죽은' 교회일 수 있다. 죽은 교회도 꾸준히 모여 기도하고, 찬송 부르며, 필요한 비용만큼 헌금도 거둔다. 죽은 교회도 수적으로 성장할 수 있다. 죽은 교회도 땅을 사고 건물을 지을 수 있다. 죽은 교회도 다수의 교역자와 각종 프로그램과 최첨단 기술을 두루 갖출 수 있다. 그렇다. 죽은 교회에도 그 모든 것이 있을 수 있지만 그래도 죽은 교회다.

명맥만 화려한 도시 사데

1900년대 초 미국 서부의 상점 주인들은 자신의 매장 전면을 꾸며 3층 건물처럼 보이게 만들었다. 가게 정면을 화려하고 정교한 나무 세공과 밝은 색깔로 장식한 것이다. 그러나 막상 건물 안으로 들어가면 대개 칙칙한 한 칸짜리 가게에다 볼품없는 물건들이 손님들을 맞이했다.

1세기의 사데라는 도시도 비슷한 문제를 안고 있었다. 사데는 한때 리디아 지방의 중요하고 부유한 도시였으나 AD 17년에 일어난 지진 때문에 폐허가 되었다.[39] 도시가 완전히 없어진 것은 아니지만 그 뒤로는 번성하지 못했다. 주민들은 이전의 부와 세력을 끝내 되찾지 못한 채 한물간 과거에 매달려 살았다.[40] 겉만 번드르르한 가게처럼 사데도 명맥만 그럴 듯했지 더 이상 실제로 내보일 위상이 없었다. 겉으로는 살아 있는 것 같지만 사실은 이전의 잔재에 지나지 않았다.

사데 교회도 도시를 그대로 닮아 있었다. 겉으로는 어느 모로 보나 바쁘고 생산적인 교회 같았지만 속으로는 썩어 가고 있었다. 영광스럽던 날들은 과거의 기억 속에나 남아 있었다. 안타깝게도 사데 교회도 사데 도시처럼 이전의 영광스러움과 지금의 현실이 서로 일치하지 않았다.

사데의 유적

우리를 감쪽같이 속이는 죽은 교회는 현대 세계에만 있는 현상이 아니다. 죽은 교회는 1세기에도 존재했다. 사데 교회에 주신 메시지를 보면 분명히 알 수 있다. 거기에 보면 위대한 의사이신 그리스도께서 부검을 실시하신다. 그러나 "부활이요 생명"(요 11:25)이신 그분은 부검에서 그치지 않고 생명을 약속하신다.

—3:1—

그리스도는 사데 교회에 자신을 "하나님의 일곱 영과 일곱 별을 가지신 이"로 소개하시는데 이는 그들의 상황과 직결되는 표현이다. 3장 1절의 일곱 영은 성령의 일곱 가지 사역을 상징하며,[41] 일곱 별은 교회들의 일곱 사자(목사)를 가리킨다(1:4, 16, 20). 이 이미지가 어떻게 "죽은" 상태의 사데 교회와 연결되는 것일까? 여기서 예수님은 성령의 사역을 통하여 교회에 생명을 주시는 능력이 자신의 손안에 있음을 강조하시는 것 같다.

옛 콘스탄티노플 신경(381년)에 보면 성령이 "생명의 주(主)요 생명을 주시는 분"으로 기술되어 있다. 성령의 이러한 사역은 신·구약성경 모두에 확증되어 나타난다. 욥기 33장 4절에는 "하나님의 영이 나를 지으셨고 전능자의 기운이 나를 살리시느니라"고 했고, 예수님은 요한복음 6장 63절에 "살리는 것은 영이니 육은 무익하니라"고 말씀하셨다. 사도 바울도 "율법 조문은 죽이는 것이요 영은 살리는 것이니라"(고후 3:6)는 유명한 말을 했다.

그리스도는 성령과 일곱 교회의 사자들을 손안에 가지신 분이다. 생명을 주시는 성령을 통하여 교회를 살리시는 능력은 오직 그리스도께만 있다. 사데 교회는 살았다 하는 이름은 가졌지만 대다수 신자들은 사실 죽어 있는 상태였다. 많은 신자들이 시체처럼 뻣뻣하게 경직되어 있었다. 그들은 냉담했고 변화되려는 의지가 없었다. 소생의 가망이 있는 사람들도 더러 있었지만, 대다수는 '죽은 행위' 속에 파묻혀 있었다. 살아 있는 신자들은 극소수에 지나지 않았다. 이런 진단은 그리스도의 예리한 검사를 통해서만 나올 수 있다. 사람들이 분별력 없는 눈으로 언뜻 보기에 사데 교회는 멀쩡해 보였기 때문이다.

사데 교회가 죽어 있었다는 말은 무슨 뜻인가? 오늘 우리는 죽음을 대개 물리적인 의미로만 생각한다. 예컨대 심장 박동이 멎거나 허파의 호흡이 중단되는 것을 죽음으로 보는 것이다. 그러나 성경이 말하는 죽음의 개념에는 물리적 측면과 정신적 측면이 다 포함된다. 물론 성경에서 물리적 죽음이란 많은 경우 한 인간이 이 땅을 떠나는 것을 말한다(창 23:13, 신 17:6, 수 1:2, 전 9:5–6, 요 11:14, 약 2:26). 그러나 "죽은"(헬라어로 *nekros*) 상태란 사람의 물리적 생사 여부와 무관하게 삶의 도덕적 질이 낮거나 영적으로 정죄당한 상태를 가리키는 은유적 표현으로도 쓰인다(마 8:22, 눅 15:24).[42]

무생물을 가리켜 '죽었다'고 하면 이는 '질이 형편없다, 무익하다'는 뜻이다. 그래서 히브리서 6장 1절과 9장 14절에서 사람이 그리스도 안에서 새 생명을 얻기 전에 한 행실은 단순히 "죽은" 것이라 했다(참고 골 2:13, 딤전 5:6). 그리스도께서도 동일한 개념을 사용하셔서 사데 교회가 "죽은" 상태라고 하신 것이다(계 3:1). 그곳의 신자들은 육신으로는 살아 있었지만 그들의 행위와 믿음은 형편없고 무익했다(약 2:20, 26). 여기서 돌이키려면 그들은 일깨워져야 했는데, 그런 깨어남은 생명의 성령을 통하여 그리스도의 손으로부터만 올 수 있는 것이다.

—3:2–3—

2절부터 시작되는 그리스도의 권고의 말씀을 읽다 보면, 마치 의사가 환자들의 상태를 분류하려고 응급실에 들이닥치듯 그리스도께서 사데 교회에 급히 들어가시는 광경이 그려진다. 응급실의 환자들은 다양한 수준의 '죽음'에 빠져 있다. 그런데 그리스도는 먼저 시신들을 처리하거나 임종을 앞둔 사람들의 운명을 돕는 일부터 하지 않으셨다. 오히려 그분은 혼수상태에 빠진 교인들에게 새 생명을 불어넣으려 하셨다. 그분은 최대한 많은 사람을 소생시키기 원하셨고, 그분의 말씀대로 반응하기만 하면 누구나 살아날 수 있었다. 중환자실을 책임진 의사처럼 그분은 연달아 다섯 가지 지시를 큰 소리로 외치신다(3:2–3). 이 다섯 가지는 그리스도께서 죽어가는 사데 교회에 주신 처방이다.

첫째, 그분은 그들에게 "일깨어"라고 촉구하셨다(3:2). 마치 의식을 잃기 직전의 사람을 마구 흔들듯 그리스도는 사데 교회를 품에 안고 "정신 줄을 놓지 말라!"고 외치셨다. 깨어 있지 않으면 신자들은 죽어가는 문화의 잠 속에 빠져들 수 있고, 그러면 그들은 부질없고 무익한 행위를 하게 될 것이다.

둘째, 그리스도는 사데 교회를 향하여 "남은 바(를)… 굳건하게 하라"고 하셨다(3:2). 사

묵상의 서재

죽어 있는가, 살아 있는가?

2009년 11월 벨기에의 브뤼셀에서, 교통사고를 당하고 혼수상태에 빠져 23년 동안 식물인간으로 지내온 사람의 사연이 뉴스로 소개되었다. 그는 어느 모로 보나 의식을 잃은 상태였다. 온 몸이 마비되어 외부의 자극에 반응이 없었고, 뇌 검사를 해도 의식이 없는 것으로 나타났었다. 그러나 최첨단 촬영 장비를 동원한 정밀검사를 통하여 의료진은 그 사람에게 23년 동안 의식이 있었다는 가설을 세웠다! 겉으로는 '죽은' 상태였지만, 여러 가지 검사 결과 엄연히 살아 있었을 가능성이 드러난 것이다.[43] 의료진과 과학계의 이러한 결론을 믿어야 할지는 차치하고라도 이 이야기는 "죽은" 교회와 "살아 있는" 교회의 이슈와 관련하여 한 가지 중요한 사실을 일깨워준다.

교회에 대한 오진은 양방향 모두에서 나타날 수 있다. 세상적이고 비성경적인 기준을 적용해서 보면, 죽은 교회가 '살아 있는' 것처럼 보일 수도 있고, 거꾸로 살아 있는 교회가 '죽은' 것처럼 보일 수도 있다. 건강하게 잘 자라고 있는 교회도 언뜻 보기에는 시들시들 나약하게 죽어가는 것처럼 보일 수 있다. 거창한 숫자, 화려한 무대 연출, 대중매체의 '열광' 따위를 '살아 있는' 교회의 잣대로 삼는다면, 우리는 그런 외형적 요건들을 갖추지 못한 소형 교회를 '죽은' 교회로 오판할 수 있다. 그러나 교회가 충실하게 그리스도를 선포하고 말씀을 전하면, 그리고 성장하는 신자들이 효과적인 전도와 제자 훈련 사역으로 섬기고 있으면, 그 교회는 규모와 상관없이 살아 있는 교회다.

겉모습은 우리를 속일 수 있다. 어느 때보다도 지금이야말로 우리는 오진의 오류를 피해야 한다. 거창한 외형에 속아 죽은 교회를 용납해서는 안 된다. 반대로 화려한 외관과 감각적인 과대 선전으로 우리의 눈길을 끌지 못한다고 해서, 진정 살아 있는 교회를 거부해서도 안 된다. 우리는 자칫 잊기 쉬운 다음과 같은 진리를 늘 기억해야 한다. "사람은 외모를 보거니와 나 여호와는 중심을 보느니라"(삼상 16:7).

데 교회의 많은 사람들은 아직 가물가물하게나마 소생의 희망이 있었다. 모든 죽은 교회나 교단에도 소수이지만 살아 있는 사람들이 아직 남아 있다. 하지만 죽은 교회라는 환경 속에 장기간 살다 보면 그들도 타격을 입게 된다. 머잖아 그 소수의 따뜻한 몸마저 대다수와 함께 싸늘하게 식어갈 것이다. 사데에서는 선행마저도 건성으로 이루어졌다.

셋째, 그리스도는 영적 환자들에게 "네가 어떻게 받았으며 어떻게 들었는지 생각"할 것을 지시하셨다(3:3). "생각(기억)하라"는 동사가 현재 시제로 되어 있으므로 그들은 자신들이 받은 구원과 성령의 선물들을 계속 상기해야 했고, 자신들이 들은 복음의 기쁜 소식을 계속 염두에 두어야 했다. 오늘날에도 모든 참된 교회의 예배에는 늘 우리의 기억을 돕는 장치가 하나 있는데 바로 성만찬이다. 이 성례를 제대로 시행하면, 우리의 죗값을 치르신 그리스도의 죽음을 교회가 함께 모여 기억하게 된다(눅 22:19, 고전 11:24). 그 밖의 방법들로는 하나님의 기록된 말씀을 읽는 일, 뜨겁게 선포되는 하나님의 진리를 듣는 일 등이 있다.

넷째, 그리스도는 사데 교회를 향하여 그들이 받고 들은 진리를 "지켜"라고 주문하셨다(3:3). 성경에 따르면, 기억이란 생각에서 그치지 않고 행위를 수반한다. 그리스도께서 말씀해주시듯, 기억을 돕는 일들을 실제로 행하면 우리는 영적 안개와 망각의 죽음 속에 빠져들지 않을 수 있다. 하나님의 말씀을 읽고 듣는 것만으로는 부족하다. 그 말씀이 우리를 변화시켜야 한다. 우리는 바른 교리에 헌신하는 것 못지않게 순종에 헌신해야 한다.

끝으로, 그리스도는 사데 교회를 향하여 "회개하라"고 명하셨다(3:3). 생각과 태도를 단호히 고쳐 회복을 향하여 바른 길에 오를 것을 촉구하신 것이다. 그분은 그들의 상태를 귓속말로 소곤거리시거나, 그들의 과거와 현재의 부정적인 모습을 대충 넘어가려 하지 않으셨다. 위대한 의사이신 그분은 그들의 영적 상태의 심각성을 신속히 설명하신 뒤에 이런 명백한 처방을 내리셨다. "영적 삶에서 더 이상 빈둥거려서는 안 된다. 옳은 행위를 말만 하고 있어서도 안 된다. 이제 행동에 나설 때가 되었다. 오늘 당장 시작하라!"

이러한 강력한 명령들 뒤에 그리스도의 엄한 경고가 뒤따른다. 사데 교회가 그분의 조언대로 회개하지 않으면 그분이 그들에게 "도둑 같이" 오실 것이다(3:3). 이는 사데 교회에 특히 더 의미심장한 경고로 다가왔을 것이다. 사데라는 도시는 방벽이 철통같았지만 역사상 방어가 뚫린 적이 두 차례 있었다. 적들은 그 도시로 통하는 벼랑의 비밀 통로를 용케 찾아내 야음을 틈타 몰래 잠입했다.[44] 마찬가지로 사데 교회도 만일 회개하지 않는다면, 그리스도께서 그들이 세워둔 위선의 방벽을 뚫고 들어가 징계의 손을 드실 것이다. 이는 죽은 교회를 깨우기 위한 엄숙한 말씀이다!

—3:4-6—

하나님의 백성이 아무리 형편없이 나빠져도 그분은 언제나 소수의 무리를 남겨 그분의 뜻을 수행하고 열매를 맺게 하신다(왕하 19:30-31, 사 10:20-21, 롬 11:5). 이들 남은 자들은 풍성한 부흥의 씨앗이 되기도 한다. 사데 교회도 마찬가지였다. 그리스도는 문제 많은 교회에 주시는 메시지를 마감하시면서 충성된 남은 무리에게 말씀하신다. 영적으로 죽어 무감각해진 교회에서 그들마저도 휘둘릴 위험이 있었다. 그래서 예수님은 이들 충성된 소수에게 세 가지 약속을 주신다.

"흰 옷을 입고 나와 함께 다니리니"(3:4-5)라는 첫 번째 약속을 그리스도는 두 차례 언급하셨다. 요한계시록 뒷부분에 가면 요한이 환상 속에서 성도들의 큰 무리를 보는데, 그들은 "어린 양의 피에 그 옷을 씻어 희게" 하고 천국에 모여 있다(7:14). 흰 옷은 그리스도를 믿어 죄를 씻음 받았음을 나타낸다. "흰 옷을 입고 다니"는 이미지는 그들이 영원히 흠 없이 의로워진다는 약속이다.

그리스도의 두 번째 약속은 부정문으로 진술된다. "내가 그 이름을 생명책에서 결코 지우지 아니하고"(3:5). 영원한 의를 옷 입은 사람은 영원히 안전한 미래가 보장된다. 이것은 틀림없는 사실이다. 물론 하나님은 굳이 물리적인 책이 없어도 우리가 그분 앞에서 어떤 상태인지를 다 아신다. "생명책"(*biblos*)은 영원한 안전을 상징한다. 우리가 장차 받을 복은 마치 하나님이 천국 시민의 방대한 등록부에 우리의 이름을 기록하신 것만큼이나 확실하다.

끝으로, 세 번째 약속은 두 번째 약속의 긍정적 측면을 보여준다. "그 이름을 내 아버지 앞과 그의 천사들 앞에서 시인하리라"(3:5). 이것은 일찍이 그리스도께서 지상 사역 중에 주신 두 가지 비슷한 약속과 일맥상통한다. 마태복음 10장 32절에는 "누구든지 사람 앞에서 나를 시인하면 나도 하늘에 계신 내 아버지 앞에서 그를 시인할 것이요"라는 말씀이 있다. 비슷하게 누가복음 12장 8절에도 "누구든지 사람 앞에서 나를 시인하면 인자도 하나님의 사자들 앞에서 그를 시인할 것이요"라고 하셨다. 다시 말해, 심판날에 그리스도는 그분

사데 교회의 상태

사데 교회는 영적으로 살았다 하는 평판은 있었지만 소수의 남은 무리를 제외하고는 모두 영적 삶이 '죽은' 상태였다.

께 속한 사람들의 보증을 서실 것이다.

사데에 주신 편지 전체에서 예수님은 *onoma*라는 헬라어 단어로 언어유희를 하신다. 이 단어에는 '이름'이라는 뜻도 있고 '평판'이라는 뜻도 있다. 3장 1절에서 사데 교회는 살았다 하는 '이름' 또는 '평판'은 있으나 사실은 죽은 자다. 3장 4절에서 그리스도께서 하신 말씀을 직역하면 "사데에 그 옷을 더럽히지 아니한 이름(*onoma*) 몇이 네게 있어"가 된다. 3장 5절에 그분은 그들의 이름(*onoma*)을 생명책에서 지우지 않으실 것과 그들의 이름(*onoma*)을 하나님 앞에서 시인하실 것을 약속하신다. 이 모두는 한 가지 심오한 진리를 지적해준다. 우리는 그리스도 안에서 영원히 수용되었고 영원한 정체성을 얻었다. 어느 날 그분은 하나님의 은혜로 흰 옷을 입은 신자들 곁에 서실 것이며, 그들의 이름은 영원한 잉크로 생명책에 기록되어 있다. 그날 그분은 이렇게 공표하실 것이다. "이 사람은 내 것이다! 그의 이름은 아무개이며 그는 왕의 자녀다!" 생각만 해도 얼마나 놀라운 일인가!

사데에는 죽은 교회의 묘비에 이미 이름이 새겨진 사람들이 많았지만 소수의 예외가 있었다. 그 충성된 소수가 맞이할 미래의 운명은 다르다. 그들은 모든 이름 위에 뛰어나신 이름, 생명을 주시는 그들의 주와 함께 영원을 보낼 것이다.

적용

죽은 교회의 다섯 가지 특징

그동안 성경을 연구하고 교회사를 묵상하고 수십 년간 목회를 하면서 나는 병들어 죽어가는 교회의 다섯 가지 특징을 보았다. 이중 한두 요소는 많은 (어쩌면 대부분의) 교회에 어느 정도 있을 수 있지만, 다섯 가지가 다 있다면 분명 치유와 소생이 절실히 필요한 교회다.

이 내용을 읽으면서 자신에게 이렇게 물어보라. "이중 나에게 해당되는 것이 하나라도 있는가? 나는 우리 교회를 살리는 쪽인가, 죽이는 쪽인가?"

첫째, 죽은 교회는 과거를 숭배한다. 늘 과거 운운하며 기막힌 회심의 사연들, 놀라운 부흥, 훌륭한 전임 목사들을 우려먹는다. 반면 살아 있는 교회는 부지런히 과거 위에 짓되 의지적으로 미래를 향하여 나아간다.

둘째, 죽은 교회는 융통성이 없고 변화에 저항한다. 사역의 새로운 접근 방법들에 회의와 저항과 두려움으로 맞선다. 반면 살아 있는 교회는 새로운 방법이 불변의 메시지를 정확하게 효과적으로 전달해주는 한, 방법을 바꾸는 데 마음이 열려 있다.

셋째, 죽은 교회는 대개 지도자들이 육신적이고 게으르다. 목사들과 직원들이 교만과 안일과 권리 의식 등의 죄에 빠져 있고, 자만의 배에 올라 은퇴의 항구로 향하고 있다. 반면 살아 있는 교회의 지도자들은 소명감에 불타 열정적으로 사역에 임한다. 그들은 자신의 직업에 따라오는 온갖 혜택이나 챙기고 있지 않는다.

넷째, 죽은 교회는 어린이와 청소년을 경시한다. 앞에서 말한 세 가지 특징이 어우러져 있다 보니, 어린이와 청소년과 젊은 가정들은 교회에 흥미를 잃거나 교회를 떠난다. 그들에게 필요한 것들이 경시되고 있기 때문이다. 반면 살아 있는 교회는 어린이와 청소년이 하나님께 귀한 존재이자 교회의 미래를 짊어질 세대임을 알기에 그들의 삶에 투자한다.

끝으로, 죽은 교회는 전도와 선교에 열정이 없다. 건강하지 못한 교회는 자신들의 욕구와 취향과 편리함을 따라 내부를 지향하기 때문에, 잃어버린 영혼들을 구원하는 일에는 건성으로 임한다. 반면 살아 있는 교회는 지역 전도와 세계 선교 모두에 시간과 자원과 에너지를 바친다.

지금까지 사데 교회에 주신 메시지에서 보았듯이, 그리스도는 생명을 주시는 분으로 계시된다. 신앙이 의식 불명이거나 죽어가는 사람들에게 영적인 활력을 주시는 분은 그분뿐이다. 우리도 영적인 무감각에 빠지는 경향이 있다. 사데에 주신 긴박한 경고에 비추어 우리도 타성에 젖은 종교적 쳇바퀴에서 벗어나 예수 그리스도만이 주실 수 있는 풍성한 삶을 받아들여야 한다. 지금 그분은 진정으로 당신을 초대하신다. 당신이 영적 시체처럼 뻣뻣하게 경직되고 있는 게 느껴진다면, 그리스도의 말씀을 마음에 새기라. 일깨어 당신의 헌신을 선포하라.

빌라델비아: 작은 능력, 열린 문, 장엄하신 하나님(요한계시록 3:7-13)

[7]빌라델비아 교회의 사자에게 편지하라 거룩하고 진실하사 다윗의 열쇠를 가지신 이 곧 열면
닫을 사람이 없고 닫으면 열 사람이 없는 그가 이르시되
[8]볼지어다 내가 네 앞에 열린 문을 두었으되 능히 닫을 사람이 없으리라 내가 네 행위를 아노니
네가 작은 능력을 가지고서도 내 말을 지키며 내 이름을 배반하지 아니하였도다 [9]보라 사탄의 회
당 곧 자칭 유대인이라 하나 그렇지 아니하고 거짓말 하는 자들 중에서 몇을 네게 주어 그들로 와
서 네 발 앞에 절하게 하고 내가 너를 사랑하는 줄을 알게 하리라 [10]네가 나의 인내의 말씀을 지켰
은즉 내가 또한 너를 지켜 시험의 때를 면하게 하리니 이는 장차 온 세상에 임하여 땅에 거하는 자
들을 시험할 때라 [11]내가 속히 오리니 네가 가진 것을 굳게 잡아 아무도 네 면류관을 빼앗지 못하
게 하라 [12]이기는 자는 내 하나님 성전에 기둥이 되게 하리니 그가 결코 다시 나가지 아니하리라
내가 하나님의 이름과 하나님의 성 곧 하늘에서 내 하나님께로부터 내려오는 새 예루살렘의 이름
과 나의 새 이름을 그이 위에 기록하리라 [13]귀 있는 자는 성령이 교회들에게 하시는 말씀을 들을지
어다.

교회의 규모, 위치상의 제약, 빠듯한 예산 등이 교회의 비전을 결정해서는 안 된다. 대신 교회는 하나님의 능력에 기초하여 비전을 세워야 한다. 하나님은 무한하고 위대하고 장엄하고 능하신 분이며, 우리의 표현이나 이해를 초월하시는 분이다! 그분이 기회를 열기로 하시면 가능성이 무한해진다. 우리는 그저 그분이 어디로 인도하시든 그분을 신뢰하고 따라가기만 하면 된다.

하나님은 그분의 주권적인 뜻과 무한하신 지혜에 따라 문을 열기도 하고 닫기도 하신다. 그분이 기회의 문을 닫으시는 것은 우리를 우롱하거나 괴롭히거나 좌절에 빠뜨리려 하시는 것이 아니다. 그보다 그분이 문을 닫으시는 것은 다른 문을 여시기 위해서다. 이 진리는 내 마음에 평안을 준다. 비록 나는 잘 이해할 수 없을지라도 하나님은 당신이 하시는 일과 그 이유를 분명히 아시는 분이며, 그런 하나님이라면 내가 신뢰할 수 있기 때문이다. 하지만 동시에 나는 이것도 알고 있다. 이렇게 끝도 없는 듯 문이 열리고 닫히면, 마치 우리 자신이 다음번 모퉁이 저쪽에서 하나님의 막연한 '뜻'을 찾고자 미로 속을 달리는 생쥐처럼 느껴질 수 있다는 것이다. 정말 가고 싶은 길이 갑자기 막히면 우리는 화가 날 수 있고, 다른 문으로 끌려가면서 싫다고 발버둥 치며 소리를 지른다. 하나님은 그분의 계획을 차근차

근 조금씩 보여주시는데, 우리는 그런 하나님을 신뢰하며 인내하는 것을 힘들어한다.

그러나 한순간 정직해질 때면 우리 대부분이 인정할 수밖에 없는 사실이 있다. 우리는 내 삶을 내가 주관하기를 좋아한다는 것이다. 우리는 매사를 내가 결정해서 내가 시작하고 마치기를 원한다. 하나님의 일도 때로 우리는 내 방법과 기준대로 계획하고 실행하기를 원한다. 하지만 하나님의 일에 대한 결정권은 그리스도께만 있다. 우리는 죄인이지만 그분은 거룩하시다. 우리는 속이기를 잘하지만 그분은 진실하시다. 우리는 약하고 부족하지만 그분은 강하고 전능하시다. 그러므로 우리의 인생길을 주관하시는 분은 오직 하나님이시다.

고대 도시 빌라델비아의 교회가 대표적인 예다. 이 교회는 일곱 교회 중 가장 연륜이 짧았고 규모도 가장 작았지만, 그리스도께 책망은 듣지 않고 칭찬만 받았다. 그곳의 신자들은 하나님의 위대하심이 자기들의 초라한 형편보다 훨씬 크다는 것을 알았다. 또 자기들의 책임이 아주 단순하다는 것도 알았다. 그 책임이란 바로 하나님이 자기들 앞에 열어두신 기회의 문을 알아보고 그리로 담대히 들어가는 것이었다.

—3:7—

그리스도는 거룩하고 진실하시다. 그분의 의는 흠 없이 순결하고 그분의 성품은 더없이 믿을 만하다. 그분은 또 "다윗의 열쇠를 가지신 이 곧 열면 닫을 사람이 없고 닫으면 열 사람이 없는 그"이시다. 이 표현은 의로운 히스기야 왕 때 기록된 이사야 22장의 이미지를 연상시킨다. 엘리아김이라는 사람이 히스기야 밑에서 왕실의 보물 관리자로 일했다. 그는 자신의 수하에 맡겨진 보물을 간수할 권한과 책임이 있었고, 보물 창고를 여는 열쇠를 받아 그 어마어마한 부에 접근할 수 있는 권리를 독점했다. 이사야 22장 22절에 보면 "내가 또 다윗의 집의 열쇠를 그의 어깨에 두리니 그가 열면 닫을 자가 없겠고 닫으면 열 자가 없으리라"는 말씀이 나온다.

이와 비슷하게 성부 하나님은 천상의 복을 주관하는 열쇠를 그리스도께만 주셨다. 그분은 아버지의 영적 보물을 자유자재로 꺼내셔서, 힘든 상황을 놀라운 기회로 반전시키신다. 예수님은 지금 교회에 대한 주권이 독점적으로 자신에게만 있다고 주장하시는 것이다. 교회는 하나님의 지혜의 보고(寶庫)이자 진리의 기둥과 터다(딤전 3:15).

—3:8—

빌라델비아 교회는 선행이 풍성했고, 하나님의 말씀에 충실했으며, 신앙을 부끄러워하지 않았다. 인근의 사데 교회와는 얼마나 현격히 대조적인가! 당면한 상황은 비슷했지만 빌라델비아 신자들은 진리를 타협하지 않고 충실하게 반응했다. 하지만 그들은 계속 박해와 고난을 받았고, 외관상 작은 규모와 제한된 영향력 때문에 좌절을 느꼈다. 그런데 바로 그 상

'형제 사랑'의 도시 빌라델비아

인근 도시 사데처럼 빌라델비아(헬라어로 '형제 사랑'을 뜻한다–역주)도 AD 17년에 대지진으로 폐허가 되었다. 그 바람에 많은 빌라델비아 사람들이 앞날의 재난을 피하여 영속적인 안전을 찾고자 주변 지역들로 이주해 나갔다.[45] 잔류한 주민들은 황제 티베리우스 카이사르에게 원조를 요청했고, 황제는 도시가 재건될 때까지 오랫동안 세금을 감면해주었다. 그 결과 도시는 황제를 기려 '네오가이사라'라는 이름을 취했다.[48]

또 하나 이 도시를 불안하게 한 요소는 지반의 진동이 아니라 사회적, 종교적 격변이었다. 1세기 말의 그곳은 비록 작은 도시였지만 막강한 유대인 사회의 본거지였다. 빌라델비아의 그리스도인 가운데 유대인의 비율이 높다 보니 교회와 회당 사이에 심각한 갈등이 불거졌는데, 물론 회당 사람들은 예수님을 메시아로 받아들이지 않았다.[49] 사실 유대교의 영향이 워낙 세서, 20년도 채 지나지 않아 빌라델비아 교회는 구약의 율법을 신약의 복음보다 우위에 두는 거짓 가르침과 싸우게 된다.[50]

빌라델비아에 비참한 지진이 있었다는 역사적 사실에 비추어볼 때 예수님의 약속은 매우 의미심장하다. 그분은 그들이 하나님의 성전에 기둥이 되어 결코 다시 거기서 나가지 않으리라고 약속하셨다(3:12). 이와 비슷하게 예수께서 그들에게 약속하신 새 이름도 그 도시 자체가 황제의 원조를 받은 후 개명했다는 사실을 반영한 것일 수 있다. 끝으로, "사탄의 회당"이 언급된 것은 현지의 유대교 지도자들이 유대인 그리스도인들의 진정한 '유대인 자격'을 논박한 일과 관련이 있을 수 있다. 결국 유대교는 예수님을 믿는 유대인들을 배척했다. 또한 "사탄의 회당"은 유대주의를 주장하던 위험한 이단들을 지칭할 수도 있다. 결국 그런 이단들이 빌라델비아 교회에 침투하게 된다.

고대 빌라델비아의 유적

황 속에서 그리스도는 상황적 제약에도 불구하고 그들에게 엄청난 기회가 있음을 지적하셨다.

"내가 네 앞에 열린 문을 두었으되"라는 구절의 의미에 대해서는 주석가들 사이에 이견이 있다. 어떤 학자들은 그것이 "천국의 열린 문"을 가리킨다고 말한다. 충성된 빌라델비아 교회에 그리스도께서 구원의 약속을 재확인해주셨다는 것이다.[46] 이런 관점에서 보면 이 문구는 3장 10절에 이 교회를 휴거시켜 "시험의 때"를 면하게 해주신다는 약속과 잘 들어맞을 수 있다. 또 4장 1절에서 요한이 열린 문을 통하여 천국으로 옮겨진 일과도 통할 수 있다.

다른 학자들은 이 말이 "사역의 열린 문", 곧 광범위한 전도의 장을 가리킨다고 본다.[47] 신약성경 자체로 해석한다면 이 두 번째 관점이 더 타당성이 높다. 고린도후서 2장 12절에 비슷한 헬라어 문구가 나오는데 역시 사역의 기회를 가리킨다(참고 행 14:27, 고전 16:9, 골 4:3). 이 구절이 이런 뜻이라면, 그리스도는 시련 속에 있는 빌라델비아 교회에게 사역의 기회를 마련해주신 것이다. 이 교회는 자기들 앞에 "열린 문"이 있음을 알아보지 못했다. 빌라델비아는 동방으로 가는 지리적 관문으로 여러 언어와 문화와 민족 집단의 교차로에 있었다. 전도와 선교의 관점에서 볼 때 이 단출하고 역동적인 교회에게 그것은 굉장한 사역의 기회였다.

그러나 빌라델비아 교회는 "작은 능력"밖에 없었다(3:8). 여기에 쓰인 헬라어 단어들은 소량의 자원과 역량을 가리킨다. 이 교회는 인근의 라오디게아 같은 재력과 영향력도 없었고, 에베소처럼 풍부한 역사와 유산도 없었다. 사데처럼 대단한 평판이나 서머나처럼 충성스럽다는 명성도 없었다. 작고, 보잘것없으며, 가난하고, 종종 무시당하던 빌라델비아 교회는 자신들의 사역 역량이 작다고 단정했을 것이다. 얼마나 잘못된 생각인가! 그리스도인들은 큰 교회가 무조건 일을 잘한다는 생각을 버려야 한다. 하나님은 오히려 개인과 교회의 제약을 발판으로 삼아 원대한 계획에 착수하실 때가 많다. 그분은 당신과 나처럼 약하고 미련한 자들, 미미하고 초라한 자들을 통해서도 놀라운 일을 하실 수 있다(고전 1:26-29).

빌라델비아 교인들은 자신들의 '작은 능력'을 보며 '작은'에 무게를 두었다. 그리스도는 똑같은 상태를 지적하시며 '능력' 쪽을 강조하기 원하셨다. 그들은 그리스도께서 제자들에게 주신 말씀을 잊고 있었다. "만일 너희에게 믿음이 겨자씨 한 알 만큼만 있어도 이 산을 명하여 여기서 저기로 옮겨지라 하면 옮겨질 것이요 또 너희가 못할 것이 없으리라"(마 17:20).

—3:9-13—

빌라델비아 교회는 능력은 작았지만 잠재력은 컸다. 규모나 자원이나 영향력 때문이 아니라, 거룩함과 충성됨 그리고 주님의 주권 때문이었다. 그들은 주님의 말씀을 지켰고 주님을 배반하지 않았기 때문에 열린 문을 통하여 큰일을 이룰 준비가 되어 있었다. 그리스도께서 그들 앞에 기회의 문을 두셨다. 그들의 나무랄 데 없는 영적 상태에 이어 그리스도는 네 가지 약속으로 그들을 격려해주셨다.

첫째, 그분은 그들 앞에서 적들이 굴욕을 당하게 하겠다고 약속하셨다(3:9). 그리스도인들을 사납게 공격하던 거짓 교사들은 패배할 것이다. 그 일이 어떻게 이루어질지는 약속에 나와 있지 않지만, 아마 그들 중 일부가 사도 바울의 사례처럼 회심하게 될 것이다. 다소의 사울은 본래 극렬한 바리새인으로 교회를 지독히 박해했지만, 주 예수께서 다메섹 도상에서 그를 낮추시고 잠시 눈을 멀게 하신 뒤에 사도 바울로 변화시켜 이방인의 선교사로 보내셨다(행 9장).[51] 그 일이 어떤 방식으로 이루어지든 간에, 믿지 않는 유대인 사회가 빌라델비아 교회에 가하던 공격은 곧 끝날 것이다.

둘째, 그리스도는 그들을 – 또한 모든 신자를 – 지켜 장차 전 세계에 닥칠 환난에서 면하게 하시겠다고 약속하셨다. 신자들을 “시험의 때”로부터 “지켜”라고 하신 말씀(3:10)이 무슨 뜻인지 여러 가지 해석이 가능하지만, 다음과 같이 보는 것이 가장 일반적인 견해다. 장차 하나님은 그리스도의 재림을 준비하시고자 진노로 세상을 심판하시는데, 위의 말씀은 그 예견된 진노의 시기를 가리킨다. 비슷하게 바울도 그리스도께서 하늘로부터 강림하여 “장래의 노하심에서” 건져주실 것을 그리스도인들이 기다리고 있다고 했다(살전 1:10).

그렇다면 그분은 어떤 방식으로 신자들을 장래의 노하심에서 지키실까? 물론 하나님께는 방법이 많이 있다. 그분은 초자연적으로 우리를 심판으로부터 보호하실 수도 있다. 이집트에 열 재앙이 닥쳤을 때 이스라엘 백성에게 하신 것처럼 말이다. 그런가 하면 그분은 우리를 진노의 자리에서 완전히 빼내실 수도 있다. 소돔을 심판하시기 전에 롯에게 하신 것처럼 말이다. 하나님이 당신의 백성을 보호하시는 방법은 하나로 국한되지 않으며, 과거에도 그분은 여러 가지 방법을 쓰셨다. 그러나 데살로니가전서에서 바울은 하나님이 장차 임할 환난에서 교회를 구원하실 구체적인 방법을 이렇게 말해준다.

> 주께서 호령과 천사장의 소리와 하나님의 나팔 소리로 친히 하늘로부터 강림하시리니 그리스도 안에서 죽은 자들이 먼저 일어나고 그 후에 우리 살아남은 자들도 그들과 함께 구름 속으로 끌어 올려 공중에서 주를 영접하게 하시리니 그리하여 우리가 항상 주와 함께 있으리라(살전 4:16-17).

살아 있는 신자들을 이렇게 "끌어 올려" 가는 것을 휴거라 하는데, 몇 구절 뒤로 가면 그것은 우리가 노하심에서 구원받는 일과 직결되어 있다. 바울은 "하나님이 우리를 세우심은 노하심에 이르게 하심이 아니요 오직 우리 주 예수 그리스도로 말미암아 구원을 받게 하심이라 예수께서 우리를 위하여 죽으사 우리로 하여금 깨어 있든지 자든지 자기와 함께 살게 하려 하셨느니라"(살전 5:9-10)고 썼다. 노하심에서 건지시는 것과 관련하여 이런 성경적 배경을 감안할 때, 요한계시록 3장 10절은 진정한 그리스도인들을 땅에서 "끌어 올려" 환난의 때를 면하게 하신다는 약속으로 이해하는 것이 가장 무난해 보인다.

그런 해석에 반대하는 사람들도 있다. 이런 사건들이 1세기에 발생하지 않았으므로 장래의 환난을 면하게 하신다는 약속이 빌라델비아의 원래 독자들에게는 성취되지 않았다는 이유에서다. 하지만 우리가 잊지 말아야 할 것이 있다. 살아 있는 그리스도인들이 환난을 앞두고 휴거되기 직전 모든 세대에 걸친 교회의 죽은 자들도 새로운 몸으로 다시 살아나 교회와 함께 휴거되어 그리스도의 온전한 한몸을 이룬다는 사실이다(살전 4:16-17). 그러므로 이 약속의 첫 수신자들은 비록 건지심을 받기 전에 죽었지만, 언젠가 그들도 이 약속된 건지심을 경험하게 될 것이다. 주께서 그들의 유해를 무덤에서 취하여 불멸의 몸으로 변화시키신 후 모든 시대의 모든 신자와 함께 끌어 올려 가실 때가 바로 그때다. 그때 그들은 진노나 환난을 경험하지 않고 오히려 하늘의 구원과 상을 받게 될 것이다.

셋째, 그리스도는 빌라델비아 교회가 계속 강하고 안전할 것을 약속하셨다(3:11-12). 그분은 자신이 불시에 갑자기 오실 것을 상기시켜주셨는데, 이것은 그들이 아무도 하늘의 상을 빼앗지 못하게 계속 자신들의 확신을 굳게 잡는 동기가 되었을 것이다(3:11). 아울러 여기에 영원에 대한 큰 약속이 따라온다. 이기는 자들은 하나님 성전의 기둥처럼 될 것이다. 빌라델비아 도시는 AD 17년에 일어난 지진으로 땅이 흔들릴 때 붕괴했지만, 그와 달리 빌라델비아 교회는 하나님의 성전에 들어가 보호를 받을 것이다. 하늘에 있는 그 흔들리지

빌라델비아 교회의 상태

거룩하고 진실함

빌라델비아 교회는 비록 박해를 당했지만 흠이나 오점이 없이 거룩하고 진실했다.

않는 성전에서 아무도 그들을 다시 나가게 할 수 없다. 이것은 우리가 그리스도 안에서 영원히 안전한 존재라는 사실을 분명히 보여주는 이미지다!

끝으로, 그리스도는 빌라델비아 교인들에게 새로운 소속을 약속하셨다(3:12). 고대 세계의 노예는 자유의 몸이 되어서도 종종 주인집의 이름을 사용했고, 심지어 주인의 사회적 신분까지 부여받았다. 비록 노예로 태어났어도 자애로운 주인이 그 종에게 새로운 정체를 줄 수 있었다.[52] 이와 비슷하게, 영적으로 신자들 위에 하나님의 이름을 표시한다는 것은 새로운 시민권과 새로운 정체를 의미한다. 그들은 더 이상 자신의 것이 아니라 값으로 산 존재다(고전 6:19-20). 빌라델비아라는 도시 자체도 역사 속에서 그 이름과 그들이 충성한 대상이 여러 번 바뀌었다. 따라서 이 교회에게 그들의 시민권이 하늘에 있음과 충성의 대상이 이 땅의 그 무엇이 아닌 하나님이심을 상기시켜주신 것은 중요한 의미가 있었다.

적용
'엄두가 나지 않는 기회'를 잡기

우리들 대부분은 닫힌 문을 쳐다보고 있느라 너무 많은 시간을 허비한다. 우리는 내가 세워놓은 계획이 도대체 왜 제대로 풀리지 않았는지 의아해하며 낙심과 실망에 빠진다. 이렇게 살다 보면 우리의 면전에서 거칠게 쾅 닫혀 버리는 문들이 있게 마련이다. 그런 생각을 하면 나는 오래전 월트 켈리(Walt Kelly)의 연재만화 〈포고〉(Pogo)에 나온 대사가 떠오른다. "우리는 엄두가 나지 않는 기회에 부딪혔다." 하나님이 닫으시는 문과 그쪽으로 난 길은 아주 쉽고 명백해 보이건만, 그분이 여시는 문은 덜 솔깃하고 들어가기가 더 어려워 보이는 게 사실이다. 엄두가 나지 않는 기회인 것이다.

지금 당신이 처한 자리는 신앙을 전하기에 여러 가지 어려움이 따르는 자리인가? 신앙

대로 살기가 유난히 힘든 자리인가? 여기서 '자리'란 꼭 물리적인 위치를 뜻하는 것만은 아니다. 물론 그것도 중요한 역할을 할 수 있지만 말이다. 때로는 우리 삶의 '자리'가 제약으로 느껴질 수 있다. 예컨대 당신의 직장 상사는 '종교'라면 무조건 입도 뻥긋하지 못하게 하는 사람일 수 있다. 당신이 다니는 학교는 당신의 관점만 빼고 모든 관점을 관용하는 곳일 수 있다. 당신은 전업 주부인데 두세 살 된 수다쟁이 아이가 하루 종일 당신의 발뒤꿈치를 졸졸 따라다닐 수 있다. 그 밖에도 당신은 신체적 장애, 재정적 압박, 살인적 스케줄 등 때문에 제약을 느낄 수 있다. 이런저런 상황이 당신의 기회를 제한하는 것 같고, 열매 맺기 좋은 사역의 문을 닫는 것만 같다. 그렇다면 그리스도께서 빌라델비아 교회에 주신 말씀은 오늘 당신에게도 해당된다. '엄두가 나지 않는 기회'와 관련하여 두 가지 적용에 초점을 맞추어보자.

첫째, '엄두가 나지 않는 기회' 덕분에 우리가 자신을 바라보지 않고 하나님을 바라볼 수 있음을 잊지 말라. 그러면 거기서 새로운 비전이 생겨난다. 그 비전은 우리의 상황을 초월하고 우리의 유한한 상상력을 넓혀준다. 현실을 우리의 좁은 시각으로만 보느라 하나님을 제한하거나 그분의 계획을 놓쳐서는 안 된다. 그분이 우리를 위하여 예비하신 일은 우리의 이해를 벗어난다. 그때 우리는 자신의 '작은 능력'에서 시선을 돌려 그분의 차고 넘치는 공급을 바라보아야 한다. 그러면 하나님이 '작고 보잘것없는' 사람들을 통하여 큰일을 이루실 수 있는 분임을 알게 된다.

둘째, '엄두가 나지 않는 기회' 덕분에 우리 주 하나님을 온전히 신뢰할 수밖에 없음을 잊지 말라. 그러면 거기서 모든 장애물을 이겨낼 수 있는 견고한 믿음이 생겨난다. 믿음으로 행하는 삶이란 한낱 멋진 관념도 아니고 여러 대안 중 하나도 아니다. 하나님의 사람들에게 그것은 유일한 방책이다. 우리는 하나님이나 그분의 약속을 의심해서는 안 된다. 오히려 그분께 늘 충성하며 그분이 어디로 인도하시든 전심을 다해 따라가야 한다. 그러면 그분이 우리 앞에 기상천외한 기회의 문을 열어주실 뿐 아니라 닥쳐오는 도전을 이겨낼 힘까지도 주신다.

그렇다면 현재 당신에게 있는 여러 가지 '제약'과 당신의 삶 속에서 하나님이 닫으신 문들만 보지 말고 그 너머를 보라. 당신이 혹시 간과하고 있을 수 있는 다른 기회들은 무엇인가? 그 질문을 곰곰이 생각하면서 자신에게 이렇게 물어보라. "내가 작년에 그리스도를 위하여 할 수도 있었던 일들은 무엇인가?" 다섯 가지 답을 꼽은 뒤에 다시 다섯 가지를 더해 보라. 그 내용을 숙고하면서, 하나님이 당신 앞에 두고 계신 기회들을 보게 해달라고 기도하라. 이어 그분의 도움에 힘입어 다음 질문에 답해보라. "내가 내년에 그리스도를 위하여 할 수 있는 일들은 무엇인가?" 하나님의 능력으로 당신은 기회의 열린 문으로 들어설 준비가 되어 있는가?

라오디게아: 하나님을 구역질나게 한 교회(요한계시록 3:14-22)

14라오디게아 교회의 사자에게 편지하라 아멘이시요 충성되고 참된 증인이시요 하나님의 창조의 근본이신 이가 이르시되

15내가 네 행위를 아노니 네가 차지도 아니하고 뜨겁지도 아니하도다 네가 차든지 뜨겁든지 하
기를 원하노라 16네가 이같이 미지근하여 뜨겁지도 아니하고 차지도 아니하니 내 입에서 너를 토
하여 버리리라 17네가 말하기를 나는 부자라 부요하여 부족한 것이 없다 하나 네 곤고한 것과 가련
한 것과 가난한 것과 눈 먼 것과 벌거벗은 것을 알지 못하는도다 18내가 너를 권하노니 내게서 불
로 연단한 금을 사서 부요하게 하고 흰 옷을 사서 입어 벌거벗은 수치를 보이지 않게 하고 안약을
사서 눈에 발라 보게 하라 19무릇 내가 사랑하는 자를 책망하여 징계하노니 그러므로 네가 열심을
내라 회개하라 20볼지어다 내가 문 밖에 서서 두드리노니 누구든지 내 음성을 듣고 문을 열면 내
가 그에게로 들어가 그와 더불어 먹고 그는 나와 더불어 먹으리라 21이기는 그에게는 내가 내 보좌
에 함께 앉게 하여 주기를 내가 이기고 아버지 보좌에 함께 앉은 것과 같이 하리라 22귀 있는 자는
성령이 교회들에게 하시는 말씀을 들을지어다.

우리는 다음과 같은 말들에 익숙하다.

- 하나님은 스스로 돕는 자를 도우신다.
- 홀로 서라.
- 뭔가 제대로 하려면 네가 직접 하라.
- 너 자신을 믿으라.
- 네 일만 생각하라.

고대의 이교도들은 수백 가지 거짓 신들 가운데서 골라잡을 수 있었지만, 현대 이교도들의 삶을 지배하는 거짓 신은 딱 하나뿐인데 곧 자기 자신이다. 자기를 표출하라, 자기를 믿으라, 자기를 존중하라, 자기를 의지하라. 이 모든 개념은 인간 내면에 무궁무진한 힘의 원천이 있다는 신화에서 비롯된다. 예배란 모든 공로를 하나님께 돌리는 일이건만, 이렇게 잘난 인간이다 보니 그게 잘 안 되는 것은 당연한 일이다!

이렇게 자기를 의지하는 병은 안타깝게도 그리스도인들이라고 해서 예외는 아니다. 그리스도를 믿는 사람들이 성령의 능력이 아니라 육신의 능력에 의지하여 자기 힘으로 선을 행하면(갈 3:3) 거기서 나오는 행위는 진실하지 못하고 아무 유익이 없다. 신자들이 자신의 자원으로 충분하다고 생각하면 교만해진다. 신자들이 자신에게 필요한 것들을 스스로 채우려 하면 그것은 하나님이 필요 없다는 선언이다.

그리스도께서 아시아의 일곱 교회에 보내신 메시지는 라오디게아 교회에 주시는 비참한 편지로 막을 내리는데, 이 교회는 스스로 부족함이 없고 의롭다고 여기는 이기적인 교회였다. 라오디게아 교인들은 부유했고 독립심이 강했지만, 그들 자신보다도 그들을 더 잘 아시는 주님은 그들을 호되게 책망하셨다. 그들에게는 매서운 질타만 있을 뿐 주님의 칭찬은 한 마디도 없다. 이 교회는 자기를 의지하는 풍조에 젖어 있었고, 위선적인 행위를 일삼았으며, 그리스도의 권세에 대하여 냉담한 태도를 취했다. 그분이 라오디게아에 주신 엄한 말씀은 안타깝게도 오늘날의 많은 교회들과 그리스도인들에게 그대로 적용된다.

—3:14—

그리스도는 자신을 "아멘이시요 충성되고 참된 증인"이라 부르신다. 이 명칭의 의미를 이해하려면 구약으로 가야 한다. 이사야 65장 16절에 보면 하나님이 "진리의 하나님"으로 지칭되는데, 이를 직역하면 "아멘의 하나님"이다(히브리어로 *Amen*은 뭔가의 진실성을 인정하는 표현이다). 따라서 14절의 이 표현은 실제로 "아멘, 즉 충성되고 참된 증인"으로 번역될 수 있다. "아멘"이신 그리스도는 모든 언행에서 충성과 진실 그 자체이시다(요 14:6). 라오디게아 교인들과 달리 그리스도는 위선자가 아니라 진정성의 화신이시다.

그리스도는 또 자신을 "하나님의 창조의 근본"이라 부르셨다(3:14). 여기 "근본"으로 번역된 *archē*라는 헬라어 단어는 의미와 뉘앙스가 아주 풍부하여, '시작, 기본 원리, 첫째, 요약, 기원, 제1원인, 통치자, 권세, 영역, 구석' 등의 뜻이 있다.[53] 이렇게 의미가 다양한데 그리스도께서 3장 14절에 어떤 뜻으로 자신을 "하나님의 창조의 *archē*"라 부르셨는지 어떻게 아는가? 전후 문맥과 라오디게아에 주신 편지 내용으로 미루어, 자신이 *archē*시라는 그리스도의 말씀은 그분이 모든 창조물의 근원이자 통치자시라는 의미로 보인다(요 1:1-3, 골 1:16-18, 계 1:5).

자신을 아멘이시고, 충성되고 참된 증인이시며, 모든 창조물의 궁극적 기원이자 통치

자수성가한 도시 라오디게아

AD 60년에 지진으로 폐허가 된 라오디게아 도시는 일찍이 인근의 빌라델비아가 황제의 원조를 청한 것과는 달리 '자수성가'의 길을 택했다. 라오디게아는 위치상 아시아의 중요한 무역로에 있다 보니 금세 그 지역에서 가장 부유한 도시 중 하나가 되었고, 자연히 교인들 가운데에도 부자가 많았다(계 3:17).[54]

미국의 월스트리트처럼 라오디게아도 소아시아 금융의 중심지였다. 그만큼 재력가들이 모여들었다는 뜻이다. 거리마다 돈이 넘쳐나다 보니 그 영향이 여러 건물과 상점은 물론 교회에까지 그대로 나타났다. 라오디게아는 섬유업이 번창했는데 그 도시에서만 생산되는 특수 양모로 짠 옷들이 인기를 끌었다. 라오디게아의 자금원이 된 이런 산업 외에도 이 도시는 약으로도 유명했다. 사실 그곳의 일부 동전에는 그 도시 출신의 유명한 의사들의 화상이 새겨져 있었다. 특히 그곳은 프리기아(Phrygia)의 가루약으로 유명했는데, 그것을 물에 타서 눈병을 고치는 연고로 썼다. 그리스도께서 라오디게아에 주신 메시지에 그들의 부와 옷과 안약을 언급하신 것은 놀랄 일이 아니다(3:17-18).

하지만 라오디게아는 한 가지 중대한 문제를 안고 있었다. 쓸 만한 물의 수원지가 없었던 것이다. 결국 사람들이 이 도시를 버리고 떠난 것도 그 때문이다. 어느 학자는 이렇게 썼다. "인근의 히에라볼리에는 치유에 좋은 온천이 있고 골로새에는 상쾌한 찬물이 있지만, 라오디게아는 부자 도시인데도 그런 물은 없고 기껏 구토를 일으키는 미지근한 물밖에 없었다."[55] 예수님은 라오디게아 신자들이 뜨겁지도 않고 차지도 않다고 책망하셨다. 그래서 그들이 회개하지 않으면 그들을 입에서 토하여 버리겠다고 하셨다(3:15-16).

Todd Bolen/www.BiblePlaces.com

라오디게아의 유적

자로 밝히신 그리스도의 말씀 앞에서 라오디게아 교회는 분명히 뜨끔했을 것이다. 몸이 저절로 움찔거렸을지도 모른다. 그분이 이렇게 소개하신 것은 이제부터 진실을 말씀하시기 위한 준비 작업이었다. 거짓에 빠진 이 교회를 책망하여 참된 증언을 하시고자 한 것이다. 이어 그분은 라오디게아의 실상을 지적하시는데, 이는 그냥 대충 보고 몇 마디 건설적 비판을 내놓으신 정도가 아니다. 그분은 이 교회를 당장 세울 수도 허물 수도 있는 주권적인 주인이시다.

—3:15-17—

메시지가 이 대목에 이르자 라오디게아의 닳고 닳은 교인들은 아마 약간 불안해졌을 것이다. 만물의 창조주이자 왕이시며 무엇이든 진실 그대로 말씀하시는 진리의 화신께서 그들을 똑바로 쳐다보시며 "내가 네 행위를 아노니"라고 말씀하셨다. 이 교회는 곤고한 상태에 있었다. 사실 그분이 들추어내신 그대로 그들은 "미지근하여" 뜨겁지도 않고 차지도 않은 상태였다.

그리스도는 라오디게아 교인들이 미지근하기보다 차라리 차든지 뜨겁든지 하기를 원한다고 하셨는데, 이는 그들의 위선적인 속성을 두고 하신 말씀일 수 있다. 그들은 무슨 일이든 말로만 주장했을 뿐 행위가 말에 부합되지 않았다. 또는 그리스도의 이 말씀은 단순히 라오디게아 교인들의 행위가 무익하다는 의미일 수도 있다. 지리와 역사를 조금 알면 이 유비를 더 잘 이해할 수 있다. 라오디게아에서 동쪽으로 16킬로미터쯤 떨어진 골로새는 상쾌한 냉천으로 유명했고, 북쪽으로 10킬로미터쯤 떨어진 히에라볼리에는 온천이 있었다. 하지만 라오디게아는 샘과는 거리가 먼 고원에 있었기 때문에 돌로 수로를 놓아 물을 끌어들여야 했다. 돌을 타고 수십 킬로미터를 지나 그 도시에 도달할 때쯤 되면 물은 늘 텁텁하고 미지근했고, 아예 쓴맛이 나거나 가루가 묻어날 때도 있었다.

라오디게아의 행위도 그 도시의 물처럼 뜨겁지도 않고 차지도 않고 미지근했다. 냉수와 온수는 치료나 요리에 쓸 수 있지만, 미지근한 물은 역겹고 김이 빠져 쓸모가 없다. 이와 비슷하게 야고보서에도 말로는 믿음이 있노라 하면서 행위로는 그것을 보여주지 못하는 사람들의 문제가 언급된다. 그런 열매 없는 믿음은 "헛것"이라 했다(약 2:20). 라오디게

라오디게아 교회의 상태

라오디게아 교회는 한심하게도 자신을 의지했기 때문에 내놓을 만한 좋은 구석이 하나도 없었다.

아에도 같은 죄가 있었는데 그리스도는 그것을 경멸하셨다. 그곳에 사는 그리스도인들의 행위는 순전히 육체를 따라 난 것이었고, 따라서 건성이었으며 진실하지 못했고 제멋대로였다. 성령의 능력을 통하여 그리스도로부터 오는 사랑을 그들에게서는 찾아볼 수 없었다. 라오디게아 교인들의 영적 상태는 이처럼 생기를 잃고 안일에 빠져 있었는데, 그리스도께서 그에 대해 보이신 반응이 이보다 적나라할 수는 없을 것이다. "내 입에서 너를 토하여 버리리라"(3:16). 이보다 더 아부와 거리가 먼 반응은 생각하기 힘들다. 오직 그분의 견해만이 온 우주에서 정말 중요한 견해임을 생각하면 더욱 그렇다. 한 마디로 "너는 나를 구역질나게 한다!"는 말씀이었다.

이어지는 말씀은 방종에 빠진 그들의 생활방식에 나타나는 구체적 특성을 부각시켜준다(3:17). 이 도시와 교회는 대단히 부자였기에 하나님이 필요 없다고 생각했지만 사실은 영적으로 파산 상태였다. 그들은 좋은 옷을 입고 있었지만 정말 중요한 내면의 덕은 벌거숭이 상태였다. 이 도시는 기적에 가까운 안약을 자랑했지만 그들은 너나없이 영적으로 눈이 멀어 있었다. 그 병을 고칠 능력은 오직 그리스도께만 있었다. 이처럼 그들은 세상적으로는 부유하고 잘 입고 건강했지만, 영적으로는 가난하고 벌거벗고 눈이 멀어 있었다.

—3:18–19—

만일 누가 내게 나만 보면 구토가 난다고 말했다면, 그는 그 말 이후 다시는 나를 상대하지 않을 것이다. 그런데 그리스도는 "충성되고 참된 증인"답게 라오디게아의 영적 상태를 낱낱이 사실대로 질타하시면서도 결코 사랑과 은혜를 거두지 않으신다. 하나님의 모든 창조물의 근원이자 통치자이신 그분은 라오디게아 교인들에게 재기의 기회를 주신다. 아직 늦지 않았다는 것이다!

일곱 교회에 주신 칭찬과 책망

교회	칭찬	책망
에베소	선한 행위, 인내, 분별력	처음 사랑을 버림
서머나	박해를 견디고 충성함	없음
버가모	일부가 박해를 견디고 충성함	우상 숭배, 거짓 교훈, 부도덕
두아디라	일부의 사랑, 믿음, 섬김, 인내	우상 숭배, 거짓 교훈, 부도덕
사데	순결을 지킨 합당한 소수	위선, 부실한 행위
빌라델비아	선한 행위, 인내, 충성	없음
라오디게아	없음	교만, 물질만능주의, 게으름

첫째, 예수께서 그들에게 주신 진지한 권고를 직설적 명령으로 요약하면 이렇게 될 수 있다. "더 이상 너희 자신을 의지하지 말고 내게로 돌아오라!" 세상 재물을 따라가다 영적으로 빈곤해진 그들에게 그리스도는 진정한 영적 부를 주겠다고 하셨다. 외모에 의존하다 영적으로 벌거숭이가 된 그들에게 그리스도는 자신의 의를 입혀주겠다고 하셨다. 침침한 시력을 고치는 연고 대신 예수님은 영적 안약으로 그들의 성품에 발병된 백내장을 고쳐주겠다고 하셨다.

둘째, 그리스도는 그들에게 자신의 사랑을 재확인해주셨다. 라오디게아 교인들을 엄히 꾸짖으시는 중에도 그분은 강인한 사랑의 말씀을 덧붙이신다. "무릇 내가 사랑하는 자를 책망하여 징계하노니"(3:19). 이 말씀은 잠언 3장 12절과 표현이 비슷하다. "대저 여호와께서 그 사랑하시는 자를 징계하시기를 마치 아비가 그 기뻐하는 아들을 징계함 같이 하시느니라." 히브리서 12장 7-11절에 더 자세히 설명된 것처럼, 하나님의 징계는 악의나 미움이나 심지어 분노에서 비롯되는 것이 아니라 그분의 자녀들을 향한 사랑과 진정한 관심에서 비롯된다.

> 너희가 참음은 징계를 받기 위함이라 하나님이 아들과 같이 너희를 대우하시나니 어찌 아버지가 징계하지 않는 아들이 있으리요 징계는 다 받는 것이거늘 너희에게 없

으면 사생자요 친아들이 아니니라 또 우리 육신의 아버지가 우리를 징계하여도 공경하였거든 하물며 모든 영의 아버지께 더욱 복종하며 살려 하지 않겠느냐 그들은 잠시 자기의 뜻대로 우리를 징계하였거니와 오직 하나님은 우리의 유익을 위하여 그의 거룩하심에 참여하게 하시느니라 무릇 징계가 당시에는 즐거워 보이지 않고 슬퍼 보이나 후에 그로 말미암아 연단 받은 자들은 의와 평강의 열매를 맺느니라.

라오디게아 교인들은 자만심에 젖은 채 자기 자신과 자신의 부와 자신의 힘을 믿고 있었다. 그러나 그리스도는 자녀들을 향한 부성애로 그들에게 확실한 답을 제시하셨다. "네가 열심을 내라 회개하라"(3:19).

—3:20-22—

그리스도께서 문을 두드리시는 이미지는 친밀한 교제를 청하는 장면을 연상시킨다(3:20). 그리스도는 이 말씀을 하시며 교만과 자만과 위선 때문에 그분을 멀리했던 라오디게아의 미지근한 신자들과 교제를 나누기 원하셨다. 이 본문을 전도에 활용할 수도 있겠지만 여기서 주님의 주된 관심은 건성으로만 헌신한 그리스도인들을 본격적인 회개로 이끄시는 것이었다.

주께서 재림하실 때 그분과 함께 통치하게 해주신다는 약속(3:21)은 하나님의 창조 세계를 그리스도께서 주권적으로 통치하신다는 사실을 강조한 이번 편지(3:14)에 잘 어울려 보인다. 그리스도께서 죄와 죽음을 이기고 아버지의 오른편에 앉으신 것처럼, 그분을 믿는 신자들도 언젠가 죽음에서 살아나 미래의 지상 나라에서 그리스도와 함께 그분의 보좌에 앉을 것이다(2:26-27, 20:6).

라오디게아에 주신 편지를 마지막으로 일곱 교회를 향한 그리스도의 메시지는 막을 내리고, 주께서 친히 밝혀주신 요한계시록의 개요 중 두 번째 부분도 이로써 종료된다(참고 1:19). 처음에 요한은 자신이 본 것을 기록했는데 그것은 바로 그리스도를 본 장엄한 환상이었다(1:10-20). 이어 그는 에베소에서 라오디게아까지 그 지역의 교회들과 관련하여 지금 있는 일을 기록했다(2-3장). 이제 우리는 주께서 밝혀주신 개요의 세 번째 부분인 장차 될 일로 넘어간다(1:19).

적용

당신은 뜨거운가, 차가운가, 아니면 미지근한가?

라오디게아 교인들에게는 몇 가지 심각한 문제가 있었다. 우선 그들은 부유하고 교만하다 보니 무엇이든 자기 힘으로 할 수 있다고 믿었다. 또 라오디게아 교인들에게는 모든 게 다 있었기 때문에 믿음과 소망과 사랑의 기초를 그리스도께 두지 않고 자신들의 부귀영화에 두었다. 그들의 선행은 건성이고 무익했다. 그들의 안전은 덧없는 재물에 달려 있었다. 하지만 라오디게아 교회의 진짜 문제는 자신들의 문제가 무엇인지조차 몰랐다는 데 있었다.

어디서 많이 들어본 이야기인가?

세상적인 부가 넘쳐나고 개인주의가 극에 달해 자기 자신을 믿는 오늘날 우리 문화를 생각할 때, 나는 그리스도께서 라오디게아에 주신 메시지가 오늘 우리에게도 특별히 적용된다는 생각을 떨칠 수 없다. 호화롭게 살아가는 그리스도인들이 너무 많지만 그들은 잃어버린 영혼들에는 관심이 없다. 우리는 교회 성장을 위한 최신 기법들을 도입하지만 새 신자는 거의 늘지 않는다. 여러 모로 우리는 영향력 대신 재물을, 관심 대신 안락을, 열정 대신 방관을 택했다. 우리의 물리적 형통과 그로 인한 자만심 뒤에는 우리의 영적 실상인 "곤고한 것과 가련한 것과 가난한 것과 눈 먼 것과 벌거벗은 것"(3:17)이 가려져 있을 수 있다.

잠시 시간을 내서 우리의 진정한 영적 상태를 점검해보고, 라오디게아에 주신 그리스도의 메시지로 우리의 심중을 꿰뚫어보자. 잠시 시계를 치우고 분산되지 않은 마음으로 그리스도께 주목하라. 다음 표는 라오디게아를 "미지근한" 상태에 빠뜨린 몇 가지 병을 요약한 것이다. 다음 네 가지 '라오디게아의 상태'를 각각 기도하는 마음으로 잘 생각해보라. 그리고 그 밑의 진단 질문을 활용하여, 그리스도의 권고에 비추어 당신의 삶을 점검해보라. 끝으로 '문을 두드리시는 그리스도께 응답하기' 난에 소개한 성경 본문과 질문을 공부하면서, 이와 같은 아주 심각한 문제들을 지금부터 처리해나가라.

그리스도는 당신 삶의 문을 두드리고 계신다. 당신은 그분을 모셔 들이겠는가? 그분은 당신에게 영원한 부의 복을 주시고, 당신의 진정한 영적 필요를 채워주시며, 눈을 열어 당신의 실상을 보게 하시고, 성령의 권능으로 당신에게 그분의 의와 행위를 입혀주기 원하신다. 지금 멈추라! 그분께 당신의 마음 문을 열어드리기 전에는 이 책의 진도를 조금도 더 나가지 말라.

라오디게아의 상태

당신은 자신이 하나님의 복을 받아 형통한 줄로 생각하지만 당신은 영적으로 가난하다.

진단 질문

- 나는 사역을 생각하는 시간보다 재정을 생각하는 시간이 더 많은가?
- 나는 꾸준히 후하게 드리고 있는가, 아니면 헌금에 인색한가?
- 나 자신에게 쓰는 시간과 돈이 다른 사람들에게 쓰는 시간과 돈보다 훨씬 많은가?

문을 두드리시는 그리스도께 응답하기

"너희를 위하여 보물을 땅에 쌓아 두지 말라 거기는 좀과 동록이 해하며 도둑이 구멍을 뚫고 도둑질하느니라 오직 너희를 위하여 보물을 하늘에 쌓아 두라 거기는 좀이나 동록이 해하지 못하며 도둑이 구멍을 뚫지도 못하고 도둑질도 못하느니라 네 보물 있는 그 곳에는 네 마음도 있느니라"(마 6:19-21).

마태복음 6장 31-33절과 빌립보서 4장 19절에 따르면, 신자들은 자신들에게 정말 필요한 것들을 어떻게 받아야 하는가?

라오디게아의 상태

당신은 자신이 혼자서도 충분하여 아무것도 부족하지 않다고 생각하지만 당신은 영적으로 곤고하고 가련하다.

진단 질문

- 나는 도움이 필요해도 창피해서 그것을 가족이나 친구들, 교인들에게 감추는가?
- 유혹이나 죄 그리고 중독과 싸울 때 나는 그것을 혼자 이기려 하는가, 아니면 도움을 청하는가?
- 삶의 중요한 결정을 내릴 때 나는 혼자서 고민하는가, 아니면 다른 사람들의 조언을 구하는가?

문을 두드리시는 그리스도께 응답하기

"두 사람이 한 사람보다 나음은 그들이 수고함으로 좋은 상을 얻을 것임이라 혹시 그들이 넘어지면 하나가 그 동무를 붙들어 일으키려니와 홀로 있어 넘어지고 붙들어 일으킬 자가 없는 자에게는 화가 있으리라 또 두 사람이 함께 누우면 따뜻하거니와 한 사람이면 어찌 따뜻하랴 한 사람이면 패하겠거니와 두 사람이면 맞설 수 있나니 세 겹 줄은 쉽게 끊어지지 아니하느니라"(전 4:9-12).

히브리서 10장 24-25절, 야고보서 5장 16절, 베드로전서 4장 8-10절에 따르면, 혼자서도 충분하다는 태도를 물리치기 위하여 당신이 취할 수 있는 조치들은 무엇인가?

라오디게아의 상태

당신은 자신의 영적 상태를 알고 있다고 생각하지만 당신은 죄 때문에 눈이 멀어 있다.

진단 질문

- 나는 나의 영적 삶과 성장을 다른 사람들과 비교하는가, 아니면 그리스도의 완전한 기준에 비교하는가?
- '작은' 죄는 남에게 해가 되지 않는다는 이유로 나는 그러한 죄들을 방치하고 있는가?
- 아무도 보지 않을 때면 나는 남에게 들키고 싶지 않은 말이나 행동을 하는가?

문을 두드리시는 그리스도께 응답하기

"하나님의 말씀은 살아 있고 활력이 있어 좌우에 날선 어떤 검보다도 예리하여 혼과 영과 및 관절과 골수를 찔러 쪼개기까지 하며 또 마음의 생각과 뜻을 판단하나니 지으신 것이 하나도 그 앞에 나타나지 않음이 없고 우리의 결산을 받으실 이의 눈 앞에 만물이 벌거벗은 것 같이 드러나느니라"(히 4:12-13).

베드로후서 1장 5-9절과 요한일서 2장 11절에 따르면, 영적으로 "맹인이라 멀리 보지 못하"는 상태를 면하려면 어떻게 해야 하는가?

라오디게아의 상태

당신은 자신의 삶이 선행의 옷을 입고 있다고 생각하지만 사실은 영적으로 벌거벗은 상태다.

진단 질문

- 나는 믿음만 있고 생활방식은 그에 걸맞게 변화되지 않은 상태에 만족하고 있는가?
- 나는 나의 선행을 사람들에게 과시할 때가 많은가, 아니면 선행을 익명으로 하는가?
- 나는 교회 사람들 앞에 있을 때면 가족이나 가까운 친구들과 함께 있을 때와는 아주 다른 '가면'을 쓰는가?

문을 두드리시는 그리스도께 응답하기

"무릇 우리는 다 부정한 자 같아서 우리의 의는 다 더러운 옷 같으며"(사 64:6).

"내가 너희에게 이르노니 너희 의가 서기관과 바리새인보다 더 낫지 못하면 결코 천국에 들어가지 못하리라"(마 5:20).

"네가 하나님은 한 분이신 줄을 믿느냐 잘하는도다 귀신들도 믿고 떠느니라 아아 허탄한 사람아 행함이 없는 믿음이 헛것인 줄을 알고자 하느냐"(약 2:19-20).

이사야 61장 10절, 고린도전서 1장 30-31절, 빌립보서 2장 12-13절에 따르면, 참된 의와 그로 인한 선한 행위는 어디에서 비롯되는가?

주

1. Palmer, *1,2,3 John, Revelation,* 114.
2. 1-3절에 표제와 복을 말한 뒤 요한은 이 책에 일종의 '설명서'를 첨부하여 본래의 수신자들에게 말하고 있다. 요한은 예상하지 못했던 일련의 환상들을 주의 날, 즉 주일에 기도하던 중에 받았다(1:10). 환상을 볼 때 분명히 그의 곁에 종이와 붓이 있었을 것이다. 그가 중간중간 기록할 수 있었던 것으로 보아 그것을 알 수 있다(10:4). 환상들을 받은 후 요한은 그 내용을 필기하여 하나의 통일된 기록물로 완성했을 소지가 높다. 아울러 그는 중간중간 해석의 말도 첨부했다(5:6, 8). 이렇게 환상들을 다 기록하고 난 그는 소아시아의 일곱 교회에 보내는 문안을 그 서두에 달았고(1:4-8), 이어 첫 환상의 배경을 간략히 설명했다(1:9-11).
3. Alan Johnson, "Revelation", in *The Expositor's Bible Commentary*, 제12권, *Hebrews-Revelation*(Frank E. Gaebelein 편집, Grand Rapids: Zondervan, 1981), 420.
4. 다음 책을 참고하라. G. K. Beale, *The Book of Revelation: A Commentary on the Greek Text*(The New International Greek Testament Commentary, I. Howard Marshall & Donald A. Hagner 편집, Grand Rapids: Eerdmans, 1999), 187-89.
5. 히브리어 성경을 헬라어로 옮긴 역본에는 일곱 가지 특성이 다음과 같이 약간 다르게 나와 있다. "지혜와 총명의 영, 모략과 재능의 영, 지식과 경건의 영이 그에게 충만하리니 곧 여호와를 경외하는 영이라." 다음 책을 참고하라. Lancelot C. L. Brenton, *The Septuagint with Apocrypha: Greek and English*(London: Samuel Bagster & Sons, 1851, 재판, Peabody, MA, Hendrickson, 1998), 846-47.
6. 다음 책의 고대 부분을 참고하라. Eusebius of Caesarea, *Ecclesiastical History* 3.17-20. (『유세비우스의 교회사』 은성)
7. David E. Aune, *Revelation* 1-5(Word Biblical Commentary 52, David A. Hubbard 외 편집, Dallas: Word, 1997), lvii-lx. 아울러 다음 책도 참고하라. Lorman M. Petersen, "Patmos", in *The New International Dictionary of the Bible*(J. D. Douglas & Merrill C. Tenney 편집, Grand Rapids: Zondervan, 1987), 756.
8. 신약에서 "in the Spirit"(10절의 "성령에 감동되어")이라는 문구에는 여러 가지 의미가 있다. 인간의 영을 지칭할 때는 진실성이나 깊은 헌신을 뜻한다(롬 1:9, "내 심령으로"). 하나님의 영을 지칭할 때는 내주하시는 성령으로 말미암아 신자들과 하나님 간에 그리고 신자들 서로 간에 이루어지는 영적 연합을 나타낸다(요 4:23-24, 행 1:5, 롬 14:17, 엡 6:18, 골 1:8). 때로 이 구절은 기적을 행하는 능력(마 12:28), 선지자로서 성령에 감동되어 말을 하거나 글을 쓰는 능력(마 22:43-44, 엡 3:5) 등 성령의 권능으로 주어지는 특별한 능력을 가리키기도 한다. 고린도후서 12장 1-4절에서 바울은 성령께서 자신을 기적적으로 영의 세계("셋째 하늘", "낙원")로 옮겨 놓으셨다고 암시했다. 요한은 이 구절을 네 번 사용했는데(계 1:10, 4:2, 17:3, 21:10) 그때마다 그가 계시로 받은 환상의 초점이 극적으로 바뀐다.
9. *Shepherd of Hermas, Revelation 5*. 다음 책을 참고하라. Michael W. Holmes, The Apostolic Fathers: Greek Texts and English Translations(Grand Rapids: Baker, 1999), 345.
10. John F. Walvoord, "Revelation", in *The Bible Knowledge Commentary: New Testament Edition*(John F. Walvoord & Roy B. Zuck 편집, Wheaton, IL: Victor, 1983), 933. (『요한계시록-BKC 강해주석 시리즈 30』 두란노)
11. G. L. Borchert, "Ephesus", in *The International Standard Bible Encyclopedia*(개정판, Geoffrery W.

Bromiley 외 편집, Grand Rapids: Eerdmans, 1982), 2:115.

12. Edward M. Blaiklock, "Ephesus", in *The New International Dictionary of Biblical Archaeology*(R. K. Harrison & David R. Douglass 편집, Grand Rapids: Zondervan, 1983), 181.
13. Borchert, "Ephesus", 2:115.
14. E. M. B. Green & C. J. Hemer, "Ephesus", in *New Bible Dictionary*(2판, J. D. Douglas 외 편집, Wheaton, IL: Tyndale, 1982), 337.
15. Borchert, "Ephesus", 2:117.
16. Ignatius, To The Ephesians 1.3, in Holmes, *The Apostolic Fathers*, 137.
17. 다음 책을 참고하라. "Nicolaitans", in *The New International Dictionary of the Bible*, 708.
18. Edward M. Blaiklock, "Smyrna", in *The New International Dictionary of the Bible*, 950.
19. Robert North, "Smyrna", in *The International Standard Bible Encyclopedia*, 4:555–56.
20. John H. Leith 편집, *Creeds of the Churches: A Reader in Christian Doctrine from the Bible to the Present*(3판, Louisville: John Knox, 1982), 35.
21. Gerhard Kittel & Gerhard Friedrich, *Theological Dictionary of the New Testament: Abridged in One Volume*(Geoffrey W. Bromiley 번역, Grand Rapids: Eerdmans, 1985), 334–35. (『신약성서 신학 사전: 킷텔 단권 원어사전』 요단출판사)
22. John Keith, "How Firm a Foundation", in *The Hymnal for Worship and Celebration*(Waco, TX: Word Music, 1986), 275장.
23. *Merriam-Webster's Collegiate Dictionary*(10판, Springfield, MA: Merriam-Webster, 2000), "compromise" 항목.
24. 같은 책.
25. 다음 책을 참고하라. Beale, *The Book of Revelation*, 211–12.
26. C. J. Hemer & M. J. S. Rudwick, "Pergamum", in *New Bible Dictionary*, 912.
27. Robert North, "Pergamum", in *The International Standard Bible Encyclopedia*, 3:768.
28. Robert H. Mounce, *The Book of Revelation*(개정판, Grand Rapids: Eerdmans, 1977), 79. Grant R. Osborne, *Revelation*(Baker Exegetical Commentary on the New Testament, Moisés Silva 편집, Grand Rapids: Baker, 2002), 140–41.
29. 같은 책, 3:768–69.
30. Walvoord, "Revelation", *The Bible Knowledge Commentary*, 936.
31. 다음 책을 참고하라. Osborne, *Revelation*, 148–49.
32. Daniel Taylor, "Are You Tolerant?(Should You Be?): Deconstructing the Gospel of Tolerance", *Christianity Today* 43:1(1999년 1월 11일): 42–52.
33. Robert North, "Thyatira", in *The International Standard Bible Encyclopedia*, 4:846.
34. Edward M. Blaiklock, "Thyatira", in *The New International Dictionary of Biblical Archaeology*, 450.
35. North, "Thyatira", 846.
36. 다니엘 10장 5–6절과 요한계시록 1장 13–16절의 묘사가 서로 비슷한 점으로 보아 우리는 이런 묘사를 천상의 존재들에 대한 일반적 특징으로 보는 것이 가장 좋다. 표현의 유사성만 보고 두 존재

를 동등시해서는 안 된다. 다니엘 10장에 나오는 존재는 능력이 유한하여 페르시아의 천사 같은 통치자들을 이길 수 없었다는 사실에 우리는 유의해야 한다. 또 하나 유의할 것은, 요한계시록 1장에 묘사된 그리스도의 이미지가 다니엘 7장 9절에 나오는 "옛적부터 항상 계신 이", 곧 하나님과도 명백히 연계되어 있다는 점이다. 특히 하나님의 머리털이 양털처럼 희다고 되어 있다. 따라서 요한이 목격한 상징적 요소들은 그리스도를 구약의 어느 천사나 성부 하나님 자신과 동등시하려는 것이 아니라 그분을 천상에서 기원한 신적 존재로 표현하기 위한 것이다.

37. 다음 책들을 참고하라. Beale, *The Book of Revelation*, 268–69. Mounce, *The Book of Revelation*, 90–91. Palmer, *1,2,3 John, Revelation*, 142–43.
38. 문자적인 '죽은 교회'를 묘사한 이런 반 놀림조의 표현 중 다수는 다음 책에서 빌려온 것이다. Steven J. Lawson, *Final Call*(Wheaton, IL: Crossway, 1994), 151–52.
39. 다음 책들을 참고하라. "Sardis", in *The New International Dictionary of Bible*, 897. Robert North, "Sardis", in *The International Standard Bible Encyclopedia*, 4:336–37.
40. E. M. B. Green & C. J. Hemer, "Sardis", in *New Bible Dictionary*, 1073.
41. 1장 4절의 주해를 참고하라.
42. Walter Bauer & Frederick W. Danker, *A Greek-English Lexicon of the New Testament and Other Early Christian Literature*(3판, Chicago: University of Chicago Press, 2000), 667–68. Kittel & Friedrich, *Theological Dictionary of the New Testament: Abridged in One Volume*, 627–28.
43. Raf Casert, "Rom Houben, Man in Coma for 23 Years, Was Fully Conscious, Mom Says", Huffington Post(2009년 11월 23일). 다음 웹사이트에서 볼 수 있다. www.huffingtonpost.com/2009/11/23/rom-houben-man-in-coma-for_n_367798.html(2010년 5월 17일 접속). 이 사례에 대한 반론은 다음 기사를 참고하라. Manfred Dworschak, "Communicating with Those Trapped Within Their Brains", *Der Spiegel Online International*(2010년 2월 13일). 다음 웹사이트에서 볼 수 있다. www.spiegel.de/international/world/0,1518,677537,00.html(2010년 3월 17일 접속).
44. Green & Hemer, "Sardis", 1073.
45. M. J. S. Rudwick & C. J. Hemer, "Philadelphia", in *New Bible Dictionary*, 925.
46. Johnson, "Revelation", 452.
47. G. B. Caird, *The Revelation of Saint John*(Black's New Testament Commentary, Henry Chadwick 편집, London: A & C Black, 1966, 재판, Peabody, MA: Hendrickson, 1999), 51–53.
48. Robert North, "Philadelphia", in *The International Standard Bible Encyclopedia*, 3:830. Edward M. Blaiklock, "Philadelphia", in *The New International Dictionary of Biblical Archaeology*, 360.
49. North, "Philadelphia", 830.
50. 다음 책을 참고하라. Ignatius of Antioch, *Letter to the Philadelphians*, AD 110년경.
51. "사탄의 회당"이라는 문구에 대해서는 2장 9절의 주해를 참고하라.
52. Mark Hassall, "Romans and Non-Romans", in John Wacher 편집, *The Roman World*(London: Routledge, 2002), 2:658–700.
53. Bauer & Danker, *A Greek-English Lexicon of the New Testament*, 137–38.
54. Edward M. Blaiklock, "Laodicea", in *The New International Dictionary of the Bible*, 582.
55. M. J. S. Rudwick & C. J. Hemer, "Laodicea", in *New Bible Dictionary*, 681.

합당하신
어린 양을 예배함

요한계시록 4:1–7:17

나는 이른바 '영화의 황금기'에 자랐다. 그 시대의 영화로 〈바람과 함께 사라지다〉, 〈오즈의 마법사〉, 〈십계〉, 〈아라비아의 로렌스〉 같은 것들이 있다. 내게 남아 있는 한 가지 기억은 그 영화들의 상영 시간이 길었다는 것이다. 영화 중간에 휴식 시간이 있을 정도였다. 그 15분 정도의 막간에 사람들은 몸도 풀고, 잡담도 나누고, 팝콘도 더 샀다! 본래 이런 막간은 무대에서 작품을 라이브로 공연할 때 사용된다. 그것은 배우들과 뮤지션들에게는 요긴한 휴식 시간이었고, 무대 스태프들에게는 다음 막에 맞추어 세트를 바꾸는 시간이었다.

요한계시록이 무대에 올리는 작품이라면 그런 짤막한 막간이 몇 번은 있을 것이다. 여러 곳에서 관객의 시점과 드라마의 초점이 갑자기 바뀐다. 그리고 무대가 재구성되어 일련의 새로운 환상들로 우리에게 그리스도를 보여준다. 이 묵시 드라마의 첫 에피소드에 우리는 '엄위하신 구주의 메시지'라는 제목을 달았는데(1:1–3:22), 그 부분이 막을 내리면서 이제 첫 번째 전환이 찾아온다. 현재의 교회라는 지상의 현실에서 장차 임할 심판이라는 천상의 현실로 갑자기 장면이 바뀐다. 주님이 처음에 1장 19절에서 지시하신 대로 지금까지 "네가 본 것"(1장)과 "지금 있는 일"(2–3장)을 기록한 요한은 이제 "장차 될 일"을 기록할 준비를 하고 있다.

요한계시록의 두 번째 큰 에피소드인 이번 단락의 제목을 나는 '합당한 어린 양을 예배함'이라 붙였다. 그 범위는 요한계시록 4장 1절부터 7장 17절까지다. 첫 장면의 막이 오르면 사도 요한이 갑자기 영의 세계, 즉 하늘의 보좌 앞으로 붙들려 올라간다(4:1–2). 거기서 그는 성부 하나님과 예수 그리스도를 예배하는 장면을 목격하는데, 오직 그리스도만이 일곱 인으로 봉한 두루마리를 정식으로 떼심으로 미래의 사건들을 계시하시기에 합당한 "하나님의 어린 양"이다(4:3–5:14). '두루마리 심판'은 이 땅에 임할 하나님의 진노 가운데 첫 단계를 상징적인 환상들을 통하여 보여준다(6:1–17). 그런데 이러한 심판 도중에 요한은 이스라엘 나라와 이방 만국의 구속받은 무리를 환상으로 본다. 이는 심판의 와중에서도 하나님의 은혜와 자비가 이긴다는 사실을 우리에게 일깨워준다(7:1–17).

짤막한 막간이 끝나고 극장의 불이 꺼진다. 이제부터 성경에 그려진 미래 사건들의 다음 막이 펼쳐질 것이다. 잠시 후면 당신도 요한과 함께 천상의 무대로 붙들려 올라가 그리스도의 인격과 사역의 드라마를 목격하게 된다. 그것은 가히 말로 표현할 수 없을 만큼 장엄하고 생생한 드라마다.

하나님의 장엄한 보좌 앞에 서서(요한계시록 4:1-11)

1이 일 후에 내가 보니 하늘에 열린 문이 있는데 내가 들은 바 처음에 내게 말하던 나팔 소리 같
은 그 음성이 이르되 이리로 올라오라 이 후에 마땅히 일어날 일들을 내가 네게 보이리라 하시더
라 2내가 곧 성령에 감동되었더니 보라 하늘에 보좌를 베풀었고 그 보좌 위에 앉으신 이가 있는데
3앉으신 이의 모양이 벽옥과 홍보석 같고 또 무지개가 있어 보좌에 둘렸는데 그 모양이 녹보석 같
더라 4또 보좌에 둘려 이십사 보좌들이 있고 그 보좌들 위에 이십사 장로들이 흰 옷을 입고 머리에
금관을 쓰고 앉았더라

5보좌로부터 번개와 음성과 우렛소리가 나고 보좌 앞에 켠 등불 일곱이 있으니 이는 하나님의
일곱 영이라 6보좌 앞에 수정과 같은 유리 바다가 있고 보좌 가운데와 보좌 주위에 네 생물이 있
는데 앞뒤에 눈들이 가득하더라 7그 첫째 생물은 사자 같고 그 둘째 생물은 송아지 같고 그 셋째
생물은 얼굴이 사람 같고 그 넷째 생물은 날아가는 독수리 같은데 8네 생물은 각각 여섯 날개를
가졌고 그 안과 주위에는 눈들이 가득하더라 그들이 밤낮 쉬지 않고 이르기를

> 거룩하다 거룩하다 거룩하다 주 하나님 곧 전능하신 이여 전에도 계셨고 이제도 계시고 장차 오실 이시라 하고

9그 생물들이 보좌에 앉으사 세세토록 살아 계시는 이에게 영광과 존귀와 감사를 돌릴 때에 10이
십사 장로들이 보좌에 앉으신 이 앞에 엎드려 세세토록 살아 계시는 이에게 경배하고 자기의 관을
보좌 앞에 드리며 이르되

11우리 주 하나님이여 영광과 존귀와 권능을 받으시는 것이 합당하오니 주께서 만물을 지으신지
라 만물이 주의 뜻대로 있었고 또 지으심을 받았나이다 하더라.

천사들이 푹신푹신한 구름 위에 비스듬히 드러누워 하프를 뜯으며 행복한 찬송을 부른다. 훨훨 날아다니는 비둘기며 나비들이 찬란한 빛을 받아 아른거린다. 하얀 안개가 엷게 지면을 뒤덮어 황금 길만 빼고는 모든 것이 환하고 영롱한 흰빛으로 반짝거린다.

이것이 천국이 아닌가? 하지만 정말 그럴까?

한 작가는 그것을 이렇게 요약했다. "흔히 천국 하면 변화 없는 완벽한 상태를 주로 떠올린다. 그것이 하프와 원광과 구름의 이미지로 그려질 때도 있고, 아무런 이미지도 없이 추상적인 영성의 개념으로 제시될 때도 있다. 이것은 천사들에게는 천국일지 몰라도 인간들에게는 지옥에 더 가깝다."[1] 이것을 '지옥'이라 말하면 너무 강한 표현일지 몰라도, 많은 사람들에게 그런 상태는 천국에 있는 은퇴자 아파트처럼 영원히 따분하게 느껴질 것이다.

핵심 용어

ἄξιος [*axios*, 악시오스] *(514)* '합당하다, 당연히 자격이 있다, 적합하다'

합당함은 요한계시록 4-5장에 두드러지게 나타나는 중심 주제다. *Axios*라는 단어는 '당연히 자격이 있다'는 뜻이다. 성부 하나님은 만물의 창조주이시므로 "영광과 존귀와 권능을 받으시는 것"이 적합 또는 '합당'하시다(4:11). 또한 예수 그리스도는 만물의 구속자이자 상속자이시므로(5:9) 천상의 예배자들은 그분이 "능력과 부와 지혜와 힘과 존귀와 영광과 찬송을 받으시기에" 합당하시다고 했다(5:12).

σφραγίς [*sphragis*, 스프라기스] *(4973)* '인(印), 인장'

이 단어는 신약성경의 나머지 부분에는 세 번밖에 나오지 않지만 요한계시록에는 열세 번이 쓰였다. 말 그대로 인장을 가리키는 말로 가장 자주 쓰인다. 인장 반지처럼 주인의 표식이 새겨진 밀랍인(印)이 한 예다(5:1, 6:1). 또한 7장 2절에서는 이 단어가 왕의 큰 인장을 가리키는데, 그것으로 이스라엘의 남은 자들을 구별하는 표를 찍었다. 고대 세계에서 인장은 소유권을 나타내므로 이 단어가 쓰였다는 것은 하나님이 미래의 사건들과 그분의 선택한 사람들을 손안에 꼭 붙들고 계심을 보여준다.

δόξα καί τιμή [*doxa kai timē*, 독사 카이 티메] *(1391+5092)* '영광과 존귀'

신약에서 이 두 단어가 짝을 이루어 나타나면 그리스도를 믿는 신자들이 장래에 받을 상을 가리킨다(롬 2:7, 10, 히 2:7). 이 상급의 근거는 결코 그들 자신의 공로가 아니라 전적으로 그리스도의 공로다. 그분은 모든 사람을 위하여 기꺼이 고난을 받으셨기에 "영광과 존귀로 관을 쓰신" 분이다(히 2:9). 요한계시록에 상급을 받은 성도들을 대변하는 것으로 보이는 이십사 장로가 나오는데, 그들은 자신들의 영광과 존귀의 관을 보좌 앞에 드리며 하나님만이 피조물로부터 궁극적인 "영광과 존귀"를 받으시기에 합당한 분이라고 고백한다(4:9, 11).

천국은 정말 그런 곳일까? 아무 일도 없이 꿈처럼 행복한 그 초현실적인 개념이 우리가 고대해야 하는 영원무궁한 삶일까?

천만의 말이다! 계속 읽어보면 안다.

—4:1–3—

요한계시록 4장은 헬라어의 중요한 두 단어 *meta tauta*로 시작되는데 이는 "이 일 후에"라는 뜻이다. 이 말로 미루어볼 때 지금 요한은 묵시의 여정이 다음 부분으로 전환됨을 지적하고 있다. 이제부터 요한계시록 2-3장을 기록한 직후에 벌어진 일이 소개될 것이다. 요한계시록 1장 19절에 주께서 친히 밝혀주신 개요를 떠올려보라. 거기에 보면 요한의 환상은 (1) 네가 본 것, (2) 지금 있는 일, (3) 장차 될 일의 세 부분으로 되어 있다(45페이지의 표를 참고하라).

요한이 미래의 일을 볼 것을 그리스도께서 미리 알려주셨지만, 그럼에도 그날 사도가 경험한 일은 전혀 예기치 못한 광경이었다. 이것은 혼몽한 아침이나 나른한 오후에 가벼운 예언의 진리 몇 가지를 속삭여주는 것과는 차원이 달랐다. 이제부터 요한은 작은 밧모 섬에서 영적으로 순식간에 붙들려 올라가 하나님의 형언할 수 없는 임재 속으로 직행하게 된다. 따분함과는 거리가 멀었다!

라오디게아에 주신 예수님의 마지막 말씀을 기록한 뒤 요한은 천천히 두루마리에서 붓을 떼었다. 그 마지막 말씀은 특히 요한이 그 이후에 본 광경들에 비추어볼 때 의미심장하다. 그리스도는 "볼지어다 내가 문 밖에 서서 두드리노니 누구든지 내 음성을 듣고 문을 열면 내가 그에게로 들어가 그와 더불어 먹고 그는 나와 더불어 먹으리라 이기는 그에게는 내가 내 보좌에 함께 앉게 하여 주기를 내가 이기고 아버지 보좌에 함께 앉은 것과 같이 하리라"(3:20-21)고 말씀하셨다. 닫힌 문을 두드리시며 부드러운 목소리로 부르시는 그리스도, 이기는 자에게 보좌를 약속하시는 그리스도를 방금 막 기술하고 났는데 갑자기 그와 대조적인 환상이 노사도의 주의를 사로잡는다. 그는 열린 문을 보았고, 큰 소리로 울리는 음성을 들었으며, 영원한 보좌를 목격했다(4:1-2). 하늘에 문이 열려 있고 그리스도께서 "이리로 올라오라 이 후에 마땅히 일어날 일들을 내가 네게 보이리라"(4:1)며 요한을 부르셨다.

순식간에 요한은 "성령에 감동"되어 열린 문을 지나 하나님의 보좌 앞에 가 있었다. 여기서 한 가지 짚고 넘어가야 할 것이 있다. 이후의 글에 요한은 하나님을 정확히 묘사하려 하지 않는다. 대신 하나님의 영광이 어렴풋하게 표현될 뿐인데, 그것만으로도 우리를 압도하기에 충분하다. 요한은 3절에 *homoios*, 즉 "같더라"는 말을 써서 형언할 수 없는 환상을 정확하지만 불충분한 말로 담아내려 했다. 요한이 보기에 하나님의 비할 데 없는 가치는 보석들과 같았고 그분의 광채와 아름다움은 무지개처럼 빛났다(4:3). 또 그분의 능력은 우렛소리와 번개처럼 터져나왔다(4:5). 그러나 요한이 이렇게 생생하게 묘사함에도 불구하고 성부 하나님 자신은 보이지 않게 숨겨져 계시고, 바울의 표현대로 "가까이 가지 못할 빛에" 가려져 계시다(딤전 6:16).

성경에 분명히 나와 있듯이, 한편으로 하나님은 우리 눈으로 볼 수 없는 비가시적인 존재다(딤전 1:17). 예를 들어 사람들은 하나님이 창조하신 자연을 통하여 그분의 권능과 성품을 "볼" 수는 있지만(롬 1:20), 하나님은 영이시므로 인간의 지각(知覺)으로 그분을 볼 수는 없다.[2] 다른 한편으로 구약에는 하나님을 보고도 당연한 예상을 깨고 죽지 않고 살

세 가지 하늘

21세기의 사람들이 우주를 인식하는 다양한 방식은 1세기 사람들이 우주를 이해하던 방식과는 다르다. 요즘은 모든 존재를 단순히 물질과 에너지로 보는 과학자들이 많다. 그들에게 '하늘'은 그저 우주 공간을, '땅'은 지구를 가리키는 말일 뿐이다. 그러나 우주의 영적 차원을 믿는 사람들은 대개 현재의 물리적 우주와 나란히, 또는 그 안에, 또는 전혀 별개의 실존 세계에 초자연적 차원이 존재한다고 본다.

요한이 묵시의 환상을 본 고대 세계에는 수많은 우주론이 신봉자들을 끌려고 경쟁하고 있었다. 예컨대 영지주의는 우주가 수십 내지 수백 개에 달하는 존재의 위계들로 이루어져 있어 각 위계마다 해당 계층의 피조물이 산다고 보았다. 그런가 하면 세상이 기본적으로 영계와 물질계라는 두 세계로 되어 있어 선과 악, 빛과 어둠이 늘 싸우고 있다고 보는 견해도 있었다. 유대교와 기독교의 성경적 우주관도 그런 위계적 성격과 이원론적 성격을 조금씩 담고 있는 세계관이다. 당시 대부분의 다른 종교 및 철학 문헌과 달리 성경은 우주론의 세부적 내용을 정확히 상술하지 않는다. 그보다 성경은 당대의 범주들과 개념들을 활용하면서 많은 부분을 신비와 학문과 추론의 영역으로 남겨둔다.

그렇다면 이 성경적 우주관이란 무엇인가? 성경은 우주의 '위계'를 기본적으로 세 가지, 즉 하늘과 땅과 땅 아래로 본다.[3] '하늘'이라는 말은 다시 세 가지 위계로 구분할 수 있다. '첫째 하늘'은 땅을 둘러싸고 있는 영역을 포괄한다. 요즘 말로 하면 '대기권'이나 '상공'으로, 곧 새들이 날아다니고 구름이 떠다니는 곳이다. '둘째 하늘'은 지구의 대기권 위에 있는 우주의 모든 것을 포괄한다. 해, 달, 별, 행성, 은하수 등이 여기에 해당된다. 현대 세계관의 관점에서 볼 때 첫째와 둘째 '하늘'은 엄격히 말해 물리적 우주에 속한다. 그러나 '셋째 하늘'은 다르다. 성경적 의미에서 '셋째 하늘'은 하나님, 천사, 기타 영적 존재들이 거하는 장소를 가리키는 표현이다. 바울은 자신이 '셋째 하늘' 곧 "낙원으로 이끌려" 갔다고 말한다(고후 12:2, 4). 이것을 요즘 말로 표현하면 '영의 세계'라 할 수 있다. 그곳은 하늘에서 초대해주어야만 접근할 수 있는 실존 세계다. 요한계시록 4장 1절에서 보듯이 요한도 그런 초대를 받았다.

'땅 아래'의 실존 세계에도 각기 물리적 차원과 영적 차원이 있다. 물리적으로 그것은 단순히 무덤이나 지하 공간을 가리킨다. 물이 흐르고 용암이 뿜어져 나오는 곳이다. 동시에 이 말은 땅의 세계를 떠났으나 아직 하나님의 임재 안에 들어가지 못한 영들의 처소를 가리키기도 한다. 두 경우 모두 대개 같은 단어들이 쓰였는데, 구약에는 *sheol*, 신약에는 *hadēs*라는 단어다. 각 본문에서 그 단어들이 물리적 세계를 가리키는지 아니면 영의 세계를 가리키는지는 문맥을 보아 구별할 수 있다.

그러므로 요한이 하늘로 들려 올라갔다는 말은 그가 다른 행성이나 심지어 다른 은하수로 옮겨졌다는 뜻이 아니다. 그는 살아 계신 하나님이 임재하시는 "셋째 하늘"로 붙들려 올라갔다는 뜻이다.

이십사 장로에 대한 다섯 가지 견해

이십사 장로의 정체가 무엇인가에 대해 지금까지 다양한 신학적 배경에서 다양한 견해가 제시되었다. 그중 다섯 가지만 예를 들면 다음과 같다.

1. 구약의 열두 지파와 신약의 열두 사도로서 하나님의 구속받은 백성 전체를 대표한다(21:12-14).
2. 신약의 성도들과 구분하여 구약의 많은 성도들을 가리킨다(5:9-14, 15:2-4).
3. 승리의 관을 쓰고 3장 21절의 약속을 성취한 신약 교회의 대표자들이다.
4. 시편 89편 7절에 암시된 대로 하나님의 보좌 앞에서 예배를 인도하는 하나님의 "거룩한 자의 모임", 즉 천사들이다.
5. 구속받은 무리 중에서 특별히 뽑힌 인간 제사장들로서 구약의 제사장의 반차처럼 보좌 앞에서 차례로 돌아가면서 예배한다(대상 24:4-5, 벧전 2:9, 계 1:6).

아남은 사람들이 나온다(창 32:30, 삿 13:22, 사 6:1-7). 구약에 나오는 이런 현현(*theophany, theos*는 '하나님'을 뜻하고, *phainō*는 '나타나다'는 뜻이다)은 하나님의 임재가 한시적이고 제한적으로 나타난 사례다.[4] 이처럼 하나님은 일부 사람들에게 제한적 의미에서 그분을 "보게" 해주셨다(출 33:20). 하지만 동시에 예수님은 "이는 아버지를 본 자가 있다는 것이 아니니라 오직 하나님에게서 온 자만 아버지를 보았느니라"(요 6:46, 참고 요일 4:12)고 말씀하셨다.

볼 수 없는 하나님을 볼 수도 있다는 이 문제를 우리는 요한계시록 4장에서 보좌에 계신 성부 하나님을 영광스런 환상 중에 목격한 사도 요한의 도움으로 풀 수 있다. 그는 복음서에 "본래 하나님을 본 사람이 없으되 아버지 품 속에 있는 독생하신 하나님이 나타내셨느니라"(요 1:18)고 썼다. 다시 말해서, "보이지 아니하는 하나님의 형상"(골 1:15)이신 성자 하나님께서 그 보이지 아니하는 하나님을 우리에게 계시해주신다는 뜻이다(히 1:2-3). 예수님은 "나를 본 자는 아버지를 보았거늘"(요 14:9)이라고 말씀하셨다. 흥미롭게도, 교회의 초기 신학자들은 구약 시대에 하나님이 사람들에게 나타나셨을 때, 그것은 사실 성자 하나님이 신인(神人) 예수로 성육신하시기 전에 하늘로부터 나타나신 것이라고 보았다. 이로써 성부 하나님은 눈에 보이거나 죽지 않으시는 비가시적인 존재로 늘 남아 계시면서도 또한 성자 하나님을 통하여 우리에게 온전히 계시되신다.[5]

요한이 비록 물리적, 육체적 의미에서 성부 하나님을 다 보지는 못했지만 그래도 그의 환상은 그분에 대한 몇 가지 심오한 진리를 전달해준다. 성부 하나님은 모든 창조 세계의 중심이자 근원이시다. 모든 것이 그분을 지향하며 그분을 중심으로 돌아간다. 그분은 주권적 통치의 권좌를 점하고 계시며, 흔들리지 않는 권위로 만물을 다스리신다(시 115:3, 단

4:35). 그분의 주권적 통치는 영원히 확고부동하다. 우리도 요한이 본 하나님의 환상을 내 것으로 소화하고 나면 이 영원하신 왕께 지극한 황공함, 견고한 헌신, 깊은 경외로 반응할 수밖에 없다.

—4:4-8—

형언할 수 없는 것을 말로 표현하고자 씨름한 후 요한의 시선은 관심의 구심점인 성부 하나님에게서 보좌 주변의 다른 존재들에게로 옮겨간다. 우선 요한은 머리에 승리의 금관을 쓴 이십사 장로부터 기술한다(4:4).[6] 이 장로들은 누구일까? 지금까지 성경학자들이 그들의 정체에 관하여 내놓은 견해는 최소한 열세 가지에 달한다.[7] 이 장로들이 상징인지, 실존 인물인지, 더 큰 무리를 대표하는 자들인지, 아직 하늘에 살고 있지 않은 미래의 존재들인지 우리는 확실히 알 수 없다.

요한은 이 천상의 장로들의 정체를 분명히 밝히지 않았지만, 내가 이해하기로 그들은 구속받은 무리 중에서 선택된 인원, 즉 하나님의 보좌 앞에서 예배하고 섬기도록 뽑힌 사람들이다. 그 직분은 영구적인 것일까, 아니면 차례로 돌아가면서 하는 것일까? 인원수가 이십사보다 더 많거나 적을 수도 있을까? 그들은 구약의 성도일까, 신약의 성도일까, 아니면 양쪽 다일까? 이런 질문들에는 답이 나와 있지 않으므로 우리도 이런저런 억측을 하지 않는 것이 지혜롭다.

장로들을 보고 있던 요한의 시선이 다시 하나님께로 돌아간다. 보좌에서 우렛소리가 나고 번개가 쳤기 때문이다(4:5). 그러자 영광스런 환상 속에서 아직 미처 보지 못했던 것이 그의 눈에 띄었다. 바로 불이 켜진 일곱 등불인데 이는 하나님의 일곱 영을 가리킨다.[8] 아울러 요한은 보좌 앞에 있는 "유리 바다" 같은 것을 보았다(4:6). 이번에도 우리는 그것이 무엇인지 설명할 재간이 없다. 다만 요한은 그것이 수정과 같다고 했는데 아마도 이는 정결함을 상징하는 표현일 것이다. 어쨌든 하나님의 보좌와 그 주변을 묘사해나가던 요한의 붓은 마침내 "네 생물"에 이르는데, 그들은 보좌 주위에서 쉬지 않고 하나님을 찬양하며 높이고 있다(4:6-8).

요한계시록 4장의 놀라운 이미지들을 더 잘 이해하려면 구약의 비슷한 환상들로 돌아

요한계시록과 이사야와 에스겔에 나오는 천사들

요한계시록 4장	이사야 6장, 에스겔 1장과 10장
하늘의 보좌(4:2-6)	내가 본즉 주께서 높이 들린 보좌에 앉으셨는데 그의 옷자락은 성전에 가득하였고(사 6:1).
무지개(4:3)	그 사방 광채의 모양은 비 오는 날 구름에 있는 무지개 같으니(겔 1:28).
우렛소리와 번개(4:5)	내가 보니 북쪽에서부터 폭풍과 큰 구름이 오는데 그 속에서 불이 번쩍번쩍하여 빛이 그 사방에 비치며 그 불 가운데 단 쇠 같은 것이 나타나 보이고(겔 1:4). 또 생물들의 모양은 타는 숯불과 횃불 모양 같은데 그 불이 그 생물 사이에서 오르락내리락 하며 그 불은 광채가 있고 그 가운데에서는 번개가 나며 그 생물들은 번개 모양 같이 왕래하더라(겔 1:13-14).
하나님의 영(4:5)	영이 어떤 쪽으로 가면 그 생물들도 그대로 가되(겔 1:12).
수정과 같은 유리 바다(4:6)	그 생물의 머리 위에는 수정 같은 궁창의 형상이 있어 보기에 두려운데 그들의 머리 위에 펼쳐져 있고(겔 1:22).
네 생물(4:6-8)	그 속에서 네 생물의 형상이 나타나는데(겔 1:5).
눈들이 가득함(4:6)	그 둘레는 높고 무서우며 그 네 둘레로 돌아가면서 눈이 가득하며(겔 1:18). 그 온 몸과 등과 손과 날개와 바퀴 곧 네 그룹의 바퀴의 둘레에 다 눈이 가득하더라(겔 10:12).
사자, 송아지, 사람, 독수리(4:7)	그 얼굴들의 모양은 넷의 앞은 사람의 얼굴이요 넷의 오른쪽은 사자의 얼굴이요 넷의 왼쪽은 소의 얼굴이요 넷의 뒤는 독수리의 얼굴이니(겔 1:10). 그룹들에게는 각기 네 면이 있는데 첫째 면은 그룹의 얼굴이요 둘째 면은 사람의 얼굴이요 셋째는 사자의 얼굴이요 넷째는 독수리의 얼굴이더라 그룹들이 올라가니 그들은 내가 그발 강 가에서 보던 생물이라(겔 10:14-15).
여섯 날개(4:8)	스랍들이 모시고 섰는데 각기 여섯 날개가 있어 그 둘로는 자기의 얼굴을 가리었고 그 둘로는 자기의 발을 가리었고 그 둘로는 날며(사 6:2).
"거룩하다 거룩하다 거룩하다" 노래함(4:8)	서로 불러 이르되 거룩하다 거룩하다 거룩하다 만군의 여호와여 그의 영광이 온 땅에 충만하도다 하더라(사 6:3).

가야 한다. 특히 이사야와 에스겔의 예언서에 그런 환상들이 나오는데, 다음과 같이 도표로 그리면 요한계시록과의 관련성을 쉽게 볼 수 있다.

세 기록의 유사성으로 보아 나는 네 생물이 이사야 6장 2절에 "스랍들"로, 에스겔 10장 15절에 '그룹들'로 표현된 천사들이라 결론짓는다. 히브리어로 스랍(*seraphim*)은 문자적으로 '불타는 자들'이라는 뜻으로, 그들의 속성이 천상의 존재임을 나타내준다. 그러나 그룹(*cherubim*)이라는 단어는 그들의 역할이 하나님 보좌의 보호자 내지 '수호자'임을 강조해 준다. 물론 하나님은 천지의 무엇으로부터도 보호받으실 필요가 없는 분이다. 오히려 이 중간자들은 다른 피조물들이 하나님의 타오르는 영광 때문에 불살라지지 않도록 보호하는 역할을 한다고 볼 수 있다! 네 생물은 가장 높은 등급의 천사들로서 모든 피조물을 이끌어 전능하신 창조주를 예배하게 한다.

—4:9–11—

네 생물의 인도에 따라(4:9) 이십사 장로도 예배에 합류한다. 그들은 하나님 앞에 엎드려 자기들이 상으로 받은 금관을 그분의 발밑에 드린다(4:10). 이 상은 장로들이 수고해서 얻은 것으로 보이는데, 그래도 그들은 자기들에게 있는 모든 것이 하나님께로부터 왔다고 고백한다. 그들이 이룬 모든 일은 그분이 힘을 주셨기에 가능했고, 그들이 행한 모든 일은 그분의 영광을 위해서였다. 때문에 홀로 그분만이 영광과 존귀와 권능과 감사를 받으시기에 합당하시다(4:9, 11). 이렇듯 이번 장에서 들려오는 찬송은 영광스러운 '창조의 찬송'이라 할 수 있다. 이십사 장로는 하나님을 영원하고 전능하신 창조주로 찬송한다. "주께서 만물을 지으신지라 만물이 주의 뜻대로 있었고 또 지으심을 받았나이다"(4:11). 다음 장에서 우리는 이 위대한 찬양 교향곡의 2악장을 듣게 되는데, 그때는 모든 피조물이 '구속의 찬송'으로 하나님을 경배한다.

번개가 번쩍이고, 횃불이 타오르며, 우르르 쾅 우렛소리가 나고, 날개가 퍼덕이며, 관이 쨍그랑 소리를 내고, 찬송의 화답이 하늘 보좌 앞에 크게 울려 퍼지는 가운데 사도 요한은 황공함에 완전히 젖어 있다. 지상에 거하는 우리는 그 광경이 어떠할지 가히 상상하기 어렵다. 그래도 우리는 그날을 사모한다. 그날이 오면 우리도 다른 성도들과 함께 하나님의 장엄한 보좌 앞에 선 그 천상의 무리에 합류하여, 만물을 지으신 장엄하신 하나님께 찬송을 부를 것이다.

거룩 거룩 거룩 주의 보좌 앞에
모든 성도 면류관을 벗어 드리네.
천군 천사 모두 주께 굴복하니
영원히 위에 계신 주로다.[9]

적용

교회의 잃어버린 보석을 되찾으라

1960년대 초 작고한 A. W. 토저(Tozer)는 예배를 가리켜 "현대 복음주의의 잃어버린 보석"이라 표현했다. 그는 시대를 앞서간 예언자였다. 솔직히 말해 21세기를 살고 있는 우리 가운데는 진정한 예배가 무엇인지 전혀 모르는 사람들이 많다. 그리고 우리는 이런 의문을 품곤 한다.

- 예배란 다른 그리스도인들처럼 나도 찬송하고 기도할 때 손을 들어올려야 한다는 뜻일까?
- 예배란 이 세상의 잡념에 빠지지 않도록 눈을 감고 천국을 생각해야 한다는 뜻일까?
- 초자연에 가까운 약간 황홀한 기분이 들면 그것이 곧 예배일까?

우리가 하는 이런 식의 '교회놀이'를 나는 우려한다. 우리는 예배에 맞는 옷차림과 앉음새와 겉모습을 배운다. 찬송가의 가사도 배운다. 하지만 그 노래를 부를 때 우리의 초점은 어디에 있는가? "내 주는 강한 성이요"를 부르면서 우리는 '저 여자는 왜 저런 옷을 입었을까?'를 생각한다. 다음 소절인 "방패와 병기 되시니"를 부를 때는 '자동차의 전조등을 껐던가?'를 걱정한다. 그러면서도 우리는 표정 하나 달라지지 않는다. 그것은 예배가 아니라 교회놀이를 하는 것이다.

그렇다면 예배란 무엇인가? 간단히 말해서 예배(worship)란 '가치'(worth)를 바른 대상에게 귀속시키는 일이다. 우리는 예배하는 대상에게 가치와 존귀와 헌신을 드린다. 하나님을 참으로 예배한다는 것은 우리의 모든 주의와 관심, 애정과 흠모를 그분께 집중시키는 것이다. 바로 이것이 교회가 잃어버린 보석이다. 홀로 하나님만이 합당한 분이시기에 그분께 궁극의 가치를 돌려야 하건만 우리는 그분을 그렇게 예배하지 못하고 있다. 하나님만이 우리가 찬양드릴 주제이자 예배의 대상이시다. 위로 하나님 한 분께만 집중되어야 할 우리의 초점이 옆의 사람들과 일들에 팔려 있을 때 우리는 예배를 잃는 것이다. 그리스도인들은 직장 일에는 모든 것을 바치면서, 목숨까지 버려 우리를 구원하신 분을 예배하는 데는 아무것도 희생하지 않는 경우가 너무 많다. 잠시 멈추어 생각해보라. 혹시 당신이 그런 사람인가?

지금 우리에게 절실히 필요한 것은 예배라는 잃어버린 보석을 우리의 교회들에 그리고 우리의 삶 속에 되찾는 것이다. 자신에게 몇 가지 질문을 던져보라. 그리고 솔직히 답해보라. 당신은 목사가 전하는 하나님보다 목사의 설교 스타일에 더 집중하는가? 찬송을 들으시는 그분보다 가사 자체에 더 신경을 쓰는가? 당신은 잡념에 빠져 헤매는가, 아니면 하나님의 경이로움에 취하는가? 요한계시록 4장을 다시 보라. 이십사 장로와 네 생물의 초점을 잘 보라. 그들의 시선은 오직 하나님 한 분께 집중되어 있다. 그들은 하나님의 속성과 행위를 인하여 그분을 찬양한다. 서로의 존재나 보좌 앞의 기구(器具)나 자신의 잡념 따위가 그들을 방해하지 못한다. 오히려 그들은 모든 찬양을 받기에 합당하신 그분께 눈과 귀를 고정시킨다.

나도 그러한가? 당신도 그러한가?

예배의 초점을 당신 자신과 주변으로부터 하나님과 그분의 영광으로 되돌릴 수 있는 방법을 생각해보라. 주일 아침에 조금 일찍 일어나 마음과 생각을 준비하고 예배에 가는 것도 도움이 되는 방법이다. 어쩌면 당신은 예배 중에 주변 세상으로 흩어지는 관심을 차단하고 하나님께 집중하기 위해 눈을 감아야 할지도 모른다. 어쩌면 주변의 일들과 사람들한테 방해받지 않도록 예배 시간에 좀 더 앞쪽에 앉아야 할지도 모른다. 어떤 방법이 됐든 당신의 눈과 귀를 하나님께 집중시키라.

합당하신 어린 양(요한계시록 5:1-14)

1내가 보매 보좌에 앉으신 이의 오른손에 두루마리가 있으니 안팎으로 썼고 일곱 인으로 봉하였
더라 2또 보매 힘있는 천사가 큰 음성으로 외치기를 누가 그 두루마리를 펴며 그 인을 떼기에 합당
하냐 하나 3하늘 위에나 땅 위에나 땅 아래에 능히 그 두루마리를 펴거나 보거나 할 자가 없더라 4그
두루마리를 펴거나 보거나 하기에 합당한 자가 보이지 아니하기로 내가 크게 울었더니 5장로 중의
한 사람이 내게 말하되 울지 말라 유대 지파의 사자 다윗의 뿌리가 이겼으니 그 두루마리와 그 일
곱 인을 떼시리라 하더라

6내가 또 보니 보좌와 네 생물과 장로들 사이에 한 어린 양이 서 있는데 일찍이 죽임을 당한 것
같더라 그에게 일곱 뿔과 일곱 눈이 있으니 이 눈들은 온 땅에 보내심을 받은 하나님의 일곱 영이
더라 7그 어린 양이 나아와서 보좌에 앉으신 이의 오른손에서 두루마리를 취하시니라 8그 두루마
리를 취하시매 네 생물과 이십사 장로들이 그 어린 양 앞에 엎드려 각각 거문고와 향이 가득한 금
대접을 가졌으니 이 향은 성도의 기도들이라 9그들이 새 노래를 불러 이르되

> 두루마리를 가지시고 그 인봉을 떼기에 합당하시도다 일찍이 죽임을 당하사 각 족속과 방
> 언과 백성과 나라 가운데에서 사람들을 피로 사서 하나님께 드리시고 10그들로 우리 하나
> 님 앞에서 나라와 제사장들을 삼으셨으니 그들이 땅에서 왕 노릇 하리로다 하더라

11내가 또 보고 들으매 보좌와 생물들과 장로들을 둘러 선 많은 천사의 음성이 있으니 그 수가
만만이요 천천이라 12큰 음성으로 이르되

> 죽임을 당하신 어린 양은 능력과 부와 지혜와 힘과 존귀와 영광과 찬송을 받으시기에 합
> 당하도다 하더라

13내가 또 들으니 하늘 위에와 땅 위에와 땅 아래와 바다 위에와 또 그 가운데 모든 피조물이 이
르되

> 보좌에 앉으신 이와 어린 양에게 찬송과 존귀와 영광과 권능을 세세토록 돌릴지어다 하니

14네 생물이 이르되 아멘 하고 장로들은 엎드려 경배하더라.

현대 세계의 발전상에 나는 놀라움을 금할 수 없다. 의술의 발전으로 우리의 평균 수명은 이전 어느 때보다 길어졌다. '빈곤층'조차 과거의 왕들보다 더 편하게, 더 오래 사는 나라들도 많다. 첨단 기술로 교통과 통신이 빨라져 사실상 지구가 축소되었다. 캐나다에 있는 사람이 몇 초 만에 태국에 있는 사람과 채팅할 수 있고, 하루 내로 직접 악수도 할 수 있다. 적어도 서구 세계에서 인류는 많은 사회 문제와 정치 문제를 극복해왔고, 이제 21세기

의 새로운 도전들에 맞서는 법을 모색해나가고 있다. 우리 인간은 정말 먼 길을 왔다!

하지만 정말 그럴까?

1세기도 더 전에 많은 자유주의 신학자들은 긴긴 세월 세상을 오도해온 야만성과 제국주의와 미신을 인류가 조금만 있으면 벗을 거라고 내다보았다. 그러면서 그들은 동정녀 탄생, 그리스도의 신성, 예수님의 육체 부활 등도 기독교의 '신화적' 부속물이라 하여 거기에 포함시켰다. 현대 과학과 철학으로 무장한 이들 깨인 지식인들은 인간이 마침내 세상을 본연의 상태로 빚어낼 수 있다고 확신했다. 그 본연의 상태란 바로 이 땅에 영원히 계속될 평화와 번영의 나라였다. 요컨대 그들은 최신 이데올로기와 첨단 기술로 무장한 인류가 하나님을 의지하지 않고 인간의 능력만 믿고도 영광의 미래를 실현해내기에 합당하다고 믿었다.

알다시피 인간에 대한 이러한 과신은 아침 안개처럼 증발해버렸다. 1914년에 독일에서 울린 총성으로 1차 세계대전이 터졌다. 독재자의 군대는 당시에 제작된 최신 무기들로 철저히 무장했다. 게다가 그들은 독일의 유수한 철학자들과 신학자들의 확고한 지원까지 받고 있었다! "모든 전쟁을 끝내기 위한 전쟁"이라는 1차 세계대전의 구호도 무색하게, 얼마 안 되어 다시 2차 세계대전의 참상과 만행이 뒤를 이었다. 아우슈비츠에서 대량 학살이 하나의 실험으로 전락했는가 하면, 과학을 이용한 원자 폭탄으로 대량 학살이 자행되었다. 최근 들어서는 끔찍한 테러가 빈발하고 있는데, 전문가들의 견해로는 테러는 앞으로도 계속될 거라고 한다. 타락한 인간의 실상은 인본주의 철학과 자유주의 신학이 만든 허울뿐인 희망을 짓밟아놓았다. 오늘날 세상은 불신과 회의와 불안과 두려움 속에서 방황하고 있다. 사람들은 과연 누군가가 또는 무언가가 우리 주변의 악을 진정으로 없애줄 수 있을지 의구심을 품고 있다.

악을 몰아내고 참된 평화와 번영의 세상을 이루기에 합당한 사람이 과연 있을까? 세상은 삶의 문제들을 세상적으로 해결하려고 계속 필사적으로 매달리다 실망만 하고 있지만, 성경은 그 답을 명백한 표현과 생생한 이미지로 보여준다. 요한계시록 5장에서 목격하듯이, 마침내 모든 피조물의 시선이 능히 역사의 고삐를 쥐시고 통제 불능의 세상을 제어하실 수 있는 유일한 분께로 쏠리자 요한은 형언할 수 없는 기쁨을 느꼈다. 그분은 바로 합당하신 어린 양, 예수님이시다.

—5:1–7—

성경에서 장을 구분하는 많은 부분이 그렇듯 여기 4장과 5장의 구분도 다소 자의적이다. 요한계시록 5장 1절에서 새로운 환상이 시작되는 것도 아니고, 사도 요한이 목격한 천상의 드라마가 새로운 막에 접어드는 것도 아니다. 그보다 여태까지 하나님의 보좌 주변을 전체적으로 담아내던 광각 렌즈가 이제 몇 가지 생생한 세부 사항으로 서서히 초점을 좁힌다. 이십사 장로와 네 생물은 바닥에 엎드려 주 하나님, 만물의 영원한 창조주, 영광과 존귀와 권능을 받으시기에 합당한 유일하신 분을 경배하고 있다(4:11). 그때 갑자기 요한의 시선을 끄는 것이 있었다. 안팎으로 글을 써서 일곱 인으로 봉한 두루마리였는데, 그것은 보좌에 앉으신 엄위한 하나님의 오른손에 들려 있었다.

고대 세계의 이런 문건을 요한은 권리증서나 유언서로 금방 알아보았을 것이다. 이런 소유권 문서는 적법한 매입자나 정당한 상속자만 개봉할 수 있었다. 고대 세계에서 안팎에 글을 써 봉인한 두루마리는 대개 "일반에 공개할 수 없는 사적인 계약서"였다.[10] 문서를 둘둘 만 두루마리 끝에 작은 밀랍 뭉치를 눌러 붙여 봉하도록 되어 있었다. 이런 법정 문서의 바깥에는 내용이 간략히 요약되어 있었다. 마치 오늘날의 책 앞표지에 저자와 제목이 나오고 뒤표지에 내용이 소개되는 것과 같다.

분명히 요한계시록 5장의 두루마리에는 장차 임할 환난의 사건들이 담겨 있었다. 구약의 에스겔 선지자도 "안팎에 글이 있는" 비슷한 두루마리를 받은 적이 있는데, 그 안에 "애가와 애곡과 재앙의 말"이 적혀 있었다(겔 2:9–10). 이렇듯 고대 세계의 법정 문서와 연관시켜 생각해볼 때, 장차 임할 심판의 사건들은 영광스러운 종말에 이르기 위한 과정이라는 결론이 가능하다. 이 두루마리가 펼쳐지면 예수 그리스도께서 하나님의 아들로서 상속을 받으신다(롬 8:17, 약 2:5). 뿐만 아니라 이 두루마리는 권리증서의 이미지를 암시하는 것

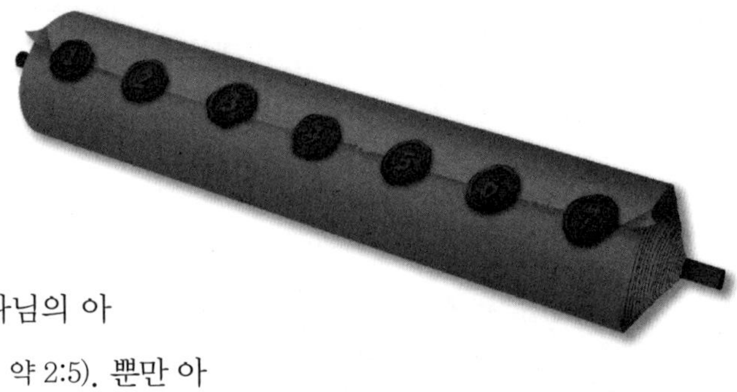

© Robert Gaither

일곱 인으로 봉한 두루마리.
아마 법정 상속 문서였을 것이다.

으로 보이는데, 이는 아버지께서 아들을 통하여 창조하신 세상이 바로 그리스도의 소유임을 보여준다(요 1:1-3). 요한계시록 4장과 5장을 종합하면 두 가지 주제가 드러난다. 하나는 세상의 소유권이 성부와 성자 하나님께 있다는 것이고, 또 하나는 성도들이 그리스도와 함께 상속받고 통치한다는 것이다(4:11, 5:9-14).

우리의 일상생활 속에서 하나님의 통치는 인류의 반항에 그리고 타락 이후로 세상에 퍼진 무질서에 가려질 때가 많다(창 3장). 본래 하나님의 형상대로 지음 받은 피조물로서 창조주를 대신하여 이 땅을 다스리는 것이 우리 인간의 책임이었다(창 1:26-28). 이 땅을 통치하시는 하나님이 우리를 그분의 중재자로 세워주셨건만 우리는 그 직분을 버리고 사탄과 귀신들의 권세에 복종했다(행 26:18, 고후 4:4, 엡 6:12). 구약 시대의 가장 의로운 성도들조차도 그 소명을 되찾기에 합당하지 못했다. 다시 "하나님의 완전한 형상"이 되어 이 땅에 하나님의 통치권을 행사할 수는 없었던 것이다. 그래서 모든 피조물은 권리증서가 개봉되고, 유언이 읽혀지며, 아담의 한 후손에게 상속이 시행될 그날을 손꼽아 기다리고 있다. 그 후손은 "하나님의 형상"의 소명을 실현하기에 합당하신 분이다. 그날이 와야만 우주는 죄와 사망의 저주에서 해방될 것이다(롬 8:19-23).

이어서 요한이 묘사한 광경은 우주적 범위의 선발 작업이라 할 수 있다. 한 천사가 "누가 그 두루마리를 펴며 그 인을 떼기에 합당하냐"(5:2)고 외쳤다. 하지만 우주를 구석구석 다 뒤져 보아도 자격을 갖춘 사람이 아무도 없었다(5:3). 합당한 후보자를 한 명도 찾지 못하고 헛수고로 끝나자 요한은 주체할 수 없는 울음을 터뜨렸다(5:4). 아무도 합당한 자가 없다면 현 세계의 절망적인 상태가 무한히 계속되리라는 것을 요한은 알았다. 그렇게 되면 일상생활을 지배하는 고난과 고통과 질병과 죽음은 결코 끝나지 않을 것이다. 하지만 요한이 울었던 데에는 다른 의미도 있을 수 있다. 여태까지 60년이 넘도록 그는 마침내 세상을 올바로 되돌려놓으실 예수 그리스도께 모든 희망을 걸었었다. 그런데 합당한 상속자를 찾아내려는 천국의 노력이 수포로 돌아간다면 예수 그리스도께 둔 요한의 확신도 그렇게 되는 것이었다.

하지만 요한이 눈물을 흘리기에는 너무 일렀다. 하나님의 자비와 은혜는 결코 세상을 절망의 바다에 빠지도록 그냥 두지 않으신다! 예수 그리스도를 향한 그분의 계획이 무산되는 일도 결코 없다. 이십사 장로 중 하나가 요한을 이렇게 위로한다. "울지 말라 유대 지파

묵상의 서재

지상의 찬양대에서 천상의 찬양대로

내가 청소년이었을 때 우리 교회는 해마다 훌륭한 지휘자의 지휘로 헨델의 〈메시아〉(Messiah)를 공연했다. 그런데 어느 날 어머니가 우리 가족도 모두 그 찬양대에 들어가자고 하셨다. 어머니는 형과 누나와 나를 데리고 가 오디션을 받게 하셨다. 놀랍게도 우리는 모두 합격했다! 우리는 자랑스럽게 각자의 파트를 배정받아 집으로 돌아와 방에서 연습하기 시작했다. 심오한 예배를 경험하는 정도는 못 되었지만 모두들 음정을 잡으려고 열심히 노력했다.

이윽고 지휘자의 지휘로 피아노 반주에 맞추어 연습이 시작되었다. 그런데 한동안 나는 이게 아니다 싶었다. 당신도 그런 공연을 준비해본 적이 있다면 알겠지만, 똑같은 가사를 수십 번 반복해서 부르는 지루한 과정의 연속이다. 시작했다 멈추고 다시 반복한다. 호흡의 시점을 매번 제대로 지키려면 정신을 바짝 차려야 한다. 이 모든 과정은 전혀 예배처럼 느껴지지 않고 일처럼 느껴진다!

하지만 총연습을 하러 모두가 한자리에 모였던 날이 기억난다. 반주도 피아노 대신 웅장한 파이프 오르간으로 바뀌었다. 갑자기 장엄함이 한 차원 더 격상되면서 비로소 우리가 하고 있는 일의 무게가 조금씩 느껴졌다. 정식 오케스트라가 연습에 합류하여 각자 제소리를 내자 장중함은 극에 달했다.

드디어 첫 공연 날이 되었다. 나는 완벽하게 훈련되고 다듬어진 목소리들에 둘러싸여 있었고, 양옆에 자리한 정식 오케스트라 단원들 가운데는 프로 뮤지션들도 많았다. 그렇게 나는 250명 찬양대원들의 목소리에 아직 십대 청소년인 내 작은 목소리를 보태고 있었다. 그런데 〈메시아〉가 시작되고 몇 분 만에 이상한 일이 벌어졌다. 내 입에서 노래가 나오지 않았던 것이다! 대신 나는 파이프 오르간 소리, 온갖 악기, 성악부의 공명과 화음, 하나님의 영광을 위하여 우리 모두의 찬송을 인도하는 지휘자 등에 감동하여 울고 있었다. 얼마 후에야 나도 노래에 합류할 수 있었다! 그날 나는 단합된 예배라는 것을 처음으로 접했다. 정말 영광스러운 경험이었다!

하지만 당신은 아는가? 내가 훈련되지 않은 목소리로 지상의 찬양대에 자원봉사로 들어가 경험한 희열은 우리를 기다리고 있는 천상의 찬양대와 그 영광스러운 예배에 비하면 아무것도 아니다. 형제자매들이여, 어느 날 우리는 하나님의 보좌 앞에 함께 모여 큰 소리로 이렇게 노래할 것이다. "할렐루야! 전능하신 주 하나님이 다스리시네! 영원무궁토록 다스리시리!

의 사자 다윗의 뿌리가 이겼으니 그 두루마리와 그 일곱 인을 떼시리라"(5:5).

눈물 젖은 요한의 눈은 이제 새로운 희망으로 반짝였다. 그 눈으로 그는 사자(獅子)를 찾았으나 정작 보게 된 것은 어린 양이었다(5:6)! 요한이 이 광경을 묘사할 때 사용한 상징들과 이미지들은 의미가 풍부하다. 어린 양이 일찍이 죽임을 당한 것 같았다는 말은 그리스도께서 세상 죄를 지고 가는 하나님의 어린 양이 되어 고난을 당하신 것을 가리킨다(사 53:6-7, 요 1:29). 환상 중에 보인 일곱 뿔은 완전한 힘을 상징하며(삼상 2:10), 일곱 눈은 그리스도께서 온 땅에 보내신 하나님의 영을 상징한다(슥 3:8-9, 4:10, 요 15:26). 이 상징적 이미지를 바라보는 요한의 눈에 그것이 대변하는 영광스러운 분, 곧 신인(神人)이신 예수 그리스도의 모습이 겹쳐졌다. 그 합당하신 어린 양이 나아와 아버지의 오른손에서 두루마리를 취하셨다(5:7).

—5:8-14—

성육신하신 성자 예수님이 아버지에게서 두루마리를 취하시자 모든 것이 달라진다. 인간이 모든 피조물을 다스리는 일은 이미 타락과 저주로 말미암아 무산되고 좌절되었다(창 1:28, 3:17-19). 하지만 이 통치는 신인(神人)이신 예수 그리스도를 통하여 회복될 것이다. 예수 그리스도는 아담의 후손으로 오신 진정한 인간이시기에 태초에 인류에게 주어진 그 소명을 실현할 자격이 있으시다. 그래서 그분은 이 땅을 통치하시고 정복하시며 온 세상에 낙원의 상태를 회복하신다. 또한 예수 그리스도는 하나님이 아들로서 진정한 신이시기에 아담이 실패한 이 소명을 실현하실 능력과 권세가 있으시다. 이 사실을 놓치지 말라! 하나님은 모든 것을 제자리로 되돌리시기 위해 모든 것을 예수님의 손에 넘기신다. 5장 8절에서 우리는 그 과정이 시작되는 것을 볼 수 있다.

이 얼마나 기뻐할 일인가! 사실 예수께서 일곱 인으로 봉한 두루마리를 취하시자마자 모든 것이 울음에서 예배로 바뀐다. 하늘과 땅의 모든 피조물이 갑자기 찬송을 부르기 시작한다. 진원지인 하나님의 보좌로부터 주체할 수 없는 환희가 터져나온다. 물결처럼 파동을 이루며 창조 세계 전체가 하나님의 어린 양께 찬송을 쏟아낸다. 왜 그런 것일까? 그분은 고난의 종으로서 희생하신 죽음으로 세상 죄를 지고 가셨을 뿐 아니라(사 53장) 또한 영

하나님의 보좌에서 흘러나오는 예배의 물결

광스럽게 부활하신 심판자로서 장차 악인을 심판하고 의인에게 복을 주실 분이기 때문이다. 심판의 모든 권세가 홀로 그분에게 주어졌다(요 5:21, 22, 27).

보좌의 주위에서 이루어지는 예배의 순서를 놓치지 말라(5:8). 예배는 천상의 예배 지휘자들이자 인간 이외의 가장 높은 생물인 그룹들로부터 시작되었다. 그들은 마치 "하나님의 모든 천사들은 그에게 경배할지어다"(히 1:6)라고 한 성경의 권고에 응하기라도 하듯 예수 그리스도 앞에 납작 엎드렸다. 그다음 하나님의 구속받은 무리 가운데 가장 높은 이십사 장로가 악기를 들고 합류하여, 향이 가득한 대접으로 상징되는 성도들의 기도를 받들어 올렸다. 여담이지만 행여 당신의 기도가 중요하지 않다고 생각하지 말라! 당신이 도움을 청할 때마다 하나님이 당장 응답하지 않으실지라도, 장차 그리스도께서 저주를 되돌리시고 모든 악을 바로잡으실 날이 오면 당신이 하나님의 개입을 구했던 간절한 부르짖음이 다 정산된다. 하나님은 결코 당신의 기도를 쓰레기통에 버리지 않으신다. 그분은 당신의 기도를 대접에 간직해두셨다가 어느 날 당신의 상상을 초월하는 방식으로 응답하실 것이다. 그러니 그때까지 인내하라!

잘 보면 그룹들과 장로들은 "새 노래", 즉 일찍이 들어본 적이 없는 합창곡을 부르고 있다(5:9). 가사도 새롭고, 곡조도 새롭고, 예배의 경험도 새롭다. 아울러 5장 9-10절에서 그들이 찬송하는 내용을 보라. 네 생물과 이십사 장로는 4장에서는 창조 사역을 이루신 하나님을 찬양했는데(4:11), 5장에서는 다음과 같이 구속 사역을 이루신 그리스도를 찬양한다.

- 그리스도는 구속 사역을 이루셨기 때문에 두루마리를 받아 인봉을 떼시기에 합당한 분이다.
- 그분의 피는 모든 족속과 방언과 백성과 나라에 두루 미친다.

- 그분은 죄와 사망의 절망적인 노예 시장에서 사람들을 사서 왕들로 그리고 하나님의 제사장들로 삼으셨다.

찬양의 물결은 장로들에서 끝나지 않는다. 마치 열광적인 기쁨에 전염된 듯 다른 두 집단이 더 합세한다. 우선 보좌에 둘러서 있던 셀 수 없이 많은 천사들이 그 새 노래에 이렇게 화답한다. “죽임을 당하신 어린 양은 능력과 부와 지혜와 힘과 존귀와 영광과 찬송을 받으시기에 합당하도다”(5:12). 그러자 세상 구석구석의 모든 피조물이 창조와 구속을 이루신 성부와 성자 하나님을 함께 예배한다(5:13). 그동안 네 생물과 장로들의 예배는 쉬지 않고 계속된다(5:14).

처음에 요한의 시선은 구심점인 삼위일체 하나님의 보좌로부터 세상의 모든 끝에 이르기까지 예배의 물결을 쭉 따라간다. 그러다 다시 합당하신 어린 양 예수 그리스도께로 돌아온다. 이제 그분은 두루마리를 들고 일곱 인을 뗄 준비를 하신다.

적용
합당하신 어린 양을 통하여 길을 찾으라

당신은 혹시 자신이 바른 길에 들어서 있는지, 바른 미래를 향하여 가고 있는지, 바른 우선순위에 집중하고 있는지 의문이 들 때가 있는가? 우리는 누구나 방향을 잃고 혼란에 빠질 때가 있다. 그래서 우리에게는 삶의 다음 걸음을 인도해줄 하나님의 내비게이션 장치가 절실히 필요하다. 요한계시록 5장에 적어도 세 가지 중요한 원리가 나온다. 이것은 우리가 인생의 좌표를 잘 정하고 바른 방향으로 갈 수 있도록 도와준다.

첫째, 당신이 예수 그리스도를 믿고 있다면 당신의 궁극적 종착지는 분명하다. 우리는 아직 문자적으로 그리스도와 함께 통치하고 있지 않지만 우리의 운명은 확실하다. 어느 날 우리는 그분과 함께 온 땅을 다스릴 것이다(5:9-10). 우리는 하나님을 위한 왕들이요 제사장들이다. 그러한 미래를 알기에 이 땅을 사는 동안 우리의 관점과 계획은 마땅히 달라져야 한다. 우리는 장차 임할 나라에 우리의 시간과 재정과 재능을 투자해야 하며, 그리스도를 우리 삶의 중심과 근원과 목표로 삼고 그분께 집중해야 한다. 당신이 하나님 나라의 확장에 기여하기 위하여 평소에 얼마나 세상에 복음을 전하고 있는지 생각해보라. 당신은 어떤 일에 투자하고 있는가? 당신이 조금 더 힘을 낼 수 있는 일은 무엇인가?

둘째, 하나님의 어린 양이 하나님의 계획을 수행하실 자격이 있음을 알기에 우리는 안심할 수 있다. 하나님 나라가 건설되는 과정을 당신이 거들기 시작하면, 그리스도께서 일하시는 방식이 잘 이해가 되지 않을 때도 있을 것이다. 하지만 그럴 때도 당신은 그분이 주관하고 계심을 신뢰할 수 있다. 심판을 행하시고 이 땅을 다스리기에 합당하신 유일한 분, 그분이 당신의 삶 속에 그분의 뜻을 다 이루실 것이다. 인류 역사에는 인간 스스로 문제를 해결하려다 실패한 잔해가 즐비하지만, 이제라도 우리는 그리스도께 나아갈 수 있다. 그분은 영광스러운 미래를 이루시고자 이미 값을 치르셨다. 우리 자신을 믿지 않고 그리스도를 신뢰하면, 세상의 악과 방해가 훨씬 덜 버거워 보인다. 모든 것이 그분의 수하에 있다! 지평에 떠오르는 그분의 찬란한 영광을 볼 때 우리는 현재의 어두움을 날로 더해가는 희망으로 견뎌낼 수 있다.

셋째, 기도하며 기다리는 동안 우리는 예배와 찬양의 감격에 빠질 수 있다. 예배는 누구나 할 수 있는 일이다. 요한계시록 5장에서 보듯이 하늘과 땅과 땅 아래에서 모든 종류의 피조물이 삼위일체 하나님께 뭔가를 드리고 있다. 새 노래로든 옛 찬송으로든, 아름다운 악기로든 대담한 목소리로든, 진심 어린 기도로든 열렬한 "아멘"으로든, 누구나 다 자신의 마음과 생각의 방향을 하나님께로 돌릴 수 있다. 이렇게 하나님의 보좌 앞에서 드려지는 뜨거운 예배를 미리 보면서 우리는 진정한 찬양의 자발성과 다양성에 대한 귀한 깨달음을 얻을 수 있다.

당신에게 간단한 실습을 하나 권하고 싶다. 시편 148편, 149편, 150편을 공부하면서 찬송의 제목이 되고 있는 하나님의 속성과 행위에 동그라미를 쳐보라. 그분을 예배하는 다양한 장소와 방법에 밑줄을 그어보라. 그러고 나서 하나님이 여태까지 당신의 삶 속에 행하신 "능하신 행동"을 생각해보라. 끝으로, 그런 그분께 오늘 당신이 어떻게 예배로 반응할 수 있을지 생각해보라. 요컨대 당신의 영원한 미래를 사모하고, 그리스도의 주권을 인정하며, 애정의 초점을 조정하라. 그러면 이 세상에서 당신이 어디쯤 있는지도 확인할 수 있을 뿐 아니라, 결국 가야 할 곳이 어디인지도 깨닫게 된다.

심판이 시작되다(요한계시록 6:1–17)

1내가 보매 어린 양이 일곱 인 중의 하나를 떼시는데 그 때에 내가 들으니 네 생물 중의 하나가 우
렛소리 같이 말하되 오라 하기로 2이에 내가 보니 흰 말이 있는데 그 탄 자가 활을 가졌고 면류관을
받고 나아가서 이기고 또 이기려고 하더라

3둘째 인을 떼실 때에 내가 들으니 둘째 생물이 말하되 오라 하니 4이에 다른 붉은 말이 나오더라
그 탄 자가 허락을 받아 땅에서 화평을 제하여 버리며 서로 죽이게 하고 또 큰 칼을 받았더라

5셋째 인을 떼실 때에 내가 들으니 셋째 생물이 말하되 오라 하기로 내가 보니 검은 말이 나오는
데 그 탄 자가 손에 저울을 가졌더라 6내가 네 생물 사이로부터 나는 듯한 음성을 들으니 이르되 한
데나리온에 밀 한 되요 한 데나리온에 보리 석 되로다 또 감람유와 포도주는 해치지 말라 하더라

7넷째 인을 떼실 때에 내가 넷째 생물의 음성을 들으니 말하되 오라 하기로 8내가 보매 청황색 말
이 나오는데 그 탄 자의 이름은 사망이니 음부가 그 뒤를 따르더라 그들이 땅 사분의 일의 권세를
얻어 검과 흉년과 사망과 땅의 짐승들로써 죽이더라

9다섯째 인을 떼실 때에 내가 보니 하나님의 말씀과 그들이 가진 증거로 말미암아 죽임을 당한
영혼들이 제단 아래에 있어 10큰 소리로 불러 이르되 거룩하고 참되신 대주재여 땅에 거하는 자들을
심판하여 우리 피를 갚아 주지 아니하시기를 어느 때까지 하시려 하나이까 하니 11각각 그들에게 흰
두루마기를 주시며 이르시되 아직 잠시 동안 쉬되 그들의 동무 종들과 형제들도 자기처럼 죽임을 당
하여 그 수가 차기까지 하라 하시더라

12내가 보니 여섯째 인을 떼실 때에 큰 지진이 나며 해가 검은 털로 짠 상복 같이 검어지고 달은
온통 피 같이 되며 13하늘의 별들이 무화과나무가 대풍에 흔들려 설익은 열매가 떨어지는 것 같이 땅
에 떨어지며 14하늘은 두루마리가 말리는 것 같이 떠나가고 각 산과 섬이 제 자리에서 옮겨지매 15땅
의 임금들과 왕족들과 장군들과 부자들과 강한 자들과 모든 종과 자유인이 굴과 산들의 바위 틈에
숨어 16산들과 바위에게 말하되 우리 위에 떨어져 보좌에 앉으신 이의 얼굴에서와 그 어린 양의 진
노에서 우리를 가리라 17그들의 진노의 큰 날이 이르렀으니 누가 능히 서리요 하더라.

우리의 하루 일과는 날마다 같은 일의 연속일 때가 많다. 눈을 뜨고 자리에서 일어나 씻고 옷을 입는다. 그나마 시간이 있으면 아침을 먹는다. 그러고는 학교나 직장이나 다양한 일들을 위해 부리나케 달려간다. 우리는 종교 의식처럼 우리의 일과도 으레 날마다 반복되려니 한다. 하지만 누구나 겪어보았듯이 가끔 예기치 않게 그 일과가 중단될 때가 있다. 자동차 타이어가 터진다. 아이가 병에 걸린다. 가벼운 접촉 사고가 발생한다. 난데없이 전화가 걸려와 비참한 소식을 알린다. 이런 상황은 우리의 일과를 중단시키고 반갑지 않은

묵상의 서재

"죄인이여, 어디에 설 것인가?"

장차 임할 하나님의 심판이 내게 처음으로 실감나게 느껴지던 때가 지금도 기억에 남아 있다. 대학에서 기숙 생활을 하던 누나 루시(Luci)가 집에 다니러 왔을 때 '하나님의 트롬본'이라는 앨범을 가져왔다. 그때만 해도 컴퓨터 화면에서 네모난 그림을 클릭하여 앨범을 내려받던 때가 아니었다. 두꺼운 판지로 된 케이스 안에 들어 있는 커다란 디스크 판이 그때의 앨범이었다(무슨 말인지 아는 독자들이 세 명쯤은 될 것이다!). 누나는 내게 "아가야, 이것을 들어보렴. 네 맘에 쏙 들 거야"라고 말했다(그렇다, 누나는 지금까지도 나를 "아가야"라고 부른다). 일곱 번째 노래의 가사가 내 삶을 송두리째 흔들어놓았다. 무서운 최후의 심판에 관한 노래였던 것이다.

그때 내 나이 열여섯이었는데, 심판을 생생히 묘사한 그 노래를 듣노라니 두려워 혼이 빠질 지경이었다! 가사에 창의력을 많이 구사하기는 했지만 내용은 요한계시록과 다니엘과 스가랴에서 따온 것이었다. 그 노래를 들을 때마다 나는 자신을 바라보며 이 질문을 던지게 된다. 그 무서운 노래에서 계속 반복되는 질문이다.

죄인이여, 오 죄인이여,
하나님이 비처럼 불을 쏟으실 그 큰 날
그대는 어디에 설 것인가?[11]

스트레스를 안겨준다. 심각한 시련을 떠안길 때도 있다. 때로는 그렇게 불시에 일어난 사건이 한 사람의 인생을 송두리째 뒤집어놓는다.

말세에 임할 하나님의 심판도 대부분의 사람들에게 예기치 못한 일, 반갑지 않은 일이 될 것이다. 그것은 삶의 일과를 중단시키며 적지 않은 짜증을 유발할 것이다. 마태복음 24장 21절에 언급된 큰 환난은 단지 한 가정이나 도시나 나라에만 해당되는 일이 아니다. 하나님이 최후의 심판을 시행하시는 기간은 온 세상에 영향을 미칠 것이다(눅 17:26-30, 살전 5:1-3, 계 3:10).

어떤 사람들은 하나님이 어떤 이유로든 사람을 심판하시리라는 사실을 부인한다. 그들의 논리는 이런 식이다. 원래 하나님은 사랑의 하나님이 아닌가? 자비가 풍성하신 분이 아닌가? 하나님의 긍휼과 용서는 어찌되었는가? 분명히, 장차 임할 하나님의 심판은 우리 신학의 핵심을 건드릴 것이다. 신학의 핵심이란 바로 하나님 자신의 속성과 성품을 보는 우리의 시각이다. 사람들이 요한계시록의 많은 부분에 혼란을 느끼는 것도 무리는 아니다. 하지만 하나님의 자비와 진노는 나란히 활동하며, 하나님은 심판을 통하여 구속을 이루신다. 그것을 이해할 때 우리는 우리가 사랑하고 섬기는 하나님을 훨씬 더 분명하고 균형 있게 알 수 있다.

—6:1-8—

천상으로 올라간 여정의 첫 구간에서 요한은 하나님의 영광스러운 보좌 앞을 방문했다(4-5장). 거기서 그는 일곱 인으로 봉한 두루마리를 들고 계신 전능자를 목격했다. 그것은 우주의 절대적 소유권이 담긴 권리증서였다. 이 두루마리를 취하여 인봉을 떼시기에 합당한 분은 하늘과 땅에 오직 한 분, 예수 그리스도뿐이다. 이제부터 그분은 단계별 과정을 거쳐 세상을 악의 손아귀로부터 빼앗으시고 죄와 사망을 영원히 정복하실 것이다. 그러나 이 땅에 그분의 나라가 임하도록 세상이 준비되려면, 그전에 전대미문의 심판 기간을 반드시 거쳐야 한다.

미래의 심판은 각기 다른 세 가지 시리즈로 구성되는데 요한계시록에는 그것이 일곱 인봉과 일곱 나팔과 일곱 대접이라는 세 가지 상징으로 표현되어 있다. 각 시리즈는 일곱으로 되어 있으며, 미래의 환난 기간에 벌어질 독특한 사건들을 보여준다. 요한이 환상으로 목격한 이 세 가지 심판은 흥미로운 순서로 이루어진다. 시리즈마다 일곱째 사건으로 심판이 종료됨과 동시에 다시 새로운 환상이 보이면서 다음번 시리즈가 시작된다(그림 참고). 그러나 차차 보겠지만, 미래의 환난 기간에 실현될 여러 심판들 가운데 인봉은 대체로 환난 초기의 상황을 가리킨다. 나팔은 환난 중기의 심판을 보여주고, 대접은 환난 말기의 가장 혹독한 심판을 가리킨다. 그 증거를 뒤에서 살펴볼 것이다.

제일 먼저 눈에 띄는 것은 요한계시록 6장 1-8절에 나오는 처음 네 인봉이 다음과 같이 비슷한 형식을 취하고 있다는 점이다. (1) 그리스도께서 인을 떼신다. (2) 네 생물 중 하나가 큰 소리로 "오라"고 부른다. (3) 색깔이 있는 말과 그 말을 탄 자가 등장한다. 이들 '묵시록의 네 기수(騎手)'는 오랫동안 주석가들을 곤경에 빠뜨렸지만, 그래도 전체 그림은 분명하다. 혹독한 심판이 임하지만 하나님이 모든 것을 주관하신다. 이 진리 외에도, 이런 상징들의 가능한 의미를 웬만큼 알면 하나님이 미래의 계획을 풀어나가시는 방식을 좀 더 이해할 수 있다.

요한계시록에 나타난 인봉과 나팔과 대접

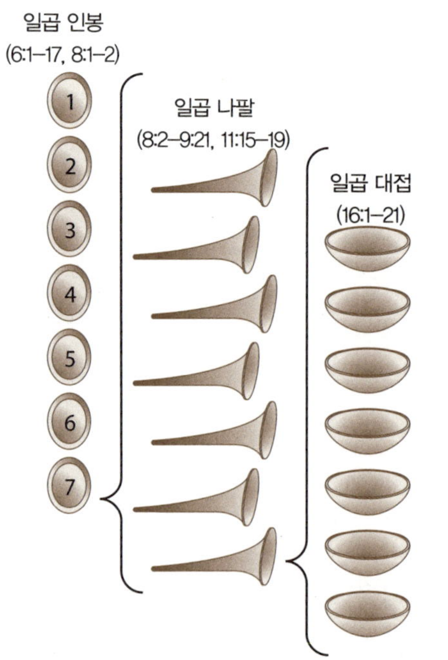

우선 흰 말을 탄 자(6:1-2)는 아마도 무혈 정복, 즉 거짓 평화와 안전을 상징한다. 보다시피 그는 활만 들었고 화살은 없다. 그의 머리에 쓴 면류관은 왕의 권세를 나타내는 관이 아니라 승리자의 관인 *stephanos*다.[12] 이처럼 환난의 시기는 사이비 영성과 거짓 종교를 수반하는 기만적 평화로 시작된다. 데살로니가전서 5장 3절에도 전반적 상태가 그와 똑같이 기술되어 있다. 바울은 거기에 이렇게 썼다. "그들이 평안하다, 안전하다 할 그때에 임신한 여자에게 해산의 고통이 이름과 같이 멸망이 갑자기 그들에게 이르리

니 결코 피하지 못하리라." 또 그리스도께서 친히 종말을 묘사하신 마태복음 24장 4-5절에도 거짓 종교가 예언되어 있다.

흰 말을 탄 자가 거짓 종교와 거짓 평화를 가져온 직후에 붉은 말을 탄 자가 그 약속을 무산시킨다(6:3-4). 붉은색은 전쟁의 불과 피를 상징한다. 이 무서운 기수는 화살 없는 활 대신 칼을 휘두른다. 이 칼은 그리스도의 입에서 나오는 질서와 정의의 *rhomphaia*(1:16)가 아니라 암살과 반란과 전쟁에 쓰는 단검과 같은 *machaira*다.[13] 이는 말세에 "난리(전쟁)와 난리 소문"이 있을 거라고 하신 예수님의 말씀과 잘 맞는다(마 24:6-7).

그리스도께서 셋째 인을 떼시자 요한은 검은 말을 탄 자가 달려나오는 것을 보았다. 이는 전쟁으로 인한 기근과 빈곤의 상징인데, 그 광경과 더불어 세계적 규모의 해일처럼 온 땅에 폐허와 절망이 밀려온다. 값을 외치는 소리와 저울은 이 기간의 특징이 경제적 인플레이션과 굶주림이라는 사실을 보여준다. 한 주석가는 이렇게 썼다.

> 여기에 제시된 값들은 당시 로마 제국의 평균 시세보다 8-16배나 더 비싼 것이다… 따라서 기근으로 고생하는 사람들은 가족에게 먹일 양식을 제한된 양밖에 구입할 수 없게 되고, "감람유와 포도주" 같은 그 밖의 생활필수품들은 공급 물량이 하나도 남지 않게 된다.[14]

넷째 인이 떼어지자 네 번째 말과 기수가 요한의 눈앞에 나타났다. 이 말의 색깔에 쓰인 헬라어 단어 *chlēros*는 "청황색", 곧 질병과 죽음을 나타내는 창백한 색이다.[15] 이 무서운 장면에서 요한은 사신(死神)과 무덤 파는 사람이 지면에 함께 돌아다니는 것을 보았다. 사망은 몸을 죽이고 음부는 영혼을 삼킨다. 이 두 가지 상징은 처음 세 기수가 지나간 자리에 엄청난 수의 사망이 있을 것을 가리킨다. 이 광란의 결과로 세계 인구의 4분의 1이 사라질 것이다! 이 상징적 환상은 죽음과 멸망이 말세의 특징을 이루리라 하신 예수님의 직설적 표현과 잘 맞아든다(마 24:7, 9).

솔직히 말해 이런 혹독한 심판에 선뜻 수긍하기란 쉽지 않다. 이렇게 연달아 몰려드는 기만과 전쟁과 역병과 죽음과 멸망에 비하면 우리가 여태까지 세계사에서 배운 모든 비극은 차라리 무색해진다. 목석이 아니고서야 다음과 같은 의문이 드는 것은 당연한 일이다.

"하나님이 어떻게 이런 일을 허용하실 수 있단 말인가? 그분이 이런 일을 지시하신다는 것은 더 말도 안 된다." 우리의 자애로우신 하늘 아버지는 도대체 어디로 가셨단 말인가?

심판에 관한 이런 우려 속에서 우리가 결코 잊지 말아야 할 것이 있다. 하나님이 악을 벌하시는 것은 절대적으로 의롭고 공정하신 일이다. 악은 마땅히 심판을 받아야 한다. 그러나 은혜가 풍성하신 하나님은 계속 진노를 경감하시고 자비를 베푸신다. 예를 들어 마가복음 13장 20절에 예수님은 하나님이 환난의 날들을 감하신다고 가르치셨다. 언뜻 대수롭지 않게 보일지 모르지만, 다음 사실을 알고 나면 달라진다. 그분이 그날들을 감하지 않으시면 세상 모든 사람이 망한다는 사실이다!

아울러 우리는 요한계시록에 나오는 심판의 대부분이 악한 행위자들의 활동을 통하여 이루어진다는 사실을 알아야 한다. 하나님은 세상에 악을 허용하시지만 그분이 악의 근원은 아니다. 한 신학자는 이렇게 썼다. "하나님의 의도나 행위가 악하다고 그분을 비난하는 것은 지극히 부당한 처사다. 그분은 주권자시지만 잘못이 없으시다. 행하시는 모든 일이 공의로우시기 때문이다(시 11:7, 단 9:14). 하나님은 모든 일을 그분의 뜻에 따라 감독하시지만 그분이 죄의 근원이나 원인이나 창시자는 아니시다."[16]

요한계시록의 심판을 계속 공부하다 보면 온 지구에 쏟아지는 끔찍한 심판 때문에 세상이 통제를 잃은 것처럼 보일 수 있다. 하지만 하나님이 통제하고 계심을 잊지 말라. 그분은 타협의 여지 없이 정의로우시며 결코 자신의 선(善)을 버리지 않으신다. 오히려 이것을 다른 각도에서 보라. 하나님이 심판을 미래에 허용하신다는 사실은 현재에는 그분이 인류의 악을 적극적으로 억제하고 계시다는 뜻이다. 그 은혜로운 억제의 댐이 뚫리는 날 재난이 홍수처럼 쏟아질 것이다.

—6:9-17—

어두운 풍경 속을 가로질러 질주하는 네 명의 기수를 본 사도 요한은 이제 다섯째 인을 떼시는 어린 양을 목격했다(9-11절). 이를 기점으로 환난은 다음 사건으로 접어들고, 여기서 우리는 환난 기간 동안 신자들에 관한 정보를 일부 얻을 수 있다. 교회는 환난 전에 이미 건짐을 받아 휴거를 통하여 하늘로 들려 올라갔고, 거기서 이미 영광스러운 몸을 입고 상도 받았다(3:10).[17] 그러나 남아 있다가 7년 환난 중에 그리스도를 믿게 되는 사람들은 역사상 가장 지독한 박해를 당한다(마 24:21). 이들 순교자들은 요한계시록 13장에 묘사된 적그리스도에게 고난을 당하지만, 하나님이 그분의 적들에게 진노를 쏟아부으실 때 결국 신원될 것이다.

이 영혼들이 "제단 아래에"(6:9) 있다는 사실은 그들의 때이른 죽음이 용감한 순교였음을 나타낸다. 그들은 구주를 섬기다 복음을 위하여 목숨을 버렸다(6:9). 이 시기에 비명에 죽은 이 사람들은 몸 없는 상태로 부활을 기다리게 된다. 그래서 그들은 원수를 갚아달라고 하나님께 부르짖는다. "거룩하고 참되신 대주재여 땅에 거하는 자들을 심판하여 우리 피를 갚아 주지 아니하시기를 어느 때까지 하시려 하나이까"(6:10). 하나님께 정의와 복수를 부르짖는 이 탄원은 구약의 시편에 나오는 저주의 시들에서 뿌리를 찾을 수 있다. 저주의 시란 의를 짓밟는 적들을 물리쳐달라고 하나님께 간구하는 시를 말한다. 시편 94편 1-5절이 그런 정서를 보여주는 완벽한 예다.

> 여호와여 복수하시는 하나님이여
> 복수하시는 하나님이여 빛을 비추어 주소서
> 세계를 심판하시는 주여 일어나사
> 교만한 자들에게 마땅한 벌을 주소서
> 여호와여 악인이 언제까지,
> 악인이 언제까지 개가를 부르리이까
> 그들이 마구 지껄이며 오만하게 떠들며
> 죄악을 행하는 자들이 다 자만하나이다
> 여호와여 그들이 주의 백성을 짓밟으며
> 주의 소유를 곤고하게 하며.

심판과 신원을 구하는 이 기도에는 몇 가지 중요한 신학적 진리가 고백되어 있다. 하나님은 정의와 거룩함과 진리의 하나님이시며, 반드시 약속을 지켜 자기 백성을 구원하시고 적들을 응징하실 것이다. 하지만 요한계시록 6장에 나오는 제단 아래의 성도들과 마찬가지로 시편 기자도 이런 복수가 철저히 하나님의 소관임을 인정한다. 로마서 12장 19절에 보면 "내 사랑하는 자들아 너희가 친히 원수를 갚지 말고 하나님의 진노하심에 맡기라 기록되었으되 원수 갚는 것이 내게 있으니 내가 갚으리라고 주께서 말씀하시니라"고 했다. 순교한 성도들은 동료 순교자들이 환난 중에 죽어 합류할 때까지 조금 더 기다려야 한다(6:11). 하지만 주님은 반드시 약속을 지켜, 성도들을 죽인 원수를 갚으실 것이다(살후 1:6-8). 하나님이 자기 백성의 적들에게 원수를 갚으신다는 이 약속은 여섯째 인에서 실현된다.

그리스도를 믿는 많은 신자들이 박해와 순교를 당하겠지만, 그런 만행의 가해자들은 반드시 벌을 받는다. 환난 중에 순교한 성도들이 신원을 부르짖은 데 대한 응답으로 여섯째 인은 불신자들이 당할 참사를 보여준다. 하나님의 진노와 그분이 심판자로 세우신 예수 그리스도의 진노가 그들에게 아낌없이 쏟아진다. 이 악인들이 극도의 공포에 사로잡히는 이유는 하나님이 불의하셔서가 아니라 그분이 내리실 응징이 합당한 것임을 자기들도 알기 때문이다!

만일 길거리에서 아무나 붙잡고 세상의 종말에 대해서 말해보라고 한다면, 대부분 요한계시록 6장에 나오는 여섯째 인의 표현과 이미지를 언급할 것이다. 이번 인봉으로 시작하여 우리는 다음과 같은 종말의 '전형적' 이미지들을 목격하게 된다.

- 지진이 일어난다.
- 해가 상복처럼 검어진다.
- 달이 피처럼 붉어진다.
- 별들이 우수수 땅에 떨어진다.
- 하늘이 두루마리처럼 갈라진다.
- 산들과 섬들이 제자리에서 옮겨진다.

'하나님의 트롬본'에 강조된 일부 이미지는 당시 십대 청소년이던 나에게 두려움을 안겨주었다. 요한은 최대한 서술적인 방식으로 하늘과 땅의 무서운 격변을 묘사하고 있다. 이런 현상들을 유발할 만한 각종 지질학적 사건들을 오늘날 우리는 능히 상상해볼 수 있다. 큰 지진은 온 지구를 흔들어놓고, 화산 폭발은 대기권에 재와 기체들을 뿜어내 거무스

름하고 거친 삼베처럼 해를 가린다. 대기가 썩어 달이 변색되어 보이고, 하늘에서 운석들이 우수수 떨어진다. 사람들이 산으로 가려 하지만 숨을 곳들이 다 무너지고 없다. 집단적 광란을 피하여 섬으로 가려다 보니 섬들이 물에 잠겨 버렸다. 이런 이미지들이 어떤 식으로 성취되든 간에 우리도 다음과 같은 주석가의 말에 동의할 수 있다. "이 장면은… 지구 위에 사는 사람들에게 재난과 고통의 장면이다."[18]

이런 이미지들 가운데 다수는 이미 이전에 성경에 나왔던 것들이다. 선지자 요엘은 장차 임할 여호와의 날에 관하여 이렇게 경고했다. "이 땅 주민들로 다 떨게 할지니 이는 여호와의 날이 이르게 됨이니라 이제 임박하였으니… 하늘이 떨며 해와 달이 캄캄하며 별들이 빛을 거두도다"(욜 2:1, 10). 그런데 이 엄중한 경고에 회개를 촉구하는 말씀이 따라나온다. "여호와의 말씀에 너희는 이제라도 금식하고 울며 애통하고 마음을 다하여 내게로 돌아오라 하셨나니 너희는 옷을 찢지 말고 마음을 찢고"(2:12-13 상). 요엘 자신도 그 말씀에 몇 가지 중요한 신학적 진리를 덧붙인다. "너희 하나님 여호와께로 돌아올지어다 그는 은혜로우시며 자비로우시며 노하기를 더디 하시며 인애가 크시사 뜻을 돌이켜 재앙을 내리

흰 두루마기

요한계시록 6장 11절에 보면 순교한 성도들에게 "흰 두루마기"가 주어진다. 헬라어 단어로 *stolē*인 이 옷은 '길게 흘러내리는 겉옷'을 가리킨다.[19] 고대 세계에서 *stolē*는 사람의 사회적 또는 종교적 지위가 높다는 표시였다(막 12:38, 눅 15:22). 천사들도 이런 흰옷을 입고 나타날 때가 있는데, 이는 하나님의 대사로서 그들이 가진 권위의 등급이 높음을 가리킨다(막 16:5). 대환난 중에 순교한 성도들도 *stolē*를 입는다(계 7:9, 13, 14). 요한계시록의 다른 곳들에서 흰옷의 이미지는 합당한 성도들이 미래에 받을 상을 가리킨다(3:3-4, 4:4).

1세기 유대인들의 사고방식에서 흰 두루마기는 미래의 나라에서 상을 받은 성도들의 영광스러운 상태를 상징했다. 사해 사본의 한 대목에는 장차 임할 하나님 나라가 이렇게 묘사되어 있다. "치유가 있고, 큰 평안 속에 오래오래 살고, 열매가 풍성하고, 삶의 모든 영원한 복과 기쁨이 끝없이 이어지고, 영광의 면류관을 쓰고, 한없이 빛나는 위엄의 옷을 입을 것이다."[20] 이렇듯 흰색은 하나님의 영광과 위엄과 광채를 상징했고, 그것이 구속받은 성도들의 삶에도 그대로 반사되어 나타났다.

주 하나님이 요한의 환상들 속에 사용하시는 이러한 상징에서 우리는 일반적 상징주의와 구별되는 기독교의 중요한 특성을 볼 수 있다. 성도들은 "어린 양의 피에 그 옷을 씻어 희게" 했다(7:14). 그들의 옷을 희게 한 것은 그들의 선행이 아니라 그들을 대신하여 죽으신 그리스도의 완결된 행위였다. "그러므로 그들이 하나님의 보좌 앞에 있고"(7:15)라고 성경은 말한다.

지 아니하시나니"(2:13).

흥미롭게도 베드로는 오순절 날 설교할 때 요엘서 2장 말씀을 인용하면서(행 2:20), 만일 이스라엘 민족이 예수님을 메시아로 받아들이지 않은 죄를 회개하지 않는다면 자기 당대에 이스라엘에 똑같은 심판이 임할 것을 암시했다. 이 심판이 AD 70년에 예루살렘에 일부 임하여 성전이 파괴되고 유대 민족이 흩어지기는 했지만, 그로부터 25년쯤 지나서 기록된 요한계시록에는 앞으로 전 지구상에 그보다 훨씬 혹독한 주의 날이 임할 것이 예고되어 있다.

6장 12-14절에 끔찍한 사건들을 묘사한 요한은 이제 두려운 광경 하나를 기록한다. 세상의 모든 인구가 철저히 극도의 공황 상태에 빠진다는 것이다. 부자나 가난한 자, 고위층이나 서민층 할 것 없이 모든 종류의 인간이 마치 사냥꾼에게 쫓기는 짐승들처럼 땅의 틈바구니와 바위틈에 숨어 두려워 부르짖을 것이다. 그들은 믿음으로 말미암아 은혜로 하나님의 자비롭고 자애로운 임재 안으로 달려가는 것이 아니라 오히려 그분을 피하여 달아날 것이다(6:15-17). 그들은 그분 앞에 엎드려 경배하는 것이 아니라 오히려 광적인 두려움에 사로잡혀 굴속에 숨을 것이다. 작고한 성경 교사인 존 왈부드(John Walvoord)가 지적한 대로, 요한계시록 6장의 심판 장면은 "17절의 끝부분에 나오는 중요한 질문을 제기한다. '누가 능히 서리요?' 심판날이 오기 전에 이미 하나님의 은혜를 받아들인 사람들만이 이 마지막 대환난의 시기에 하나님이 이 땅을 심판하실 때 능히 설 수 있다."[21]

'하나님의 트롬본'의 섬뜩한 후렴구가 다시금 떠올라 엄숙한 질문을 던진다. 이 질문 앞에서 우리 모두는 영적인 잠에서 깨어나야 한다.

> 죄인이여, 오 죄인이여,
> 하나님이 비처럼 불을 쏟으실 그 큰 날
> 그대는 어디에 설 것인가?

적용

하나님의 심판을 통해서 하나님을 배운다

처음 여섯 개의 인봉에 나타난 심판의 세부 사항에 우리는 개인적으로 어떻게 반응할 수 있을까? 이 극적인 성경 본문에 계시된 우리 주 하나님에 관한 세 가지 중요한 진리를 강조하고 싶다.

첫째, 경고 자체가 하나님의 사랑과 은혜를 보여준다. 나는 완벽한 부모가 아니다. 세상에 완벽한 부모란 없다. 그래도 아이들이 어렸을 때 내가 그들을 기르면서 애써 삼간 것이 있다. 아이들에게 잘못을 고칠 기회도 주지 않고 버럭 화부터 내거나 내 마음대로 벌하려는 충동을 삼간 것이다. 자녀를 잘 기르려면 선을 분명히 그어줄 뿐 아니라 그 선을 넘어갔을 때 따를 결과도 미리 분명히 알려주어야 한다. 그리고 많은 경우 자녀가 바른 길에서 벗어나려 할 때 일단 경고를 주어야 한다. 마찬가지로 하나님도 장차 불신과 죄에 임할 그분의 심판이 얼마나 심각하고 혹독할지를 아주 미리부터 알려주신다. 그분의 심판은 결코 너무 일찍 오지 않는다. 그분은 사람들에게 경고에 유의하여 믿음으로 예수께 돌아올 기회를 충분히 주시며, 이로써 그분의 은혜를 보여주신다(참고 벧후 3:3-9).

둘째, 각 시리즈마다 심판의 강도가 점점 심해진다. 하나님은 설사 세상을 순식간에 끝장내기로 하신다 해도 철저히 의로우신 분이다. 그런데 그분은 자비로우시기에 심판이 시작된 후에도 회개할 기회를 무수히 많이 주기로 작정하셨다. 이 또한 하나님 성품의 중요한 일면을 보여준다. 그분은 오래 참으시고 인내와 자비가 풍성하신 분이다. 그래서 그분은 거룩하고 공의롭게 악인들을 심판하실 뿐 아니라 사랑과 은혜로 악인들에게 거듭 회개할 기회를 주신다.

셋째, 하나님의 심판은 철저히 그분의 통제 아래 있다. 심판이 자연재해를 통해서 표현되든 아니면 타락하여 불순종하는 인간들을 통해서 표현되든, 하나님은 결코 자신의 주권을 타협하지 않으신다. 요한계시록에서 보듯 심판을 부르는 최초의 행위는 하늘에서 시작된다. 지상의 행위자들은 그 다음에야 비로소 행동을 명령받거나 허락받는다. 이 순서를 통하여 두 가지가 보장된다. 하나는 하나님이 은혜로 친히 심판을 경감하신다는 것이고, 또 하나는 그분의 심판이 하나님 나라의 완성과 의의 실현이라는 이중의 목적과 완벽한 조화를 이룬다는 것이다. 불의한 인간들의 행위와 달리 하나님의 행위는 결코 통제를 잃거나 의도한 이상의 해를 부르지 않는다. 언제나 그렇듯이 그분의 그러한 궁극적 목적은 공의와 진노를 통해서도 그분의 비할 데 없는 능력과 영광을 보여주는 것이다(롬 9:22).

막간: 지상의 억제, 천상의 예배(요한계시록 7:1–17)

1이 일 후에 내가 네 천사가 땅 네 모퉁이에 선 것을 보니 땅의 사방의 바람을 붙잡아 바람으로 하
여금 땅에나 바다에나 각종 나무에 불지 못하게 하더라 2또 보매 다른 천사가 살아 계신 하나님의
인을 가지고 해 돋는 데로부터 올라와서 땅과 바다를 해롭게 할 권세를 받은 네 천사를 향하여 큰
소리로 외쳐 3이르되 우리가 우리 하나님의 종들의 이마에 인치기까지 땅이나 바다나 나무들을 해
하지 말라 하더라

4내가 인침을 받은 자의 수를 들으니 이스라엘 자손의 각 지파 중에서 인침을 받은 자들이 십사
만 사천이니 5유다 지파 중에 인침을 받은 자가 일만 이천이요 르우벤 지파 중에 일만 이천이요 갓
지파 중에 일만 이천이요 6아셀 지파 중에 일만 이천이요 납달리 지파 중에 일만 이천이요 므낫세
지파 중에 일만 이천이요 7시므온 지파 중에 일만 이천이요 레위 지파 중에 일만 이천이요 잇사갈
지파 중에 일만 이천이요 8스불론 지파 중에 일만 이천이요 요셉 지파 중에 일만 이천이요 베냐민
지파 중에 인침을 받은 자가 일만 이천이라

9이 일 후에 내가 보니 각 나라와 족속과 백성과 방언에서 아무도 능히 셀 수 없는 큰 무리가 나
와 흰 옷을 입고 손에 종려 가지를 들고 보좌 앞과 어린 양 앞에 서서 10큰 소리로 외쳐 이르되

구원하심이 보좌에 앉으신 우리 하나님과 어린 양에게 있도다 하니

11모든 천사가 보좌와 장로들과 네 생물의 주위에 서 있다가 보좌 앞에 엎드려 얼굴을 대고 하나
님께 경배하여 12이르되

아멘 찬송과 영광과 지혜와 감사와 존귀와 권능과 힘이 우리 하나님께 세세토록 있을지어다 아멘 하더라

13장로 중 하나가 응답하여 나에게 이르되 이 흰 옷 입은 자들이 누구며 또 어디서 왔느냐 14내가
말하기를 내 주여 당신이 아시나이다 하니 그가 나에게 이르되 이는 큰 환난에서 나오는 자들인데
어린 양의 피에 그 옷을 씻어 희게 하였느니라 15그러므로 그들이 하나님의 보좌 앞에 있고 또 그의
성전에서 밤낮 하나님을 섬기매 보좌에 앉으신 이가 그들 위에 장막을 치시리니 16그들이 다시는 주
리지도 아니하며 목마르지도 아니하고 해나 아무 뜨거운 기운에 상하지도 아니하리니 17이는 보좌
가운데에 계신 어린 양이 그들의 목자가 되사 생명수 샘으로 인도하시고 하나님께서 그들의 눈에서
모든 눈물을 씻어 주실 것임이라.

여섯째 인봉의 무시무시한 마지막 장면은 온 지상의 사람들이 굴속으로 달려가며 "누가 능히 서리요"(6:17)라고 외치면서 끝났다. 이런 공포의 절규가 아득히 퍼져나가는 가운데 그리스도의 엄지손가락이 두루마리의 일곱째이자 마지막 인봉에 닿는다. 여태까지 목

격한 속사포 같은 심판에만 근거한다면 요한은 당연히 그 질문의 답을 "아무도 없다! 한 사람도 능히 설 수 없다!"라고 결론지었을 만도 하다.

그런데 7장에 보면 구속받은 두 무리가 능히 선다. 한 무리는 하나님이 보호해주시는 인(印)을 받고 환난 기간 동안 땅 위에 굳게 선다. 또 한 무리는 하나님의 적들에게 순교당한 후 하늘에서 하나님의 장엄한 보좌 앞에 서서 경배와 찬양을 드린다. 이는 공포에 질려 절규하는 불신 세계와 얼마나 극한 대조를 이루는가! 땅에 매인 불신자들은 두려워 하나님을 피하고, 땅에서 안식처를 찾으려고 부질없이 악다구니를 벌인다. 하지만 마음을 하늘에 둔 성도들은 높은 낙원에 올라가 믿음으로 영광스러운 하나님 앞에 선다.

—7:1-8—

네 기수의 말발굽 소리가 아득히 멀어져가고 지각(地殼)과 우주에 닥친 온갖 격변의 불협화음이 잦아들자 요한의 시선은 지상에서 펼쳐지는 종말 드라마의 중심부로 옮겨간다. 바로 이스라엘 땅이다. 역사 속에서 이스라엘 민족은 정복당했다 해방되고, 망하여 포로로 잡혀갔다 회복되는 과정을 수없이 되풀이했다. 늘 사방으로부터 끊임없는 군사적 위협을 받았던 것이다. 그런데 막 환난이 시작되어 이스라엘 땅이 인류 역사상 가장 참혹한 전쟁을 겪으려 하는 지금, 하나님이 개입하신다. 이것은 그분이 이스라엘에게 하신 약속들을 지키실 것을 우리에게 일깨워준다.

요한계시록 7장의 환상 첫머리에서 하나님은 네 천사를 보내 "땅의 사방의 바람"을 억제하게 하신다. 이것은 기본적인 네 방향을 가리키는 관용구이며, 여기에 언급된 "바람"은 장차 임할 심판이 땅과 바다에 두루 미칠 것을 상징한다(7:1-2). 그 후에 다른 한 천사가 하나님의 "종들"의 이마에 도장을 찍으려고 "살아 계신 하나님의 인"을 가지고 급히 등장한다(7:3).

이어 히브리 민족의 명부가 이스라엘 열두 지파별로 자세히 나오는데, 총수는 144,000명이다(7:4-8). 이 열두 지파의 목록을 구약성경의 다른 목록들과 비교해보면 몇 가지 차이점이 보인다.[22] 구약성경에 나오는 목록들 자체도 같은 순서일 때가 거의 없고, 특정한 지파가 빠져 있을 때도 간혹 있다(다음의 표를 참고하라). 사실 열두 지파가 나열된 방식은 그

때그때 저자의 목적에 따라 달라진다.[23]

성경에 나오는 이스라엘 열두 지파의 네 가지 목록 비교

창세기 35장 (출생 요약)	역대상 4–7장 (족보 기록)	에스겔 48장 (미래의 땅 분배)	요한계시록 7장 (환난 중 인을 침)
르우벤	유다	단	유다
시므온	시므온	아셀	르우벤
레위	르우벤	납달리	갓
유다	갓	므낫세	아셀
잇사갈	므낫세 반 지파	에브라임	납달리
스불론	레위	르우벤	므낫세
요셉	잇사갈	유다	시므온
베냐민	베냐민	베냐민	레위
단	납달리	시므온	잇사갈
납달리	므낫세	잇사갈	스불론
갓	에브라임	스불론	요셉
아셀	아셀	갓	베냐민

내 생각에 요한이 만일 요한계시록을 자신의 상상력으로 썼다면 이 열두 지파의 목록을 구약성경에 나와 있는 것들 중 하나를 사용했을 것이다. 아마도 에스겔 48장에 나오는 종말의 목록을 따르지 않았을까 싶다. 그러나 요한계시록 7장 4절에 따르면 요한은 그냥 들은 대로 썼을 뿐이다. 상상력도 개입되지 않았고 질문도 던지지 않았다. 아마 나중에 열두 지파의 이름을 다시 보면서 요한도 오늘 우리에게 드는 것과 똑같은 의문들로 머리를 긁적였을 것이다. '어? 목록에 레위가 포함되어 있고, 단은 빠져 있고, 에브라임 대신 요셉으로 되어 있네?'

그동안 모든 부류의 주석가들이 이것을 비롯하여 여러 의문에 답하려 해왔다. 에브라임과 요셉에 관한 의문은 비교적 쉽게 풀린다. 구약성경 전체에서 야곱의 아들 요셉의 유업은 두 지파로 나뉘어 그의 두 아들인 에브라임과 므낫세에게로 돌아갔다. 요한계시록 7

장의 목록에서 하나님은 므낫세의 이름은 그대로 두신 반면 에브라임 지파는 본래의 족장인 요셉의 이름으로 부르신 것 같다. 그러니까 빠진 지파는 없는 셈이다. 오히려 한 지파가 더 늘어, 만일 목록에 야곱의 나머지 열한 아들이 다 들어갔다면 결국 열세 지파가 되었을 것이다! 주석가 존 왈부드는 이것에 대하여 이렇게 말했다.

> 단이 들어갔다면 열세 지파가 되었을 것이다… 대개는 제사장을 배출하는 레위 지파가 빠지곤 했다. 열세 지파가 아니라 열두 지파만 있는 것이 통례인 만큼 단이 빠진 것은 중요하지 않다. 단이 생략된 것은 제일 먼저 우상 숭배에 빠진 지파들 중 하나라서 그럴지도 모른다(삿 18:30, 참고 왕상 12:28-29). 하지만 천년왕국의 땅 분배를 명한 에스겔 48장 2절에는 단이 언급되어 있다.[24]

왜 이들 특정한 지파들이 뽑혀 요한계시록 7장에 인을 받은 144,000명을 이루는지 우리는 다 설명할 수 없을지도 모른다. 하지만 하나님께 이유가 있다는 것만은 확실하다. 잘 알 수 없는 몇 가지 소소한 내용 때문에 지엽으로 빠져서는 안 된다. 대신 우리는 머릿속의 화면을 넓혀 다시 전

이스라엘의 미래는?

이스라엘 민족을 향한 하나님의 계획이 이미 끝났다고 굳게 믿는 그리스도인들이 오늘날 많이 있다. 우선 어떤 사람들은 이스라엘이 장차 성지에서 영광스러운 나라와 복을 받을 것이라는 약속들이 그들의 변절 때문에 폐기되었다고 믿는다. 그런가 하면 그런 약속들이 그리스도를 통하여 영적인 의미에서 교회로 성취되었다고 단정하는 사람들도 있다. 일부 신학자들은 하나님이 유대 민족과 결별하셨으므로 그분의 계획 가운데 그들의 미래가 없으며 이스라엘이 교회로 대체되었다고 말하기도 한다.

하지만 신약성경은 하나님이 그런 약속들을 예수 그리스도를 통하여 반드시 이루실 것이라고 분명히 말한다. 유대 민족 대다수가 예수님 시대 이후로 불신의 상태에 있기는 하지만, 어느 날 하나님은 남은 자들을 불러 그리스도를 믿게 하실 것이며, 그들의 조상에게 약속하신 땅에서 그들을 회복시키실 것이다(창 13:15). 예수께서도 친히 사도들에게 이렇게 약속하셨다. "세상이 새롭게 되어 인자가 자기 영광의 보좌에 앉을 때에 나를 따르는 너희도 열두 보좌에 앉아 이스라엘 열두 지파를 심판하리라"(마 19:28). 그리스도께서 승천하시기 전에 제자들은 그 지상 나라가 이루어질 시기가 몹시 궁금하여 "주께서 이스라엘 나라를 회복하심이 이 때니이까"(행 1:6)라고 여쭈었다. 제자들은 그분이 하신 약속들을 문자적으로 해석하여 그것들이 지상에 실현될 날을 고대했는데, 여기서 중요한 것은 예수께서 그들의 그런 관점을 물리치지 않으셨다는 점이다. 다만 그분은 그 회복의 시기를 그들이 알 수 없다고만 하셨다(행 1:7-8).

세월이 흘러 사도 바울은 대다수 히브리인들이 현재 불신자로 남아 있는 문제를 언급하면서, 이런 반항이 어느 날 전환을 맞을 것을 선포했다. "이방인의 충만한 수가 들어오기까지 이스라엘의 더러는 우둔하게 된 것이라 그리하여 온 이스라엘이 구원을 받으리라"(롬 11:25-26). 다시 말해서, 하나님은 교회를 통하여 그분의 목적을 다 이루시고 나면 다시 이스라엘로 관심을 돌려 그들로 하여금 그리스도를 믿게 하실 것이다. 이스라엘이 맞이할 이러한 미래의 단초를 우리는 요한계시록 7장 1-8절에 나오는 인을 맞은 144,000명에게서 볼 수 있다.

이스라엘의 회복이 왜 이렇게 중요한가? 하나님이 약속을

지키시는 분이라는 그분 자신의 명예가 걸려 있기 때문이다! 바울은 하나님이 이스라엘을 부르신 일을 따로 지목하여 말하면서, "하나님의 은사와 부르심에는 후회하심이 없느니라"(롬 11:29)고 했다. 그 정도로 단순한 문제다. 하나님이 이스라엘에게 주신 약속들을 지키실 분임을 우리가 신뢰할 수 없다면(렘 31:35-37), 우리에게 주신 약속들을 지키실 분임을 어떻게 신뢰할 수 있겠는가(롬 8:35-39)? 그러므로 우리는 조금도 의심할 필요가 없다. 하나님은 반드시 말씀하신 대로 행하시는 분이다!

체 그림에 초점을 맞추어야 한다.

이들 144,000명의 히브리인들은 지구 역사상 가장 암울한 시기에 그리스도의 충성되고 용감하며 부지런한 증인들로 섬길 것이다. 그들은 환난 기간 중에 해를 당하지 않고 기적처럼 보호를 받을 것이므로, 하나님은 옛날 구약 시대 때 히브리 민족에게 주신 소명을 그들을 통하여 실현하실 것이다. 그것은 바로 세상 만국 가운데서 하나님의 증인이 되는 소명이다(사 43:1-12). 이스라엘을 향한 하나님의 계획은 언제나 그 민족이 이방인들에게 진리의 빛이 되는 것이었다. 환난 때 그들은 그리스도의 종이 되어 마침내 그 사명을 수행할 것이다. 이스라엘 민족 가운데 이들 남은 신자들은 이마의 인 덕분에 능력과 보호를 받을 뿐 아니라 환난 기간을 견뎌낼 것이다. 그리하여 앞으로 천년왕국 동안 그 땅에 이스라엘 나라가 회복될 때 그들은 그 나라의 첫 열매가 될 것이다.

—7:9-17—

환난에 관하여 가장 자주 나오는 질문 가운데 하나는 그 끔찍한 환난 기간 중에 과연 예수 그리스도를 믿고 구원받는 사람이 나올 것이냐 하는 것이다. 이미 보았듯이 이스라엘 여러 지파에서 144,000명이 구별되어 특별히 주를 섬기게 될 것이다. 하지만 능히 설 사람들은 그들만이 아니다! 어쩌면 주로 이들 144,000명의 증언을 통하여 하나님은 "각 나라와 족속과 백성과 방언에서"(7:9) 무수히 많은 사람들을 불러 예수님을 믿게 하실 것이다. 그러나 7장 1-8절에 기록된 보호받은 숫자만큼의 히브리 신자들과는 대조적으로 이들 이방인 신자들은 박해와 순교를 당하게 된다. 사실 요한이 본 큰 무리의 환상은 이들 이방인 신자들이 이미 천국에 가 있는 광경으로 시작된다. 그들은 이미 환난 중에 하나님의 적들로부터 물리적인 죽임을 당했다.

7장 1-8절의 구속받은 무리와 9-17절의 구속받은 무리의 차이점을 잘 보라.

144,000명과 큰 무리의 비교

7장 1-8절의 구속받은 무리	7장 9-17절의 구속받은 무리
144,000명	셀 수 없는 큰 무리
이스라엘 열두 지파에서	각 나라와 족속과 백성과 방언에서
땅 위에 서 있음	하나님의 보좌 앞에 서 있음
이마에 인을 받고 보호받음	박해받은 후 하늘에 올라가 있음

이들 셀 수 없는 큰 무리는 하나님의 보좌 앞에서 종려 가지를 흔들고 있는데, 이는 축하와 해방과 기쁨을 상징한다(7:9). 그들은 괴로워서 울부짖은 것이 아니라 "보좌에 앉으신 우리 하나님과 어린 양에게"(7:10) 찬양을 외쳤다. 그때 이십사 장로 중 하나가 요한에게 그 환상을 해석해주었다. 따라서 우리는 이 큰 무리의 정체에 대해 궁금해하지 않아도 된다. 그 장로는 "이는 큰 환난에서 나오는 자들인데 어린 양의 피에 그 옷을 씻어 희게 하였느니라"(7:14)고 말했다. 분명히 이들은 환난 중에 믿게 될 신자들이며, 그리스도께 회심했다는 이유로 땅에서 고생과 재난과 눈물과 고통과 고뇌와 비애와 슬픔과 비극을 당할 것이다. 이 큰 무리는 바울이 "생각하건대 현재의 고난은 장차 우리에게 나타날 영광과 비교할 수 없도다"(롬 8:18)라고 한 말의 의미를 분명히 이해하게 될 것이다. 7장 15-17절에 기술된 그들의 영원한 영광을 잘 보라.

- 그들은 하나님의 보좌 앞에 있다.
- 그들은 밤낮 하나님의 성전에서 섬긴다.
- 하나님이 그들에게 은총과 보호를 베푸신다.
- 그들은 더 이상 주리거나 목마르지 않다.
- 자연이 더 이상 그들을 해칠 수 없다.
- 그리스도께서 목자가 되어 그들을 길러주신다.
- 하나님이 그들의 모든 슬픔을 없애주신다.

요한계시록 7장의 막간이 우리에게 가르쳐주듯이, 하나님은 진노 속에서도 결코 자비를 잊지 않으신다. 환난 가운데에서 믿게 되는 사람들은 두 부류 중 하나다. 첫 번째 부류의 신자들은 물리적 이스라엘의 남은 자들로, 이들은 이마의 인을 통하여 보호받고 그리스도를 증언하도록 부름을 받는다(7:1–8). 그들의 존재는 하나님이 언제나 약속을 충실히 지키시는 분임을 우리에게 일깨워준다. 그분은 단 하나의 약속도 어기지 않으신다! 두 번째 부류의 신자들은 이방인들의 큰 무리로 이루어지는데, 이들은 그리스도를 믿고 그 신앙 때문에 박해와 순교를 당한다. 이 순교자들은 죽음을 통하여 환난에서 나오지만 그들의 고난은 즉시 승리의 예배로 변할 것이다(7:9–17). 이 환상 속에 이들이 존재한다는 사실은 우리가 극한 고난을 당할 때조차도 하나님은 끝까지 충성하는 자들에게 반드시 상을 주시는 분임을 가르쳐준다.

주

1. Peter J. Kreeft, *Heaven: The Heart's Deepest Longing*(San Francisco: Harper & Row, 1980), 50.
2. Millard J. Erickson, *Christian Theology*(재판, Grand Rapids: Baker, 1998), 294. (『복음주의 조직신학』 크리스챤다이제스트)
3. 시편 139편 7–10절에 세 가지가 모두 나타나 있는데, 이는 하나님이 모든 곳에 임재하시고 활동하심을 보여준다. 성경은 또 그리스도의 주권이 존재의 모든 영역들에 두루 미쳐 장차 "하늘에 있는 자들과 땅에 있는 자들과 땅 아래에 있는 자들"이 모두 그분께 무릎을 꿇을 것이라고 말한다(빌 2:10). 요한계시록 5장 3절과 13절에도 이 세 가지 위계가 똑같이 등장한다.
4. Robert L. Saucy, "Scripture: Its Power, Authority, and Relevance", in *Understanding Christian Theology*(Charles R. Swindoll & Roy B. Zuck 편집, Nashville: Nelson, 2003), 29–30.
5. John A. Witmer, "Jesus Christ: Knowing Jesus as Man and God", in *Understanding Christian Theology*(Charles R. Swindoll & Roy B. Zuck 편집, Nashville: Nelson, 2003), 304–5.
6. 군주의 관을 가리키는 통상적인 단어는 *diadēma*인 반면, 승리자가 쓰는 관은 *stephanos*다. 이십사 장로는 각각 *stephanos*를 쓰고 있는데, 이로 미루어 그들은 그리스도의 심판대에서 상을 받은 성도들을 대표하는 자들일 수 있다(고후 5:10).
7. Johnson, "Revelation", 12:462.
8. "하나님의 일곱 영"에 대한 설명은 1장 4절의 주해를 참고하라.
9. Reginald Heber, "Holy, Holy, Holy", in *The Hymnal for Worship and Celebration*, 262장. (우리말 『찬송가』 9장 2절)
10. Osborne, *Revelation*, 248.
11. James Weldon Johnson, *God's Trombones*. 다음 웹사이트에서 가사 전체를 들을 수 있다. www.youtube.com/watch?v=NZrm–RymP7k.

12. Bauer & Danker 편집, *A Greek-English Lexicon of the New Testament*, 943-44.
13. Osborne, *Revelation*, 278.
14. Beale, *The Book of Revelation*, 381.
15. Bauer & Danker 편집, *A Greek-English Lexicon of the New Testament*, 1085-86.
16. Robert A. Pyne, "Humanity and Sin", in *Understanding Christian Theology*(Charles R. Swindoll & Roy B. Zuck 편집, Nashville: Nelson, 2003), 758.
17. 교회가 하늘로 휴거되는 시점에 관한 간략한 설명은 3장 10절의 주해를 참고하라.
18. Johnson, "Revelation", 12:476.
19. Bauer & Danker 편집, *A Greek-English Lexicon of the New Testament*, 946.
20. Geza Vermes 편집, *The Complete Dead Sea Scrolls in English*(New York: Penguin, 1997), 102.
21. Walvoord, "Revelation", *The Bible Knowledge Commentary*, 949. (『요한계시록-BKC 강해주석 시리즈 30』 두란노)
22. Johnson, "Revelation", 12:482.
23. 예를 들어, 창세기 35장의 목록은 실제로 이스라엘의 열두 아들 자체를 기록하려 한 것이다. 역대상 4-7장의 목록은 이스라엘의 여러 아들의 족보를 기록하고 있는데, 2장 1절에 스불론을 이스라엘의 아들로 열거해놓고도 족보에서는 스불론을 뺐다. 대신 저자는 요셉 지파를 므낫세와 에브라임 둘로 나누었고, 아무런 설명 없이 스불론 대신 므낫세 반 지파를 추가했다. 에스겔 48장에 나오는 열두 지파의 목록은 장차 말세에 임할 나라에서 약속의 땅을 분배할 때에 해당되며, 지리적인 경계선이 서술되어 있다. 그래서 역시 므낫세와 에브라임이 둘로 나누어져 있고, 레위에게는 별도로 특별한 몫의 땅이 주어진다.
24. Walvoord, "Revelation", *The Bible Knowledge Commentary*, 949.

의로우신
구속자의 심판

요한계시록 8:1–10:11

내가 자라난 텍사스 주 휴스턴은 자연재해가 유난히 많은 곳이다. 기후 때문에 인생이 달라지거나 아예 결딴날 수도 있다. 허리케인이 발생하는 철이 되면 멕시코 만 연안의 모든 도시나 마을은 손전등에 새 전지를 넣고, 발전기에 기름을 채우고, 욕조에 물을 가득 받아 둔다. 무슨 일이 닥칠지 모르니 만반의 준비를 하는 것이다. 때로는 몇 년씩 그냥 폭우만 쏟아지거나 나무만 몇 그루 쓰러지고 말 때도 있다. 어쩌면 그 나무들은 어차피 시에서 자르려던 것들일 수 있다. 하지만 어떤 해에는 큰 것이 닥친다. 큰 것이 두 번, 세 번씩 연달아 올 때도 있다.

그때마다 일어나는 상황은 늘 똑같다. 공포에 질리는 사람들도 소수 있지만 대다수는 침착하게 반응한다. 사람들은 가족들과 애완동물을 차에 싣고 45번 고속도로를 따라 북쪽으로 가거나 90번 고속도로를 타고 서쪽으로 향한다. 어떤 사람들은 창문을 합판으로 막고 문을 다 잠근 다음 전기가 나갈 때까지 텔레비전을 지켜본다. 그들은 허리케인의 경로가 갑자기 북쪽이나 동쪽으로 바뀌기를 기도한다. 재난이 다른 사람들에게 닥치라고 기도하는 셈이다! '운이 좋으면' 허리케인이 상륙할 때쯤 저절로 세력이 약해지는 경우도 있다.

보험 회사들은 이런 허리케인을 "천재지변(acts of God)"이라 부른다. 엄격히 말하자면 맞는 표현이다. 우리의 주권자이신 하나님의 허락 없이는 이 세상에 아무 일도 벌어질 수 없다. 하지만 우리가 경험하는 자연재해들 중에는 영적으로 특별할 것은 없다. 수많은 사람들의 삶을 강타하는 폭풍은 타락한 세상에서 자연이 쇠퇴해가는 한 단면이며, 창세기 3장 17-19절에 처음 언급되어 있듯 창조 세계에 저주가 임한 결과다. 로마서 8장 21절에는 피조물이 "썩어짐의 종 노릇"을 하고 있다고 표현했다. 그래서 악인이든 의인이든 세상 모든 사람은 타락이 몰고올 잔혹한 여파를 피할 수 없다. 비는 의로운 자와 불의한 자에게 고루 내린다(마 5:45).

이렇게 피조물 전반에 심판이 임하는 상태를 우리는 하나님이 특정한 시점에 특정한 사람들에게 부으시는 특수한 심판과 구별해야 한다. 태풍과 지진과 홍수와 화재는 인간이라면 누구나 경험할 수 있는 일이지만, 하나님으로부터 직접 오는 심판은 그 결과가 언제나 참혹하다. 역사 속에서 하나님은 반항하는 죄인들에게 의로운 진노를 붓곤 하셨다. 노아의 세상, 소돔과 고모라, 이집트 민족, 바벨론 민족 등 예를 들자면 얼마든지 있다. 하지만 성경에 나오는 이러한 하나님 심판의 예들은 다 궁극적 심판의 전조에 지나지 않는다.

핵심 용어

ἀστήρ [*astēr*, 아스테르] *(792)* '별'

문자적으로 하늘에 빛나는 무수한 천체를 지칭하는 것 외에도 성경에서 이 헬라어 단어는 다양한 은유적 의미로 쓰인다. 창세기 37장 9절에서 별은 이스라엘의 열두 지파를 상징한다(계 12:1 참고). 요한계시록에서 별은 일곱 교회의 사자들(1:20)과 예수 그리스도 자신(22:16)을 상징한다. 그러나 미래에 일어날 사건들의 환상 속에서 떨어지는 별들은 파멸을 몰고 올 악한 귀신들을 가리킨다(8:10–12, 9:1, 12:4).

οὐαί [*ouai*, 우아이] *(3759)* '슬프도다, 화(禍)'

슬픔이 깊을 때 소리 내어 통곡하는 것은 고대 세계에서 흔한 일이었다. 사실 부자들의 장례식에는 '곡하는 사람들'을 돈을 주고 부를 때도 있었다. 동지보다 적이 더 많을지도 모르는 고인의 죽음을 더 슬퍼 보이게 하려는 수단이었다. *Ouai*라는 감탄사는 괴로워 우는 소리를 표시한 흉내말이다. 고대 저작에서 이 단어를 두 번 연달아 쓰면 그만큼 고뇌가 깊다는 뜻이었다. 요한계시록 8장 13절에는 이 단어가 세 번 반복되는데, 이는 심판의 성격이 극도로 비통하다는 것과 그런 심판을 부른 세상의 악이 심히 애석하다는 것을 의미한다.

σάλπιγξ [*salpinx*, 살핑크스] *(4536)* '나팔, 뿔'

*Salpinx*로 알려진 고대의 기구는 여흥을 돋울 때 쓰던 악기가 아니라 엄숙한 일이 있을 때 쓰던 뿔이었다. 예컨대, 군사들을 전투로 부를 때(고전 14:8)나 거룩한 집회를 선포할 때(마 24:31) 또는 중요한 인물 – 흔히 왕족 – 에게 주목하게 할 때(히 12:19) 그것을 사용했다. 요한계시록 8–9장에 나오는 일곱 나팔의 심판에도 *salpinx*가 쓰여, 이 땅을 향한 하나님의 심판이라는 엄숙하고 준엄한 일을 나팔로 공표했다.

말세에 환난이 임할 때 최후의 심판이 온 지구를 삼켜버릴 것이다.

요한계시록에 펼쳐지는 드라마에서 나는 이번 에피소드의 제목을 '의로우신 구속자의 심판'이라 붙였다(8:1–10:11). 이번 단락에서 보듯이 종말의 심판은 갑자기 더 혹독해진다. 하지만 중간중간 하나님은 그분의 자비와 은혜를 일깨워주는 요긴한 말씀들을 흩어놓으신다. 일곱째 인을 떼실 때 반 시간쯤 일이 중단되었다가 두 번째 시리즈의 일곱 심판이 시작되는데, 이번에는 일곱 나팔이다(8:1–5). 나팔 소리는 하나님의 진노 중 다음 단계를 알린다. 회개하지 않는 완악한 죄인들을 향한 하나님의 의로운 심판이 더욱 강도 높게 드러난다(8:6-9:21). 나팔 소리가 고막을 찢을 듯 크레센도로 치달을 무렵, 소리가 그치면서 요한은 또 한 번 휴지기를 경험하고, 그 기간에 하나님의 자비가 확인된다. 이 짤막한 막간에 요한은 "많은 백성과 나라와 방언과 임금"에 관하여 예언하라는 사명을 다시 위임받는다(10:1-11).

'천재지변'은 누구나 겪는 일이며, 덕분에 우리 생각의 초점이 삶의 중요한 것들로 바뀐다. 그러나 생생히 묘사된 나팔의 재앙에서 보듯이, 어느 날 하나님은 고집불통에다 죄로 완악해진 인류의 주목을 요란한 나팔 소리로 확실히 잡아끄실 것이다.

가장 중요한 질문은 이것이다. 그들은 들을 것인가?

처음 네 나팔의 재앙(요한계시록 8:1-13)

1일곱째 인을 떼실 때에 하늘이 반 시간쯤 고요하더니 2내가 보매 하나님 앞에 일곱 천사가 서 있
어 일곱 나팔을 받았더라

3또 다른 천사가 와서 제단 곁에 서서 금 향로를 가지고 많은 향을 받았으니 이는 모든 성도의 기
도와 합하여 보좌 앞 금 제단에 드리고자 함이라 4향연이 성도의 기도와 함께 천사의 손으로부터 하
나님 앞으로 올라가는지라 5천사가 향로를 가지고 제단의 불을 담아다가 땅에 쏟으매 우레와 음성
과 번개와 지진이 나더라

6일곱 나팔을 가진 일곱 천사가 나팔 불기를 준비하더라 7첫째 천사가 나팔을 부니 피 섞인 우박
과 불이 나와서 땅에 쏟아지매 땅의 삼분의 일이 타 버리고 수목의 삼분의 일도 타 버리고 각종 푸
른 풀도 타 버렸더라

8둘째 천사가 나팔을 부니 불 붙는 큰 산과 같은 것이 바다에 던져지매 바다의 삼분의 일이 피가
되고 9바다 가운데 생명 가진 피조물들의 삼분의 일이 죽고 배들의 삼분의 일이 깨지더라

10셋째 천사가 나팔을 부니 횃불 같이 타는 큰 별이 하늘에서 떨어져 강들의 삼분의 일과 여러 물
샘에 떨어지니 11이 별 이름은 쓴 쑥이라 물의 삼분의 일이 쓴 쑥이 되매 그 물이 쓴 물이 되므로 많
은 사람이 죽더라

12넷째 천사가 나팔을 부니 해 삼분의 일과 달 삼분의 일과 별들의 삼분의 일이 타격을 받아 그
삼분의 일이 어두워지니 낮 삼분의 일은 비추임이 없고 밤도 그러하더라

13내가 또 보고 들으니 공중에 날아가는 독수리가 큰 소리로 이르되 땅에 사는 자들에게 화, 화,
화가 있으리니 이는 세 천사들이 불어야 할 나팔 소리가 남아 있음이로다 하더라.

우리 인간은 고집불통이다. 우리는 영적으로 눈이 멀어 있고, 아집이 세며, 불순종하는 습성을 타고났다. 이 모두가 하나님이 바라시는 겸손과 복종을 방해한다. 어딘가 달라야 할 신자들마저도 "신뢰하고 순종하라"는 단순한 지시 앞에서 힘들어한다. 그러니 무지와 어둠 속을 더듬으며 비틀거리는 사람들의 상황은 더 심각하다! 의로우신 구속자께서 악한 세상의 주목을 끄시려면 어떻게 해야 할까?

그리스도인 변증자 C. S. 루이스(Lewis)는 이 문제에 이렇게 접근했다.

> 먹보들은 자기가 무엇을 먹는지도 모르는 채 최상의 진미도 게걸스레 먹는다. 그 모습을 지켜본 사람이라면 누구나 공감하듯 우리 인간은 쾌락마저도 무시할 수 있다. 하지만 고통은 집요하게 우리의 주의를 집중시킨다. 하나님은 우리의 쾌락을 통해서는 속삭이시고 양심을 통해서는 말씀하시지만, 고통을 통해서는 소리를 지르신다. 고통은 귀먹은 세상을 깨우시는 그분의 메가폰이다.[1]

사람들을 회개로 부르시는 과정에서 하나님은 다양한 방법을 쓰신다. 예를 들어, 다소의 사울은 말 그대로 잘못된 길로 들어서 초대 교회를 박해하러 가고 있었다(행 9:1–2). 하나님이 사울의 양심을 가시채로 찌르시며 이미 역사하고 계셨지만(26:14), 결국 사울은 부활하신 그리스도를 절절하게 만나 한동안 눈이 멀고 나서야 하나님께 주목했다(9:3–8). 이와 비슷하게 하나님은 어느 날 전 세계의 주목을 끄실 것이다. 지난 수십 세기 동안 그분은 복음을 통하여 죄인들을 회개로 부르셨다. 예언이 성취되고 사람들의 삶이 변화되는 것도 목격하게 하셨다. 그분은 미래의 심판까지 계시하시며 장차 일어날 일을 세상에 경고하셨다. 이런 방법들이 얼마나 효과가 있었든 간에 그날이 오면 복음을 거부한 불신자들의 완악한 마음은 더 딱딱해질 것이다. 그렇게 되면 하나님은 고집불통의 귀머거리 세상이 알아듣도록 다른 방법을 쓰실 것이다.

요한계시록에서 우리가 미리 보듯이, 하나님은 구속(救贖)을 목적으로 세상의 주목을 끄시고자 좀 더 강도 높은 심판의 시리즈를 사용하신다. 사실 요한계시록에서 하나님이 심판하시는 한 가지 주목적은 듣지 않으려는 세상의 주목을 사로잡으시려는 것이다. 요한계시록 7장의 구속받은 순교자들이 보여주듯이, 종말에 하나님의 부르심에 바르게 반응할 사람들도 많이 있다. 하지만 나머지 요한계시록에서 보는 것처럼, 대부분의 사람들은 마음을 더욱 완악하게 할 것이다.

—8:1-6—

요한은 일곱 인으로 봉한 두루마리의 처음 여섯 인을 떼시는 그리스도를 목격한 후에(계 5-6장) 잠시 무대 뒤로 가 환난 중에 구원받을 히브리인들과 이방인들의 큰 무리를 보았다(7장). 이 짤막한 막간에 이어 일곱째 인이 떼어지면서 하나님의 심판은 다음 막으로 접어든다(8:1). 세상의 눈과 귀와 마음과 생각을 하나님께로 끌고자 하늘의 천사들이 나팔을 분다. 이것은 그분의 권능이 이 땅을 주관하신다는 틀림없는 표징이다. 어떤 사람들에게는 나팔 소리가 구속의 부름이 되겠지만, 대부분의 사람들에게는 무시무시한 진노의 경종이 될 것이다.

"나팔"(*salpinx*)에 쓰인 헬라어 단어는 공표나 경고나 군대를 동원할 때 쓰던 기구를 가리킨다. 신약성경에서 이 단어는 악기를 가리키는 말로 쓰인 적이 없다. 대신 군용을 가리키는 이것은 전쟁터에서 쓰던 뿔 나팔과 비슷하다. 구약의 여러 본문에서처럼(사 27:13, 욜 2:1) 요한계시록에서도 *salpinx*는 주의 날이 임박했음을 알린다.[2]

지금까지 요한이 본 환상들 속에는 어마어마한 음량의 소리들이 있었다. 모든 피조물이 서로 화답하며 예배했고, 수많은 천사들이 힘차게 할렐루야를 노래했으며, 지상에 임한 재앙들이 불협화음을 냈고, 구속받은 무리들 가운데 기쁨의 찬송이 울려 퍼졌다. 그러나

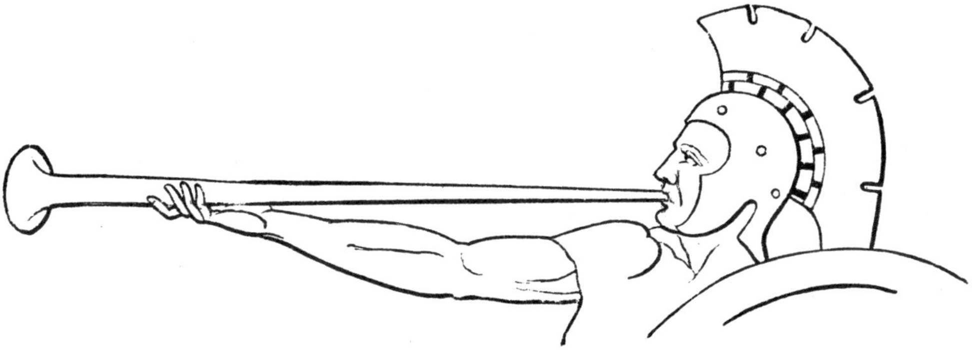
The Granger Collection, New York

전령의 나팔 살핑크스(*salpinx*)

그리스도께서 마지막 일곱째 인을 떼시고 신원 미상인 별도의 일곱 천사에게 일곱 나팔이 주어지자 그 모든 굉음이 침묵으로 변한다.

얼마나 지당한 일인가! 하나님이 진노의 강도를 높이려 하시자 모든 피조물은 입을 벌리고 말을 잊는다. 사실 임박한 무서운 심판에 합당한 반응은 침묵뿐이다. 이 주제는 구약성경 전체에 흐르고 있다. 시편 76편 8절은 "주께서 하늘에서 판결을 선포하시매 땅이 두려워 잠잠하였나니"라고 선포한다. 하나님은 이사야를 통하여 "섬들아 내 앞에 잠잠하라 민족들아 힘을 새롭게 하라 가까이 나아오라 그리고 말하라 우리가 서로 재판 자리에 가까이 나아가자"(사 41:1)고 선언하신다. 또 스바냐 1장 7절에는 "주 여호와 앞에서 잠잠할지어다 이는 여호와의 날이 가까웠으므로"라는 경고가 나온다.

© Israel Museum, Jerusalem, by Avraham Hay

향로

경건한 침묵이 흐르는 이 막간에 한 천사가 금 향로를 들고 제단으로 다가간다(8:3). 받침접시 모양의 이 대접은 성전 예배에서 향을 피울 때 쓰던 것이며, 향은 "고무와 향신료로 만든 향기로운 물질"이었다.[3] 신구약 모두에서 향은 때로 기도와 연관되어 사용되었다(시 141:2, 눅 1:10). 요한계시록 8장에서 이 연관성이 분명히 나타난다. 여기서 드려진 향은 순교한 성도들이 이전에 조급해하며 드리던 요한계시록 6장 10절의 기도를 상징한다. "참되신 대주재여 땅에 거하는 자들을 심판하여 우리 피를 갚아 주지 아니하시기를 어느 때까지 하시려 하나이까." 흔히 우리는 하나님이 기도에 "좋다," "안 된다" 또는 "기다리라"고 응답하신다고 배웠다. 이 경우에서 보듯이, 응답되지 않은 기도는 때로 보관되어 있다가 하나님이 그분의 완벽한 타이밍에 응답하신다.

하나님의 개입을 간구하던 그 기도는 8장 5절을 기점으로 마침내 응답의 때를 맞는다. 신명기 32장 35–36절에 이런 말씀이 있다.

그들이 실족할 그 때에

내가 보복하리라
그들의 환난날이 가까우니
그들에게 닥칠 그 일이 속히 오리로다
참으로 여호와께서 자기 백성을 판단하시고
그 종들을 불쌍히 여기시리니
곧 그들의 무력함과
갇힌 자나 놓인 자가 없음을 보시는 때에로다.

존 필립스(John Phillips)는 이렇게 썼다. "기도는 얼마나 강력한 힘인가! 성도들은 침실에 들어가 문을 닫고 무릎 꿇고 기도한다. 그들이 하나님 앞에 간구를 펴놓으면 하나님은 들으신다. 기도는 심판의 저울 위에 놓인다."[4] 얼마나 맞는 말인가! 사실 6장 10절에서 성도들이 드린 기도에 8장 5절에서 하나님이 비로소 응답하신다. 필립스의 말은 이렇게 이어진다.

먼저 요란한 소리가 나면서 잠시 후에 닥칠 대규모의 격변을 예고한다. 음성과 우레와 번개와 지진! 때로 재앙의 공식이라 불리는 이 공식이 사실상 요한계시록에 네 번 되풀이 된다(4:5, 8:5, 11:19, 16:18). 이런 일을 재촉할 수 있는 기도는 참으로 강력한 것임에 틀림없다! 이로써 침묵은 끝난다.[5]

—8:7-13—

침묵이 끝나면서 고막을 찢을 듯한 나팔 소리가 시작된다. 7장 3절에서 하나님은 144,000명의 이스라엘 사람들이 그분의 보호의 표를 받을 동안 심판을 잠시 멈추셨다. 그 환상 중에 땅과 바다와 나무들은 하나님의 종들이 인을 받기까지 심판의 영향을 입을 수 없었다. 그러나 8장에서 시작되는 일곱 나팔의 심판에 이르면, 한시적으로 억제되었던 하나님의 진노가 다시 풀린다. 처음 네 나팔은 짧고 빠르게 스타카토처럼 울리며 여섯 구절밖에 차지하지 않는다. 반면에 다섯째부터 일곱째 나팔까지의 심판을 둘러싸고 벌어지는 사건들은 9장부터 11장까지 계속된다. 처음 네 나팔 소리는 지구의 생태계와 대기권에 부분적인 영향을 미치며 지구의 생활 조건을 철저히 바꾸어놓는다. 그 후의 심판에서는 인간에게 직접 영향을 미치는 영적 전투가 기술된다.

잘 보면 나팔의 심판은 전부 그 범위가 제한되어 있다. 대체로 지구의 3분의 1만 처음 네 재앙으로 인한 영향을 입는다. 다섯째 나팔을 불면 귀신들이 사람들을 괴롭히는데 그 기간이 다섯 달로 제한된다. 여섯째 나팔에 이어지는 치명적인 영적 공격은 세계 인구의 3분의 1에만 영향을 미친다. 이렇게 하나님이 심판을 제한하시는 것은 그분이 환난의 초기와 중기에 아직 억제를 행사하셔서 진노 중에도 회개와 구원의 여지를 허락하신다는 사실을 우리에게 일깨워준다.

첫째 나팔이 울린다. 첫째 나팔이 심판을 쏟아내는 대상은 지구에 있는 수목 3분의 1과 모든 푸른 풀이다(8:7). 이로써 틀림없이 작물과 삼림이 격감할 것이고, 공중은 연기와 재로 가득할 것이다. 이 첫째 심판은 직접 인간을 겨냥한 것은 아니지만, 간접적으로 식량 공급과 세계 경제와 건강에 엄청난 규모의 영향을 미칠 것이다.[6]

둘째 나팔이 울린다. 첫째 나팔의 표적이 땅이었다면 둘째 나팔은 바다의 3분의 1에 영향을 미친다. 바다 속 생물들은 물론 바다 위의 선박들도 막대한 파괴를 당한다(8:8-9). 상징적인 환상 중에 요한은 “큰 산과 같은 것”이 화염에 휩싸여 바다에 던져지는 것을 목격했다. 물이 “피”로 변하는 이미지는 출애굽기 7장 17-19절에서 모세를 통하여 임한 하나님의 심판을 연상시킨다. 이것이 정말 피를 가리키는 것인지 아니면 재앙으로 인한 대규모의 오염을 가리키는 것인지는 확실하지 않다. 요한이 본 “산”은 바다에 떨어지는 소행성일 수 있다. 그 정도의 충격이라면 그로 인한 해일만으로도 9절에 묘사된 정도의 죽음과 파괴가 발생할 것이다. 이러한 일이 인간의 삶에 미치는 영향은 가히 계산할 수 없을 것이다. 바다에서 나는 것들을 먹고살던 사람들은 사상 유례없는 규모의 굶주림과 고생을 겪을 것이다. 항해 중인 선박들이 파괴되면 세계 무역에 차질이 빚어질 뿐 아니라 세계열강의 해군력이 현격히 감소되면서 안전에도 위기가 닥칠 것이다.

셋째 나팔이 울린다. 땅과 바다에 임한 심판으로도 세상을 무릎 꿇리기에 부족하다는 듯이 셋째 나팔은 또 하나의 무서운 타격을 입힌다(8:10-11). 요한은 하늘에서 별 같은 물체가 떨어지는 것을 보았는데, 그것이 민물의 수원지와 강과 호수의 3분의 1에 영향을 미친다. 그 물들이 오염되어 사람들에게 치명적 피해를 입힌다. 요한은 이 재앙을 유발하는 별의 이름을 "쓴 쑥"이라 했다(8:11). 이것은 사막 지역에서 자라는 "쓰고 향기가 나는 풀이며… 작은 청황색 꽃들이 무리 지어 피는" 일종의 쑥으로, 흔히 삶의 쓰라림을 상징한다.[7] 이 이름은 한때 세계 인구의 3분의 1에게 신선한 자양분을 공급하던 물이 독으로 오염될 것을 가리킨다. 그 결과 많은 사람들이 죽게 된다(8:11).

넷째 나팔이 울린다. 처음 세 재앙이 식물과 바다와 민물을 쳤으니 이제 사람들은 희망을 공중으로 돌릴 것이다. 그런데 넷째 나팔 소리가 해와 달과 별들의 3분의 1을 쳐서 빛을 3분의 1만큼 흐려지게 만든다(8:12). 그동안 재앙들을 가장 심하게 당한 지역들은 이미 전력도 끊기고 절망과 자포자기에 빠진 상태다. 그 상황에서 하늘까지 어두워지면 그 결과는 혼돈과 무법 상태가 될 것이다. 전 세계적으로 겪고 있는 온갖 참상을 폭동과 약탈과 범죄가 더욱 악화시킬 것이다.

처음 네 나팔이 선고한 심판이 워낙 충격적이고 혹독하다 보니 우리는 본능적으로 그 문자적 의미를 의심하는 경향이 있다. 물론 요한계시록은 많은 상징을 사용하여 미래를 알리고 있지만, 그런 상징들은 언제나 실제의 사건들을 가리킨다. 그런 표현을 희석하거나, 그 혹독함을 유화하거나, 지나치게 영적으로 해석하려는 유혹이 들 때 우리는 그리스도께서 예고하신 이 말씀을 기억해야 한다. "이는 그때에 큰 환난이 있겠음이라 창세로부터 지금까지 이런 환난이 없었고 후에도 없으리라"(마 24:21). 그러므로 우리가 이런 환상들을 문자적으로 취하든, 좀 더 상징적으로 풀이하든 한 가지만은 분명하다. 요한계시록 8장에 묘사된 심판은 너무 무시무시하여 아무리 미리 대비하거나, 정부에서 원조하거나, 구호

© Anna Yu/www.istockphoto.com

쓴 쑥

한눈에 보는 일곱 나팔

땅과 나무와 풀의 3분의 1이 불탄다(8:7).
바다 생물과 선박의 3분의 1이 죽거나 깨진다(8:8–9).
강과 샘의 3분의 1이 독으로 오염된다(8:10–11).
천체의 3분의 1이 어두워진다(8:12).
5개월 동안 귀신들이 인간을 괴롭힌다(9:1–12).
인간의 3분의 1이 전쟁에서 죽는다(9:13–21).
심판의 목표는 그리스도께서 통치하시는 것이다(11:15–19).

단체에서 애써도 회복이 불가능할 것이다.

처음 네 번의 나팔 심판은 요한계시록 6장의 처음 네 인봉처럼 별도의 한 덩이를 이룬다. 그것은 속사포같이 빠르고 요란한 소리로 세상의 주목을 사로잡는다. 그러나 그 후에 세 번의 심판이 더 벌어진다. 이것은 이전의 네 번보다 더 느리고 오래 걸리며 고통이 극심하다. 그 심판을 쏟으시기 전에 하나님은 아직 세상이 주목하고 있는 동안 확실히 예고하신다. 요한은 그 환상을 이렇게 묘사했다. "내가 또 보고 들으니 공중에 날아가는 독수리가 큰 소리로 이르되 땅에 사는 자들에게 화, 화, 화가 있으리니 이는 세 천사들이 불어야 할 나팔 소리가 남아 있음이로다 하더라"(8:13).

다시 말해, 최악의 상황은 아직 오지 않았다.

적용
내일의 심판에 오늘 반응하라

잠시 심판에서 비켜나 우리도 천국을 본받아 침묵으로 반응하지 않을 수 없다. 어떤 자연재해나 전쟁도 요한이 이미 본 광경에 비할 수 없다. 우리가 이 땅에서 겪는 모든 비극은 환난 중에 이 땅에 임할 일들의 전조일 뿐이다. 그러므로 감히 우리는 이 불편한 진리를 외면해서는 안 된다. 하나님이 이 진리를 전하시는 데는 목적이 있다. 그래서 나는 요한계시록 8장에 기록된 사건들을 묵상하면서 세 가지 실제적인 원리를 발견한다.

첫째, 하나님은 물리적인 재난을 사용하셔서 영적인 메시지를 전하신다. 당신도 보았는지 모르지만, 사람들은 화재나 태풍이나 지진 같은 재난을 당하고 나면 하나님에 대하여 말하는 경향이 훨씬 높다. 많은 사람들이 영적인 세계에 대해 마음을 연다. 나는 또 사람들의 희망 사항과 기도 내용이 비극 때문에 갑자기 바뀌는 것도 보았다. 그들은 그 사건이 있기 전에는 재물을 달라고 기도했을지 모르지만, 재난을 당한 후에는 현재 있는 것들을 인하여 감사한다. 사실 종말에만 아니라 오늘도 하나님은 종종 고난을 사용하셔서 우리의 주목을 세상으로부터 돌려 그분께로 끄신다.

이것은 받아들이기 힘든 진리며, 요 몇 해 사이 끔찍한 비극에 유린당한 많은 사람들의 경우는 특히 더하다. 당신의 삶을 생각해보라. 하나님이 당신의 주목을 끄시거나, 행실을 고치시거나, 새로운 길로 인도하시려고 시련이나 고난이나 재난을 사용하신 적이 있는가? 그런 경험이 없었더라면 당신은 그 메시지를 들었겠는가? 당신이 영적으로 자라온 길을 생각해보라. 그동안 당신이 영적으로 더 성장한 때는 잔잔한 바다에서 순탄하게 항해할 때였는가, 아니면 거친 물살이 목숨을 삼킬 듯 위협하여 도움이 절실히 필요할 때였는가?

둘째, 하나님의 혹독한 심판에는 거룩한 목적이 있다. 처음 네 나팔의 심판이 폐허와 고생과 죽음을 부르는 것은 아무도 부인할 수 없는 사실이다. 하지만 우리가 지혜롭다면 하나님의 동기를 결코 의심하지 않을 것이다. 하나님의 가장 혹독한 징계 앞에서도 우리는 순순히 복종해야 한다. 그분의 완전한 계획을 받아들이고 내 뜻을 그분께 내려놓아야 한다. 물론 고난의 한복판에 있노라면 하늘로 주먹을 휘두르며 하나님의 선하심을 의심하고 싶어진다. 그러나 영적으로 성숙한 사람들은 힘든 때일수록 자신의 마음을 낮춘다. 히브리서 12장 5-11절을 천천히 소리 내어 읽어보기 바란다. 하나님께 아픈 징계를 받을 때 하나님의 자녀가 보여야 할 바른 반응이 무엇일지 곰곰이 생각해보라. 정작 혼란과 혼동이 닥쳤을 때 그 속에서 이 문제를 정리하려고 애쓰기보다는 폭풍이 오기 전에 고난에 대한 성경적 관점을 정립해두는 것이 좋다.

끝으로, 우리가 기억해야 할 것은 하나님은 그분의 계획이 이루어질 때까지 멈추지 않으신다는 사실이다. 이것은 받아들이기 힘든 교훈이며 그대로 살기는 더 힘들다. 안타깝게도 처음 네 나팔의 심판은 아직 시작에 불과하다. 삶 속에서 우리는 하나님의 말씀이 하시는 경고를 마음에 새기는 쪽을 택할 수도 있고, 오히려 마음을 더 완악하게 할 수도 있다. 어느 경우든 하나님은 결국 그분의 계획을 이루신다. 그분의 계획이란 우리가 거룩하게 되는 것이다(살전 4:3). 혹시 하나님이 당신에게 어떤 계획에 대한 감화를 주시는데 당신이 그동안 저항해온 것이 있는가? 더 이상 저항하지 말라! 대신 당신의 고집스런 마음을 그분의 목적을 향해 부드럽게 녹여달라고, 그리고 당신을 그분의 뜻에 맞추어달라고 주님께 기도하라. 하나님의 목적이 이루어져야만 당신은 그분의 평안을 얻고 안도할 수 있다.

무저갱에서 풀려난 귀신들(요한계시록 9:1-12)

1다섯째 천사가 나팔을 불매 내가 보니 하늘에서 땅에 떨어진 별 하나가 있는데 그가 무저갱의 열
쇠를 받았더라 2그가 무저갱을 여니 그 구멍에서 큰 화덕의 연기 같은 연기가 올라오매 해와 공기가
그 구멍의 연기로 말미암아 어두워지며 3또 황충이 연기 가운데로부터 땅 위에 나오매 그들이 땅에
있는 전갈의 권세와 같은 권세를 받았더라 4그들에게 이르시되 땅의 풀이나 푸른 것이나 각종 수목
은 해하지 말고 오직 이마에 하나님의 인침을 받지 아니한 사람들만 해하라 하시더라 5그러나 그들
을 죽이지는 못하게 하시고 다섯 달 동안 괴롭게만 하게 하시는데 그 괴롭게 함은 전갈이 사람을 쏠
때에 괴롭게 함과 같더라 6그 날에는 사람들이 죽기를 구하여도 죽지 못하고 죽고 싶으나 죽음이 그
들을 피하리로다

7황충들의 모양은 전쟁을 위하여 준비한 말들 같고 그 머리에 금 같은 관 비슷한 것을 썼으며 그
얼굴은 사람의 얼굴 같고 8또 여자의 머리털 같은 머리털이 있고 그 이빨은 사자의 이빨 같으며 9또
철 호심경 같은 호심경이 있고 그 날개들의 소리는 병거와 많은 말들이 전쟁터로 달려 들어가는 소
리 같으며 10또 전갈과 같은 꼬리와 쏘는 살이 있어 그 꼬리에는 다섯 달 동안 사람들을 해하는 권세
가 있더라 11그들에게 왕이 있으니 무저갱의 사자라 히브리어로는 그 이름이 아바돈이요 헬라어로는
그 이름이 아볼루온이더라

12첫째 화는 지나갔으나 보라 아직도 이 후에 화 둘이 이르리로다.

눈에 보이지 않는 전쟁이 벌어지고 있다. 적들은 방심하고 있는 피해자들을 예고 없이 쳐서 가장 취약한 순간에 그들을 괴롭힌다. 적들의 교활한 공격은 개인과 가정을 고통과 상심에 빠져 비틀거리게 만든다. 이 전쟁은 시끄럽게 계속된 지 이미 수 세기를 넘어 수천 년이 지났다. 나는 지금 나라와 나라가 국경선을 놓고 싸우는 정치적 전쟁을 말하는 것이 아니다. 그렇다고 이것은 테러나 빈곤이나 마약이나 포르노를 상대로 한 사회적, 문화적 전쟁도 아니다. 아니, 이것은 어둠의 나라와 빛의 나라 사이에서 벌어지는 영적 전투다. 모든 인간이 당장이라도 공격당할 위험에 처해 있다.

사탄과 그의 귀신들은 태초에 에덴동산에서 그 악명 높고 교활한 공격을 한 뒤로(창 3장) 지금까지 계속 인류를 유혹하고 공격해왔다. 인간의 존엄성을 짓밟고 인간과 창조주 사이를 갈라놓는 것이 그들의 궁극적 목표이며, 여태 그들은 쉬지 않고 그 목표를 추구해 왔다. 그러나 요한계시록 9장에서 보듯이, 눈에 보이지 않는 오늘의 전투는 원수의 군대가 환난 중에 가해올 전면 공격에 비하면 아무것도 아니다. 요한의 환상을 공부하고 종말에

공격해올 어둠의 군대를 관찰하면서 우리는 비슷한 악의 영들이 오늘 우리를 어떻게 괴롭히려 하는지를 더 잘 이해할 수 있다.

—9:1-6—

무서운 인봉의 심판은 6장 1절부터 8장 6절까지 펼쳐졌고, 더 강도가 센 나팔의 심판은 8장 7절부터 11장 19절까지 울려 퍼진다. 그중 처음 넷은 이미 살펴보았고(8:7-13) 이제부터 마지막 셋이 시작된다. 이 셋은 8장 13절에서 세 번의 "화"로 표현되었다. 종말에 일어날 큰 화 가운데 첫째 화가 9장에서 하늘의 무대에 펼쳐진다.

다섯째 천사가 나팔을 불자마자 요한은 또 다른 별이 하늘에서 떨어지는 것을 보았다. 별은 종종 성경에서 상징적으로 쓰여 중요한 인물(민 24:17), 사탄(사 14:12-17), 천사(욥 38:7), 교회의 인간 지도자들(계 1:20), "광명한 새벽 별"이신 그리스도 자신(22:16)을 가리킨다. 일각에서는 이 본문의 별을 하늘에서 떨어지는 사탄으로 본다.[8] 그러나 무저갱을 주관하는 권한을 받은 고위급 천사일 수도 있다.

9장 1-2절과 11절에 나오는 "무저갱"이라는 말은 헬라어 단어 *abyssos*에서 왔다. 성경에서 *abyssos*는 "깊음"이나 "저승"을 뜻한다.[9] 이것은 물리적으로 깊은 땅속을 가리킬 수도 있고(창 7:11), 떠나간 영이 해방이나 심판을 기다리고 있는 처소를 가리킬 수도 있다(롬 10:7, 참고 엡 4:8-10, 벧전 3:19). 무저갱은 또한 특정한 귀신들을 심판 때까지 가두어두는 곳으로 보인다(눅 8:30-31, 참고 벧후 2:4). 종말의 심판이라는 문맥으로 미루어, 요한계시록 9장에서 무저갱이 열린 사건은 귀신들이 최후의 정죄를 당하여 불못에 던져지기 전에(20:14-15, 참고 마 25:14) 단기간 동안 풀려날 것을 예고해준다.

무저갱의 문이 활짝 열리자 연기가 솟구치면서 해와 하늘이 어두워졌다(9:2). 그리고 곤충 같은 생물이 연기 속에서 떼지어 나타났다. 요한은 그것을 그냥 "황충"(9:3, 저자가 사용하는 영어 성경 NASB에는 "메뚜기"로 되어 있다-역주)이라 부르지만, 7-10절에서 더 자세히 묘사된 내용을 보면 여태까지 인간이 보았던 메뚜기와는 다름을 알 수 있다. 잊지 말라. 지금 요한은 이 세상의 말과 이미지를 사용하여, 직접 상응되지 않는 영적 실체들을 묘사하고 있다. 그러므로 메뚜기 떼를 보았다는 요한의 말을 듣고 지미니 크리켓(『피노키오』에 나

Mori Chen/AP Images

메뚜기 떼

오는 디즈니 캐릭터-역주)을 떠올려서는 안 된다!

메뚜기 떼는 모든 것을 폐허로 만드는 위력이 대단했기 때문에 성경 시대에는 큰 두려움의 대상이었다. 메뚜기의 재앙이 지나가면 필수 작물을 포함해 온 지역이 다 거덜 날 수 있었다. "메뚜기 떼는 최고 400평방미터에 달하는 지역을 덮을 수 있었고, 그것이 지나간 자리는 아무것도 없는 황무지가 되었다. 이쯤 되면 메뚜기를 성경 속의 인물이 당할 수 있는 최대의 재앙 가운데 하나로 본 이유를 쉽게 알 만하다."[10] 그러나 9장 3절에 무저갱에서 나온 메뚜기는 일반 메뚜기보다 훨씬 심각했다. 이 생물은 전갈처럼 피해자를 쏠 수 있었다.

이 초자연적 메뚜기들의 어마어마한 수와 충격적인 생김새에 우리는 놀랄 수 있으나 그들에게 가해진 여러 가지 제약을 놓쳐서는 안 된다. 첫째, 잘 보면 그들은 권세를 "받았"다고 했다(9:3). 여기 "권세"(exousia)라는 말은 '권위'나 '허락'을 뜻한다. 언뜻 이 메뚜기 떼는 완전히 천방지축인 것처럼 보이지만, 하나님의 허락 없이는 그것들이 아무것도 할 수 없음을 우리는 잊지 말아야 한다.

둘째, 그들은 수목과 작물과 풀 등 흔히 메뚜기가 삼키는 것들을 해칠 권한이 없었다

(9:4). 이것은 우리가 흔히 생각하는 굶주린 메뚜기들이 아니다! 그들의 표적은 식물이 아니라 인간이다.

셋째, 그들은 사람을 해하라는 명을 받았으나 특정한 사람들, 즉 "오직 이마에 하나님의 인침을 받지 아니한 사람들"(9:4)만 괴롭힐 수 있었다. 이것은 7장 2-3절에서 보호의 인을 받은 이스라엘의 남은 자들을 떠올리게 한다. 이 성도들은 메뚜기 떼가 가하는 고통에서 제외된다.

넷째, 그들은 괴롭힐 권세는 받았지만 죽일 수는 없다(9:5). 그들이 주는 괴로움은 전갈이 쏠 때에 주는 괴로움과 비슷하여 몹시 아프고 화끈거리고 사람을 무력하게 만들기까지 하지만, 그렇다고 치명적이지는 않다.

끝으로, 하나님은 인간을 괴롭히는 그들의 사명을 다섯 달로 제한하신다(9:5). 하지만 그 5개월 동안에 당할 신체적, 정신적, 정서적, 영적 고통은 사람들을 미치게 만들 것이다. 이 절박한 상황을 묘사한 말은 성경 전체에서 가장 섬뜩한 표현들 가운데 하나다." 그 날에는 사람들이 죽기를 구하여도 죽지 못하고 죽고 싶으나 죽음이 그들을 피하리로다"(9:6).

—9:7-12—

요한은 7-10절에서 메뚜기 떼를 더 자세히 묘사한다. 그가 사용한 여러 가지 비유를 잘 생각해보라.

전쟁을 위하여 준비한 말들 같다(9:7).
그 머리에 금 같은 관 비슷한 것을 썼다(9:7).
그 얼굴은 사람의 얼굴 같다(9:7).
여자의 머리털 같은 머리털이 있다(9:8).
그 이빨은 사자의 이빨 같다(9:8).
철 호심경 같은 호심경이 있다(9:9).
그 날개들의 소리는 병거와 많은 말들의 소리 같다(9:9).
전갈과 같은 꼬리가 있다(9:10).

얼마나 괴물 같은 모습인가! 보다시피 "같다"는 말이 반복되고 있는데, 이는 이 묘사를 완전히 문자적으로 취해서는 안 된다는 경고다. 요한은 자신이 알고 있는 어휘를 동원하여 사실상 표현이 불가능한 것을 묘사하려 하고 있다. 그러나 이 메뚜기들의 상징적 모습을 바탕으로 우리는 그들의 특징을 전반적으로 도출할 수 있다. 그들은 호전적이고 잔인하고 살벌하다. 그들은 무엇에도 제지당하거나 물러서지 않고, 본연의 목적에 매달려 사람들을 괴롭힌다. 그들은 똑똑한 존재이며 어쩌면 사람들을 끌어들이고자 기만과 설득으로 꼬일 수도 있다. 하지만 결국 그들의 목표는 괴롭히고 찢어놓고 파괴하는 것이다.

분명히 "황충들"은 이 땅의 물리적 곤충이 아니라 영적이고 귀신적인 존재들이다. 그들은 동물의 왕국에 속한 일원이 아니라 어둠의 왕국에 속한 초자연적 군사들이다. 요한이 본 상징적 모습은 그들의 흉포함과 공격성과 위력과 똑똑함을 전달하기 위한 것이다. 사실 요한은 이 악한 영들의 군대를 이끄는 "왕"이 있다고 말한다(9:11). "무저갱의 사자"로 알려진 이 왕의 이름은 히브리어로 아바돈(*Abaddon*), 헬라어로 아볼루온(*Apollyon*)이다. 두 단어 모두 '파괴자'라는 뜻이다.

일부 학자들은 무저갱을 지배하는 이 귀신을 사탄으로 보지만 그럴 가능성은 희박해 보인다. 사탄의 처소는 무저갱이 아니다. 적어도 그가 환난 끝에 그 무저갱에 던져질 때까지는 아니다(계 20:1-3). 반면 이 왕의 권세는 무저갱에 있는 귀신들의 무리에게로 국한되어 보인다. 그렇다면 이 "무저갱의 사자"란 누구인가? 단정 지어 말할 수는 없지만 그는 아마 자신의 음흉한 상전인 사탄이 시키는 대로 하는 고위급 부관일 것이다.[11]

어쨌든 이 무시무시한 환상이 끝나면서 요한은 이런 불길한 경고를 남긴다. "첫째 화는 지나갔으나 보라 아직도 이 후에 화 둘이 이르리로다"(9:12). 귀신들이 풀려난 일만도 말로 다할 수 없이 두려운데 그보다 더 심한 일이 기다리고 있다.

적용

뱀과 전갈을 밟으라

예수님은 이 땅에서 사역하실 때 그분을 따르는 칩십 인에게 말씀을 전하고 병을 고치며 귀신을 쫓아내는 권세를 주셨다(눅 10:1-16). 그들은 '단기 선교'에서 돌아와 "주여 주의 이름이면 귀신들도 우리에게 항복하더이다(10:17)"라고 외쳤다. 예수님은 그들의 영적 전투 때문에 사탄이 천계(天界)의 요새에서 떨어졌다고 확증하신 뒤에 이런 말씀을 주셨다. "내가 너희에게 뱀과 전갈을 밟으며 원수의 모든 능력을 제어할 권능을 주었으니 너희를 해칠 자가 결코 없으리라 그러나 귀신들이 너희에게 항복하는 것으로 기뻐하지 말고 너희 이름이 하늘에 기록된 것으로 기뻐하라"(10:19-20).

물론 그 "칠십 인" 중에 여태 남아 있는 사람은 아무도 없다. 우리는 그리스도의 권세를 그들이 그분의 지상 사역 중에 받은 것과 똑같이 부여받지는 못했다. 하지만 그렇다고 해서 우리가 귀신의 공격에 대해 무력한 피해자라는 말은 아니다. 사실 바울이 분명히 말했듯이, 우리는 하늘의 악한 영들에 맞서 영적 싸움에 임하고자 갑옷을 입고 무장되어 있다(엡 6:11-17). 그렇다면 우리의 영적 전투라는 현실에 비추어, 말세의 환난 때 5개월 동안 닥쳐올 귀신들의 공격은 우리와 어떤 상관이 있는가? 내가 보기에 이 말씀은 네 가지 중요한 방식으로 우리의 상황을 깨우쳐준다.

첫째, 비록 눈에 보이지 않아도 귀신들이 실존하는 공격적 존재임을 기억해야 한다. 모든 귀신들이 다 무저갱에 갇혀 있는 것은 아니다(눅 8:31 참고). 무수히 많은 악한 영들이 자유로이 활보하고 있으며, 늘 먹잇감을 찾아내 파괴하려고 혈안이 되어 있다. 그들은 모든 기회를 덮쳐 신자들과 비신자들을 모두 공격할 것이다. 때로 우리는 귀신들이 존재하지 않는다든지 우리가 우려할 필요가 없을 정도로 그들의 능력이 제한되어 있다고 생각하고 싶지만, 그것은 천만의 말이다! 적에 대해서 무지하면 적에게 우위를 내줄 수밖에 없다. 현실을 몰라서는 안 된다!

둘째, 귀신들이 일제히 우리를 파괴하려고 혈안이 되어 있음을 상기해야 한다. 전투에 단련된 군대처럼, 사탄의 병력은 실리적인 전쟁으로 모든 사람의 마음과 생각을 정복하는 법을 알고 있다. 미묘한 수법으로부터 전격적 맹폭격에 이르기까지 그들은 이기는 데 필요하다면 어떤 수단이라도 사용할 준비가 되어 있다. 베드로전서 5장 8절을 잘 보라. 이 경고에 비추어 당신은 어떻게 좀 더 "근신하고" "깨어" 있을 수 있겠는가? 베드로는 같은 서신 1장 13-16절에서 몇 가지 힌트를 준다. 이 본문에 비추어볼 때 당신은 피할 수 없는 영적 공격에 맞설 준비가 되어 있는가?

셋째, 귀신들이 비록 강해도 그 세력이 유한하다는 사실에서 우리는 힘을 얻어야 한다.

보다시피 환난 때에도 이 악한 천사들은 자기들에게 허락된 범위를 벗어나지 못한다. 그렇다면 성령께서 교회를 통하여 권능으로 억제하고 계시는 오늘 우리 시대에는 귀신들의 능력이 더더욱 제한되어 있다(살후 2:6-8). 그래도 원수의 기만적이고 파괴적인 능력을 과소평가해서는 안 된다(유 1:8-10). 방비를 게을리 하는 순간 우리는 질 수밖에 없다. 우리의 영적 삶을 소홀히 하거나, 다른 신자들과의 모임을 저버리거나, 우리 자신의 힘을 믿어서는 결코 안 된다.

끝으로, 이 교활한 공격적 존재들이 주 예수 그리스도의 이름 앞에서 줄행랑친다는 사실을 결코 잊어서는 안 된다. 그분의 무적의 이름 앞에서 그들은 두려워 움츠러들고, 달아나 숨고, 살아남으려 발버둥 친다. 예수 그리스도께서 한 마디만 꾸짖으시면 사탄의 전 군대가 납작코가 된다. 그들은 그분께 상대가 못 된다(눅 8:26-31). 당신의 영적 전투를 그리스도께서 처리하시게 하라. 그분께 복종하라. 당신의 모든 염려를 기도로 그분께 내려놓으라(벧전 5:6-7). 그리스도 안에 있으면서 믿음으로 마귀를 대적하라. 오직 그분만이 이 우는 사자의 입을 막으시고 이 악한 자의 불화살을 끄실 수 있음을 신뢰하라.

분발하라! 그리스도를 통하여 우리는 귀신들의 악한 궤계에 속는 피해자가 아니라 어둠의 세력을 이기는 승리자가 될 수 있다.

귀신들, 죽음 그리고 반항(요한계시록 9:13-21)

13여섯째 천사가 나팔을 불매 내가 들으니 하나님 앞 금 제단 네 뿔에서 한 음성이 나서 14나팔 가
진 여섯째 천사에게 말하기를 큰 강 유브라데에 결박한 네 천사를 놓아 주라 하매 15네 천사가 놓였
으니 그들은 그 년 월 일 시에 이르러 사람 삼분의 일을 죽이기로 준비된 자들이더라 16마병대의 수
는 이만 만이니 내가 그들의 수를 들었노라 17이같은 환상 가운데 그 말들과 그 위에 탄 자들을 보니
불빛과 자줏빛과 유황빛 호심경이 있고 또 말들의 머리는 사자 머리 같고 그 입에서는 불과 연기와
유황이 나오더라 18이 세 재앙 곧 자기들의 입에서 나오는 불과 연기와 유황으로 말미암아 사람 삼
분의 일이 죽임을 당하니라 19이 말들의 힘은 입과 꼬리에 있으니 꼬리는 뱀 같고 또 꼬리에 머리가
있어 이것으로 해하더라

20이 재앙에 죽지 않고 남은 사람들은 손으로 행한 일을 회개하지 아니하고 오히려 여러 귀신과
또는 보거나 듣거나 다니거나 하지 못하는 금, 은, 동과 목석의 우상에게 절하고 21또 그 살인과 복술
과 음행과 도둑질을 회개하지 아니하더라.

당신이 마지막으로 우상을 숭배한 때는 언제인가?

지금 나는 아름다운 신이나 여신처럼 보이게 금이나 은이나 동으로 만든 반짝이는 신상을 말하는 것이 아니다. 고고학자들이 종종 발굴해내는 괴이한 괴물 모양의 나무나 돌 형상을 뜻하는 것도 아니다. 확신컨대 우리 중 대다수는 죽은 조상의 무덤에 향을 사르거나 조상의 유골이나 유해 앞에 절을 하는 습관은 없을 것이다. 세계의 일부 문화들과 종교들에서 그런 일이 엄연히 시행되고 있기는 하지만, 이 책을 읽고 있는 당신은 아마 그런 전통을 지키는 문화권의 출신은 아닐 것이다. 하지만 그렇다고 해서 당신이 우상 숭배에서 자유로운 것은 아니다.

우리 중 대다수는 결코 유물에 입을 맞추거나 신상을 떠받드는 일은 없겠지만, 우리도 때로는 모두 우상 숭배의 죄를 짓는다. 우리 문화의 우상 숭배를 지적한 다음의 글을 생각해보라.

> 우리 사회의 우상 숭배는 겉으로 확연히 드러나지 않아도 요한의 시대에 그랬던 것만큼이나 엄연한 현실이다. 우상 숭배를 정의하자면 이 땅의 것을 신으로 둔갑시켜 창조의 하나님 대신 그것을 숭배하는 일이라 할 수 있다. 우리의 삶 속에서 하나님보다 앞세우는 것이면 그것이 무엇이든 곧 우리의 우상이다. 따라서 현대 세계에는 돈, 재물, 권력, 쾌락, 섹스, 성공, 명예, 마약 등의 우상이 득실득실하다. 이것들은 다 사탄의 도구이며, 바로 그것들을 쫓다가 고통당하고 목숨마저 잃는 사람들의 사례가 부지기수다. 우리는 사람들에게 이 세속 세상을 지배하고 있는 우주적 세력들에 대해 경고해 주어야 하고, 사람들을 하나님께로 불러 모아야 한다.[12]

이처럼 우상 숭배를 마음의 문제로 이해하면, 우리도 우상 숭배로 빠지려는 유혹과 늘 싸우고 있음을 솔직히 고백할 수 있다. 고삐 풀린 야망, 자존심, 교만 따위는 우리의 전폭적 헌신을 하나님으로부터 다른 데로 돌려놓으며, 그 다른 것이란 종종 '나, 나, 나'의 불경한 삼위일체다. 재물, 사람, 명예, 출세 등 이 세상 것들에 사로잡혀 있는 사람들은 대부분 자기가 따르는 그 길이 결국 마음을 완악하게 만들고 하나님을 거부하게 한다는 사실을 모른다. 우상 숭배라는 파멸의 길은 징계 아니면 심판으로만 끝날 수 있다. 하나님을 거부하면 생활방식이 불경해진다. 그 결과 당신은 자애로운 하늘 아버지로부터 징계를 받게 되거나(당신이 그분의 자녀라면), 아니면 의로우신 심판자 하나님으로부터 마땅한 진노를 당하게 된다.

요한계시록에 세상 거민들에게 임할 하나님의 진노가 기록되어 있는데, 이는 그들이 하나님을 버리고 우상 숭배와 방종에 빠졌기 때문이다. 심판은 점점 혹독해지고 환난 기간 내내 늘 회개할 기회는 있으니, 그렇다면 당연히 대대적인 부흥이 뒤따를 법도 하다. 하지만 심판의 강도가 더해갈수록 우리는 인간의 완악하고 타락한 마음을 더 똑똑히 보게 된다. 예레미야 17장 9절에 보면 "만물보다 거짓되고 심히 부패한 것은 마음이라 누가 능히 이를 알리요마는"이라는 말씀이 나온다. 이 난제의 답은 바로 다음 구절에 나온다. "나 여호와는 심장을 살피며 폐부를 시험하고 각각 그의 행위와 그의 행실대로 보응하나니."

—9:13-15—

다섯째 나팔이 울릴 때 우리는 무저갱이 열리면서 인간을 괴롭히는 귀신들이 메뚜기 떼처럼 지상으로 풀려나 사람들을 미치게 만드는 광경을 목격했다. 이제 여섯째 나팔이 울리면서 요한은 죽음의 네 천사를 묘사한다. 현대의 이라크에 해당하는 유프라테스 강 근처에 결박되어 있던 그들이 풀려나자 지옥이 총력을 다해 온 지구상에 맹위를 떨친다. 이제까지 악한 세력을 억제해오신 하나님의 은혜가 세상에서 조금씩 걷히면서 사탄과 그의 귀신들과 죄인들이 잔인하게 지구를 파괴하고 서로를 파괴한다.

이 심판의 장면이 세상의 특정 지역을 중심으로 이루어지고 있음에 유의하라. 그 지역은 바로 오늘날의 중동 지방이다. 어떤 사람이 예컨대 미국이 아직 식민지였던 17세기에 요한계시록을 읽었다면 이 대목이 약간 의외로 다가왔을 것이다. 그래서 이런 내용을 우화적으로 해석하고 싶었을 수도 있다. 하지만 21세기를 사는 우리에게는 요한계시록의 많은 부분이 이스라엘과 그 주변국들을 중심으로 이루어지는 듯한 점이 결코 놀랄 일이 아니다. 사실 거의 지난 백 년 동안 많은 성경학자들이 중동을 터지기 직전의 시한폭탄으로 보면서, 그 지역이 당장이라도 폭발하면 온 세상이 종말로 접어든다고 보고 있다.

나는 지금 종말론으로 바람을 잡으려는 것이 아니다. 어디까지나 종말의 "때와 시기"는 오직 하나님의 소관이다. 그분의 때는 내일일 수도 있고 앞으로 수세기가 더 지나야 할 수

현재의 티그리스 강과 유프라테스 강

도 있다. 하지만 그래도 나는 성경을 액면 그대로 받아들이고 싶다. 성경이 말하는 대로 그냥 두라. 성경에 "큰 강 유브라데"라고 했으면 우리는 중동의 심장부를 관통하여 흐르는 그 강 외에 다른 강을 생각해서는 안 된다. 티그리스 강과 유프라테스 강은 둘 다 현대의 터키에서 발원한다. 유프라테스 강은 시리아를 구불구불 지나 이라크 중심부를 관통하여 티그리스 강과 합류한 뒤 페르시아 만으로 빠져나간다.

유프라테스 강에서 풀려난 네 천사가 하늘의 천사들인지 악한 귀신들인지는 신원이 밝혀져 있지 않다(9:14). 아마 이들은 사탄의 수하인 귀신의 무리 가운데서 유난히 두각을 나타내는 타락한 고위급 천사들일 것이다. 미래의 환난 기간 동안 그들은 불경한 네 권력 국가들을 배후에서 조종하는 보이지 않는 세력이 될 것이다. 역사 속에서도 세상 지도자들의 배후에 귀신인 "권세자들"과 "주관자들"이 있곤 했다.

다니엘 10장에서 우리는 보이지 않는 세계에서 벌어지는 영적 전투를 조금 엿볼 수 있다. 다니엘이 들었듯이, 천사 같은 사자는 다니엘에게 메시지를 전하려고 "바사(페르시아) 왕국의 군주"와 싸웠다. 그런데 그 사자는 천사장 미가엘이 와서 자기를 도와주었다고 말했다(10:13). 그는 또 "헬라의 군주"를 또 다른 영적 권세자로 언급했다(10:20). 이와 비슷하게 에스겔 28장도 두로의 인간 통치자(28:2)와 눈에 보이지 않는 영적인 "두로 왕"(28:12)을 둘 다 지칭할 수 있다. 후자는 어쩌면 사탄 자신일 수도 있으며, 그가 인간 지도자에게 권력과 권세를 주었다.

따라서 유프라테스 강에 결박되어 있던 요한계시록 9장의 네 천사도 네 나라의 배후에 있는 악한 영적 권세자들일 수 있으며, 장차 환난이 임할 때 그 네 나라가 하나님과 그분의 사람들을 대적할 것이다.[13] 현재는 그들이 세상에 미치는 영향력이 제한되어 있지만 환난 때가 되면 하나님의 억제가 걷힐 것이다.

우리는 그들이 하나님의 시간표에 따라 풀려난다는 사실을 잊어서는 안 된다. 정확히 하나님이 허락하시는 순간이 오기까지는 그들은 인간 통치자들을 꼭두각시처럼 조종할 수 없다. 그들은 자기네 상전인 사탄을 섬기지만, 하나님의 주권적인 허락 없이는 행동에 나설 수 없다. 사실 하나님은 그들이 풀려날 "년 월 일 시"를 구체적으로 정해두셨다(9:15). 삶을 그저 눈먼 운명이 던져주는 우연의 연속이라 생각하지 말라. 우리 인간은 그 우연을 잡든지 피하든지 할 수 있는 것이 아니다! 오히려 우리는 무슨 일이 닥치든 우리의 전지전능하신 하나님께서 그것을 이미 알고 계실 뿐 아니라 그분의 선하신 뜻을 따라 친히 그 일을 지휘하고 계심을 확신하고 안심할 수 있다. 그래서 로마서 8장 28절에 "우리가 알거니와 하나님을 사랑하는 자 곧 그의 뜻대로 부르심을 입은 자들에게는 모든 것이 합력하여 선을 이루느니라"고 했다. 곧 보겠지만, 하나님께 택함받은 자들에게 선을 이루는 그 일들이 아무에게나 다 선이 되는 것은 아니다.

풀려난 죽음의 천사들은 인류의 3분의 1을 죽이러 나간다(9:15). 그리고 18절에서 보듯이 그들은 성공한다. 이 숫자를 너무 빨리 지나가지 말라! 오늘날 인류의 3분의 1이라면 20억이 넘는 수다! 그때쯤이면 세계 인구의 4분의 1이 이미 죽임당하여 사라진 뒤라는 것을 잊지 말라(6:8). 하나님이 그토록 오랜 세월 동안 이 악한 천사들을 적극적으로 억제해오신 것도 이해가 된다! 베드로후서 3장 9절에 보면 "주의 약속은 어떤 이들이 더디다고 생각하는 것 같이 더딘 것이 아니라 오직 주께서는 너희를 대하여 오래 참으사 아무도 멸망하지 아니하고 다 회개하기에 이르기를 원하시느니라"고 선포되어 있다. 세상을 향한 하나님의 은혜로운 섭리가 악한 세력들의 인정사정없는 분노를 저지하고 있다. 그러나 지금 열려 있는 창이 닫혀 회개의 기회가 끝나면 분노의 먹구름이 순식간에 밀려올 것이다. 이 대학살이 실행되는 경위가 다음 몇 구절에 자세히 묘사된다.

—9:16-19—

먼저 요한은 군대의 숫자를 언급하는데, 이들은 죽음의 네 천사가 계획한 살육을 실행에 옮길 자들이다. 이 2억이라는 수는 성경 전체를 통틀어 가장 큰 숫자다! 이 정도의 병력이라면 오늘날에도 선뜻 믿기 힘든 수다. 인구가 지금의 우리보다 턱없이 적었던 그 당시의 세계에서 이렇게 큰 숫자를 듣는다고 상상해보라. 하지만 요한은 분명히 그 숫자를 들었다(9:16).[14] 당장 중국이나 인도의 인구를 계산해보고 무엇이든 2억 개씩을 아시아에서 중동까지 보급할 병참 업무를 따져보기 전에, 전후 문맥을 더 자세히 살펴보자. 이들은 이제 막 유프라테스 강에서 풀려난 네 천사의 군대다(9:15). 네 천사의 피비린내 나는 사명을 수행하는 것이 이 2억이라는 대부대의 책임이다(9:18).

요한은 당시에 동원할 수 있던 최고의 비유법을 써서 '마병대'를 꽤 자세히 묘사하고 있다. 그들은 여태까지 세상에 있었던 기병대와는 다르다(9:17). 말들의 머리가 사자 머리 같기는 하지만, 기수들 자체에 대해서는 갑옷의 색깔 외에 특이하게 언급된 것이 없다. 기수들이 찬 호심경의 세 가지 색깔은 기수들의 입에서 나오는 세 가지 '재앙'의 색깔과 맞아떨어진다(9:17). 이 재앙들로 말미암아 인류의 3분의 1이 죽는다(9:18). 말들의 사자 같은 머리에 이런 대학살을 자행할 능력이 있을 뿐 아니라, 또한 요한은 그들의 "꼬리는 뱀 같고 또 꼬리에 머리가 있어 이것으로 해하더라"(9:19)고 했다.

일부 주석가들은 이 괴기한 이미지를 헬리콥터, 탱크, 전투기 등 현대나 미래의 무기로 애써 해석하려 했다. 하지만 이 생물들이 유프라테스 강의 네 악한 천사가 이끄는 군대라고 밝혀져 있는 만큼 다음과 같은 결론이 가장 무난해 보인다. 즉, 그들은 세상 거민들을 죽이고 파괴할 목적으로 풀려난 귀신들의 군대를 상징한다.

이것은 귀신들의 사주로 인류에게 가해지는 두 번째 공격이다. 첫 번째 공격은 메뚜기

호심경의 색깔	세 가지 재앙
불빛 또는 주황색	불
자줏빛 또는 군청색	연기
유황빛	유황

떼를 통하여 이루어졌으나 그들은 5개월 동안 괴롭히기만 할 뿐 누구를 죽이는 것은 허용되지 않았다(9:5). 반면 귀신들의 두 번째 공격인 이번에는 사람을 죽이는 권한이 부여된다. 귀신들은 재앙들을 직접 내릴 수도 있고 이 땅의 수단들을 이용할 수도 있다. 귀신들은 중동 여러 나라의 군대들이나 또는 어느 특정한 나라의 군 사단들을 사주할 수 있다. 이 환상들이 의미하는 바를 우리는 확실히 알 수 없다. 하지만 전체 그림만은 분명하다. 환난이 진행될수록 심판의 강도가 더 세진다는 것이다.

그때 지구를 휩쓸 무질서와 혼란과 비탄과 충격을 상상하노라면 우리의 머릿속이 비참한 이미지들로 가득해진다. 이런 전대미문의 사건들 앞에서 인간들은 이전의 자연재해나 군사 공격, 테러 행위를 깨끗이 잊을 것이다. 인류의 4분의 1이 넷째 인봉의 심판 때 죽임을 당했고(6:7-8) 다시 3분의 1이 여섯째 나팔의 심판 때 대규모의 군대에 살육되었으니(9:13-19), 그때쯤이면 세계 인구의 절반 이상이 이미 자신의 창조주와 심판자 앞에 섰다는 계산이 나온다. 하지만 이 맹공격에서 살아남을 사람들도 많이 있다. 목숨을 부지한 사람들은 어떻게 될까? 그들은 어떻게 반응할까? 틀림없이 그들은 자신의 악을 회개하고 의로우신 구속자께로 돌아올 것이다. 그래야 하지 않겠는가?

—9:20-21—

방금 묘사된 죽음과 파괴보다 더 어이없는 것은 이런 재앙에서 살아남은 사람들의 반응일 것이다. 그들의 반응을 보여주는 이 두 구절은 차마 읽기조차 민망하다.

믿지 않던 세상이 초자연적인 사건들을 보고, 천재지변들을 듣고, 마침내 144,000명의 간절한 전도와 권유를 받아들여 그리스도를 믿고 회개한다면, 그것은 상상만 해도 얼마나

묵상의 서재

폭풍 속에서 하나님의 길을 찾으라

당신의 성경책에서 선지서 나훔에 앉은 먼지를 털어내고 1장 3절의 마지막 부분을 한번 보라. "여호와의 길은 회오리바람과 광풍에 있고."

무시무시한 텍사스 대폭풍이 몰아칠 때 그 말씀을 기억하면 좋다. 나도 몇 년 전에 그런 일을 겪었다. 새카만 먹장구름은 비를 억수같이 들이붓고, 공중에는 톱날 같은 번개와 지축을 뒤흔드는 우레가 섬뜩하게 펑펑 터졌다. 그때 나는 새삼 하나님의 임재를 떠올렸다. 대기권에 펼쳐지는 드라마를 보면서 그 드라마의 감독을 생각한 것이다. 그분은 자신의 "길이 회오리바람과 광풍에 있"음을 다시 한 번 보여주고 계셨다. 나는 텍사스의 고속도로를 타고 웨더포드, 시스코, 아빌린, 스윗워터를 지나가보았다. 의심할 나위 없이 하늘의 주 하나님이 텍사스 서부 전역의 "광풍에" 계셨다. 자연을 보면 자연의 주인을 놓칠 수 없는 법이다.

하지만 삶에도 폭풍이 있다. 햇빛 가득한 마른하늘이나 별이 총총한 밤하늘에서 내려오는 태풍이 있다. 질병과 재난과 죽음의 회오리바람은 어떤가? 우리를 방해하여 괴로움과 불편을 야기하는 풍랑은 또 어떤가? 나훔서의 말씀이 하늘에 적용된다면 땅에도 적용되지 않겠는가? 하나님의 길이 어두컴컴하고 불길한 하늘에 있다면 틀림없이 그분은 우리의 일상생활에 찾아오는 힘들고 가슴 아픈 불의의 사건들 속에도 계신다. 하늘의 극장과 땅의 극장을 지휘하는 감독은 동일한 분이시다. 등장인물이 다르고 줄거리가 바뀌고 소품이 재배치될 수 있지만, 무대 바로 옆에 우리의 머리요 대장이신 그분이 서서 모든 막과 모든 장과 모든 대사를 감독하고 계신다.

지금까지 나는 그리스도인으로 살아오면서 하나님이 보내신 회오리바람과 광풍을 많이 겪었다. 그런 사건들을 기억 속에서 더듬노라면 한숨이 절로 난다. 하지만 폭풍을 생각하며 나는 두 가지 사실에서 위로를 얻는다. 첫째, 삶의 폭풍은 모든 사람에게 다 닥친다. 하나님이 괜히 나만 괴롭히시는 게 아니다. 남들은 다 맑은 날 일색인데 캄캄한 먹구름이 나만 따라다니는 게 아니다. 간혹 그렇게 보일 수 있지만 더 자세히 보면 알 수 있다. 사람은 누구나 때때로 어지러운 태풍 속을 지나는 법이다.

둘째, 아무리 폭풍이 싫어도 우리 모두에게는 폭풍이 필요하다. 나는 그 사실을 애써 떠올리곤 한다. 하나님이 완악한 우리 마음의 주목을 끄시려면 이보다 더 효과적인 방법은 없다. 늘 짜증을 유발하는 소소한 일들은 말할 것도 없고 거센 강풍과 사나운 돌풍은 우리를 원만하고 겸손한 사람들로 빚어낸다. 그리고 우리를 강권하여 하나님의 각본에 순복하고 하나님이 내 삶에 정해주신 배역에 순순히 따르게 한다.

아름다운 일인가. 사실 9장 20–21절이 나머지 인류가 이런 일들을 보고 나서 악한 행실을 버리고 의로우신 구속자를 주님과 하나님으로 인정했다는 내용이라면 얼마나 좋을까. 우상 숭배와 거짓 종교에 빠져 있던 남녀들이 그런 고생과 재앙 때문에 그리고 죽음에 대한 두려움 때문에 마음이 녹아지기를 우리는 간절히 바란다. 그것이 잃어버린 영혼들을 사랑하고 긍휼히 여기는 우리의 마음이다. 하지만 서글프게도 요한의 환상은 오히려 정반대의 반응을 보여준다. 한 작가는 이 충격적인 반전을 이렇게 평했다.

> 자신의 좋은 날들을 바쳐 기꺼이 마귀를 섬기던 사람들은 악한 날들이 왔다고 해서 달라지는 경우가 거의 없다. 심판의 중압감이 느껴질 때는 하나님께 자비를 베풀어 달라고 부르짖으며 이제부터 다르게 살겠다고 다짐할지 모르지만, 그들의 맹세와 기도는 슬픔과 함께 사라지고 만다. 그들의 모습은 이전이나 지금이나 똑같고 오히려 더 완악하게 죄악을 고집할 뿐이다.[15]

믿기 어렵지만, 이 끔찍한 심판의 시기에 사는 사람들의 대다수는 전보다 더 완악하게 하나님을 대적한다. 그들은 악착같이 계속 귀신과 우상을 숭배할 것이고(9:20), 살인과 복술과 음행과 도둑질을 회개하지 않을 것이다(9:21). 요컨대 처음 몇 차례의 심판에서 살아남은 사람들은 하나님의 자비와 은혜의 메시지에 귀를 막고, 차라리 날로 더 혹독해질 진노를 감수하는 쪽을 택한다. 믿기 어려운 일 아닌가? 위대한 설교자 도널드 반하우스(Donald Barnhouse)는 9장 13–21절을 보며 이렇게 통탄했다.

> 일찍이 환난을 통하여 인간이 대대적으로 하나님께 돌아왔다는 증거는 성경에도 없고 역사에도 없고 예언에도 없다. 인류의 3분의 1이 죽어도 나머지 3분의 2가 그것 때문에 하나님께 나아오는 일은 없다. 우리는 "깨닫는 자도 없고 하나님을 찾는 자도 없다"(롬 3:11)는 판결을 어쩔 수 없이 받아들일 수밖에 없다.[16]

세상의 재물과 쾌락을 우상으로 삼고 거기에 중독되면, 분명히 인간들의 마음은 그 정도로까지 완악해질 수 있다. 그래서 가장 극심한 심판들조차도 능히 세상의 주목을 끌 수 없게 된다. 하지만 우상 숭배의 죄는 환난 기간 동안 구원받지 못한 사람들만 속박하는 것이 아니다. 그것은 우리 시대를 포함하여 모든 시대의 신자들에게 강력한 유혹이다. 그 사실로 미루어 확신컨대, 우리의 마음은 현 세대의 물질적인 것들 때문에 하나님의 영적인 것들에 대하여 점차 딱딱하게 굳어지고 있다. 그런 일이 있을 때 우리도 하나님의 경고를 받아들여 회개해야 한다.

적용

죽은 우상들로부터 살아 계신 하나님께로 돌아서라

미래에 임할 심판의 참담한 결과를 사도 요한 곁에 서서 그의 환상을 통하여 목격하노라면, 인간의 뿌리 깊은 타락성에 대해 더없이 놀라운 사실을 발견하게 된다. 인간에게 아무리 엄청난 환난이 닥쳐도 영적 타락이 뿌려놓은 저주는 여전히 위압적이다. 9장 20-21절을 유진 피터슨(Eugene Peterson)의 정밀하지는 않지만 생생한 번역으로 보면, 인간의 완악한 마음이 강조되어 있다.

> 이런 무기에 죽임을 당하지 않고 살아남은 자들은 계속 전처럼 멋대로 살아갔습니다. 삶의 길을 바꾸지 않았습니다. 귀신들에게 예배하던 것을 멈추지 않았고, 보거나 듣거나 움직이지 못하는 금, 은, 놋쇠 덩어리, 돌, 나무 조각들을 삶의 중심으로 삼던 것을 그만두지 않았습니다. 마음의 변화를 보여주는 어떤 기미도 없었습니다. 여전히 살인, 점치는 일, 음행, 도둑질에 빠져 지냈습니다[계 9:20-21, 『메시지』(복있는 사람)].

인간들이 하나님을 대적하는 반항의 핵심에는 다양한 형태의 우상 숭배가 자리하고 있다. 하나님이 엄연히 심판을 행하시고 자비롭게 회개와 구원으로 부르시는데도 우상 숭배를 통해 도리어 더 큰 죄와 더 억센 반항을 낳는다. 우상 숭배는 타락한 인류의 눈을 멀게 해 하나님의 말씀을 보지 못하게 한다. 그러나 우리는 각종 현대판 우상 숭배가 신자들의 삶에도 부정적인 영향을 미칠 수 있음을 명심해야 한다. 죽은 '우상들'이 우리의 마음을 살아 계신 하나님으로부터 빼앗을 수 있다. 오늘날 세상에는 물질만능주의와 나밖에 모르는 이기주의가 판치고 있다. 어떻게 하면 그런 솔깃한 세상의 유혹들에 맞서 싸울 수 있는지 잠시 시간을 내서 몇 가지 실제적인 질문들을 생각해보자.

에베소서 5장 5–6절과 골로새서 3장 5–6절을 읽으라. 두 본문에서 우상 숭배는 어떤 부류의 행동들과 연관되어 있는가? 우상을 숭배하면 결국 어떤 결과를 당하게 되는가?

당신의 삶 속에 모셔놓은 우상들은 무엇인가? 유일하신 참 하나님을 향한 일편단심의 헌신에서 당신을 떼어놓으려는 '우상들'이 있을 수 있다. 현재 있는 것이든 잠재적인 것이든, 당신의 우상들을 찾아 다음 표에 써넣어보라. 그것들 자체는 죄가 아닐 수도 있음을 잊지 말라. 그러나 그것들이 우리와 구주 사이를 갈라놓으면 우리의 영적 성장을 파괴할 수 있다. 기도하는 마음으로 다음의 다섯 가지 영역을 솔직히 생각해보라.

당신의 삶이 이런 우상들의 손아귀에서 벗어나려면 구체적으로 어떤 조치들을 취할 수 있을지 생각해보라. 당신이 재고해야 할 인간관계들은 무엇인가? 아끼던 것이지만 당신의 삶에서 없애야 할 것들은 무엇인가? 당신이 놓아야 할 지위들은 무엇인가? 억제해야 할 감정들은 무엇인가? 더 이상 추구해서는 안 되는 것들은 무엇인가? 마지막으로, 회개의 기도를 기록해보라. 하늘 아버지께 용서를 구하고, 그분께 집중하지 못하게 막는 모든 우상으로부터 해방시켜달라고 기도하라.

재물	
중요한 사람들	
세상의 지위	
통제하기 힘든 감정	
이기적인 추구	

힘센 천사, 이상한 지시(요한계시록 10:1–11)

1내가 또 보니 힘 센 다른 천사가 구름을 입고 하늘에서 내려오는데 그 머리 위에 무지개가 있고
그 얼굴은 해 같고 그 발은 불기둥 같으며 2그 손에는 펴 놓인 작은 두루마리를 들고 그 오른 발은
바다를 밟고 왼 발은 땅을 밟고 3사자가 부르짖는 것 같이 큰 소리로 외치니 그가 외칠 때에 일곱 우

레가 그 소리를 내어 말하더라 4일곱 우레가 말을 할 때에 내가 기록하려고 하다가 곧 들으니 하늘
에서 소리가 나서 말하기를 일곱 우레가 말한 것을 인봉하고 기록하지 말라 하더라 5내가 본 바 바
다와 땅을 밟고 서 있는 천사가 하늘을 향하여 오른손을 들고 6세세토록 살아 계신 이 곧 하늘과 그
가운데에 있는 물건이며 땅과 그 가운데에 있는 물건이며 바다와 그 가운데에 있는 물건을 창조하
신 이를 가리켜 맹세하여 이르되 지체하지 아니하리니 7일곱째 천사가 소리 내는 날 그의 나팔을 불
려고 할 때에 하나님이 그의 종 선지자들에게 전하신 복음과 같이 하나님의 그 비밀이 이루어지리
라 하더라

8하늘에서 나서 내게 들리던 음성이 또 내게 말하여 이르되 네가 가서 바다와 땅을 밟고 서 있는
천사의 손에 펴 놓인 두루마리를 가지라 하기로 9내가 천사에게 나아가 작은 두루마리를 달라 한즉
천사가 이르되 갖다 먹어 버리라 네 배에는 쓰나 네 입에는 꿀 같이 달리라 하거늘 10내가 천사의 손
에서 작은 두루마리를 갖다 먹어 버리니 내 입에는 꿀 같이 다나 먹은 후에 내 배에서는 쓰게 되더
라 11그가 내게 말하기를 네가 많은 백성과 나라와 방언과 임금에게 다시 예언하여야 하리라 하더라.

서사 대하드라마는 정서적 차원에서 우리에게 영향을 미치며, 그 효과와 의미는 가히 말로 표현이 안 된다. 그것은 우리를 드라마의 내러티브 속으로 끌어들인다. 우리는 극의 전개에 말려들기도 하고, 갈등의 피해자가 되기도 하며, 주인공과 함께 정복에 나서기도 한다. 우리 시대 최고의 명작 소설들과 영화들 가운데 일부는 비록 허구이지만 인간과 구속과 은혜와 정의에 관한 감동적인 진리들을 보여준다. 영웅의 참모습을 그려내고, 싸움의 실체를 밝혀주며, 생생한 감정으로 공명을 불러일으킨다.

그리스도인 작가 존 엘드리지(John Eldredge)는 하나님이 만드신 실화인 창조와 구속의 이야기를 비롯하여 모든 훌륭한 이야기에 존재하는 세 가지 진리에 주목했다.

- 눈에 보이는 게 전부가 아니다.
- 세상은 지금 전쟁 중이다.
- 우리가 해야 할 중요한 역할이 있다.[17]

물론 박진감 넘치는 요한계시록의 드라마에서도 우리는 위대한 이야기의 이 세 가지 요소를 모두 찾아볼 수 있다. 첫째, 눈에 보이는 게 전부가 아니다. 우리는 비록 물리적 세

계에 살고 있지만, 눈에 보이지 않는 세계가 존재하며 그 세계가 우리의 일상생활에까지 영향을 미친다. 이 영적 세계는 미래로 갈수록 점점 더 '눈에 보이게' 된다.

둘째, 세상은 지금 전쟁 중이다. 마귀가 에덴동산에서 아담과 하와를 꾀는 데 성공한 뒤로(창 3장) 전투는 계속되어왔다. 그것은 지금까지도 인류 역사에 영향을 미쳤을 뿐 아니라 어느 날 온 세상을 기만과 파멸로 삼킬 것이다.

여기서 요한계시록의 세 번째 요소가 나온다. 우리가 해야 할 중요한 역할이 있다. 이 전쟁터는 기자로 끼어들거나 구경꾼으로 멀찍이 서 있을 자리가 아니다. 좋든 싫든, 우리가 하나님의 구속받은 백성의 일원으로 이 땅에 존재한다는 사실 자체가 우리에게 전폭적인 참여를 요구한다.

요한계시록은 하나님이 악을 정복하시고 의인들에게 궁극적 승리를 가져다주시는 과

일곱 인봉과 일곱 나팔과 두 차례의 막간

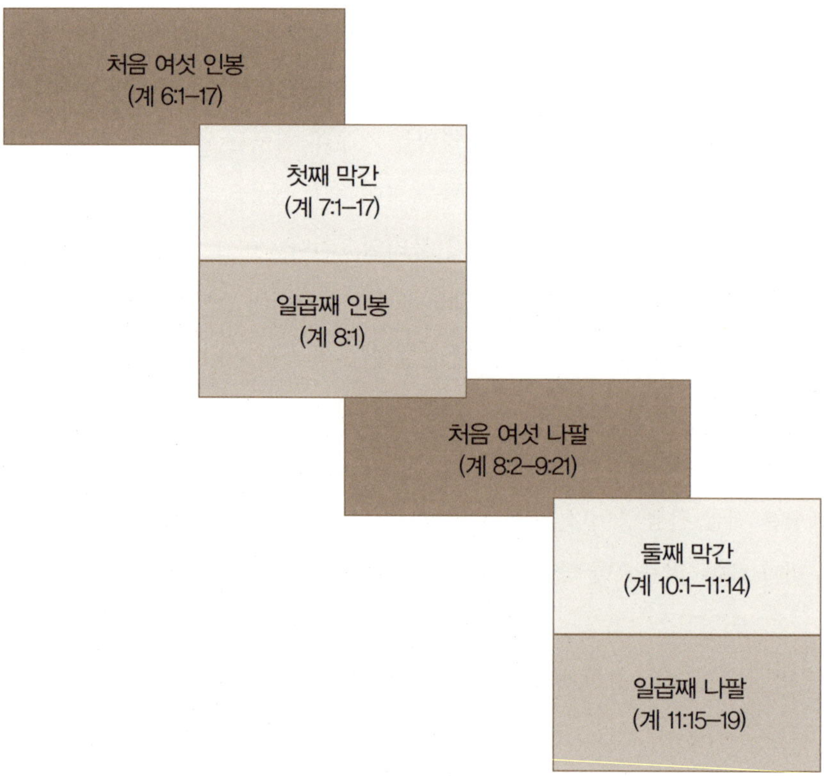

정을 담아낸 실화다. 그런데도 점점 혹독해지는 심판의 이미지들 때문에 자칫 '승리자들'마저 위압감을 느낄 수 있다. 다행히 하나님은 중간중간에 몇 차례 요긴한 막간을 넣어두셨다. 이 짤막한 휴식 시간 때마다 독자들은 한숨 돌리며 여태까지 벌어진 일을 정리하고 앞으로 벌어질 일에 대비할 수 있다. 여섯째 인봉과 일곱째 인봉 사이의 첫째 막간은 환난 중에 구원받을 두 부류의 구속받은 신자들을 보여주었다(7장). 요한계시록 10장에서 시작되는 둘째 막간은 여섯째 나팔과 일곱째 나팔 사이의 흐름을 끊어놓는다. 이 막간에서 우리는 불신자들에게 쏟아지던 진노에서 신자들을 향한 위로와 격려로 강조점이 옮겨가는 것을 볼 수 있다. 동시에 사도 요한은 예언자의 역할 중 후반부를 다시 위임받는다.

—10:1-4—

다섯째 나팔과 여섯째 나팔이 울릴 때 요한은 여러 막강한 악한 천사들이 군대를 이끌고 유례없는 괴롭힘과 파괴를 일삼는 것을 목격했다. '무저갱의 사자'는 회개하지 않는 자들을 괴롭히도록 허락된 귀신들의 군대를 거느렸고(9:11), 죽음의 네 천사는 작정하고 인류의 3분의 1을 죽였다(9:15). 이 악한 천사들과 귀신들 무리의 끔찍한 광경과 소리가 아직 우리의 뇌리에 쟁쟁한데, 갑자기 힘센 천사 하나가 무대에 등장한다(10:1).

이 강한 천사의 용모는 어찌나 대단한지 그에 비하면 이전의 악한 천사들은 차라리 평범해 보일 정도다. 그는 구름을 입었고, 얼굴이 해처럼 빛나고, 발은 불기둥 같다. 이 모두는 그가 천상에서 기원한 존재임을 확인해준다. 그의 머리 위에 무지개가 둘렸는데, 아마 이는 창세기 9장 13-16절에 하나님이 인류와 맺으신 자비의 언약을 가리킬 것이다. 그때 창조주께서는 다시는 홍수로 모든 육체를 멸하지 않겠다고 약속하셨다. 하나님의 성품은 노아 시대 이후로 변하지 않으셨다. 그분의 은혜와 자비는 심판 중에도 계속된다.

이 힘센 천사는 땅과 바다를 양쪽 다 밟고 있고, 그의 손에는 "작은 두루마리"가 펴 놓여 있다(10:2). 천사가 부르짖는 사자처럼 큰 소리로 외치자 일곱 우레가 말을 한다(10:3). 아마 이 우렛소리는 천사를 에워싸고 있는 구름에서 나왔을 것이다. 분명히 그것은 귀로 들을 수 있는 소리였고 분명한 메시지가 담겨 있었다. 그런데 하늘에서 소리가 나서 요한에게 일곱 우레의 말을 "인봉하고" 비밀로 덮어두라고 명백히 지시했다(10:4). 우리는 훗날 천국에서 그 내용을 알게 되겠지만, 그때까지는 그것이 무서운 심판의 메시지였을 것이라고 짐작하는 수밖에 없다.

—10:5-7—

우리가 법정에서 오른손을 성경책 위에 얹고 왼손을 들어 맹세하는 관습과 비슷하게 그 힘센 천사는 오른손을 들고 "세세토록 살아 계신 이… 를 가리켜 맹세"했다(10:5-6). 더 이상 지체하지 않으리라는 그 맹세를 하늘과 땅과 바다를 지으신 창조주 하나님께서 받으셨다(10:6). 천사는 일곱째 나팔 소리가 울릴 때 하나님의 비밀이 신속히 이루어질 것을 맹세했다(10:7).

"하나님이 그의 종 선지자들에게 전하신 복음과 같이" 이루어질 "하나님의 그 비밀"이란 무엇일까? 존 왈부드는 이 수수께끼 같은 문구를 이렇게 설명했다.

> 이 비밀은 하나님의 선지자들에게 이미 알려졌다. 그러므로 그것은 숨겨진 진리를 가리키는 것이 아니라 구약의 많은 본문들이 성취될 일을 가리키며, 그 내용은 하나님의 아들이 영광스럽게 재림하여 지상에 의와 평화의 나라를 세우신다는 것이다. 지금은 사탄의 권세와 활동이 허락된 때이므로, 현재의 사건들 속에 하나님의 목적이 드러나지 않을 수도 있다. 그러나 때가 되면 사탄은 권세를 잃을 것이고, 구약의 선지자들의 예언들이 성취될 것이다.[18]

이 시점에서 6장 10절을 다시 떠올리면 좋을 것이다. 거기 보면 환난 중에 순교한 신자들이 "거룩하고 참되신 대주재여 땅에 거하는 자들을 심판하여 우리 피를 갚아 주지 아니하시기를 어느 때까지 하시려 하나이까"라고 부르짖는다. 요한계시록 10장의 강한 천사는 하나님이 그 기도에 곧 응답하실 것을 알린다. 구속받은 자들의 최종 숫자가 채워질 것이고, 악한 자들에 대한 심판이 완료될 것이다.

—10:8-11—

강한 천사가 조용해지자 다시 하늘에서 쩌렁쩌렁한 음성이 말을 했다. 이번에는 이 음성이 요한에게 이상하지만 의미심장한 지시를 내렸다. 힘센 천사의 손에서 두루마리를 가져다 먹으라는 것이었다(10:8-9). 천사는 요한에게 두루마리가 입에는 달겠지만 배에 들어가면 쓸 것이라고 경고했다. '달고도 쓴 두루마리'를 요리하는 천상의 조리법이다! 노년의 요한은 아무리 이상한 명령이라도 주님이 하시는 것이면 즉각 순종하는 법을 이미 배운 사람이었고, 그래서 정확히 시키는 대로 했다(10:10).

하나님의 선지자에게 두루마리를 먹으라는 명이 떨어진 것은 이번이 처음이 아니다. 에스겔 2장 8절부터 3장 4절까지에서 우리는 하나님과 에스겔 선지자 사이에 오간 다음과 같은 흥미로운 대화를 볼 수 있다.

> 너 인자야 내가 네게 이르는 말을 듣고 그 패역한 족속 같이 패역하지 말고 네 입을 벌리고 내가 네게 주는 것을 먹으라 하시기로 내가 보니 보라 한 손이 나를 향하여 펴지고 보라 그 안에 두루마리 책이 있더라 그가 그것을 내 앞에 펴시니 그 안팎에 글이 있는데 그 위에 애가와 애곡과 재앙의 말이 기록되었더라 또 그가 내게 이르시되 인자야 너는 발견한 것을 먹으라 너는 이 두루마리를 먹고 가서 이스라엘 족속에게 말하라 하시기로 내가 입을 벌리니 그가 그 두루마리를 내게 먹이시며 내게 이르시되 인자야 내가 네게 주는 이 두루마리를 네 배에 넣으며 네 창자에 채우라 하시기에 내가 먹으니 그것이 내 입에서 달기가 꿀 같더라 그가 또 내게 이르시되 인자야 이스라엘 족속에게 가서 내 말로 그들에게 고하라.

두루마리를 먹는 행위는 예언의 메시지를 완전히 자신의 것으로 소화하는 것을 상징한다. 에스겔이 입을 열면 하나님이 이스라엘 백성에게 하시려는 바로 그 말씀, 즉 "애가와 애곡과 재앙의 말"이 나올 것이다. 마찬가지로 요한계시록 10장에서 요한도 심판의 메시지를 꿀꺽 삼키라는 지시를 받았다. 그 메시지는 그의 배를 쓰라리게 만들었다(10:10).

그러나 에스겔의 사명이 이스라엘 백성에게 말하는 것이었다면 요한의 사명은 범위가 훨씬 넓다. 그는 "많은 백성과 나라와 방언과 임금에게 다시 예언"해야 했다(10:11). 이렇게 요한이 다시 위임받는 순간은 요한계시록의 분수령을 이룬다. 이 시점 이후로 심판은 더할 나위 없이 혹독해진다.

요한계시록 10장의 짤막한 막간은 눈에 보이는 것들만이 이 세상의 전부가 아님을 강조해준다. 신자들은 알고 있듯이 세상은 지금 전쟁 중이며, 그 선과 악의 전투에서 산발적인 공격들과 단기간의 접전들이 당장이라도 사상 최악의 영적, 물리적 충돌로 분출될 수 있다. 그러나 하나님은 요한계시록 10장에서 또 하나의 진리를 강조해주신다. 사도 요한이 해야 할 중요한 역할이 있다는 것이다. 그것은 "많은 백성과 나라와 방언과 임금에게" 하나님의 비밀을 선포하는 일이었다(10:11).

요한처럼 우리도 하나님의 최종 계획에서 해야 할 역할이 있다. 물론 우리는 '사도'로 자칭할 수 없고, 하나님으로부터 문자적인 환상과 계시를 받지도 않는다. 또 입에서 영감의 말이 나오도록 예언서를 삼켜야 할 필요도 없다. 하지만 우리 각자는 세상에 구원의 기쁜 소식을 전해야 할 중대한 사명을 받았다(마 28:19-20). 그러려면 요한처럼 먼저 메시지를 내면화하여 그것이 우리의 삶이 되게 해야 한다.

정말 예수 그리스도의 복음에는 나쁜 소식과 기쁜 소식이 함께 들어 있다. 나쁜 소식이란 잃어버린 영혼들이 장차 하나님의 심판을 받게 된다는 것이고, 기쁜 소식이란 의로우신 구속자 예수 그리스도께서 우리의 죗값을 다 치르셨으며 그분을 신뢰하기만 하면 우리를 구원해주신다는 것이다. 우리는 복음을 이해하고 받아들여야 할 뿐 아니라 이 시대에 그리스도의 사신들로서 그 메시지를 다른 사람들에게 전할 수 있어야 한다.

당신은 하나님이 당신의 삶에 위임하신 일을 받아들였는가?

또는 요한처럼 당신도 하나님께 다시 위임받을 준비가 되었는가?

주

1. C. S. Lewis, *The Problem of Pain*(New York: Macmillan, 1962), 93. (『고통의 문제』 홍성사)
2. 신약과 구약에 나타난 나팔의 다양한 용법에 대해서는 다음 책을 참고하라. Osborne, ***Revelation***, 342-43.
3. Douglas & Tenney 편집, ***The New International Dictionary of the Bible***, 465.

4. John Phillips, *Exploring Revelation*(개정판, Chicago: Moody Press, 1987), 118.
5. 같은 책.
6. 일각에서는 8장 7절에 "각종 푸른 풀"이 타버렸는데 9장 4절에서 풀이 다시 등장하는 것은 모순이라고 지적한다. 두 가지 답이 가능하다. 8장 7절의 "각종"이라는 단어는 심판의 영향을 입은 지역들의 모든 풀로 국한될 수 있다. 예컨대 8장 3절의 "모든 성도의 기도"는 여태까지 존재했던 모든 성도들의 기도를 가리키는 말이 아니라 6장 10절의 제단 아래 있던 성도의 기도를 가리킬 것이다. 하지만 우리는 "각종"이라는 말을 문자적으로 지구상의 모든 풀을 가리키는 말로 볼 수도 있다. 이 경우 우리는 많은 종류의 풀들이 불탄 후에 빠르게 다시 자란다는 사실을 기억해야 한다. 다섯째 나팔의 심판만도 5개월이 걸리므로 그 사이에 많은 풀과 나무가 다시 자라기 시작했다고 볼 수 있다.
7. Douglas & Tenney 편집, *The New International Dictionary of the Bible*, 806.
8. Walvoord, "Revelation", The Bible Knowledge Commentary, 952. (『요한계시록-BKC 강해주석 시리즈 30』 두란노)
9. Bauer & Danker 편집, *A Greek-English Lexicon of the New Testament*, 137-38.
10. G. L. Keown, "Locust", in *The International Standard Bible Encyclopedia*, 3:358.
11. 다음 책을 참고하라. Osborne, *Revelation*, 373.
12. 같은 책, 388.
13. 현재 유프라테스 강과 직접 관련된 나라들은 터키와 시리아와 이라크다. 미래에 그곳에 어떤 나라들이 존재하게 될지는 알 수 없으나 환난을 전후하여 정치적 국경선이 바뀔 수 있다. 9장 14절에 언급된 네 천사에 직접 상응하는 것은 미래의 네 나라가 아니라 그 지역에 있는 나라들에 직접 영향을 미치는 미래의 네 인간 지도자들일 수 있다. 또 다른 가능성으로 그 네 천사는 과거에 그 지역을 지배했던 나라들, 즉 바벨론, 메대-바사, 그리스, 로마의 천사 통치자들에 해당할 수도 있다.
14. 본문의 숫자는 헬라어로 *dismyriades myriadōn*으로, 직역하면 '무수(無數)의 2무수' 또는 '1만의 2만'을 뜻한다. 헬라어 학자들이 대체로 동의하듯이, 고대 세계에서 이 정도로 큰 숫자들은 문자적 수치라기보다 어마어마한 다수를 가리키는 데 더 주안점이 있었다. 한 헬라어 사전은 이 문구를 "무한히 큰 수… 헤아릴 수 없이 무수히 많은 수"라고 정의했다(Johannes E. Louw & Eugene A. Nida 편집, *Greek-English Lexicon of the New Testament Based on Semantic Domains*, 제1권, Introduction and Domains [재판; New York: United Bible Societies 1988], § 60.9). 본문을 우화적으로 또는 '영적으로' 해석하지는 말아야겠지만, 그래도 우리는 요한이 '헤아릴 수 없이 큰 수'라는 뜻을 전하려 했음을 인정해야 한다. 하지만 학자들은 이 숫자가 문자적인 수치일 수도 있음을 또한 인정한다.
15. J. A. Seiss, *The Apocalypse: Lectures on the Book of Revelation*(6판; Grand Rapids: Zondervan, 1966), 221.
16. Donald Grey Barnhouse, *Revelation: An Expositional Commentary*(Grand Rapids: Zondervan, 1971), 177.
17. John Eldredge, *Waking the Dead: The Glory of a Heart Fully Alive*(Nashville: Nelson, 2003), 26-34. (『마음에 숨겨진 영광』 좋은씨앗)
18. Walvoord, "Revelation", *The Bible Knowledge Commentary*, 954.

주권자이신 주님의 적들

요한계시록 11:1-13:18

연극을 공연할 때 무대 담당자들은 막간을 이용하여 세트를 재배치한다. 그 기회에 무대의 배경을 바꾸거나, 극에 새로운 시점을 도입하거나, 줄거리를 급반전시키는 것이다. 사도 요한이 종말의 사건들을 생생히 묘사할 때도 막간은 똑같은 역할을 한다. 장차 임할 심판이 적힌 예언의 두루마리를 먹은 후에(10:9-10) 요한은 자기가 보고 들은 놀라운 일들을 계속 기록했다. 이 전환의 막간은 11장 중간까지 계속되지만 이번에는 우리의 시점이 바뀐다.

요한계시록 이야기의 넷째 악장을 '주권자이신 주님의 적들'이라 부르기로 하자(11:1-13:18). 10장에서 요한이 다시 위임을 받은 뒤로 대하드라마의 시점은 천상의 진노에서 지상의 상황으로 바뀐다. 특히 세상의 이목을 약속의 땅으로 집중시킬 미래의 사건들이 부각된다. 첫 장면은 선택된 두 증인이 예루살렘에서 예언하는 치열한 사역으로 시작된다. 그리고 그들이 비참하게 처형당했다가 부활하여 승리하는 것으로 절정에 달한다(11:1-14). 일곱째 나팔이 그리스도의 나라가 도래했음을 알린 뒤로(11:15-19) 요한은 일련의 환상들을 통하여 사탄이 세울 최후의 세상 제국을 자세히 목격한다. 이 악한 나라를 통하여 사탄은 그리스도와 그분의 사람들과 전능하신 하나님을 맹렬히 대적한다.

극이 더 전개되면서 우리는 무대 한복판에 등장하는 두 폭군을 목격하게 되는데, 하나는 정치적 폭군이고 또 하나는 영적 폭군이다. 사탄의 사주를 받은 이 두 잔인한 독재자는 3년 반 동안 사실상 아무런 저지도 당하지 않고 세상을 다스릴 권한을 받는다(12:1-13:18). 하지만 인류가 완전히 자멸하기 직전인 듯 보일 때, 우리는 주권자이신 하나님께서 가장 악하고 고집스런 죄인들에게조차도 분명하고 확실하게 선을 그으심을 상기하게 된다.

미래의 용감무쌍한 두 증인(요한계시록 11:1-14)

1또 내게 지팡이 같은 갈대를 주며 말하기를 일어나서 하나님의 성전과 제단과 그 안에서 경배하
는 자들을 측량하되 2성전 바깥 마당은 측량하지 말고 그냥 두라 이것은 이방인에게 주었은즉 그들
이 거룩한 성을 마흔두 달 동안 짓밟으리라 3내가 나의 두 증인에게 권세를 주리니 그들이 굵은 베
옷을 입고 천이백육십 일을 예언하리라 4그들은 이 땅의 주 앞에 서 있는 두 감람나무와 두 촛대니
5만일 누구든지 그들을 해하고자 하면 그들의 입에서 불이 나와서 그들의 원수를 삼켜 버릴 것이요
누구든지 그들을 해하고자 하면 반드시 그와 같이 죽임을 당하리라 6그들이 권능을 가지고 하늘을
닫아 그 예언을 하는 날 동안 비가 오지 못하게 하고 또 권능을 가지고 물을 피로 변하게 하고 아무
때든지 원하는 대로 여러 가지 재앙으로 땅을 치리로다

7그들이 그 증언을 마칠 때에 무저갱으로부터 올라오는 짐승이 그들과 더불어 전쟁을 일으켜 그
들을 이기고 그들을 죽일 터인즉 8그들의 시체가 큰 성 길에 있으리니 그 성은 영적으로 하면 소돔
이라고도 하고 애굽이라고도 하니 곧 그들의 주께서 십자가에 못 박히신 곳이라 9백성들과 족속과
방언과 나라 중에서 사람들이 그 시체를 사흘 반 동안을 보며 무덤에 장사하지 못하게 하리로다 10이
두 선지자가 땅에 사는 자들을 괴롭게 한 고로 땅에 사는 자들이 그들의 죽음을 즐거워하고 기뻐하
여 서로 예물을 보내리라 하더라
11삼 일 반 후에 하나님께로부터 생기가 그들 속에 들어가매 그들이 발로 일어서니 구경하는 자들
이 크게 두려워하더라 12하늘로부터 큰 음성이 있어 이리로 올라오라 함을 그들이 듣고 구름을 타고
하늘로 올라가니 그들의 원수들도 구경하더라 13그 때에 큰 지진이 나서 성 십분의 일이 무너지고
지진에 죽은 사람이 칠천이라 그 남은 자들이 두려워하여 영광을 하늘의 하나님께 돌리더라
14둘째 화는 지나갔으나 보라 셋째 화가 속히 이르는도다.

베스트셀러 소설이나 황금 시간대의 텔레비전 드라마 또는 서사시나 블록버스터 영화 등 고전적 이야기 속에 등장하는 영웅들은 공통된 공식을 따르는 경향이 있다. 대개 그들은 불가능해 보이는 목표를 달성하기 위해 엄청난 희생을 감수하면서까지 난공불락의 역경을 참고 이겨내는 평범한 개인들이다. 〈스타워즈〉〈로키〉〈타이타닉〉〈브레이브하트〉 등 지난 세대의 명작 영화들을 생각해보면 그 말에 공감이 갈 것이다. 이런 이야기를 접하면 우리도 자신의 약점을 극복하고 훌륭한 목표를 이루어야겠다는 의욕이 싹튼다. 적들이 공격해오고, 앞길에 장애물이 쌓이며, 비참한 일이 벌어진다. 하지만 이야기 속 훌륭한 영웅들은 자신의 바깥에서 힘의 은밀한 원천을 찾아낸다. 그리고 그 힘 덕분에 가장 막강한 적들까지도 능히 무찌른다.

주인공이 실존 인물이고 사건이 실화이면 이야기의 감동은 더욱 진해진다. 2차대전 중에 악의 세력을 무찌르고자 자신의 안락과 목숨까지 희생한 '가장 위대한 세대'의 용감한 남녀들을 생각해보라. 코리 텐 붐(Corrie Ten Boom) 같은 사람들을 우리는 기억하고 있다. 그녀는 유태인들이 나치의 마수에서 벗어나도록 목숨을 걸고 도와주었다. 사실 역사와 특히 교회사를 보면 그리스도 편에 서서 자신의 소신을 당당히 죽음으로 지켜낸 성도들, 당신과 나 같은 평범한 사람들의 감동적인 사연들이 즐비하다. 그들의 불길이 각자의 어두운 세대 속에서는 소멸되었을지 몰라도 그들의 용맹의 빛은 지금도 활활 타오르고 있다.

핵심 용어

ἐξουσία [*exousia*, 엑수시아] *(1849)* '권능, 권세'

요한계시록 11–13장의 중심 주제는 '권능'(*exousia*)이 두 증인(11:3–13)에게서 두 짐승(13:1–18)에게로 극적으로 넘어가는 일이다. 두 증인은 처음에는 절대적인 권능을 가지고 심판을 부르고 땅에서 표적과 기사를 행한다(11:6). 그러나 환난이 중간 시점에 이르면 짐승과 거짓 선지자가 권세를 받아 두 증인을 죽일 뿐 아니라 세상의 모든 세력을 자신들에게로 끌어들인다(13:2, 4, 5, 7, 12). 이렇게 *exousia*가 이전되는 것은 하나님이 종말의 심판을 더 고조시키시기 위하여, 세상이 잔꾀를 부리도록 점차 세상을 내버려두실 것을 뜻한다.

μαρτυρία [*martyria*, 마르튀리아] *(3141)* '증거, 증언'

영어 단어 '순교'(martyrdom)는 '증언'을 뜻하는 헬라어 단어에서 왔다. 2세기부터 이 단어에 신앙을 위하여 목숨을 버린다는 특수한 의미가 더해졌지만(Martyrdom of Polycarp 2.1), 본래는 예수 그리스도를 믿는 신앙을 구두로 증언하는 것을 가리키던 단어였다(계 11:7, 12:11, 17). 요한계시록 11장에 나오는 두 "증인" 또는 "순교자"의 장면에는 선포도 있지만, 그 증언을 증명하는 죽음도 함께 나온다. 이는 *martyria*라는 단어가 1세기의 용법에서 2세기의 용법으로 넘어가고 있음을 보여준다.

σημεῖον [*sēmeion*, 세메이온] *(4592)* '표적, 특별한 표'

고대 민족들은 번개나 일식 같은 하늘의 "표적"을 무서운 일이 임박했다는 징조로 볼 때가 많았다(마 16:3). 아울러 이 단어는 사람의 초자연적 기원이나 권세를 보여주는 기적적인 위업을 지칭하기도 했다(12:38). 요한계시록에서 이 단어는 신기원의 사건을 보여주는 놀라운 상징적 환상들을 지칭하지만(계 12:1, 3), 또한 사탄이 사람들과 하나님을 떼어놓으려고 동원하는 거짓 기사와 기적을 가리키기도 한다(13:13–14).

요한계시록에도 당해내기 힘든 위압적인 세력에 맞서는 '약자들'의 이야기가 나온다. 우선 요한 자신이 도미티아누스 황제의 박해를 꿋꿋이 딛고 일어섰다(1:9). 초대 교회 교인들도 여러 시련과 유혹에 용감히 맞섰다(2:9–11). 이제 11장 3–14절에서 우리는 종말의 두 선지자를 만난다. 그냥 "두 증인"으로 불리는 이들은 인류 역사상 최악의 세대 속에서도 끝까지 뜻을 굽히지 않았다.

—11:1–2—

영화에서 흥미를 끄는 장면들은 흔히 시나리오 작가들이 말하는 '설정 장면'으로 시작된다. 이는 건물이나 도시나 심지어 행성을 멀리서 광각으로 잡아내는 것을 말한다. 설정 장면을 통하여 관객들은 다음 장면이 벌어질 세팅에 대해 미리 감을 잡는다. 예컨대 설정 장면에 '경찰 본부'라는 간판이 달린 건물이 나온다면, 우리는 다음 장면에서 책상에 앉아 서류를 뒤적이는 우락부락한 남자가 유치원 교사가 아님을 안다. 만일 카메라가 기차를 보여주는데 그 기차가 광활한 초원의 한복판에 있는 흙먼지 날리는 서부의 마을로 들어서고 있다면, 우리는 다음 장면에서 길거리를 걷는 카우보이가 가장 무도회에 가는 중이 아님을 짐작할 수 있다. 설정 장면의 목표는 문맥을 설정하는 것이다. 문맥이 없으면 관객들이 잘못 알고 혼란에 빠질 수 있다. 요한계시록 11장 1–2절은 영화의 '설정 장면'과 같다. 이어질 세부 장면의 문맥과 분위기가 여기서 정해지고, 덕분에 우리는 이후의 사건들을 더 잘 이해할 수 있다.

설정 장면에는 요한 자신도 등장한다. 요한에게 현대의 잣대와 비슷한 갈대를 건넨 것은 아마 천사였을 것이다. 한 음성이 요한에게 하나님의 성전과 제단과 예배자들을 측량할 것을 지시했다(11:1). 지축을 흔드는 정신없는 심판의 와중에서 이것은 이상한 일처럼 들릴 수 있다. 하지만 요한이 달고도 쓴 두루마리를 먹고 나서 아직 입술을 핥으며 배를 문지르고 있었음을 잊지 말라. 이상한 지시들이 그날의 주제였던 모양이다!

이 시점에서 우리가 잠시 멈추고 생각해야 할 것이 있다. 요한에게 맡겨진 이 일에는 눈에 덜 띄지만 이상한 점이 있다. 요한이 이 환상을 받은 때는 AD 96년경이었다. 비록 몇 달째 굴속에 살고 있기는 했지만 그래도 그는 예루살렘 성전이 25년도 더 전에 로마인들에게 이미 초토화된 것을 어느 유대인 못지않게 잘 알고 있었다. 사실 하나님의 성전을 측량하라는 음성을 들었을 때 요한은 "성전이라니? 무슨 성전 말인가?" 하는 생각이 제일 먼저 들었을 것이다.

하지만 요한은 구약의 예언들과 주 예수님과 사도 바울이 하나같이 환난 중에 세워질 미래의 성전을 언급했음을 또한 알고 있었다. 우선 다니엘 9장 26–27절에 보면 "그 성읍과 성소"가 무너질 것(9:26)과 다시 회복되었을 성전 예배가 장차 중단될 것(9:27, 12:11)이

Jebulon/Wikimedia Commons

예수님 당시의 성전과 성전 산의 모형

함께 나와 있다. 예수님도 다니엘의 예언을 인용하여 "멸망의 가증한 것"이 유대의 "거룩한 곳"에 설 것을 말씀하셨다(마 24:15-26). 바울은 동일한 미래의 사건들을 좀 더 자세히 기술했다. 그는 장차 올 적그리스도를 "저 불법의 사람 곧 멸망의 아들"로 지칭하면서, "그는 대적하는 자라 신이라고 불리는 모든 것과 숭배함을 받는 것에 대항하여 그 위에 자기를 높이고 하나님의 성전에 앉아 자기를 하나님이라고 내세우느니라"고 말했다(살후 2:3-4).

성경학자 찰스 라이리(Charles Ryrie)에 따르면, 요한계시록 11장 1-2절에 언급된 성전은 "환난 중에 세워질 성전으로, 거기서 유대인들은 7년 기간의 전반기 동안 예배를 지속할 것이다. 그러다 중간 시점이 되면 거기서 불법의 사람이 자기를 높여 숭배를 받을 것이다."[1] 다시 말해서, 중동 지역을 중심으로 온 세상에 유례없는 긴장이 팽배해질 그 시기에 성전이 재건될 것이다. 요한에게 건축용 기구인 갈대가 주어진 것도 아마 그래서일 것이다.

그런데 요한은 바깥마당은 측량에서 제외하라는 지시도 받았다. 흔히 "이방인의 뜰"로 불리던 성전의 바깥뜰은 유대인이 아닌 사람이 사형 선고라는 대가를 치르지 않고도 성전에 가장 가까이 갈 수 있는 지점이었다. 이것은 우리에게 두 가지를 말해준다. 첫째, 성전에서 예배하는 사람들이 이 제외된 사람들보다 수적으로 훨씬 적다. 안에 있는 사람들이야 요한이 금방 헤아릴 수 있었지만, 바깥에 있는 사람들은 너무 많아 셀 수 없었다. 이는 하나님이 소수의 남은 자들을 통하여 그분의 계획을 능히 이루실 수 있고 실제로 그렇게 하시는 분이라는 중요한 사실을 일깨워준다.

둘째, 보다시피 하나님은 나라들에게 "거룩한 성을… 짓밟"도록 허용하실 기간을 미리 제한해두셨다. 여기 "마흔두 달"은 환난 기간의 후반기를 가리키는 것으로 보이며, 그 기간 동안 미래의 적그리스도와 그의 거짓 선지자가 다스릴 것이다(참고 13:5). 곧 보겠지만, 그 전에 하나님은 그분의 2인조 대변자인 두 증인을 통하여 마지막 예언의 말씀을 전하신다. 마귀의 2인조가 다스릴 종말의 정권은 그 후에야 비로소 완전한 실권을 잡는다.

—11:3-6—

지금까지 문맥을 예루살렘으로 설정했고 장차 그곳이 42개월 동안 하나님의 적들의 손에 넘겨질 것을 명기한 요한은 이제 하나님의 두 증인이 펼칠 역동적인 사역에 렌즈의 초점을 맞춘다. 하나님이 그들에게 특별한 권세를 주셔서 그들은 통곡의 복장인 베옷을 입고 "천이백육십 일" 동안 예언하게 된다. 두 증인이 예언하는 시기가 7년 환난 기간의 전반기인지 후반기인지 그 중간인지에 대해서는 주석가들 사이에 이견이 있다.[2] 그들의 사역이 환난의 후반기에 이루어진다는 것은 무리가 있어 보인다. 그렇게 되면 적그리스도와 거짓 선지자와 그들을 따르는 모든 악한 자들이 즐거워하며 예물을 보내는 시점이 하나님께서 진노를 쏟아 부으시는 환난의 맨 막바지가 된다(참고 11:10, 16:10-11).

그러나 "언제"라는 질문보다 "누구"라는 질문이 훨씬 더 자주 나온다. 이들 이상한 두 증인을 볼 때 독자들이 맨 먼저 던지는 질문은 "신분증 좀 볼까요?"이다. 그것은 당연한 일이다. 이 두 증인이 이번 장에서 중심적 역할을 할 뿐만 아니라 요한계시록이라는 무대의 중앙에 서 있기 때문이다. 두 증인을 모세와 엘리야로 보는 사람들도 있다. 그들은 일찍이 예수께서 변화되실 때 이미 카메오로 출연하여 그분이 예루살렘에서 수행하실 사명을 논했었다(눅 9:30). 그런가 하면 두 증인을 구약에서 죽음을 맛보지 않고 이 세상을 떠난 단 두 사람인 에녹과 엘리야로 보는 사람들도 있다(창 5:24, 왕하 2:11-12, 참고 히 11:5). 끝으로, 요한계시록의 이 부분이 미래의 사건들을 가리키지 않고 이미 1세기에 일어난 사건들을 가리킨다고 믿는 사람들은 두 증인을 베드로와 바울, 또는 야고보와 요한, 또는 AD 68년에 로마인들에게 살해된 두 대제사장으로 본다![3]

이 두 사람에 대한 구체적인 내용은 별로 나와 있지 않다. 그들이 권세를 받고 3년 반 동안 예언할 것과 그 기간 동안 해를 당하지 않도록 보호받을 것과 특별한 권능을 받아 악한 적들에게 재앙과 심판을 부를 것만은 분명하다(11:3-6). 11장 4절에 언급된 두 감람나무와 두 촛대라는 상징물이 스가랴 4장 3-14절의 스룹바벨과 여호수아를 대표하는 상징물과 직결되는 점으로 보아, 이 두 증인의 증언은 예루살렘 성전의 재건과 어떤 식으로든 관련이 있을 수 있다. 무엇보다도 중요한 것은 하나님이 모세와 엘리야와 구약의 다른 선지자들에게 주신 것과 비슷하게 이 두 증인에게도 기적을 행할 수 있는 권세를 주신다는 것이다. 이는 미래의 환난 때에 그들이 수행할 사역이 그만큼 중대하다는 뜻이다.

결국 우리는 신중해야 하며 두 증인의 신원을 알 수 없다는 사실을 인정해야 한다. 그들의 이름을 밝혀내려는 시도는 기록된 내용을 넘어서는 일이다. 그래도 우리는 적어도 이것만은 확실히 말할 수 있다. 이 두 인물이 성경 역사의 다른 시기들에 두드러지게 나타난 기적과 예언 사역의 압축판처럼 보인다는 것이다. 그런 시기들은 하나님이 그분의 계획에 획기적인 변화를 주시거나 방대한 양의 새로운 계시를 전하시던 때였다. 성경에 그처럼 표적과 기사와 기적이 집중적으로 나타난 시기들은 다음과 같이 다섯 가지로 볼 수 있다.

성경에 표적과 기사가 집중적으로 나타난 시기들

시기	인물	특징
애굽을 나와 약속의 땅을 정복하던 시기	모세와 여호수아	족장 시대에서 율법 시대로 바뀐다.
이스라엘과 유다의 고집스런 왕들의 시기	엘리야와 엘리사	율법에 불순종한 죄로 심판당하여 포로로 잡혀가기 직전이다.
타국에 포로로 잡혀간 시기	다니엘과 친구들	포로 생활 중에 하나님의 백성을 보전하고 귀환을 준비시킨다.
그리스도의 지상 사역과 초대 교회의 시기	예수님과 사도들	구약에서 신약으로 바뀌고, 기독교 교회가 태어난다.
장차 임할 환난의 시기	두 증인	심판을 통하여 그리스도가 재림하시고 그분의 나라가 임한다.

—11:7-12—

이전의 모든 선지자처럼 종말의 이 두 선지자도 적들을 좌절에 빠뜨린다. 하나님이 사역에 능력을 주시는 동안에는 그들은 무적의 불사신처럼 어떤 공격에도 해를 입지 않는다. 그러나 사명이 완수되면 하나님이 그들에게서 보호의 손을 거두시고, 그리하여 적들이 그들을 죽일 수 있게 된다(11:7).

얼마나 깜짝 놀랄 반전인가! 앞 장면에서 요한이 먹은 두루마리를 기억하는가? 그것은 처음에는 그의 입에 꿀처럼 달았다. 두 증인이 사역을 하며 경험한 승리의 날들과 같다. 그러나 두루마리는 요한의 배 안에서 쓰게 변했다. 증언의 때가 끝나 두 증인이 결국 쓰라리게 패한 것과 같다. "증언"으로 번역된 헬라어 단어 *martyria*는 흥미롭게도 영어 단어 '순교'나 '순교자'와 어원이 같다. 본래 이 단어는 진리에 대하여 공적으로 증언한다는 뜻이었다. 그런데 그런 공적인 증언을 죽음으로 증명해야 할 때가 있었다. 그래서 미래의 이 두 '증인'은 자신들의 구주와 이전의 무수히 많은 성도들을 뒤따라 예수 그리스도의 복음을 위하여 순교의 길을 간다.

요한계시록 최초로 7절에 "짐승"이 언급된다. "적그리스도"라고도 하는 종말의 이 인물에 대해서는 13장과 17장에 더 자세한 설명이 나온다. 7년 환난의 중간 시점에 완전히 실권을 장악할 이 짐승은 3년 반 동안 단기 사명을 마친 두 증인을 이기고 죽인다(11:7). 그들이 죽자 세상은 그들을 극도로 경멸한다. 대중들은 그들의 시신을 예루살렘 거리에 사흘 반 동안 버려두는데, 이것은 장례를 신속하고 예를 갖추어 치러야 하는 유대 문화에서는 지독한 모욕이다(11:8). 두 선지자 때문에 못내 괴로웠던 온 세상은 그들이 죽었다는 소식을 듣고 아예 즐거워하기까지 한다(11:10).

그러나 예물까지 주고받던 흥겨움과 조롱은 갑자기 끝나버린다. 두 증인의 적들이 시신들을 만인이 보는 거리에 방치해두고 있을 때 하나님이 삼일 반 후에 개입하셔서 그들을 다시 살리신다(11:11). 죽었던 선지자들은 조롱하던 무리가 두려워하며 목도하는 가운데 벌떡 일어나 만인이 보는 데서 하늘로 승천한다(11:12).

두 증인의 사역은 그들의 위업을 목격하는 사람들에게 틀림없이 깊은 감명을 남길 것이다. 하지만 이 선지자들의 삶을 잘 보면 알겠지만, 그들은 제 자랑을 늘어놓을 근거가 전혀 없다. 신기하게 보호받은 일, 기적을 행하는 권세, 설득력 있는 설교 등 그들의 남다른 점은 모두 하나님의 주권적인 손에서 왔다. 사명이 끝나자 그들을 능하게 하던 권세도 끝났다. 하지만 하나님은 그분의 그릇들을 일회용 접시처럼 버리지 않으신다. 오히려 그분은 비극을 승리로 바꾸어 자신의 용감무쌍한 두 증인을 자신이 계시는 하늘로 훌쩍 데려가실 것이다.

—11:13-14—

두 증인의 부활과 승천이라는 충격적인 사건을 세상이 아직도 멍하니 바라보고 있는데 예루살렘 성이 지진으로 사납게 요동한다. 이 재난으로 도시의 10분의 1이 무너지고 7천 명이 죽는다(11:13). 지진에서 살아남은 사람들에게서 즉시 터져나온 반응은 '억지 고백'처럼 보인다. 겁에 질려 갑자기 "영광을 하늘의 하나님께" 돌린 그 사람들 가운데 진정한 믿음, 구원의 믿음을 가진 사람이 얼마나 될지는 알 수 없다. 하나님을 자신의 인격적인 구주와 주님으로 고백하지 않고도 그분의 능력과 진노를 인정한 사람들은 역사 속에 수없이 많이 있었다.

하지만 한 가지만은 분명하다. 두 증인의 승천에 이어 발생한 예루살렘 대지진으로 한 시대가 종막을 고한다. 요한계시록 11장 14절은 (앞서 8장 13절에서 예고된) 둘째 화가 지나갔다고 말해준다. 온 인류가 회개할 수 있는 기회는 속속 사라지고 있고, 최후의 심판날이 빠르게 다가오고 있다.

적용

비극을 승리로 바꾸시는 하나님

하나님의 계획은 변함없이 예정대로 계속 진행된다. 그분의 손이 한 사람의 삶과 사역에 능력을 주시면, 그 사역은 그분이 다 이루실 때까지 계속된다. 죽음조차도 하나님의 신실한 종의 유산을 막을 수는 없다! 진리를 증언하는 사람의 목소리를 잠재울 수는 있어도 선포된 진리는 영원불멸하다.

두 증인의 기사에서 한 가지 중요한 진리가 도출된다. 하나님은 비참한 상황을 승리의 사건으로 변화시키실 수 있다.

패자가 승자가 된다.

약점이 강점으로 변한다.

엄두가 안 나던 장애물이 절호의 기회로 바뀐다.

오늘날 긍정적 사고를 부르짖는 사람들과 동기를 부여하는 강사들은 우리 자신의 힘으로 큰일을 이루고 잠재력을 실현하며 목표를 성취하라고 우리를 감화시키려 한다. 많은 기독교 지도자들도 개인적 행복과 성공과 건강과 부한 삶을 주창한다. 하지만 이런 나 중심의 철학을 하나님의 능력으로 하나님을 위하여 큰일을 이룬 성경의 영웅들 및 역사 속의 성도들과 비교해보면, 동기와 결과 모두 극명한 대조를 이룬다. 그들의 경우는 모든 영광이 우리의 것이 아니라 하나님의 것이다.

성경에는 하나님이 약자들과 밑바닥 인생들을 사용하여 그분의 뜻을 이루신 예가 가득하다. 다윗 대 골리앗, 엘리야 대 바알의 선지자들, 기드온의 3백 용사 대 미디안의 수만 병사들, 에스더 대 하만 등이 좋은 예다. 우리 하나님은 "클수록 좋다", "강자만 살아남는다"는 세상의 사고방식을 뒤집기를 좋아하신다. 세상은 사람의 가치를 결정하는 궁극적 기준을 성공과 성취로 정해놓았다. 그러다 보니 우리는 하나님이 종종 큰 자 대신 작은 자, 무리 대신 남은 자를 선택하시는 분임을 자칫 잊기 쉽다.

당신에게 권하고 싶다. 오늘부터 며칠 동안 그 위대한 이야기들 가운데 한두 개를 깊이 묵상해보라. 그 사람의 삶에 약점이나 비극은 무엇인가, 그 악조건을 극복하도록 하나님이 어떻게 능력을 주셨는가, 그분이 그 사람을 통하여 어떻게 큰일을 이루셨는가 등에 초점을 맞추라. 그다음 당신 자신의 약점들을 보라. 또한 당신의 삶을 돌아보면서 여태까지 자신이 견뎌온 장애물, 비참한 일, 실망거리 등을 짚어보라. 참된 영적 능력의 유일한 근원이신 하나님께 당신의 약점을 강점으로 바꾸어달라고 기도하라. 당신의 비극을 승리로 변화시켜주실 그분을 신뢰하라.

인물과 본문	약점이나 비참한 일	하나님이 이루신 일	당신의 약점과 비참한 일
모세(출 1-12장)			
기드온(삿 6-8장)			
삼손(삿 13-16장)			
룻(룻 1-4장)			
다윗(삼상 16-31장)			
에스더(에 1-10장)			
다니엘(단 1-6장)			

일곱째 나팔 소리(요한계시록 11:15-19)

15일곱째 천사가 나팔을 불매 하늘에 큰 음성들이 나서 이르되 세상 나라가 우리 주와 그의 그리
스도의 나라가 되어 그가 세세토록 왕 노릇 하시리로다 하니 16하나님 앞에서 자기 보좌에 앉아 있
던 이십사 장로가 엎드려 얼굴을 땅에 대고 하나님께 경배하여 17이르되

감사하옵나니 옛적에도 계셨고 지금도 계신 주 하나님 곧 전능하신 이여 친히 큰 권능을 잡으시
고 왕 노릇 하시도다 18이방들이 분노하매 주의 진노가 내려 죽은 자를 심판하시며 종 선지자들과
성도들과 또 작은 자든지 큰 자든지 주의 이름을 경외하는 자들에게 상 주시며 또 땅을 망하게 하는
자들을 멸망시키실 때로소이다 하더라

19이에 하늘에 있는 하나님의 성전이 열리니 성전 안에 하나님의 언약궤가 보이며 또 번개와 음성
들과 우레와 지진과 큰 우박이 있더라.

매일 매시간 온 세상의 그리스도인들은 성경에서 가장 친숙한 기도들 가운데 하나를 수백 가지의 언어로 외운다. 그 기도는 친숙한 두 단어로 시작된다. *Patēr hēmōn*… *Pater noster*… *Vater unser*… *Notre Père*… *Padre nostro*… *Our Father*…. 많은 교회들이 마태복음 6장 9-13절의 주기도문을 예배에 자주 포함시킨다. 온 세상의 신자들은 개인적 신앙

의 행위로 그것을 암송한다. 사실 이 전통은 1세기로까지 거슬러 올라간다. 그 당시의 그리스도인들은 주기도문을 하루에 세 번씩 암송하곤 했다.[4] 요한이 요한계시록을 기록할 즈음에는 주기도문을 다함께 외우는 관행이 아마 널리 퍼져 있었을 것이다.

교회가 세워진 이래로 신도들이 날마다 하나님께 그 기도를 드리고 있지만 흥미롭게도 이 옛 기도의 일부 요소들은 결코 문자적으로 응답된 적이 없다. 마태복음 6장 10절에서 그리스도는 "나라가 임하시오며"라고 기도하셨다. 나는 국제 문제에 대한 전문가는 아니지만, 주기도문의 이 부분이 이미 응답되었다면 세상이 지금과는 크게 다르리라는 것만은 안다! 그리스도의 지상 나라가 이미 하늘에서 내려왔다고 느껴질 만한 일은 오늘날의 세상에 아무것도 없다. 오히려 뉴스를 보면 어떤 때는 지옥이 올라오고 있다는 느낌이 든다.

물론 신자들은 복음 전파를 통하여 영적인 하나님 나라를 진척시키는 데 일조하고 있다(행 28:31, 골 1:13). 그러나 장차 주기도문의 모든 요소가 문자적으로 성취될 그날이 올 것이다(계 11:15-19). 그날이 오면 그리스도께서 온 땅을 다스리실 것이고, 세상이 달라질 것이며, 죄와 사망은 뿌리 뽑힐 것이고, 하나님의 궁극적 목적들이 "하늘에서 이루어진 것 같이 땅에서도" 이루어질 것이다(마 6:10).

얼마나 영광스러운 날이 될 것인가! 하지만 우리는 그리스도의 나라가 도래하기 전에 먼저 심판의 기간이 있음을 잊어서는 안 된다. 나팔이 울리고, 큰 음성이 나고, 하늘의 성전 앞에 천국의 합창이 울려 퍼진다. 번갯불과 우렛소리와 오싹한 지진과 무서운 우박이 땅을 뒤흔든다. 일곱째이자 마지막 나팔 소리가 울리자 하나님은 그리스도의 영광스러운 통치를 도래시킬 무서운 일곱 대접의 진노에 요한을 준비시키신다.

—11:15—

무슨 일이든 시각이 중요하다. 11장 15-19절에 기록된 사건들은 장차 하나님이 최후의 심판을 행하시고 그리스도께서 재림하실 때에 성취될 것이다. 그런데 하늘에서 나는 큰 찬송의 음성들은 미래의 사건들을 과거로 표현하고 있다. 요한이 보는 데서 그 일이 벌어지고 있기 때문이다. 오늘 우리는 아무도 사물을 그와 똑같이 예언적 시각에서 보지 못한다. 하지만 "세세토록" 계속될 그리스도의 궁극적 통치만은 우리도 똑같이 확신할 수 있다.

시간 순서로 볼 때, 일곱째 나팔은 요한계시록 16장의 일곱 대접으로 상징되는 하나님의 진노의 최종 단계를 도입시킴과 동시에 그것을 포괄한다. 존 왈부드는 이렇게 썼다. "이것이 재림 때 성취된다는 사실로 미루어, 일곱째 나팔의 시기가 시간적으로 그리스도의 재림에까지 미친다는 것을 분명히 알 수 있다. 그러므로 일곱째 나팔은 16장에 계시된 하나님의 진노의 일곱 대접 심판을 도입시키면서 또한 그것을 포괄한다."[5] 환난의 후반기 3년 반에 대해서는 요한계시록 12-16장에 더 자세히 나오는데, 그때 일곱째 나팔의 결과가 지상의 무대 위에 펼쳐질 것이다. 우선 지금은 뒤에서 더 상세히 묘사될 내용이 천국의 예언적 노래에 짤막히 압축되어 소개된다.

나팔 소리가 알리는 내용의 전체 그림을 놓치지 말자. 천국의 음성들이 부르는 예배의 합창이 15절과 17-18절에 자세히 요약되어 있다. 그들은 "세상 나라가 우리 주와 그의 그리스도의 나라가 되어(헬라어 원문에 '되어'가 과거 시제로 되어 있다-역주) 그가 세세토록 왕 노릇 하시리로다"라고 선포했다. 헨델은 자신의 명작 〈메시아〉의 유명한 '할렐루야 합창'에 바로 이 뒷부분을 후렴구로 넣었다. 이 말씀은 사탄의 영적인 굴레에 매인 악한 인류("세상 나라")로부터 하나님 아버지를 주권적 왕으로 모신 그리스도와 성도들("우리 주와 그의 그리스도의 나라")에게로 권력이 넘어가는 일대 변화를 강조하고 있다. 그러나 이 변화가 실현되려면 어둠의 나라가 심판을 받아야 하고, 빛의 나라가 지면에 그 광채

일곱째 나팔이 곧 '마지막 나팔'인가?

이 시점에서 일곱째 나팔에 관한 흔한 오해 하나를 분명히 밝힐 필요가 있다. 바울은 고린도전서 15장 51-52절에 "보라 내가 너희에게 비밀을 말하노니 우리가 다 잠 잘 것이 아니요 마지막 나팔에 순식간에 홀연히 다 변화되리니 나팔 소리가 나매 죽은 자들이 썩지 아니할 것으로 다시 살아나고 우리도 변화되리라"고 썼다. 또 데살로니가전서 4장 16-17절에도 동일한 사건을 두고 말하면서, "주께서 호령과 천사장의 소리와 하나님의 나팔 소리로 친히 하늘로부터 강림하시리니 그리스도 안에서 죽은 자들이 먼저 일어나고 그 후에 우리 살아 남은 자들도 그들과 함께 구름 속으로 끌어 올려 공중에서 주를 영접하게 하시리니 그리하여 우리가 항상 주와 함께 있으리라"고 썼다.

일부 학자들은 고린도전서 15장 51절과 데살로니가전서 4장 16절의 "마지막 나팔"을 요한계시록 11장 15절의 "일곱째 나팔"과 동일한 것으로 본다. 요한계시록의 "일곱째 나팔"이 나팔 시리즈 가운데 "마지막 나팔"이기 때문에 표면상으로는 그런 가정에도 일리가 있어 보인다. 하지만 자세히 보면 이 두 나팔이 별개의 예언적 사건들을 가리키고 있음을 알 수 있다.

11장 15절의 일곱째 나팔은 하나님의 진노가 최종 단계에 이른 것, 그리스도의 통치가 시작된 것, 이러한 권력의 획기적 교체에 대한 반응으로 천국에 찬양의 합창이 울려 퍼지는 것을 분명히 알린다. 반면에 바울이 말한 종말의 나팔은 믿는 성도들이 몸으로 부활하여 땅에서 "끌어 올려" 갈 것을 말하고 있다. 세 본문을 나란히 놓고 보면 이 본문들의 유일한 공통점은 나팔이 언급되었다는 것뿐이다. 그런데도 바울의 "마지막 나팔"과 요한의 "일곱째 나팔"이 과연 동일한 것일 수 있을까?

"마지막 나팔"과 "일곱째 나팔"의 대조

고린도전서 15:51–52	데살로니가전서 4:14–17	요한계시록 11:15–18
마지막 나팔이 울린다.	하나님의 나팔이 울린다.	일곱째 나팔이 울린다.
	천사장의 큰 음성이 들린다.	
	그리스도께서 하늘로부터 강림하신다.	
죽은 성도들이 부활한다.	죽은 성도들이 부활한다.	
살아 있는 성도들이 변화된다.		
	살아 있는 성도들이 끌어 올려 간다.	
	부활하여 휴거한 성도들이 공중에서 그리스도를 영접한다.	
		세상 나라가 그리스도의 나라가 된다.
		하나님이 권좌에 올라 다스리기 시작하신다.
		하나님의 진노가 임한다.
		죽은 자들이 심판받는다.
		선지자들과 성도들이 상을 받는다.

이 물음에 답하려면 바울이 데살로니가전서와 고린도전서를 쓴 때가 각각 AD 50년경과 AD 55년경이었음을 염두에 두어야 한다. 요한이 환상을 보고 요한계시록을 기록한 때는 AD 96년경이었으므로 바울은 시리즈로 된 일곱 나팔의 심판을 몰랐을 것이다. 그러므로 바울이 말한 "마지막 나팔"은 요한계시록의 일곱째 나팔을 지칭한 것이 아니었다고 확실히 결론지을 수 있다. 하지만 요한계시록 11장 15절에서 천사가 일곱째 나팔을 불었다는 요한의 말은 바울의 마지막 나팔을 지칭한 것일 수 있지 않을까? 요한이 만일 그 둘을 연관시킬 의도였다면 일체의 의혹을 없애기 위하여 아마도 "마지막 나팔"이라는 말을

를 비추어야 한다.

—11:16–18—

일곱째 천사가 나팔을 불자 천국에 찬송이 터져나온다. 이로써 교회가 예로부터 드려온 "나라가 임하시오며"라는 기도가 실현될 것이다. 구약과 신약에 두루 예언된 하나님 나라가 마침내 이루어질 것이다.

요한의 환상 속에서 이런 사건들은 이미 성취된 것으로 그려진다. 하지만 우리는 그것 때문에 혼동에 빠져서는 안 된다. 우리의 시점에서 보자면 16–18절에 묘사된 모든 사건은 아직도 미래다. 그래도 하나님의 목적은 변할 수 없고 예언된 사건들은 확실하기 때문에, 우리도 하나님이 장차 하실 일을 인하여 천국의 무리와 함께 그분을 찬양할 수 있다.

- 장차 승리가 있을 것이다. 이 세상 나라가 우리 주와 그의 그리스도의 나라가 될 것이다(11:15–16).
- 장차 무서운 진노의 시기가 올 것이다. 사탄의 지배 아래 있던 나라들이 정복당하고 이 땅에 그리스도의 보좌가 설 것이다(11:17–18).

• 장차 천년 통치가 끝날 때 나라들이 다시 한 번 반항하겠지만 그 적대적인 세력들은 결국 궤멸될 것이다(11:18).
• 장차 최후의 심판과 최후의 상급이 있을 것이다. 악인들은 부활하여 영원한 벌을 받고, 의인들은 성도에게 약속된 모든 유업을 받을 것이다(11:18).

썼을 것이다. 아니면 적어도 성도들의 부활과 휴거 또는 그리스도의 강림을 구체적으로 언급했을 것이다.
이상으로 보건대 이 두 나팔은 별개의 예언적 사건들을 지칭하는 것으로 보인다. 바울의 "마지막 나팔"은 7년 환난 기간이 시작되기 전에 교회가 부활하고 휴거되어 이 땅으로부터 건짐 받을 것을 알린다. 반면에 본문의 일곱째 나팔은 나팔의 심판 시리즈를 마감하고, 그리스도의 진노와 통치를 미리 보여주며, 이후의 여러 환상들을 거쳐 일곱 대접의 진노로 이어진다(12-16장).

지금 세상이 어지럽게 보이고 상황이 아무리 통제 불능인 것 같아도 결국 하나님이 이기신다! 이 근본 진리를 절대로 잊지 말라. 이 놀라운 약속이 있기에 우리도 이십사 장로와 함께 엎드려 하나님을 경배할 수 있다(11:16).

—11:19—

11장 첫머리에서 요한은 이 땅에 있는 하나님의 성전을 측량하라는 명을 받았다(11:1). 같은 장 끝에서 요한은 다시 하나님의 성전으로 돌아가는데 이번에는 하늘에 있는 성전이다(11:19). 하늘의 성전은 우리와 하나님의 교제가 끊어지지 않음을 의미한다. 성전의 문들은 다 열려 있다. 이 성전 안에서 요한은 언약궤를 보았는데, 언약궤는 하나님의 거룩함을 가리키는 상징이며 그 거룩함에서 그분의 공의로운 진노가 나온다.

언약궤에 들어 있는 십계의 돌판(신 10:2)은 하나님의 의로운 기준을 늘 상기시켜준다. 천국에 언약궤가 있다는 사실은 하나님이 언약의 규정을 결코 잊지 않으실 것을 우리에게 일깨워준다. 하나님은 자비롭고 은혜로운 분이시기에 믿는 사람들에게는 그분의 보좌에 얼마든지 나아오게 해주신다. 하지만 그분의 율법과 공의는 변할 수 없는 기준이기에 그분은 불신자들에게는 진노와 심판을 행하신다. 이 심판이 11장 19절에서 번개와 우렛소리와 지진과 우박으로 상징되고 있다. 하나님이 그분의 의를 드러내실 때가 되면, 그분은 언약

언약궤

을 어긴 사람들에게 진노를 쏟으신다. 하지만 아들 예수 그리스도를 통하여 하나님을 알고 그리스도의 피로 말미암아 자비와 은혜 안으로 피한 우리는 그분의 보좌 앞에 막힘없이 나아감을 누린다.

수십 세기 전에 그리스도는 첫 제자들에게 "나라가 임하시오며 뜻이 하늘에서 이루어진 것 같이 땅에서도 이루어지이다"(마 6:10)라고 기도하도록 가르치셨다. 하늘을 보면 우리는 이 땅이 어떠해야 하는가의 모델을 볼 수 있다. 어느 날 이상이 현실이 되고, 믿음으로만 알던 것을 직접 눈으로 보게 되며, 숨겨져 있던 뜻이 계시될 것이다. 그때까지 우리는 하나님의 공의와 자비 안에서 살아갈 수 있다.

적용

미래의 왕들은 지금도 보좌 앞에 나아갈 수 있다

일곱째 나팔이 알리는 미래의 사건들을 미리 보며 묵상하노라면 시대를 초월하는 두 가지 진리가 두드러져 보인다.

첫째, 하나님의 은혜로 우리는 그분께 무제한으로 나아갈 수 있다. 천국의 성전이 열려 있는 이미지(11:19)는 신자들과 하나님의 관계가 열려 있음을 알려준다. 그리스도의 피로 우리에게 용서를 사주셨기에 우리는 담대히 그분께 나아갈 수 있다. 뿐만 아니라 우리는 그분의 사랑받는 자녀이기에 장차 임할 진노도 받지 않는다(살전 1:9-10, 계 3:10). 그리스도인들은 결코 일곱째 나팔의 심판을 경험하지 않으며, 요한계시록에 기술된 다른 나팔들의 심판도 일체 받지 않는다. 오히려 우리는 바울이 말한 "마지막 나팔" 때 이미 변화되어 천국으로 올라간 상태다(살전 4:16). 악인들이 지상에서 환난을 당하는 동안 교회는 그리스도와 함께 재림하여 그분과 함께 이 땅을 다스릴 준비를 하게 된다(계 17:14, 19:14).

여기서 잠시 멈추어 자신에게 이렇게 물어보라. "나는 그리스도를 믿었는가? 하나님이 값없이 선물로 주시는 영생을 받았는가? 나는 내가 하나님과 친밀하고 인격적인 관계를 맺었으며 장차 임할 진노에서 건짐 받을 것을 확실히 아는가?" 사람이 영원히 구원받으려면 예수 그리스도에 대한 기쁜 소식, 즉 그분이 우리 대신 죽으심으로 우리의 모든 죗값을 치르셨고 또 죽음에서 부활하여 우리의 영원한 구주가 되셨다는 사실을 단순히 믿어야 한다.

다시 한 번 묻고 싶다. 당신은 이 진리를 자신의 것으로 받아들였는가? 만일 그렇다면 이제 당신도 하나님께 직접 나아갈 수 있음을 잊지 말라. 히브리서 4장 16절에 보면 "그러므로 우리는 긍휼하심을 받고 때를 따라 돕는 은혜를 얻기 위하여 은혜의 보좌 앞에 담대히 나아갈 것이니라"고 했다. 오늘 당신에게 가장 절실히 필요한 것은 무엇인가? 당신은 그 일에 대해 돕는 은혜를 얻기 위하여 기도로 하나님께 담대히 나아갔는가? 하나님의 자녀인 당신에게 천국 문은 열려 있다. 그렇다면 당신의 장자권을 붙들고 하늘 아버지께 무제한으로 나아갈 수 있는 권리를 누리라.

두 번째로 이 본문에서 얻을 수 있는 확실하고 힘이 되는 진리는 우리의 주권적인 왕께서 장차 우리를 다스리시며 상을 주신다는 것이다. 이 진리는 어찌나 분명한지 미래에 성취될 일이 요한의 환상 중에 과거 시제로 표현되었을 정도다. 이 소망이 있기에 우리는 마땅히 신뢰와 확신으로 반응해야 한다. 아울러 우리는 그분이 다시 오실 때까지 부지런히 섬겨야 한다. 신자들은 그분이 오실 때까지 구원의 복음을 전하도록 부름 받았다(마 28:18-20). 현재 당신은 이 땅에 영적인 하나님 나라를 진척시키기 위하여 어떤 노력을 하고 있는가?

정체가 드러난 궁극적 악의 제국(요한계시록 12:1–17)

1하늘에 큰 이적이 보이니 해를 옷 입은 한 여자가 있는데 그 발 아래에는 달이 있고 그 머리에는
열두 별의 관을 썼더라 2이 여자가 아이를 배어 해산하게 되매 아파서 애를 쓰며 부르짖더라
3하늘에 또 다른 이적이 보이니 보라 한 큰 붉은 용이 있어 머리가 일곱이요 뿔이 열이라 그 여러
머리에 일곱 왕관이 있는데 4그 꼬리가 하늘의 별 삼분의 일을 끌어다가 땅에 던지더라 용이 해산하
려는 여자 앞에서 그가 해산하면 그 아이를 삼키고자 하더니
5여자가 아들을 낳으니 이는 장차 철장으로 만국을 다스릴 남자라 그 아이를 하나님 앞과 그 보
좌 앞으로 올려가더라 6그 여자가 광야로 도망하매 거기서 천이백육십 일 동안 그를 양육하기 위하
여 하나님께서 예비하신 곳이 있더라
7하늘에 전쟁이 있으니 미가엘과 그의 사자들이 용과 더불어 싸울새 용과 그의 사자들도 싸우나
8이기지 못하여 다시 하늘에서 그들이 있을 곳을 얻지 못한지라 9큰 용이 내쫓기니 옛 뱀 곧 마귀라
고도 하고 사탄이라고도 하며 온 천하를 꾀는 자라 그가 땅으로 내쫓기니 그의 사자들도 그와 함께
내쫓기니라 10내가 또 들으니 하늘에 큰 음성이 있어 이르되 이제 우리 하나님의 구원과 능력과 나
라와 또 그의 그리스도의 권세가 나타났으니 우리 형제들을 참소하던 자 곧 우리 하나님 앞에서 밤
낮 참소하던 자가 쫓겨났고 11또 우리 형제들이 어린 양의 피와 자기들이 증언하는 말씀으로써 그를
이겼으니 그들은 죽기까지 자기들의 생명을 아끼지 아니하였도다 12그러므로 하늘과 그 가운데에 거
하는 자들은 즐거워하라 그러나 땅과 바다는 화 있을진저 이는 마귀가 자기의 때가 얼마 남지 않은
줄을 알므로 크게 분내어 너희에게 내려갔음이라 하더라
13용이 자기가 땅으로 내쫓긴 것을 보고 남자를 낳은 여자를 박해하는지라 14그 여자가 큰 독수리
의 두 날개를 받아 광야 자기 곳으로 날아가 거기서 그 뱀의 낯을 피하여 한 때와 두 때와 반 때를
양육 받으매 15여자의 뒤에서 뱀이 그 입으로 물을 강 같이 토하여 여자를 물에 떠내려 가게 하려 하
되 16땅이 여자를 도와 그 입을 벌려 용의 입에서 토한 강물을 삼키니 17용이 여자에게 분노하여 돌
아가서 그 여자의 남은 자손 곧 하나님의 계명을 지키며 예수의 증거를 가진 자들과 더불어 싸우려
고 바다 모래 위에 서 있더라.

사탄은 우리를 미워한다. 그리스도와 그분의 가르침을 사랑하고 따르는 모든 사람은 그 사실을 절대로 잊어서는 안 된다. 사탄이 원하는 일이라고는 하나님과 다른 사람들을 향한 우리의 사랑을 방해하고, 우리를 유혹하여 도덕적 파국에 빠뜨리며, 우리로 하여금 주 예수 그리스도와 동행하기보다 죄의 생활방식을 택하게 하는 것뿐이다. 우리가 넘어지면 사탄은 대기하고 있다가 하나님 앞에 우리를 참소한다. 우리가 유혹의 시험을 이겨내면 사탄

은 그 너머를 보며 이미 다음번 공격을 구상하고 있다. 사탄은 우리를 지독히 미워한다.

대체로 사탄은 간접적인 방법들을 사용한다. 온갖 도덕적 함정을 세상에 든든히 구축해놓고 그것으로 방심하는 피해자들을 꾀고 덮치고 파괴한다. 사람들이 사탄의 사악한 덫 안으로 직행할 때마다 사탄은 그저 앉아서 웃기만 하면 된다. 그런가 하면 사탄은 좀 더 직접적인 방법들을 쓸 때도 있다. 맞춤형 유혹을 가지고 우리의 삶 속에 찾아와 우리를 속이는 것이다. 사실 하나님이 허락만 하신다면 사탄은 자신의 무기고를 몽땅 다 열어 인류를 대적할 것이고, 영적 군대와 물리적 군대를 온 지면에 다 풀어 남녀노소 가릴 것 없이 모든 사람을 파멸시킬 것이다.

사탄이 세운 궁극적 악의 제국은 수천 년 동안 그 세력을 확장해왔다. 광명의 천사로 가장한 사탄(고후 11:14)은 진리의 빛 앞에 자신의 흉악한 제국을 좀처럼 드러내지 않는다. 그러나 날이 이르면 하나님은 악을 억제하시던 힘을 이 땅에서 거두실 것이고, 그러면 사탄이 잠시 동안 미쳐 날뛰도록 허용될 것이다. 장차 하나님이 억제하시는 힘을 거두실 일에 대해 바울은 데살로니가후서 2장 6-8절에서 이렇게 썼다. "너희는 지금 그로 하여금 그의 때에 나타나게(드러나게) 하려 하여 막는(억제하는) 것이 있는 것을 아나니 불법의 비밀이 이미 활동하였으나 지금은 그것을 막는 자가 있어 그 중에서 옮겨질 때까지 하리라 그 때에 불법한 자가 나타나리니." 그때가 오면 기만과 파괴와 절망이 지구를 유린할 것이다. 하지만 그때에도 사탄의 활동은 자신의 때가 얼마 남지 않았음을 아는 다급한 악당의 활동이 될 것이다.

예나 지금이나 사람들은 원수 마귀의 손에서 놀아나, 그 원수를 생각할 때 두 가지 과오에 빠지곤 한다. C. S. 루이스는 고전 『스크루테이프의 편지(Screwtape Letters)』에서 그 양극단을 이렇게 지적했다.

> 우리 인류는 귀신들에 대하여 두 가지 대등하고도 상반된 오류에 빠질 수 있다. 하나는 귀신의 존재를 믿지 않는 것이고, 또 하나는 믿되 귀신에게 지나치고 해로운 관심을 품는 것이다. 귀신들은 이 두 오류를 똑같이 좋아하며, 유물론자와 심령술사를 똑같이 기쁘게 환영한다.[6]

사탄은 전능하지도 않지만 그렇다고 완전히 무능하지도 않다. 그것을 알면 우리 앞에 닥친 도전의 실상을 바로 이해할 수 있다. 즉, 지금 우리가 전쟁 중인 상대는 사탄의 악한 제국이되 현 상태의 악한 제국이다. "현 상태"라 함은 사탄이 하나님의 사람들에게 분노를 쏟아낼 수 있는 능력이 현 시대에는 제한되어 있기 때문이다. 그러나 어느 날 사탄의 제국은 총력으로 세상을 칠 수 있게 허용될 것이고, 그 후 그리스도께서 다시 오실 때 그 제국은 무너질 것이다.

—12:1-6—

요한계시록 11장에서 우리는 천국의 찬양대가 최후의 심판과 그리스도의 확실한 지상 통치를 노래하는 것을 들었다. 이 승리의 선포가 절정에 달하여 천국의 성전에 언약궤가 나타나면서 하나님의 영광이 눈부시게 드러났다. 그리고 우레와 번개와 지진과 우박이 뒤를 이었다. 이 환상이 점점 희미해지면서 진동과 굉음이 잦아들자 요한은 새로운 환상을 받았다.

12장 1절에 보면 이 새로운 환상 중에 "하늘에 큰 이적이 보"였다. "이적"으로 옮겨진 헬라어 단어 *sēmeion*은 특별한 의미가 담겨 있거나, 그 이면의 무엇을 가리켜 보이는 어떤 표시나 상징을 뜻한다.[7] 새로운 환상에는 상징적인 인물들이 나오는데, 이들은 과거와 미래의 실존 인물들 또는 역사적 사건들을 가리킨다. 요한계시록 12장에 나오는 다섯 명 혹은 단체의 주요 등장인물들을 잘 알아둘 필요가 있다. 다음 도표의 개요는 광범위한 심판과 구속의 드라마가 갖는 의미를 이해하는 데 도움이 될 것이다.

이 환상은 그리스도의 초림을 빠르게 되돌아보는 것으로 시작된다. 1세기에 이스라엘의 의로운 남은 자들은 메시아를 간절히 대망했다. 우리가 아는 그런 남은 자들로는 마리아와 요셉도 있고, 그리스도가 오시기를 기다리다가 그분이 오시자 기뻐했던 시므온과 안나라는 인물들도 있다(눅 2:25-32, 36-38). 그러나 그리스도의 출생에는 큰 방해가 뒤따랐고, 특히 헤롯 대제가 이 아이를 죽이려 했다(마 2:7-18). 사실 그리스도가 이 땅에 사셨던 내내 사탄은 온갖 방법을 동원하여 메시아를 죽이고 그분의 사명을 방해하려 했다. 그러나 결국 하나님의 아들은 세상에서 승리하셨고 하늘과 땅의 모든 권세를 유업으로 받으셨다

요한계시록 12장의 등장인물들

상징적 인물	실제 해당 인물	설명과 해석
여자 (12:1–2, 6, 13–17)	이스라엘의 의로운 남은 자들	신원을 파악하는 핵심 열쇠가 창세기 37장 9–10절에 나온다. 거기에도 동일한 상징들이 쓰여 이스라엘 열두 지파를 나타내고 있다. 그러나 요한계시록의 이 여자는 바울이 로마서 9장 1–8절에서 기술한 선택된 의로운 남은 자들을 대표한다고 보는 것이 가장 타당하다. 요한계시록의 다른 부분들에는 이 동일한 집단이 이스라엘 열두 지파의 144,000명으로 표현된다(계 7:1–8, 14:1–5).
용과 그의 군대 (12:3–4, 7, 9, 12–17)	세상의 악한 세력들을 통하여 활동하는 사탄과 그의 귀신들	용은 "마귀"와 "사탄"으로 분명히 밝혀져 있다(12:9). 일곱 머리와 열 뿔의 상징은 다니엘이 본 짐승들의 머리와 뿔의 수와 일치하며, 이 짐승들은 바벨론, 메대–바사, 그리스, 로마 등 구약 시대에 이스라엘을 대적했던 나라들을 상징한다(단 7장). 사탄은 늘 불경한 나라들을 사용하여 하나님의 백성을 멸하려 했고, 악한 천사들의 무리가 그의 계획을 거들었다.
남자 아이 (12:5, 13)	만왕의 왕이요 만주의 주이신 그리스도	남자 아이는 "철장으로 만국을 다스릴" 분으로 밝혀져 있다(계 12:5). 이것은 시편 2편 9절과 요한계시록 19장 15절과 비슷하게 메시아를 지칭하는 표현이다. 사탄은 그분을 멸하려 했지만 그리스도는 결국 승리하셨고, 그분을 믿는 모든 사람을 주도하여 미래의 나라에서 그들과 함께 다스리신다(계 2:26–27). 분명히 그리스도는 요한계시록의 주인공이시며, 죽임을 당하신 어린 양(5:6), 유다의 사자(5:5), 결국에는 만왕의 왕이요 만주의 주(19:16) 등 여러 이름으로 등장하신다.
미가엘과 그의 군대(12:7–8)	천사장 미가엘과 선택된 천사들	미가엘은 이스라엘을 수호하고 하나님의 백성을 위하여 귀신의 세력들과 싸우는 "가장 높은 군주 중 하나"로 표현되어 있다(단 10:13, 21, 12:1). 선한 천사들로 이루어진 천국 군대의 사령관인 미가엘은 천사 급에서 사탄의 대항마이며 마귀와 정면으로 맞선다(유 1:9).
자손(12:17)	환난 기간의 성도들	여자, 곧 이스라엘의 남은 자들은 보호를 받지만 "그 여자의 남은 자손", 곧 미래의 환난 중에 그리스도를 믿는 모든 신자는 박해와 순교를 당하게 된다.

(28:18). 그래서 사복음서의 이야기 전체는 남자 아이가 태어나고 하나님의 보좌 앞으로 올려가는 것으로 압축된다(계 12:5).

그러나 요한계시록 12장 5절과 6절 사이에서 시점이 순식간에 미래로 확 건너뛴다. 이것이 영화라면 화면 아래에 "수천 년 후"라는 자막이 나올 만한 상황이다. 교회 역사 전체는 그냥 건너뛴다. 왜 그럴까? 첫째, 요한계시록의 강조점은 현 시대의 교회에서 벌어지는 일이 아니라 미래의 환난 가운데 이스라엘과 이방인 신자들에게서 벌어질 일이다. 둘째, 오순절 이후로 교회는 성령 세례를 통하여 그리스도와 영적으로 연합했으므로(고전 12:12–13) 우리는 그리스도와 운명을 함께한다. 남자 아이가 이 땅의 사탄의 진노에서 건짐 받아 하나님께로 올려간 것처럼 우리도 장차 올 환난의 진노에서 건짐 받아 하나님께로 올려갈 것이다(살전 4:17, 5:9–10).

그래서 환난 기간에 이스라엘이 회복되고 선택된 남은 자들에게 벌어질 일이 6절부터 묘사된다. 7장 1–8절에서 이미 보았듯이 미래의 이 남은 자들은 이스라엘 열두 지파의 144,000명으로 구성되며, 하나님의 특명에 따라 보호의 인을 받게 된다. 여자라는 상징을 통하여 우리는 하나님이 환난의 후반기 3년 반 동안 자기 백성 이스라엘을 특별히 돌보시는 것을 볼 수 있다. 그분은 또 심판과 진노가 가장 극심한 시기에 광야에 자리를 예비하셔서 이 여자를 보호하신다(12:6).

—12:7–12—

요한계시록 12장에 두 개의 싸움이 나온다. 하나는 하늘에서 벌어지고 또 하나는 땅에서 벌어진다. 두 전투는 별개이지만 밀접하게 연관되어 있다. 첫 번 싸움은 사탄과 천사장 미가엘의 충돌이다(12:7–8). 수천 년 동안 하나님의 백성을 수호해온 미가엘(단 10:13, 21)은 하늘에서 사탄의 군대를 물리쳐 땅으로 내쫓을 것이다. 미래의 이 사건은 아마 7년 환난이 시작될 때 교회의 휴거와 동시에 발생할 것이다.

흔히들 사탄을 휘하의 귀신들과 저주받은 죄인들을 지배하는 '지옥의 왕'으로 상상하지만, 성경에 따르면 그렇지 않다. 존 왈부드는 이렇게 썼다. "사탄이 천국에 있다는 개념을 선뜻 이해하기 어렵지만, 분명히 지금 그는 거기서 성도들을 참소하고 있다(참고 욥 1:6,

계 12:10). 사탄은 그리스도가 처음 오셨을 때 이미 패했지만(요 16:11) 그에게 집행될 형벌은 서서히 단계적으로 이루어진다."[8]

우리 시대에 사탄의 활동 반경은 하늘에서나 땅에서나 제한되어 있다. 그는 끊임없이 성도들을 고발하고, 우리의 죄를 지적하며, 우리가 범하는 잘못을 가지고 하나님 앞에 참소한다. 하지만 구속받은 사람들이 휴거되어 갑자기 죄 없는 불멸의 몸을 받게 되면, 성도들을 참소할 만한 모든 근거가 사라져 사탄이 욕할 대상이 없어진다. 그래서 사탄이 하늘에서 내쫓기면(그리하여 천국이 승리한 그리스도의 신부로 가득해지면), 한 음성이 천국에 있는 사람들에게는 승리를 외치지만 땅에 남은 사람들에게는 화가 있다고 외친다.

환난이 시작되면 성도들은 하늘로 끌어올려 가고 사탄은 땅으로 내쫓긴다. 그 사실에 비추어 12장 10-12절 말씀을 생각해보라. 그때 교회 구성원들은 이미 구원과 권세를 완전히 받은 상태이며, 그리스도가 땅에 재림하여 지상 나라를 세우실 때 그분과 함께 다스릴 준비를 하고 있다(12:10). 그들은 그리스도의 나라에서 그분과 함께 통치할 사람들이다. 그러나 형제들을 참소하던 사탄은 그와 동시에 땅으로 내쫓긴다. 성도들이 썩을 육신을 입고 이 땅에서 유혹과 씨름하며 죄를 짓던 때에는 사탄이 그들을 참소했지만, 이제 사탄은 더 이상 신자들을 고소할 수 없다. 그들의 죄성과 썩을 육신은 새로운 속성과 새롭고 영광스런 몸으로 대체되었다(고전 15:53-54). 드디어 교회가 사탄을 이겼다는 표현이 나오는데, 물론 자신의 힘으로가 아니라 어린 양의 피와 그분의 말씀으로 이긴 것이다(12:11). 그래서 부활하고 휴거하여 천국에 거하는 성도들은 기뻐할 수 있다(12:12).

하지만 환난이 시작되어 사탄이 마침내 하늘에서 떨어진 일은 지상에 남은 사람들에게는 기쁜 소식이 아니다. 하늘의 음성은 그래서 남겨진 그들에게 화를 선고한다. 마귀가 자신이 망할 최후의 시점이 얼마 남지 않은 줄을 알고 잔뜩 분노에 치받쳐 발악할 것이기 때문이다(12:12). 사탄이 땅에 퍼붓는 그 분노가 13-17절에 묘사되어 있다.

—12:13-17—

사탄과 그의 귀신들이 하늘에서 내쫓기면 몇 가지 중요한 변화가 뒤따른다. 첫째, 사탄은 더 이상 주의 백성을 참소하려고 하나님을 알현할 수 없다. 둘째, 그는 더 이상 하나님의 존전에 갈 수도 없고 성도들을 시험하고 유혹할 수 있는 재량도 주어지지 않는다. 셋째, 이 땅의 악은 더욱 참혹해진다. 하늘에는 승리의 함성이 울려 퍼지지만 땅에는 화가 메아리친다. 자신이 패망할 마지막 순간이 시시각각 다가올수록 사탄은 최대한 피해를 많이 입히려고 죽을힘을 다하기 때문이다.

사탄은 내쫓기자마자 지면에서 이스라엘을 없애려 한다(12:13). 역사적으로 유대인들은 증오와 조롱과 박해의 특별한 표적이 되었다. 중세 시대에는 사람들이 그들을 버림받은 존재로 대하며 의혹의 눈초리로 바라보았다. 일종의 정치적 기독교가 지배하던 그 세상은 모든 유대인을 그리스도를 죽인 자들로 보았다. 2차 세계대전 중에는 나치가 유태 민족을 말살하려고 극도의 증오심에서 대학살을 자행했다. 1948년에 현대의 이스라엘 국가가 생겨난 뒤로도 중동의 인접국들은 유태인들을 바다로 몰아넣고 땅을 되찾아야 한다는 말을 자주 했다. 반유대주의의 역사는 길고 지저분하다. 사탄은 하나님의 특별한 언약 백성을 파멸시키려고 무수히 많은 시도들을 사주했다. 그러나 하나님은 이스라엘이 영적으로 눈이 멀어 예수님을 메시아로 인정하지 않는데도 계속 충실하게 약속을 지켜 지금까지 이스라엘을 보호해오셨다(롬 11:28-29).

환난 때에도 하나님은 이스라엘의 의로운 남은 자들이 해를 당하지 않도록 그들을 보호하실 것이다(7:1-8) 요한계시록 12장에서 상징적으로 여자로 표현된 이스라엘은 사탄의 군사적 공격으로부터 초자연적인 보호를 받을 것이다. 사탄의 공격은 본문에 용의 입에서 흘러나오는 홍수로 묘사되고 있다(12:14-16). 홍수가 이스라엘을 덮치는 이미지는 다니엘 9장 26절에도 나온다. 그 예언의 말씀대로 후에 로마 군대가 이스라엘을 침략하여 예루살렘 성과 성전을 파괴했다. "그의 마지막은 홍수에 휩쓸림 같을 것이며 또 끝까지 전쟁이 있으리니 황폐할 것이 작정되었느니라."

1세기에 있었던 그런 사건들은 미래의 환난을 가리키는 생생한 모형이다. 장차 사탄은 하나님의 언약 백성을 파괴하려고 이방 나라들을 사주하여 또다시 이스라엘 국가를 침략할 것이다. 이렇게 약속의 땅을 침략하는 일은 아마 7년 환난의 전반기 3년 반 중에 발생할 것이다. 이스라엘의 남은 자들은 자기들을 물리적으로 멸절시키려는 사탄의 시도로부터 기적적으로 보호받을 것이며, 아마 그들은 같은 시기에 예언할 두 증인과 연합할 것이다(11:3-6). 사탄의 시도가 있은 후에 그 남은 자들은 이스라엘 땅에서 "광야"로 피난하여 환

묵상의 서재

장군, 장군, 외통수!

“마귀가 자기의 때가 얼마 남지 않은 줄을 알므로 크게 분내어 너희에게 내려갔음이라”(계 12:12).

마귀가 이 땅에서 절박하게 보낼 최후의 나날을 읽을 때마다 나는 두 아들에게 장기를 가르치던 일이 떠오른다. 애초에 내 쪽에서 가르치기로 한 것이 잘못이었다고 할 수 있다. 시간이 가면서 아이들은 장기를 통달했고, 나중에는 둘 다 나와 시합을 하고 싶어 몸이 달았다. 아이들은 몇 년 동안 나를 꼼꼼히 살피며 내 작전들을 익혔고 내 수를 다 파악했던 것이다. 결국 열성파 선생이었던 나는 그들의 만만한 봉이 되고 말았다.

여름 휴가 때 야영지에서 있었던 일이 기억난다. 우리는 랜턴 불빛 아래서 느긋하게 쉬고 있었다. 만족스러운 밤이었는데 갑자기 한 아이가 장기판을 꺼내며 내게 시합을 청했다. 아이가 장기 시합을 청하면서 엉큼하게 히죽히죽 웃는다면 문제가 닥칠 것은 뻔한 일이다. 그 상황이 되자 나도 마음속 깊은 곳에서 내 “때가 얼마 남지 않은 줄을” 알았다. 그 운명을 피해갈 수는 없었다. 우리는 휴가 중이었고 딱히 할 만한 다른 좋은 일도 없었다. 그래서 나는 마주앉았다. 아들은 내 모든 수를 유심히 살폈고, 어서 응수하고 싶어 엉덩이를 들썩거렸으며, 내가 손을 뗄 때마다 음흉한 웃음을 흘렸다. 끈적끈적한 거미줄에 파리가 걸려들 때 거미가 꼭 그렇게 웃을 것이다. “잡았다! 헤헤 헤헤!”

어느새 판세가 바뀌어 내 검은 말은 점점 줄고 아들의 흰 말이 많아졌다. 상아색 병사들이 나에게 우르르 몰려들더니 드디어 무서운 외마디 말이 침묵을 갈랐다. “장군!” 나는 왕을 후퇴시킨 뒤 왕의 뾰족한 머리에 손가락을 얹은 채로 다음 몇 수를 예상해보았다. 괜히 지혜로운 아버지 같은 인상을 풍기면서 말이다. “장군!” 다시 그 불길한 말이 이어졌다. 나는 연신 땀을 흘렸고 아이는 연신 킬킬거렸다. 내 때가 얼마 남지 않은 줄을 아이도 알았다. 결국 나는 외통수에 걸리고 말았다. 천천히 희미해져 가는 랜턴 불빛 아래서 나는 그야말로 강적을 만났던 것이다.

우리는 사탄을 보고 웃어서는 안 된다고 배웠다. 하지만 솔직히 나는 마귀가 패자임을 실감할 때면 가끔씩 슬며시 배어나오는 웃음을 참기가 어렵다. 그의 때는 얼마 남지 않았으며 자신도 그것을 알고 있다. 주르르 미끄러져 다니는 이 뱀은 온갖 교활한 수를 다 쓰겠지만, 결국 하나님이 이기신다. 장군, 장군, 또 장군! 그가 세상사라는 장기판에서 쓰는 모든 수는 결국 그를 종말로 더 바짝바짝 몰아간다. 그러다 마침내 온 하늘에 이 영광스러운 말이 울려 퍼진다. “이번에는 외통수다!”

난의 후반기 동안에 하나님의 보호를 받게 된다(12:14).

7년 환난의 중간 시점에 사탄은 그동안 통상적인 방식들로 이스라엘을 멸하려던 자신의 시도가 수포로 돌아간 데 대하여 점점 더 좌절에 빠진다. 그래서 악하고 교활하게 공격 작전의 수위를 높인다. "용이 여자(이스라엘의 남은 자들)에게 분노하여 돌아가서 그 여자의 남은 자손(환난 기간의 성도들) 곧 하나님의 계명을 지키며 예수의 증거를 가진 자들과 더불어 싸우려고 바다 모래 위에 서 있더라"(12:17).

환난의 후반기에 사탄은 어떤 새로운 미치광이 짓으로 성도들과 싸움을 벌일까? 그 충격적인 전술이 요한계시록 13장에 나온다.

적용
하나님의 약속 위에 서라

요한계시록 12장의 생생한 환상을 통하여 우리는 일련의 기이하고 극적인 사건들을 목격하게 된다. 이 사건들은 하늘과 땅에 걸쳐 있고, 그리스도께서 태어나시던 때로부터 미래의 7년 환난에 이르기까지 수천 년에 걸쳐 있다. 그런데 12장에서 시작되는 이 대서사는 우리의 일상생활에 도움이 될 몇 가지 실제적인 교훈을 보여준다.

첫째, 요한계시록 12장은 이스라엘 나라가 눈이 멀어 불순종할지라도 하나님은 결코 그들을 잊지 않으셨음을 가르쳐준다. 그분은 앞으로도 잊지 않으실 것이다. 그것은 약속을 지키시는 분이라는 그분의 명예가 걸린 일이다. 하나님은 당신의 백성을 기억하시고 보존하실 것이다. 그분은 박해가 일어날 때 그들을 보호하실 것이고, 끝내 약속을 지켜 그들을 고토로 돌아가 메시아 아래에 있게 하실 것이다. 대다수 유태인들이 예수님을 메시아로 받아들이지 않고 있지만, 하나님은 그래도 지난 2천 년 동안 그들을 구별된 민족으로 보존하셨다. 로마서 11장 1절에 바울은 "하나님이 자기 백성을 버리셨느냐 그럴 수 없느니라"고 썼다. 이스라엘은 신의를 저버렸어도 하나님은 신실하시다. 우리는 그 사실에서 희망을 얻어야 한다. 이스라엘에게 약속을 지키시는 하나님이 또한 우리 각자에게도 "내가 결코 너희를 버리지 아니하고 너희를 떠나지 아니하리라"(히 13:5)는 약속을 지키신다.

둘째, 요한계시록 12장은 사탄이 비록 강하고 공격적인 적일지라도 결국 승자가 될 수 없음을 가르쳐준다. 사탄은 하나님 앞에서 밤낮 우리를 참소하지만(12:10), 그 시간에 우리의 대언자이신 예수 그리스도께서 쉬지 않고 우리를 위하여 중보하신다(히 7:25). 어느 날 하나님은 성도들을 다시 살려 이 썩을 몸을 썩지 않을 새로운 몸으로 변화시켜주실 것이다(고전 15:51-53). 그날로 사탄은 입이 닫힐 것이다. 우리를 참소할 만한 근거가 더 이상 없어질 테니 말이다. 그렇게 되면 사탄은 하늘에서 내쫓길 것이고, 그가 멸망할 순간을 향하여 카운트다운이 시작된다. 당신의 삶을 돌아볼 때, 오늘 사탄이 당신을 참소할 만한 죄들은 무엇인가? 로마서 8장 1-3절과 31-39절, 요한일서 2장 1절을 읽으라. 신자들은 왜 죄 때문에 정죄당하지 않는가? 그 답에 은혜가 철철 넘쳐난다! 과거와 현재와 미래의 죄 할 것 없이 우리의 모든 죗값은 그리스도의 피로 완불되었다! 사탄의 어떤 참소도 우리를 해하거나 우리의 명예를 더럽힐 수 없다. 하나님의 은혜와 자비가 이미 우리의 죄를 깨끗이 씻었기 때문이다.

셋째, 요한계시록 12장은 오늘 우리가 공공연한 공격의 표적일지라도 두려워할 필요가 없음을 보여준다. 요한계시록 12장의 사건들은 아직 미래의 일이며, 따라서 지금은 하나님의 손이 사탄의 활동을 억제하고 있다. 우리가 하나님을 가까이하면 그분은 사탄이 퍼부을 수 있는 모든 공격에서 우리를 보호해주신다. 야고보서 4장 7절의 약속을 잊지 말라. "마귀를 대적하라 그리하면 너희를 피하리라." 우리는 두려워할 필요가 없다! 다음 성경 본문들은 영적인 공격 앞에서 당신을 두려움 없이 견고히 서게 해줄 것이다. 적어두었다가 수시로 찾아보기 바란다. 그리고 암송하라. 아예 지금 잠시 시간을 내서 천천히 소리 내어 쭉 읽어보라. 그리스도의 몸에 속한 일원으로서 당신이 누리고 있는 승리가 새삼 실감나게 다가올 것이다.

- 누가복음 22:31-32
- 에베소서 6:12-13
- 디모데후서 1:7
- 베드로전서 5:8-10
- 야고보서 4:7-8
- 요한일서 4:4

두 짐승 이야기: 적그리스도와 그의 부관(요한계시록 13:1-18)

[1]내가 보니 바다에서 한 짐승이 나오는데 뿔이 열이요 머리가 일곱이라 그 뿔에는 열 왕관이 있고
그 머리들에는 신성 모독 하는 이름들이 있더라 [2]내가 본 짐승은 표범과 비슷하고 그 발은 곰의 발
같고 그 입은 사자의 입 같은데 용이 자기의 능력과 보좌와 큰 권세를 그에게 주었더라 [3]그의 머리
하나가 상하여 죽게 된 것 같더니 그 죽게 되었던 상처가 나으매 온 땅이 놀랍게 여겨 짐승을 따르
고 [4]용이 짐승에게 권세를 주므로 용에게 경배하며 짐승에게 경배하여 이르되 누가 이 짐승과 같으
냐 누가 능히 이와 더불어 싸우리요 하더라 [5]또 짐승이 과장되고 신성 모독을 말하는 입을 받고 또
마흔두 달 동안 일할 권세를 받으니라 [6]짐승이 입을 벌려 하나님을 향하여 비방하되 그의 이름과 그
의 장막 곧 하늘에 사는 자들을 비방하더라

[7]또 권세를 받아 성도들과 싸워 이기게 되고 각 족속과 백성과 방언과 나라를 다스리는 권세를 받
으니 [8]죽임을 당한 어린 양의 생명책에 창세 이후로 이름이 기록되지 못하고 이 땅에 사는 자들은
다 그 짐승에게 경배하리라 [9]누구든지 귀가 있거든 들을지어다 [10]사로잡힐 자는 사로잡혀 갈 것이요
칼에 죽을 자는 마땅히 칼에 죽을 것이니 성도들의 인내와 믿음이 여기 있느니라

[11]내가 보매 또 다른 짐승이 땅에서 올라오니 어린 양 같이 두 뿔이 있고 용처럼 말을 하더라 [12]그
가 먼저 나온 짐승의 모든 권세를 그 앞에서 행하고 땅과 땅에 사는 자들을 처음 짐승에게 경배하게
하니 곧 죽게 되었던 상처가 나은 자니라 [13]큰 이적을 행하되 심지어 사람들 앞에서 불이 하늘로부
터 땅에 내려오게 하고 [14]짐승 앞에서 받은 바 이적을 행함으로 땅에 거하는 자들을 미혹하며 땅에
거하는 자들에게 이르기를 칼에 상하였다가 살아난 짐승을 위하여 우상을 만들라 하더라 [15]그가 권
세를 받아 그 짐승의 우상에게 생기를 주어 그 짐승의 우상으로 말하게 하고 또 짐승의 우상에게 경
배하지 아니하는 자는 몇이든지 다 죽이게 하더라 [16]그가 모든 자 곧 작은 자나 큰 자나 부자나 가난
한 자나 자유인이나 종들에게 그 오른손에나 이마에 표를 받게 하고 [17]누구든지 이 표를 가진 자 외
에는 매매를 못하게 하니 이 표는 곧 짐승의 이름이나 그 이름의 수라 [18]지혜가 여기 있으니 총명한
자는 그 짐승의 수를 세어 보라 그것은 사람의 수니 그의 수는 육백육십육이니라.

모든 위대한 드라마에는 악역이 나온다. 악역이 여럿일 때도 있다. 이야기꾼들은 이들을 '적대자'라 부른다. 줄거리에서 그들의 역할은 주인공을 대적하는 것이다. 그들은 주인공과 직접 육박전을 벌일 수도 있고, 배후에서 사건을 조종할 수도 있다. 악역은 주인공에게 슬쩍 접근하여 위협하기도 하고, 그의 앞길에 장애물을 놓기도 하며, 동지인 척하여 그를 속이기도 한다. 소설이든 영화든 모든 성공작을 생각해보면 그 속에서 악역들을 찾아낼 수 있다. 그들은 선과 악의 고전적 싸움에서 악의 화신이다. 하지만 어떤 이야기에서든 가

장 교활하고 가장 파괴력을 지닌 적은 바로 주인공인 척하는 악역이다.

성경에도 살벌하게 공격하고 까부수는 악역이 나온다. 우리는 그가 에덴동산에서 아담과 하와를 유혹할 때 그를 처음 보았다. 그는 인류를 타락시켜 세상에 죄와 악을 들여놓았다(창 3장). 예로부터 지금까지 그는 타락한 개인들, 사악한 통치자들, 불경한 제국들을 통하여 활동하면서 세상을 미혹하고 의인들을 멸하려 했다(계 12장). 마침내 그는 사상 최악의 사기꾼이자 파괴자에게 능력을 입혀줄 것이다. 하나님의 백성을 대적하는 이 적에 비하면 네로, 히틀러, 스탈린, 마오쩌뚱, 오사마 빈 라덴은 차라리 무색할 정도다.

기독교가 출현한 이래로 충실한 신자들은 장차 한 악한 독재자와 그의 오른팔 같은 기만적 인물이 나올 것을 내다보았다. 이들은 세상에 엄청난 악영향을 끼칠 것이다. 이 사악한 2인조의 권세는 다름아닌 사탄에게서 온 것이다. 이 적그리스도와 거짓 선지자는 성경에 여러 명칭으로 계시되어 있지만, 그중에서도 가장 명확하고 결정적인 묘사는 요한계시록 13장에 나온다. 종말의 이 막강한 악역들은 각각 바다에서 나오고(13:1) 땅에서 올라오는(13:11) 짐승들처럼 세계 무대에 등장한다. 이 괴기한 악의 사신들은 둘이 함께 역사상 가장 설득력 있고 위력적인 정치 지도자와 종교 지도자가 된다.

오늘의 신자들은 이 악과 기만의 화신들을 두려워할 필요는 없지만, 성경은 우리가 깨어 있어야 한다고 경고한다. "불법의 비밀"과 "적그리스도의 영"은 사탄의 활동을 통하여 이미 세상에서 활동하고 있다(살후 2:7, 요일 4:3). 그러므로 종말의 이 특정한 적그리스도와 거짓 선지자의 계략과 술수를 알면, 우리 시대의 적그리스도들과 거짓 선지자들에 당당히 맞서 싸우는 데 도움이 된다.

—13:1-4—

이스라엘이 3년 반 동안 보호받고자 광야로 피난하자마자 용(사탄)은 바닷가에 서서 역사상 최악의 기만의 화신을 불러낸다(13:1). 요한은 소용돌이치는 바닷물 속에서 한 짐승이 나오는 것을 보았다. 무엇이든 닥치는 대로 죽여 버리는 무시무시한 잡종 괴물이었다.[9] 이미 말했듯이, 요한계시록은 상징적인 환상들로 가득하지만 그런 상징들에는 장차 이루어질 문자적 실체가 담겨 있다. 그렇다면 일곱 머리와 열 뿔은 미래의 적그리스도에 대해 어떤 점을 보여주는 것일까?

이 짐승을 묘사하는 데 쓰인 낯설고 해괴한 상징들은 적그리스도의 흉악한 특성을 보여주려고 무조건 무섭게 지어낸 것들이 아니다(13:2). 이 짐승의 환상은 종말에 나타날 특정한 독재자의 실체를 알리기 위하여 다니엘서의 구체적인 이미지들을 그대로 가져온 것이다. 다니엘 7장에서 위대한 선지자 다니엘은 바다에서 네 짐승이 나오는 환상을 보았다. 그런데 첫째는 사자 같고, 둘째는 곰 같고, 셋째는 머리가 넷인 표범 같고, 넷째는 "무섭고 놀라우며 또 매우 강하며" 열 뿔이 있었다(단 7:3-8). 이 네 가지 상징은 그전에 느부갓네살이 꿈에 보았던 네 가지 금속의 동상과 일치한다(단 2장). 성경학자 J. 드와이트 펜티코스트(Dwight Pentecost)는 다니엘이 본 네 짐승을 고대 세계에서 이스라엘을 대적한 연속된 제국들, 즉 바벨론, 메대-바사, 그리스, 로마로 바르게 해석했다.[10] 다니엘 7장에 나오는 네 짐승의 머리와 뿔의 수를 다 합하면 요한계시록 13장에 나오는 이 짐승의 일곱 머리와 열 뿔과 같아진다. 이 모든 내용을 좀 더 자세히 살펴볼 필요가 있다. 다음과 같이 도표로 정리하면 도움이 될 것이다.

존 왈부드는 이 짐승의 상징을 이렇게 설명한다. "요한계시록 13장 2절의 짐승은 이전의 세 제국인 그리스(표범, 참고 단 7:6), 메대-바사(곰, 참고 단 7:5), 바벨론(사자, 참고 단 7:4)의 상징을 다 합해놓은 것으로 보인다."[11] 이 상징으로 보건대, 미래의 환난 때에 일어날 적그리스도는 지난 역사 속에서 하나님과 그분의 백성을 대적했던 세상 모든 제국의 총합이라 할 수 있다(다음 표를 참고하라). 적그리스도는 직접 사탄의 권세를 받아 최악의 독재자로 행세하면서 모든 악한 제국들의 종주국을 이끌 것이다.

일곱 머리 중 하나의 "죽게 되었던 상처"가 나았다는 말(13:3)의 의미를 두고 수세기 동안 많은 논란이 있었다.[12] 일각에서는 이 상처가 은유적으로 짐승의 나라를 가리킨다고 본다. 즉, 그가 정치적으로 '치명적' 타격을 입지만 회생한다는 것이다. 그러나 "죽게 된 것 같더니"라고 옮겨진 헬라어 문구는 5장 6절에 어린 양(곧 예수님)을 묘사할 때 쓴 표현과 똑같다. 그분의 죽음은 명백히 실제 사건이었고 문자적인 몸의 부활로 이어졌다. 이것은 미래의 적그리스도가 가짜로 부상을 입었다 회생하는 척하여 그리스도의 죽음과 기적적인 부활을 흉내 내려 할 것을 암시한다.

얼마나 사탄다운 짓인가! "자기를 광명의 천사로 가장"하는 자(고후 11:14)가 세상에 가

요한계시록 13장과 다니엘 2, 7장의 비교

다니엘 2장의 신상	다니엘 7장의 네 짐승	다니엘서의 의미	요한계시록 13장의 짐승	요한계시록의 가능한 의미
머리는 순금	사자와 같고 독수리의 날개가 있다.	느부갓네살 치하의 바벨론	입은 사자 같다.	바벨론처럼 단일한 이방 종교와 단일한 언어를 통하여 '바벨(Babel)로 회귀하려' 한다.
가슴과 두 팔은 은	곰과 같고 그 입에 세 갈빗대를 물었다.	메대-바사 제국	발은 곰 같다.	메대-바사처럼 적들을 삼킨다.
배와 넓적다리는 놋	표범과 같고 머리 넷과 날개 넷이 있다.	알렉산더와 그 후 네 장군 치하의 그리스 제국	표범 같다.	그리스인들처럼 급속히 정복하여 세상을 통일한다.
다리는 쇠, 발과 열 발가락은 얼마는 쇠, 얼마는 진흙	무서운 짐승이고 쇠 이빨과 열 뿔이 있으며, 작은 뿔이 자랑하며 신성을 모독한다.	조각조각 분열되지만 미래의 독재자 밑에서 회복되는 로마 제국	일곱 머리와 열 뿔이 있고, 머리 하나는 상하여 죽게 되었다가 나았다.	로마처럼 멀리 있는 여러 나라들을 한 독재자 밑에 통일하며, 평화를 약속하지만 전쟁을 일으킨다.

짜 "그리스도"를 내놓을 것이다. 그리하여 성품과 정치와 권력에 대한 자신들의 모든 인간중심적 이상들에 그를 뜯어 맞출 것이다. 그렇게 매혹적이고 설득력 있는 인물이니 온 세상이 그에게 휩쓸려 넘어갈 만도 하다(13:3)! 사실 성경은 세상이 이 짐승을 숭배함으로써 용을 숭배한다고 말한다. 이런 극단적 국수주의가 일으킬 격한 발광(發狂)에 비하면 차라리 히틀러의 나치 정권은 고등학교 수준의 스포츠 행사에 지나지 않아 보인다. 세상은 거기에 혹하여 "누가 이 짐승과 같으냐 누가 능히 이와 더불어 싸우리요"(13:4)라고 부르짖는다.

—13:5-10—

적그리스도는 사탄의 기만적인 기적들을 통하여 교묘히 불신 세계의 주목을 끌 것이다. 거기서 비롯되는 그의 전체주의 정권은 정확히 '지상 지옥'이라 표현할 수 있다. 한번 생각해 보라. 야고보서 3장 6절에 신자의 방종한 혀를 은유적으로 "지옥 불"이라 했지만, 이 사탄의 앞잡이가 토해낼 지옥 같은 말들은 가히 우리로서는 상상할 수 없다. 요한계시록 13장 5절에는 그것이 "과장되고 신성 모독을 말하는" 것이라 표현되어 있다. 선지자 다니엘은 그자가 "비상한 말로 신들의 신을 대적"할 것이라 했다(단 11:36). 바울은 적그리스도가 "대적하는 자라 신이라고 불리는 모든 것과 숭배함을 받는 것에 대항하여 그 위에 자기를 높이고"라고 말했다(살후 2:4). 분명히 그의 혀는 "지옥 불"이 될 것이다. 사실 그의 동기와 능란한 미혹을 부추기는 억제되지 않은 권세는 궁극적 적대자인 다름아닌 사탄에게서 난 것이다.

42개월 동안 적그리스도는 하나님과 하늘과 그곳의 모든 것을 비방할 것이다(13:6). 하지만 그의 관심의 초점은 천국에 무사히 거하는 성도들에게 있지 않다. 마귀의 사주를 받은 그의 분노는 무방비 상태인 지상의 성도들을 겨냥할 것이다. 7년 환난의 전반기에는 하나님의 특별한 종들이 용의 직접적인 공격으로부터 기적처럼 보호를 받았지만(11:3-6), 그때와 달리 환난의 후반기에는 짐승이 성도들을 이기게 된다(13:7). 그래서 앞에서 보았듯이, 보호받으며 사역하던 두 증인은 적그리스도가 바다에서 나온 직후에 죽임을 당한다(11:7). 이들의 피살은 짐승의 잔인한 손에 순교자들이 대학살을 당할 일의 서곡에 지나지 않는다. 그것은 이루 말로 표현할 수 없는 처참한 광경이다.

이 군사적 거물이 능히 "각 족속과 백성과 방언과 나라를 다스리는" 권세를 행사하며 불신 세계 전체를 꾀어 자기를 신처럼 경배하게 하는 것도 무리는 아니다(13:7-8). 바울이 데살로니가 교인들에게 보낸 두 번째 편지에도 이 동일 인물이 언급되는데, 거기서 우리는 온 세상의 숭배를 끌어내는 그의 능력을 엿볼 수 있다. "악한 자의 나타남은 사탄의 활동을 따라 모든 능력과 표적과 거짓 기적과 불의의 모든 속임으로 멸망하는 자들에게 있으리니 이는 그들이 진리의 사랑을 받지 아니하여 구원함을 받지 못함이라"(살후 2:9-10).

물론 사탄이 종말에 벌일 '왕과 졸개' 게임에 아무나 다 놀아나는 것은 아니다. 어린 양

7년 환난의 전반기와 후반기: 점점 짙어가는 어둠

다니엘 7:25, 9:27, 12:7
요한계시록 11-13장

전반기 3년 반	후반기 3년 반
두 증인	두 짐승
성전이 회복됨	성전이 더럽혀짐
이스라엘의 피난	광야의 이스라엘
성도들이 보호받음	성도들이 순교당함
나팔 심판	대접 심판

7년

의 생명책에 이름이 기록된 사람들은 영적으로 눈이 뜨여 있으므로 적그리스도의 번드르르한 정치를 꿰뚫어볼 것이고 그의 군사력에 주눅 들지 않을 것이다. 그들은 그를 괴물이라는 실체 그대로 볼 것이다. 하지만 그의 군사력에 저항하면 무서운 결과를 당하게 된다. 짐승을 경배하지 않는 사람들은 혹독한 고생을 치를 것이다. 요한계시록 13장 9-10절은 독자들에게 정신을 바짝 차리고 다음과 같은 엄숙한 경고에 귀 기울일 것을 권고하고 있다. "누구든지 귀가 있거든 들을지어다 사로잡힐 자는 사로잡혀 갈 것이요 칼에 죽을 자는 마땅히 칼에 죽을 것이니 성도들의 인내와 믿음이 여기 있느니라."

여기서 잠시 멈추어 당신이 그 운명의 나날을 견디는 충실한 성도들 가운데 하나라고 애써 상상해보라. 그들은 함께 모여 서로 방패막이가 되어줄 때도 있을 것이고, 박해자들 앞에 단독으로 설 때도 있을 것이다. 한번 생각해보라. 최대한 상상의 날개를 펴서 그들의 자리에 당신을 대입해보라. 이 시련기에 그들의 심정은 어떨까? 그들은 어떻게 견딜까? 요한계시록 13장 10절이 말해주듯이, 그들은 포로로 잡히거나 죽임을 당할 수 있다. 요한계시록 6장 11절과 7장 9-17절이 보여주듯이, 환난 중에 믿을 수많은 신자들이 그 기간에 순교를 당할 것이다. 분명히 이 박해는 사상 유례없는 영적 힘을 요구할 것이다.

—13:11-15—

요한계시록 13장 1-10절에는 정치적, 군사적 독재자인 적그리스도의 신속한 출현이 묘사되어 있다. 그러나 인류를 대적하는 사탄의 가장 사악하고 파괴적인 무기는 사람들이 알고 있는 것보다 두 배의 위력을 지니게 된다. 그리스도가 두 번에 걸쳐 오실 것이 구약의 예언들을 통하여 명백히 이해되지 못했던 것처럼, 초대 그리스도인들은 종말의 악당도 둘로 이루어져 있다는 사실을 요한계시록 13장이 기록되기 전까지는 잘 몰랐다. 요한은 적그리스도(바다에서 나오는 짐승)만 본 것이 아니라 적그리스도의 오른팔로 행세할 두 번째 인물의 출현을 목격했다. 요한계시록 13장 11-18절의 막이 오르면 이 기만의 화신이 모습을 드러낸다. 그는 땅에서 올라오는 짐승이며 "거짓 선지자"라고도 한다(16:13, 19:20).

첫째 짐승과 둘째 짐승을 비교해보면 알 수 있듯이, 이 둘은 동일 인물을 두 가지 상징으로 나타낸 것이 아니다.

요한계시록 13장에 기록된 두 짐승의 비교

첫째 짐승	둘째 짐승
바다에서 나온다(13:1).	땅에서 올라온다(13:11).
머리가 일곱이고 그 머리들에 신성을 모독하는 이름들이 있다(13:1, 3).	머리가 하나다(13:11).
뿔이 열이고 그 뿔에 열 왕관이 있다(13:1).	어린 양 같이 두 뿔이 있다(13:11).
용이 그에게 권세를 주었다(13:2).	첫째 짐승의 권세를 행사한다(13:12).
이 짐승 때문에 온 세상이 용을 경배한다(13:3-4).	사람들에게 첫째 짐승을 경배하게 한다(13:12).
42개월 동안 하나님을 향하여 신성 모독의 말을 한다(13:5-6).	놀라운 이적들을 행함으로 온 세상을 미혹하여 첫째 짐승의 우상을 경배하게 한다(13:13-15).
성도들과 싸워 이긴다(13:7).	세상으로 하여금 짐승의 표를 받게 하고, 거부하는 자들에게는 심한 박해를 가한다(13:16-17).

보는 것처럼 용과 바다에서 나오는 짐승과 땅에서 올라오는 짐승은 세상을 미혹하고 설득하고 정복하려는 계략에 서로 협력한다. 사실 여기서 이른바 '불경한 삼위일체'를 짚

어낸 사람들도 많이 있다. 종말에 사탄은 분명히 성경적 기독교의 거룩한 삼위일체를 본뜬 값싼 모조품을 팔아 세상을 미혹할 것이다. 한 주석가는 '불경한 삼위일체'를 이렇게 묘사했다.

> 용, 곧 사탄은 요한계시록 12장 3절 이하에 여자와 아이의 적대자로 등장한다. 바다에서 나오는 짐승, 곧 적그리스도는 13장에 나오는데 용으로부터 보좌와 권세를 받는다. 땅에서 올라오는 짐승은 가짜 기적과 가짜 예언이라는 그의 특성을 살려 "거짓 선지자"라 불린다… 이 세 악한 존재는 삼위일체 하나님의 패러디 내지 모조품이다.[13]

이런 불경한 왜곡은 사탄이 하나님을 모독하고 세상을 미혹하려는 최후의 발악이라 할 수 있다. 그래서 사탄은 진리를 변질시켜 유일한 참 하나님이신 성부와 성자와 성령의 괴상한 위작(僞作)을 만들어낸다. 사탄이 미혹하는 목표는 오늘날에도 똑같다. 사탄은 자기를 광명의 천사로 가장하여 방심하고 있는 사람들을 무력하게 하며, 마침내 그들을 속여 자기를 경배하고 따르게 만든다(고후 11:13-15). 그러나 미래의 환난 때가 되면 영적 미혹의 위력이 훨씬 더 커진다. 온갖 자연재해와 정치적 격변과 만연한 죽음으로 온 세상이 혼돈에 빠져 있을 때, 이 거짓 선지자는 설득력 있는 신앙을 내놓을 것이다. 그의 거짓 종교는 갈급한 세상에 거짓 희망을 줄 것이다.

13장 14절에 "미혹하며"로 옮겨진 헬라어 단어는 "방황하게 하다, 길을 잃게 하다"는 뜻의 *planaō*에서 왔다.[14] 영어 단어 '행성'(planet)도 같은 어근에서 왔다. 고대인들은 밤하늘에 반짝이는 불변의 성좌들 속에서 몇 개의 '별들'이 방황하는 것을 보았다(요즘은 방황하는 '별'이 보인다면 행성이 아니라 비행기일 가능성이 높다!). 사탄의 미혹이 소수의 사람들에게만 영향을 미쳤으면 좋겠지만, 실상을 알면 소스라쳐 놀라게 된다. 종말의 이 거짓 선지자는 괴기한 재주를 부려 세상 사람들의 대다수를 미혹할 것이다.

불신과 죄로 눈이 멀어 있는 세상은 둘째 짐승의 기만적인 메시지와 방법에 쉽게 먹이가 될 것이다. 그들은 그에게 지적으로 매력을 느끼고, 그의 호소력 있는 방식에 정서적으로 끌리며, 그의 놀라운 이적에 설복당할 것이다. 그리하여 자발적으로 그에게 순종하고 복종할 것이다. 한 주석가는 이렇게 말했다.

> 그의 논증은 교묘하여 설득력과 호소력이 있을 것이고, 그의 구변은 사람을 홀딱 홀릴 것이다. 그는 능히 대중을 감동시켜 눈물을 쏟게 하거나, 아니면 그들을 몰아쳐 광란에 빠뜨릴 수 있는 존재다. 그는 세상의 통신과 언론을 장악할 것이고, 대중 선전을 능숙하게 조작하여 자신의 속셈을 추진할 것이다. 그는 모든 광고술과 홍보 수법의 달인이다. 그는 말로 다할 수 없는 잔꾀로 진실을 조작하고 왜곡하고 곡해하고 변질시킬 것이다. 여론은 그의 손안에서 놀아날 것이다. 그는 마치 질그릇을 빚듯이 세상의 사고를 주무르고 인류의 여론을 형성할 것이다. 그의 말은 지극히 옳고 이치에 맞게 들릴 것이고, 중생하지 못한 사람들이 늘 듣고자 하는 내용에 꼭 들어맞을 것이다. 바로 그 사실에서 그의 치명적인 호소력이 나온다.[15]

이 거짓 선지자의 설득력 있는 메시지는 첨단 기술을 통하여 전 세계에 전해질 것이고, 그는 지상의 사람들을 시켜 적그리스도의 우상을 만들게 한다. "짐승의 우상"이 무엇인가를 놓고 그동안 온갖 기상천외한 이론들이 쏟아져 나왔다. 나는 45년이 넘도록 사역하면서 그 이론들 가운데 대부분을 들어본 것 같다! 텔레비전이 처음 등장했을 때 어떤 사람들은 그것이 짐승의 우상일 수 있다고 보았다. 컴퓨터에 인터넷이 연결되었을 때도 마찬가지였다! 그런가 하면 공상과학 영화에 심취한 일부 사람들은 의식을 갖춘 슈퍼컴퓨터 또는 입체 홀로그램, 아니면 인간에 가까운 적그리스도의 복제품이 그 우상일 수 있다는 개념을 퍼뜨렸다! 이 모두는 창의성에서는 A학점이지만 성경에 충실한 정도로 보자면 F학점 감이다. 성경 본문에 기록된 대로만 아는 것이 가장 좋다. 그렇다면 "짐승의 우상"에 대해 우리가 성경을 통하여 확실히 알고 있는 것은 무엇인가?

- 지상에 거하는 사람들은 짐승이 시키는 대로 적그리스도의 우상을 만든다(13:14).
- 거짓 선지자는 능히 이 우상에게 생기를 불어넣을 수 있고, 그러면 우상이 말을 할 줄 알게 된다(13:15).
- 이 우상은 의무적인 경배의 대상이 된다(13:15).

보다시피 그리 많은 내용은 아니다. 이것이 하나의 거대한 신상일지, 아니면 대량 생산된 어떤 '이미지'일지 우리는 모른다. 짐승의 "표"가 단수로 표현되어 있지만 많은 표들을 가리키는 것처럼, 짐승의 '이미지'도 온 세상의 많은 비슷한 이미지들을 가리킬 수 있다. 우리는 그것에 대해 전혀 알 수 없다. 개인적으로 나는 이것을 문자적으로 받아들이는 쪽이다. 이 우상은 로봇이나 복제품이나 슈퍼컴퓨터가 아니라 시각적으로 적그리스도를 대변하는 그야말로 모종의 우상일 것이다.

사탄과 그의 귀신들이 우상(들)을 만연시키거나 소유하여 세상이 그것을 직접적으로 경배하게 할 수도 있다. 그런 일이 처음은 아니다. 귀신들이 어떻게든 경배와 충성을 받고 싶어 자기들을 우상들과 연계시킨 예는 역사 속에 늘 있었다. 고린도전서 10장 19-20절에서 바울은 "그런즉 내가 무엇을 말하느냐 우상의 제물은 무엇이며 우상은 무엇이냐 무릇 이방인이 제사하는 것은 귀신에게 하는 것이요 하나님께 제사하는 것이 아니니 나는 너희가 귀신과 교제하는 자가 되기를 원하지 아니하노라"고 썼다. 우상과 관련하여 우리의 등골을 오싹하게 하는 말씀이다! 우상들 자체는 생명이 없는 물체이지만 우상들은 귀신을 숭배하는 수단이 된다.

또한 기억하겠지만 요한계시록 앞부분의 나팔 심판 때에 요한은 이 땅의 사람들이 "손으로 행한 일을 회개하지 아니하고 오히려 여러 귀신과 또는 보거나 듣거나 다니거나 하지 못하는 금, 은, 동과 목석의 우상에게 절"하는 것을 보았다(9:20). 그런데 이렇게 죽은 우상들을 숭배하던 사람들의 관심이 환난의 후반기에는 새로운 우상에게로 끌리게 된다. 이 우상은 기적처럼 살아 숨 쉬는 듯 보인다! 바로 이것이 데살로니가후서 2장 11-12절에 바울이 악한 인류에게 임할 거라고 한 그 심판일 수 있다. "이러므로 하나님이 미혹의 역사를 그들에게 보내사 거짓 것을 믿게 하심은 진리를 믿지 않고 불의를 좋아하는 모든 자들로 하여금 심판을 받게 하려 하심이라." 하나님이 권하시는 회개를 거부한 불신자들은 큰 미혹에 속아 넘어갈 것이다. 그 미혹은 어찌나 큰지 오직 참된 신자들만이 능히 그 환영(幻影)을 꿰뚫어볼 수 있고, 그리하여 박해에 맞서 견고히 설 수 있다.

—13:16-18—

당신이 압제적인 정권 아래 살고 있다고 상상해보라. 자신이 그리스도인임을 밝히면 법에 저촉되어 사형을 당할 수 있다. 당신이 밤에 작은 아파트에 숨어 있는데 도로와 인도에 군인들의 묵직한 발자국 소리가 퍼지더니 옆집 사람들이 그리스도인으로 의심받아 체포된다. 그리고 갑자기 누군가 당신 집을 두드린다. 그냥 지나가게 해달라고 당신이 기도하고 있는데 수색대원들이 강제로 문을 열고 들어온다. 불빛이 방 안을 구석구석 비추고 쿵쿵 군홧발 소리가 집 안을 울린다. 어느새 당신의 눈앞에 자동화기의 총신이 바짝 다가와 있다.

"말하시오!" 당신에게 총을 겨누고 있는 남자가 고함을 지른다. "당신은 그리스도인이오?"

당신은 양자택일의 기로에 서 있다. 그리스도를 부인하면 목숨을 건지지만 그분을 시인하면 그 자리에서 죽는다.

이 책을 읽고 있는 대부분의 신자들은 아마 이렇게 생각할 것이다. "나는 그리스도를 시인할 것이다. 당연히 그럴 것이다. 예수님을 주님으로 믿는 내 신앙을 그 군인은 앗아갈 수 없다!"

이제 상황을 좀 더 복잡하게 만들어보자.

그 자리에 당신 혼자만 있는 게 아니라고 상상해보라. 문을 부수고 들어온 병사들이 총을 겨눈 상대는 당신이 아니라 당신의 배우자와 어린 세 자녀다. "당신이 예수를 버리지 않으면 당신의 가족이 죽을 것이오!"

당신의 신앙 때문에 자신이 죽을 수는 있지만 당신의 신앙 때문에 다른 사람들을 죽게 하는 것은 다른 문제다. 하지만 요한이 말하고 있는 무서운 미래에 사탄은 바로 그런 진저리나는 상황을 연출해낼 것이다. 그때는 이 땅에 닥친 재해의 여파로 식량이 부족해질 것이다. 그래도 가족을 먹여 살리려면 사람들은 식량을 매매해야 한다. 적그리스도의 경제에 동참하지 않으면 장시간에 걸쳐 서서히 굶어 죽는 수밖에 없다. 요한계시록이 보여주듯이, 적그리스도의 정권은 믿는 부모들에게 가족을 살릴 것이냐 신앙을 지킬 것이냐 사이에서 택일을 강요할 것이다. 아버지이자 할아버지로서 나는 신앙에 대한 시험으로 이보다 더 잔인한 것을 생각할 수 없다.

요한계시록 13장의 마지막 몇 구절에서 거짓 선지자의 사악한 경제가 묘사되어 있다. 그 경제를 지배하는 것은 악명 높은 "짐승의 표"다(13:16). 짐승을 경배하는 사람들은 오른손이나 이마에 표시되는 이 표 덕분에 누구나 생필품을 매매할 수 있다. 그렇다면 짐승을 경배하지 않는 사람들, 이 표를 받지 않는 사람들은 어떻게 될까? 이 부분을 확실히 해두자.

짐승을 경배하지 않으면 표를 받지 못한다.

표를 받지 못하면 매매할 수 없다.

매매하지 못하면 식료품이나 옷이나 약이나 집을 구할 수 없고, 결국 목숨을 부지할 수 없다.

환난 기간 동안 무역은 이 식별의 표를 중심으로 돌아간다. 그런데 이 표는 곧 "짐승의 이름이나 그 이름의 수"(13:17)이며, 그것을 계산하면 신비롭게도 666이 된다. 요한이 우리에게 알려주듯이 이 수는 "사람의 수"(13:18)이며 어떤 식으로든 적그리스도의 이름과 연관이 있다. 물론 성경을 믿는 사람들은 그동안 이 표의 배후 인물을 알아내려 했고, 그래서 역사 속에서 수많은 계산들이 있었다. 한 주석가가 잘 말했듯 "지난 역사 속에서 이 짐승의 수와 연계된 인물들은 자그마치 수백 명에 달한다."[16] 라틴어와 헬라어와 히브리어에서 글자들은 각각의 숫자를 상징하며, 따라서 누구든지 계산기와 어느 정도의 창의력만 있으면 온갖 유력 인사들에게 '666' 딱지를 붙일 수 있다.

열성이 지나친 일부 성경 학도들이 그동안 종말의 악당으로 심각하게 제시한 사람들은 다음과 같다.

역사 속에서 적그리스도로 지목된 인물들

네로 황제	아돌프 히틀러
콘스탄티누스 황제	베니토 무솔리니
마호메트	프랭클린 루즈벨트
교황들	존 F. 케네디
마르틴 루터	마하일 고르바초프
나폴레옹 보나파르트	사담 후세인
에이브러햄 링컨	오사마 빈 라덴

그러나 결국 요한계시록 13장의 직무를 이행한 사람은 이들 중 아무도 없지 않은가? 사

실 우리는 고대 교회의 한 예언 교사에게서 검증된 지혜를 배울 수 있다. 리용의 이레니우스(Irenaeus of Lyons) 시대(AD 180년경)에도 엉뚱한 인물들을 적그리스도로 지목하는 일이 성행했는데, 그는 그런 현상을 논한 뒤에 이렇게 썼다. "그러므로 아무 이름이나 가져다대며 억측을 일삼기보다는 이 예언이 성취되기를 기다리는 편이 더 확실하고 덜 위험하다."[17] 역사 속에서 교회가 귀담아 들었어야 할 얼마나 탁월한 조언인가! 역사는 장차 올 적그리스도와 그의 신비로운 숫자에 대해서 다른 것은 몰라도 이것 하나만은 우리에게 확실히 가르쳐주었다. 즉, 적그리스도가 정작 세력을 잡기까지는 우리는 그가 누구인지 알 수 없다는 것이다. 그때가 되어야만 "불법의 사람"의 정체가 드러나게 된다(살후 2:3).

우리가 확실히 아는 것은 이것이다. 이 식별의 표가 무엇이든 간에 미래의 무역은 그것을 중심으로 돌아갈 것이다. 그 표가 있으면 적그리스도에게 충성한다는 증거이지만, 표를 받지 않으면 예수 그리스도를 믿는다는 표시다. 참된 그리스도인들의 신원이 이토록 확연히 구별된 적은 일찍이 역사에 없었다. 하나님의 지혜와 분별을 지닌 사람들에게는 짐승의 정체, 표의 성격, 숫자 666의 계산 등에 관한 모든 의문과 수수께끼가 그날에 풀릴 것이다(13:18). 그때까지 우리는 현 시대에 공격적으로 활동하고 있는 다양한 방식의 영적 미혹에 계속 맞서 싸워야 한다. 그러므로 우리 각자는 영적 전투에 대비하여 확실한 지식, 예리한 분별력, 하나님이 주신 지혜로 무장해야 한다.

그때는 그렇다 치고 지금은 어떤가? 사탄의 전략은 미혹하여 파괴하는 것인데, 당신은 그의 가차 없고 무자비한 공격에 맞서고자 앞에서 말한 세 가지 필수 요건으로 무장되어 있는가? 원수 마귀의 장래 계획을 아는 것도 중요하지만, 우리의 일차적 책임은 오늘 깨어 있어 그를 대적하는 것이다.

주

1. Charles C. Ryrie, *The Ryrie Study Bible: New International Version*(증보판, Chicago: Moody Press, 1994), 1961.
2. 찰스 라이리는 이것이 환난의 첫 3년 반을 가리킨다고 보았다(Charles C. Ryrie, *The Ryrie Study Bible*, 1961). 다른 학자인 존 왈부드는 그것이 후반기를 가리킨다고 보았다[John F. Walvoord, The Prophecy Knowledge Handbook(Wheaton, IL: Victor Books, 1990), 573–75].
3. 다음 책들을 참고하라. Beale, *The Book of Revelation*, 572–73. Osborne, *Revelation*, 417–18.

4. 신약성경을 제외하고 가장 초기의 기독교 저작 중 하나인 *The Didache*는 신자들에게 주기도문 같은 기도를 하루에 세 번씩 드리도록 가르치고 있다(Didache 8.2–3). (『열두 사도들의 가르침: 디다케』 분도출판사)
5. Walvoord, "Revelation", *The Bible Knowledge Commentary*, 959. (『요한계시록–BKC 강해주석 시리즈 30』 두란노)
6. C. S. Lewis, *The Screwtape Letters* (New York: Macmillan, 1961), 3. (『스크루테이프의 편지』 홍성사)
7. Louw & Nida 편집, *Greek-English Lexicon of the New Testament*, 제1권, § 33.477.
8. Walvoord, "Revelation", *The Bible Knowledge Commentary*, 959.
9. 용이 나온 "물"이 나중에 요한계시록에 "백성과 무리와 열국과 방언들"(17:15)로 해석되어 있다. 용의 제국은 그야말로 전 세계적인 제국이다.
10. J. Dwight Pentecost, "Daniel", in *The Bible Knowledge Commentary: Old Testament Edition*(John F. Walvoord & Roy B. Zuck 편집, Wheaton, IL: Victor, 1985), 1350–55.
11. Walvoord, "Revelation", *The Bible Knowledge Commentary*, 960.
12. '죽게 되었던 상처'의 다양한 해석에 관한 논의는 다음 책들을 참고하라. Osborne, *Revelation*, 495–97. Walvoord, *Prophecy Knowledge Handbook*, 582–83.
13. Osborne, *Revelation*, 591.
14. Bauer & Danker 편집, *A Greek-English Lexicon of the New Testament*, 821–22.
15. Phillips, *Exploring Revelation*, 171.
16. Osborne, *Revelation*, 519.
17. Irenaeus, *Against Heresies* 5.30.3.

영광스러운 구원자의 복수

요한계시록 14:1–19:10

종말의 드라마에서 이전의 막에 커튼이 내려올 때 상황은 암담해 보였다. 악한 적그리스도와 그의 잔악한 거짓 선지자가 그동안 무대의 중앙을 누비며 예루살렘을 짓밟고 무수한 성도들에게 검을 휘둘렀다(11-13장). 사람들이 자신의 목숨과 가족들의 목숨을 건질 수 있는 길은 사탄의 거짓 메시아 앞에 엎드리는 것뿐이었다. 적그리스도의 악한 정권에 충성하겠다는 가시적인 표를 받지 않으면 박해와 처형을 면할 수 없었다. 이야기가 만일 여기서 끝난다면 우리는 악이 이겼다고 생각할 것이고, 하나님이 약속을 잊으시고 자기 백성을 버리셨다고 생각할 것이다.

하지만 실내의 불빛이 꺼지고 묵시의 대하드라마에 다음 막을 알리는 커튼이 올라가면 형세가 완전히 역전된다. 무대는 어두움과 침통함 대신 하나님의 광채로 환히 빛난다. 잔인한 짐승과 그의 기만적인 부관은 온데간데없이 사라졌고, 그 대신 하나님의 영광스러운 어린 양이 선택받은 성도들과 함께 시온 산에 서 계신다. 오랜 대망의 주인공께서 드디어 지상에 발을 디디신 것이다. 그분이 오시자 세상의 악한 나라들은 무너지기 시작한다. 사실 이 시점 이후로 우리는 진정한 악의 제국이 결국 궤멸되고, 의와 평화의 완전한 나라가 세워지는 것을 목격하게 된다.

요한계시록의 다섯 번째 에피소드의 제목을 나는 '영광스러운 구원자의 복수'라고 붙였다(14:1-19:10). 이것은 미래의 사건들을 미리 내다보는 것으로 시작된다. 신성을 모독하던 두 짐승의 이적이 끝나고 다시 일련의 환상들이 시작된다. 땅의 곡식을 최종적으로 모아 구원할 일과 추수하여 심판할 일이 그 환상들을 통하여 예언된다(14:1-20). 이 예언은 다시 새로운 환상으로 이어지는데, 바로 말세의 가장 혹독한 재앙인 진노의 일곱 대접에 관한 환상이다(15:1-16:21). 그러다 지상의 군대가 아마겟돈에 모이는 바로 그때, 화면이 멎는다(16:16). 활동이 정지된 그 기간에 한 천사가 요한을 따로 한 쪽으로 데려가 요한계시록의 일부 상징들을 해석해준다. 악한 제국에 임할 심판과 하나님의 백성이 누릴 즐거운 승리도 그 안에 자세히 묘사된다(17:1-19:10).

바벨론과 아마겟돈과 진노의 대접에 관한 이 심오한 환상들 속에서 우리는 오늘을 살아가는 우리를 향한 실제적인 진리들도 발견하게 된다. 역사가 최후의 운명을 향하여 질주하고 있는 지금, 우리 모두는 우리의 마지막 종착지를 고대하며 살도록 부름받았다.

핵심 용어

ἀλληλουϊά [*hallēlouia*, 할렐루야] *(239)* '여호와를 찬양하라, 할렐루야'(계 19:1, 3, 4, 6)

이 단어는 구약의 시편에 자주 나오고 기독교 용어로 기도와 설교와 찬양 등에 흔히 쓰이지만, 신약에는 이 단어 자체가 네 번밖에 나오지 않으며 모두 요한계시록 19장 1–6절에 있다. 이 단어는 "여호와를 찬양하라"는 뜻의 히브리어 단어 *halleujah*를 그대로 음역한 것이다. 요한계시록에 이 단어가 나온다는 것은 찬양이 장차 심판자와 왕으로 오실 그리스도께 보일 올바른 반응임을 말해준다.

θυμός [*thymos*, 튀모스] *(2372)* '진노, 격분, 분노'

신약성경에서 흔히 "진노"로 번역되는 헬라어 단어는 두 가지다. 가장 흔한 단어인 *orgē*는 모종의 심판으로 표출되는 분노를 나타낸다(히 3:11). 반면에 *thymos*라는 단어는 행동의 배후에 깔린 감정을 강조한다(계 12:12). 요한계시록 16장 19절과 19장 15절에는 이 두 단어가 밀접하게 결합되어, 죄에 대한 하나님의 분노와 불경한 자들을 향한 그분의 단호한 행동을 함께 보여준다. 인간의 분노나 격노와 달리 하나님의 진노는 언제나 그분의 완전한 거룩함과 의로움의 일면이다.

πληγή [*plēgē*, 플레게] *(4127)* '타격, 상처, 재앙'

영어 단어 '재앙'(plague)은 헬라어 단어 *plēgē*에서 파생되었다. 오늘날 우리는 재앙이라고 하면 흔히 유행성 전염병을 떠올리지만, 성경의 "재앙"이란 초자연적으로 표현되는 심판이었다. 요한계시록의 "재앙들"은 하나님이 반항하는 인류에게 분노를 다 쏟으시는 책의 후반부에 주로 나타난다(11:6, 15:1).

φιάλη [*phialē*, 피알레] *(5357)* '접시, 향로, 호리병, 대접'

요한계시록 15–16장에 "하나님의 진노를 가득히 담은 금 대접" 일곱이 차례로 기술된다. 영어 단어 '호리병'(vial)의 어원이기도 한 이 단어는 흔히 예식 행위에 쓰던 대야를 가리킨다. 성막과 성전에도 이런 대접들이 쓰였다(출 27:3, 왕상 7:26). 비슷한 거룩한 그릇들이 천국의 성전에도 나오는데, 그 안에 상징적으로 "성도의 기도들"이 담겨 있다(계 5:8). 마지막 진노의 대접들은 신원(伸冤)을 부르짖는 기도에 대한 하나님의 응답일 수 있다. 크나큰 고난을 겪은 하나님의 백성들에게 베풀어주시는 거룩하고 신성한 정의인 것이다.

개봉 박두를 알리는 놀라운 예고편(요한계시록 14:1–13)

1또 내가 보니 보라 어린 양이 시온 산에 섰고 그와 함께 십사만 사천이 서 있는데 그들의 이마에
는 어린 양의 이름과 그 아버지의 이름을 쓴 것이 있더라 2내가 하늘에서 나는 소리를 들으니 많은

물 소리와도 같고 큰 우렛소리와도 같은데 내가 들은 소리는 거문고 타는 자들이 그 거문고를 타는
것 같더라 3그들이 보좌 앞과 네 생물과 장로들 앞에서 새 노래를 부르니 땅에서 속량함을 받은 십
사만 사천 밖에는 능히 이 노래를 배울 자가 없더라 4이 사람들은 여자와 더불어 더럽히지 아니하고
순결한 자라 어린 양이 어디로 인도하든지 따라가는 자며 사람 가운데에서 속량함을 받아 처음 익
은 열매로 하나님과 어린 양에게 속한 자들이니 5그 입에 거짓말이 없고 흠이 없는 자들이더라

6또 보니 다른 천사가 공중에 날아가는데 땅에 거주하는 자들 곧 모든 민족과 종족과 방언과 백
성에게 전할 영원한 복음을 가졌더라 7그가 큰 음성으로 이르되 하나님을 두려워하며 그에게 영광
을 돌리라 이는 그의 심판의 시간이 이르렀음이니 하늘과 땅과 바다와 물들의 근원을 만드신 이를
경배하라 하더라

8또 다른 천사 곧 둘째가 그 뒤를 따라 말하되 무너졌도다 무너졌도다 큰 성 바벨론이여 모든 나
라에게 그의 음행으로 말미암아 진노의 포도주를 먹이던 자로다 하더라

9또 다른 천사 곧 셋째가 그 뒤를 따라 큰 음성으로 이르되 만일 누구든지 짐승과 그의 우상에게
경배하고 이마에나 손에 표를 받으면 10그도 하나님의 진노의 포도주를 마시리니 그 진노의 잔에
섞인 것이 없이 부은 포도주라 거룩한 천사들 앞과 어린 양 앞에서 불과 유황으로 고난을 받으리니
11그 고난의 연기가 세세토록 올라가리로다 짐승과 그의 우상에게 경배하고 그의 이름 표를 받는 자
는 누구든지 밤낮 쉼을 얻지 못하리라 하더라 12성도들의 인내가 여기 있나니 그들은 하나님의 계명
과 예수에 대한 믿음을 지키는 자니라

13또 내가 들으니 하늘에서 음성이 나서 이르되 기록하라 지금 이후로 주 안에서 죽는 자들은 복
이 있도다 하시매 성령이 이르시되 그러하다 그들이 수고를 그치고 쉬리니 이는 그들의 행한 일이
따름이라 하시더라.

"개봉 박두…"

이 말은 우리의 주목을 끌고 호기심을 자극한다. 문화 사업자들은 곧 나올 책이나 영화나 텔레비전 프로그램에 대한 관심을 유발하려고 전략적으로 차기 작품을 예고한다. 영화의 예고편은 영화가 완성되기도 한참 전부터 솔깃한 장면들로 관객을 사로잡는다. 속사포처럼 흥미로운 화면들을 쏟아내는 몇몇 짤막한 장면들은 영화를 보기도 전부터 팬들 사이에 열띤 기대감을 불러일으킬 수 있다! 하지만 정작 본편이 그 과대 선전에 미치지 못할 때 찾아오는 실망감을 우리는 누구나 알고 있다. 애써 번 돈으로 영화를 보러 갔다가 고작 예고편의 장면들이 최고였음을 확인할 때가 얼마나 많았던가! 예고편으로 우리에게 뭔가를 기대하게 만들어놓고는 정작 영화 제작자가 내놓는 작품은 그와 완전히 딴판일 때가 있다.

그러나 하나님이 요한계시록에 주시는 미래의 사건들에 대한 예고편은 결코 우리를 실망시키지 않을 것을 우리는 확신해도 좋다. 그분은 미래를 아실 뿐만 아니라 미래를 주관하신다. 임박한 종말의 드라마에서 그분은 주연 배우이실 뿐만 아니라, 작가요 제작자요 감독이시다! 그러므로 그분이 장차 이루어질 일의 예고편을 보여주실 때 우리는 바짝 주의를 기울여야 한다. 이 장면들은 우리의 호기심이나 채우기 위한 것이 아니라 반항자들에게 경고하고 의인들을 격려하기 위한 것이다. 지금부터 인류에게 주시는 마지막 메시지의 세부 사항으로 들어가기 전에, 먼저 요한계시록 14장이 책의 시간 순서에 어떻게 들어맞는지에 대해 몇 가지 짚어둘 것이다.

성경에서 출애굽기나 사사기나 열왕기상이나 사도행전 같은 역사서는 대개 이야기가 시간 순서대로 전개된다. 그러나 예레미야나 다니엘이나 스가랴 같은 예언서의 내러티브는 시간 순서를 넘나드는 예언의 여정으로 독자들을 데려갈 때가 많다. 요한계시록도 예외가 아니다. 하나의 환상을 통해서 때로는 미래의 환난 전체의 특성이 묘사되기도 하지만, 때로는 엄격한 순서대로 진행될 여러 심판이 그려지기도 한다. 간혹 환상이 시간을 거슬러 올라가 세부적인 살을 입혀줄 때도 있다. 그런가 하면 환상이 앞으로 건너뛰어, 나중에 더 자세히 묘사될 사건들을 미리 약술해줄 때도 있다.

요한계시록 14장에 기록된 환상들이 그 마지막 범주에 해당된다. 개봉을 앞둔 영화의 예고편처럼 짤막한 장면들을 모아놓은 이 부분을 우리는 최후 심판들의 서곡이라 부를 수 있다. 본편에 대한 이 주제별 예고편에서 우리는 대환난의 종결부에 한 발짝 더 다가가지만 그렇다고 심판이 끝난 것은 아니다. 15-16장에서 우리는 하나님의 가득한 진노를 보게 되는데, 그전에 주님은 희망의 장면들을 몇 개 끼워 넣어주신다. 이런 식으로 요한계시록 14장은 한편으로 책의 주요 메시지를 우리에게 상기시켜주면서 한편으로 영광스러운 구속자의 최종적 복수를 예고함으로써, 책 전체를 하나로 묶어준다.

—14:1-5—

13장 끝부분에서 보았듯이, 적그리스도를 따르는 사람들은 오른손이나 이마의 표로 식별된다(13:16). 그것은 그들이 사탄의 지상 제국에 충성하고 있다는 가시적 증거다. 곧바로 14

장에 들어서면 어린 양을 충실하게 따르는 144,000명을 만나게 된다. 이들의 "이마에는" 다른 표를 "쓴 것"이 있으니 곧 성부와 성자 하나님의 이름이다. 이는 하나님의 소유권을 상징하는 표다. 이들 히브리 신자들은 본래 환난 초기에 등장했던 무리로서, 이스라엘 각 지파에서 12,000명씩 인을 받아 장차 임할 환난에서 보호받았던 그들이다(7:1-8). 그 똑같은 유대인 성도들이 요한계시록 14장에서 다시 등장하는데, 이번에는 환난에서 승리하여 "시온 산"에 서 있다(14:1). 이 환상은 나중에 환난이 끝나고 하나님의 아들이 지상에 재림하실 때 이스라엘의 남은 자들을 모으실 것을 예고한다.

이스라엘 열두 지파의 144,000명은 교회가 7년 환난 전에 휴거한 뒤로 메시아께 회심한 무리다. 환난 기간에 이들은 불신자들에게 회개와 믿음을 촉구하며 그리스도를 전할 것이고, 임박한 심판의 재난을 선포할 것이다. 그들은 박해를 피해 다니며 고난을 당하겠지만, 그 끔찍한 기간 동안 하나님의 보호를 받다가 결국 그리스도의 지상 천년 통치에 들어갈 것이다. 장래의 어느 날 이스라엘 나라가 왕이신 메시아 아래서 다시 약속의 땅에 회복된다는 구약의 수많은 예언들이 실제로 그들을 통하여 성취될 것이다. 이사야 37장 31-32절에 이런 말씀이 있다. "유다 족속 중에 피하여 남은 자는 다시 아래로 뿌리를 박고 위로 열매를 맺으리니 이는 남은 자가 예루살렘에서 나오며 피하는 자가 시온 산에서 나올 것임이라 만군의 여호와의 열심이 이를 이루시리이다." 미가서 4장 6-7절에도 비슷한 말씀이 나온다. "여호와께서 말씀하시되 그 날에는 내가 저는 자를 모으며 쫓겨난 자와 내가 환난받게 한 자를 모아 발을 저는 자는 남은 백성이 되게 하며 멀리 쫓겨났던 자들이 강한 나라가 되게 하고 나 여호와가 시온 산에서 이제부터 영원까지 그들을 다스리리라 하셨나니."

시온 산에 영광스럽게 모여 있는 이 성도들을 요한이 바라보고 있는데, 하나님의 보좌 주변의 하늘에서 음악 소리가 터져나온다(14:2-3). 이 천상의 합창은 오직 그 144,000명만 이해할 수 있다. 그들은 메시아 왕국의 처음 익은 열매들이기 때문이다(14:4). 하나님이 택하시고 뽑으신 이 소수의 성도들은 더럽혀지지 않고, 순결하고, 흠이 없고, 환난 기간 내내 하나님의 어린 양이 어디로 인도하시든지 따라간 자들로 표현되어 있다(14:4-5). 그들은 구원받고, 인을 받고, 성화된 흠잡을 데 없는 성도들이다. 그래서 이 검증된 생존자들을 통하여 하나님은 그리스도께서 지상을 통치하시는 동안 이스라엘이 열방을 축복하게 된다는 그분의 약속을 성취하신다(창 26:4).

—14:6–13—

이스라엘의 남은 자들이 그리스도와 함께 시온 산에 서 있는 장면을 살짝 보여준 뒤에 무대의 인물들이 퇴장하고 배경이 바뀐다. 이제 우리는 절정으로 치닫는 또 다른 일련의 발표들을 읽게 된다. 이 선포들이 시간 순서대로 나와 있지 않음에 유념하기 바란다. 대신 여기에서 다루어지는 주제들과 사건들은 환난 기간 전체에 걸쳐 있으며, 최후의 날들에 궁극적인 클라이맥스에 도달할 것이다. 처음 세 번의 선포는 천사들을 통하여 이루어지고, 마지막 선포는 하늘에서 큰 음성으로 들려온다.

첫째 발표: 복음(14:6–7). 첫째 천사는 "영원한 복음"(기쁜 소식)을 선포하며, 모든 사람에게 곧 심판받을 사탄을 경배하지 말고 창조주 하나님을 경배하라고 촉구한다. 이 두 구절을 잘 보면 복음의 몇 가지 중요한 특징이 나온다. 첫째, 복음은 본질상 영원한 것이다(14:6). 복음을 전하는 방법은 시대에 따라 변할 수 있지만 메시지 자체는 결코 바뀌지 않는다. 둘째, 복음의 범위는 온 세상이다(14:6). 복음은 어느 한 집단이나 민족이나 나라만을 위한 것이 아니라 "모든 민족과 종족과 방언과 백성"을 위한 것이다. 믿는 자는 누구나 구원을 예수 그리스도를 통하여 값없는 선물로 받는다(요 3:16). 셋째, 복음의 초점은 살아 계신 하나님께 있다(14:7). 앞에서 보았듯 환난 기간에 적그리스도는 지상의 모든 사람에게 자신을 신으로 경배하고 두려워하며 영화롭게 하라고 강요할 것이다. 반면에 복음은 모든 사람에게 "우상을 버리고 하나님께로 돌아와서 살아 계시고 참되신 하나님을 섬기"도록 촉구할 것이다(살전 1:9).

둘째 발표: 심판(14:8). 둘째 천사는 적그리스도의 방대한 악의 제국, 곧 "큰 성 바벨론"이 결국 멸망할 것을 미리 선포한다(14:8). "무너졌도다 무너졌도다"라고 같은 말을 반복한 것은 그만큼 미래의 몰락이 확실함을 강조한다. 이 미래의 심판이 앞으로 15–18장에서 상세히 묘사되겠지만, 그전에 하나님은 짐승의 파멸이 확정된 일인 것을 만인이 알기 원하신다. "바벨론"이라는 악한 종교적, 정치적, 경제적 시스템들이 무너지면서 그동안 바벨론의 부도덕에 취해 있던 모든 사람도 함께 무너질 것이다.[1]

셋째 발표: 파멸(14:9–11). 셋째 천사는 영원한 복음을 믿지 않고 오직 그리스도 안에서 오직 믿음으로 말미암아 하나님과 바른 관계를 맺지 않는 모든 사람에게 심판을 선고한다. 그

리스도를 거부하는 사람들은 짐승의 미혹에 넘어가, 성령 하나님의 인 대신 짐승의 소유권을 나타내는 인을 받을 것이다(14:9). 일단 그렇게 결정하고 나면 그 사람의 운명은 영원히 정해진다. 악인들에게 최후의 심판이 임할 때 유일하신 참 하나님을 거부한 사람들은 하나님의 가득한 진노를 당하게 된다(14:10). 사실 성경 전체에서 가장 강경한 저주의 표현은 대환난 중에 사탄을 경배할 사람들의 몫으로 돌아간다. "그 고난의 연기가 세세토록 올라가리로다 짐승과 그의 우상에게 경배하고 그의 이름표를 받는 자는 누구든지 밤낮 쉼을 얻지 못하리라 하더라"(14:11). 위험성이 이보다 높을 수 없고, 결과도 이보다 혹독할 수 없다.

넷째 발표: 축복(14:12-13). 이런 경고들이 배경에 어둡게 깔려 있는 상태에서 하나님의 말씀은 짧지만 생생한 희망을 가져다준다. 왈부드는 우리에게 이렇게 일깨워준다. "짐승을 경배하는 모든 사람에게 주어진 엄한 경고가 대환난 기간에 그리스도를 신뢰하는 사람들에게는 오히려 격려가 된다. 그중 더러는 순교당할 것이고 더러는 숨어야 하겠지만, 그들에게는 쉬운 길을 찾아 짐승을 경배하는 사람들보다 자신들의 운명이 훨씬 낫다는 확신이 있다."[2] 하늘에서 울리는 음성이 넷째 공표를 통해 그 진리를 확증해주면서 성도들에게 그리스도를 믿음으로 인내할 것을 촉구한다(14:12). 그들은 그리스도께 충성한 죄로 죽임을 당할 수도 있지만, 성령께서는 그리스도를 믿은 후에 죽는 사람들은 자신들의 행위에 대하여 영원불변의 상을 고대해도 좋다고 선포하신다(14:13). 요컨대 그들은 영원히 복을 받고, 놀랍게 해방되며, 풍성한 상을 받을 것이다.

적용

구원받고, 인을 받고, 성화되어, 보냄 받은 우리

그리스도를 따른다는 우리는 14장 1-5절에 묘사된 144,000명의 특징을 보고 모두 찔림을 받아야 한다. 이 충실한 성도들의 뛰어난 면모를 다시 한 번 보라.

- 그들은 성적으로 순결하다.
- 그들은 주저 없이 어린 양을 따라간다.
- 그들은 입에 거짓말이 없다.

• 그들은 흠이 없다.

이런 묘사를 우리는 다른 식으로 일반화해볼 수 있다. 그들은 사람들과의 관계에서 순결하고 하나님과의 관계에서 순종한다. 그들은 기만과 거짓에 둘러싸여서도 놀랍도록 정직한 모습을 보인다. 그들의 성품은 나무랄 데가 없고, 따라서 삶의 이력에 흠이 없다. 복음의 증거를 삶으로 보여주는 그들은 주변 사람들을 질책하는 살아 있는 거울이다.

오늘날 이런 종류의 사람들에게는 설득력 있는 간증이 있다. 당신과 내가 만일 주변 사람들처럼 타락해 있다면, 타락하여 길을 잃고 혼란에 빠져 있는 사람들에게 우리가 줄 신빙성 있는 메시지가 없다. 우리의 입이 거짓으로 가득하다면, 아무리 복음을 진리라고 선포해도 세상이 우리를 믿지 않을 것이다. 우리가 부도덕한 삶으로 이름나 있다면, 유일하신 참 하나님을 따른다는 우리의 말을 아무도 듣지 않을 것이다.

알다시피 그리스도를 믿는 우리 신자들은 복음을 전하도록 세상 속으로 보냄을 받았다. 우리 중에는 지상명령을 외우는 사람들도 많이 있을 것이다. "그러므로 너희는 가서 모든 민족을 제자로 삼아 아버지와 아들과 성령의 이름으로 세례를 베풀고 내가 너희에게 분부한 모든 것을 가르쳐 지키게 하라"(마 28:19–20). 하지만 우리는 바른 메시지 못지않게 우리의 바른 생활방식도 중요하다는 사실을 망각할 때가 너무 많다. 예수님은 친히 "이같이 너희 빛이 사람 앞에 비치게 하여 그들로 너희 착한 행실을 보고 하늘에 계신 너희 아버지께 영광을 돌리게 하라"(마 5:16)고 말씀하셨다. 제자 된 베드로도 스승의 말씀을 기억하고 이렇게 썼다. "너희가 이방인 중에서 행실을 선하게 가져 너희를 악행한다고 비방하는 자들로 하여금 너희 선한 일을 보고 오시는 날에 하나님께 영광을 돌리게 하려 함이라"(벧전 2:12).

잠시 시간을 내서 자신을 성찰해보라. 내면을 살피는 다음과 같은 개인적인 질문들을 주님 앞에서 조용히 숙고하면서 정직히 답해보라.

• 나의 생활방식은 하나님의 은혜를 보여주는 무언의 간증인가?
• 나는 다른 사람들, 특히 이성들과의 관계에서 자신을 순결하고 흠이 없게 지키고 있는가? 아니면 타협하여 적절한 행동과 부적절한 행동 사이의 선을 두루뭉술하게 넘나들고, 문제가 될 만한 발언을 하는가?

- 나는 성경 말씀에 바로바로 순종하는가? 아니면 미루고 합리화하고 내 입맛대로 골라서 순종하는가?
- 나는 절대적 진실을 기준으로 내 언어 생활을 평가하는가? 아니면 '악의 없는 거짓말', 절반의 진실, 속임수 따위를 일삼는가?
- 나는 사적으로나 공적으로나 똑같이 흠 없는 생활방식을 가꾸고 있는가? 아니면 나를 가장 잘 아는 사람들이 내게서 이중적 잣대와 위선을 보고 있는가? 나는 은밀한 죄를 숨기고 있는가?

하나님의 가장 효과적인 증인들은 구원받고 보호의 인만 받은 것이 아니라 빛 가운데서 행하는 사람들이다. 하나님을 위하여 구별되어, 어둡고 타락한 세상에 빛으로 보냄 받고자 기꺼이 나서는 사람들이다.

하나님의 무섭고 신속한 검(요한계시록 14:14-20)

14또 내가 보니 흰 구름이 있고 구름 위에 인자와 같은 이가 앉으셨는데 그 머리에는 금 면류관이
있고 그 손에는 예리한 낫을 가졌더라 15또 다른 천사가 성전으로부터 나와 구름 위에 앉은 이를 향
하여 큰 음성으로 외쳐 이르되 당신의 낫을 휘둘러 거두소서 땅의 곡식이 다 익어 거둘 때가 이르렀
음이니이다 하니 16구름 위에 앉으신 이가 낫을 땅에 휘두르매 땅의 곡식이 거두어지니라

17또 다른 천사가 하늘에 있는 성전에서 나오는데 역시 예리한 낫을 가졌더라 18또 불을 다스리는
다른 천사가 제단으로부터 나와 예리한 낫 가진 자를 향하여 큰 음성으로 불러 이르되 네 예리한 낫
을 휘둘러 땅의 포도송이를 거두라 그 포도가 익었느니라 하더라 19천사가 낫을 땅에 휘둘러 땅의
포도를 거두어 하나님의 진노의 큰 포도주 틀에 던지매 20성 밖에서 그 틀이 밟히니 틀에서 피가 나
서 말 굴레에까지 닿았고 천육백 스다디온에 퍼졌더라.

사기를 북돋워주는 〈공화국 전승가〉(The Battle Hymn of the Republic)의 가사는 1861년에 줄리아 워드 하우(Julia Ward Howe)가 작사한 이래로 많은 사람들을 감화시켜 충성된 행동에 나서게 했다. 이 노래를 부르는 대부분의 사람들은 모르고 있지만, 그녀의 생생한 묘사는 요한계시록에서 따온 것이다.

내 눈은 보았다, 장차 오실 주의 영광을.
주께서 진노의 포도가 쌓인 틀을 밟으시고
운명처럼 번득이는 무섭고 신속한 검을 뽑으셨다.
주의 진리가 진군한다.
주께서 부신 나팔 소리는 퇴각을 모르고
주는 심판대에서 인간들을 가려내시니
내 영혼아, 속히 주께 응답하라! 내 발아, 기뻐하라!
우리 하나님이 진군하신다.[3]

14장 14–20절에서 일부 기초한 이 가사는 양날의 검처럼 벤다. 먼저 하나님의 사람들을 영적 전투로 소집하여 온 세상에 복음을 진척시키게 한다. 동시에 불신자들에게 미래의 심판을 경고한다. 그날이 오면 지상의 악 위에 하나님의 진노가 쏟아질 것이다.

14장 14–20절에 기록된 심판을 수행하실 예수님은 우리가 크리스마스 때마다 탄생을 축하하는 바로 그분이다. 그러나 그분의 재림은 초림과는 완전히 다를 것이다!

그리스도의 초림과 재림의 대조

초림	재림
온순한 종으로 오셨다(마 20:28).	권능의 심판자로 오신다(마 24:30–31, 25:31–46, 요 5:26–29).
겸손하고 온유하게 오셨다(마 11:29, 요 5:41).	위엄과 영광 중에 오신다(살전 4:16, 계 1:7).
잃어버린 자를 찾아 구원하러 오셨다(마 18:11*, 눅 19:10, 요 3:17).	심판하고 통치하러 오신다(행 10:40–42, 고후 5:10, 계 11:15).
종으로 오셔서 죄인들을 위하여 진노를 당하셨다(마 16:21, 17:12, 막 9:12).	정복자로 오셔서 의인들을 진노로부터 구하신다(고전 15:51–52, 살전 4:15–17).
복음의 씨앗을 심으러 오셨다(마 13:3–9, 눅 8:11).	추수하러 오신다(마 13:37–42).

*저자가 사용한 영어 성경 NASB의 경우 "For the Son of Man come to save that which was lost"라고 표현됨–편주

예수 그리스도께서 권능과 영광 중에 하늘로부터 다시 오실 그 시각이 속속 다가오고 있다. 예수님이 누구였고 지금 누구인가에 대한 모든 잘못된 생각들은 그때에 다 풀리고, 온 세상이 유일하신 참 그리스도를 대면하여 설 것이다. 주일학교 노래들에 나오던 예수님의 온유하고 부드러운 일면 대신 심판자이자 정복 왕이신 그리스도의 모습이 더 온전히 드러날 것이다. 그날이 오면 "예수 사랑하심은 거룩하신 말일세"에 그려진 옳지만 불완전한 그분의 모습이 〈공화국 전승가〉의 그리스도로 완성될 것이다.

14장 1-13절에서 요한은 미래에 일어날 사건들의 예고편을 보여주었다. 우선 그리스도께서 다시 오실 때 이스라엘의 남은 자들이 시온 산에 모일 것이다(14:1-5). 이러한 구속의 이미지에 이어 영원한 복음(14:6), 바벨론의 멸망(14:8), 파멸의 경고(14:9), 환난의 시기를 살아가는 성도들에게 주는 약속(14:12-13) 등 네 가지가 선포되었다. 이제부터 14장의 나머지에는 다음 몇 장에 묘사될 최후의 심판이 생생히 약술된다. 곡식의 추수(14:14-16)는 15-16장에 더 자세히 묘사될 일곱 대접의 심판을 예고한 것이고, 포도의 추수(14:17-20)는 16장 13-21절과 19장 19-21절에 상술될 아마겟돈 전쟁을 보여준다.

—14:14-16—

세 천사가 지나가면서 하늘의 메시지를 전하고 우렛소리 같은 큰 음성이 하늘에서 마지막 경고를 발한 뒤에, 요한의 눈에 뭔가 새롭고 놀라운 것이 어렴풋이 보였다. 하늘에 흰 구름이 생겨나더니 그 구름이 점점 다가오면서 머리에 관을 쓰고 손에 낫을 든 한 사람의 형상이 드러났다.

성경 전체에서 구름은 하나님의 쉐키나(*shekinah*) 영광을 나타낸다. 하나님의 능력이 구름이라는 가시적인 형태로 나타나, 하나님의 백성에게 그분이 그들과 함께하심을 상기시켜주었다. 출애굽기 13장 21절에는 그것이 밤의 불 기둥과 낮의 구름 기둥으로 나타난다. 그렇다면 그 목적은 무엇인가? 이스라엘 백성을 이집트에서 나오게 하여 약속의 땅으로 이끌기 위함이었다. 그 구름 속에 하나님의 영광이 나타났고, 거기서 여호와께서 자기 백성에게 말씀하시곤 했다(출 16:10, 19:9, 20:21). 구름은 또 성막 위에와 성전 안에도 머물러, 하나님이 은혜로 자기 백성과 함께 거하심을 이스라엘에게 일깨워주었다(출 33:9, 레 16:2).

신약에서도 구름은 하나님의 능력과 영광의 임재를 나타낸다. 그리스도께서 영광스럽게 변화되신 산에서 "빛난 구름"이 제자들을 덮었고, 그 속에서 하나님이 "이는 내 사랑하는 아들이요 내 기뻐하는 자니 너희는 그의 말을 들으라"(마 17:5)고 말씀하셨다. 그리스도께서 승천하실 때도 "구름이 그를 가리어"(행 1:9), 그분이 이 땅의 세계에서 하늘의 세계로 옮겨 가심을 알렸다. 그러므로 심판하러 다시 오시는 그리스도가 흰 구름을 타신 인자로 표현된 것은 당연한 일이다. 사실 여러 세기 전에 선지자 다니엘은 이렇게 썼다.

> 내가 또 밤 환상 중에 보니
> 인자 같은 이가
> 하늘 구름을 타고 와서
> 옛적부터 항상 계신 이에게 나아가
> 그 앞으로 인도되매(단 7:13).

Erich Lessing/Art Resource, NY

곡물 추수에 쓰던 고대의 낫(BC 1세기경)

예수님은 마가복음 13장 26절에서 자신의 재림을 예언하실 때 이 예언의 말씀을 인용하여 자신에게 적용시키셨다. "그 때에 인자가 구름을 타고 큰 권능과 영광으로 오는 것을 사람들이 보리라."

요한계시록 14장 14절의 "인자"라는 표현은 분명히 그리스도를 가리킨다. 그분은 장차 임할 하나님 나라에 관한 구약 여러 예언들의 성취이시며, 그 나라는 선택된 한 인간이시자 신이신 그분을 통하여 세워진다. 히브리어의 "인자"(사람의 아들)라는 문구는 사람의 인간성을 강조할 때 자주 쓰였다. 예컨대 다니엘은 자기를 "인자"라고 부르는 천사들 앞에서 떨고 있었다(단 8:17). 비슷하게 예수님도 자주 "인자"라는 호칭으로 당신의 인간적 속성들을 강조하셨다(마 8:20, 12:40, 17:12, 요 3:14, 8:28). 동시에 "인자"는 성육신에 주의를 환기시킨다. 성육신이란 하나님이 인간이 되셔서 우리의 죄 때문에 죽으시고 죽음에서 부활하여 승리하셨음을 가리키는 말이다. 다니엘 7장 13절에 "인자"가 구름을 탔다는 것은 그가 천상의 세계에 속한 인물임을 말해준다. 그분은 홀로 통치권을 받으시는 인간이시자 영광스럽게 높여지신 하나님이시다.

인자가 낫을 뽑아 땅을 추수하시는 요한의 환상은 그 당시의 농경 사회에서 익숙한 것이었다. 밭의 밀이 익으면 농부는 여태까지 정성스레 심고 가꾼 작물을 거두어들여야 한다. 추수를 미룰 수는 없다. 비슷하게 하나님의 구원 계획은 훗날 여자의 후손을 통하여 인류를 구속함과 동시에 뱀과 그의 악한 후손을 멸하시겠다는 단순한 약속으로 시작되었다(창 3:15). 하나님의 이 계획은 수천 년 동안 계속 전개되어왔다. 언약의 약속들은 아브라함에게서 이삭과 야곱과 유다를 거쳐 다윗 왕가로 그리고 마침내 예수 그리스도께로 이어져 내려왔다. 그리스도는 궁극의 "약속하신 자손"이시다(갈 3:19). 그래서 환난 끝에 세상은 익어져 추수하게 될 것이다.

승리자의 면류관을 쓰시고 곡식을 추수하는 도구인 낫을 휘두르시는 인자는 천사가 전하는 아버지의 말씀에 응답하실 것이다. "당신의 낫을 휘둘러 거두소서 땅의 곡식이 다 익어 거둘 때가 이르렀음이니이다"(14:15). "익어"로 번역된 헬라어 단어는 '말랐다, 시들었다'는 뜻으로,[4] 악한 인류의 상태가 '너무 익었음'을 암시한다. 이로써 우리는 자비로우신 주께서 심판을 최대한 연기하셨음을 알 수 있다. 베드로는 "주의 약속은 어떤 이들이 더디다고 생각하는 것 같이 더딘 것이 아니라 오직 주께서는 너희를 대하여 오래 참으사 아무도 멸망하지 아니하고 다 회개하기에 이르기를 원하시느니라"(벧후 3:9)고 힘주어 말했다. 하나님은 자비로우셔서 장차 회개할 사람들을 위하여 심판의 손을 억제하시지만, 그러나 그분이 "이제 됐다!"고 말씀하실 때가 온다. 그 결정적인 순간에 드디어 추수의 날이 도래할 것이다.

요한의 환상 속에서 인자는 즉시 온 땅에 낫을 휘둘러 심판을 시행하신다. 로버트 토머스(Robert Thomas)는 "이 간결한 진술은 심판이 갑작스레 임할 것을 극화시켜준다"[5]고 지적했다. 너무 익은 밀밭에 추수할 농부의 손길이 당장 필요하듯 인류의 악도 신속하고 단호한 정의를 요한다. 사도 베드로가 심판을 연기하시는 하나님의 인내를 상기시킨 뒤에 독자들에게 알려준 것이 있다. "그러나 주의 날이 도둑 같이 오리니"(벧후 3:10). 하나님은 오래 참으시고 자비로우시지만, 어느 날 이 땅은 그분의 검이 얼마나 "무섭고 신속한"지를 느끼게 될 것이다.

—14:17-20—

밀의 추수가 하나님의 심판이 인간의 역사 속에 갑작스럽고 신속하게 침투해 들어올 것을 보여준다면, 포도의 추수는 그 심판이 혹독할 것을 보여준다. 요한은 하늘의 성전에서 다른 천사가 나오는 것을 보았다. 예리한 낫을 휘두르는 이 천사에게 또 다른 천사가 땅의 익은 포도송이들을 거두라는 지시를 내렸다(14:18). 18절의 "익었느니라"에 쓰인 단어는 앞에서 곡식이 익었다고 할 때의 그 단어와는 다르다. 이 단어는 '한창때'라는 뜻이다.[6] 세상의 악은 이미 갈 데까지 갔다. 몇 구절 앞에서 셋째 천사가 발표한 것처럼, 짐승을 경배하고 그의 표를 받는 사람들은 "하나님의 진노의 포도주를 마시"게 된다(14:9-10). 이러한 운명은 많은 사람들에게 이미 정해졌다. 반항의 극한 표현인 짐승의 표와 그에 걸맞는 악한 생활방식으로 그들이 창조주와 구속자를 대적했기 때문이다.

진노의 포도를 추수하라는 명령에 천사는 지체 없이 순종했다. 그는 온 땅에 낫을 휘둘

Eitan F/Wikimedia Commons

고대의 포도주 틀. 위쪽의 큰 통에서 새로 짠 포도즙이 아래쪽의 통에 고이도록 되어 있다.

러 포도를 거둔 후 "하나님의 진노의 큰 포도주 틀"에 던졌다(14:19). 이 환상은 고대 세계의 또 다른 익숙한 이미지에서 온 것이다. 포도는 한창 무르익었을 때 수확한다. 수확한 포도는 욕조 모양의 큰 통에 던지는데, 대개 그 통은 바위를 파서 만들었고 그보다 약간 지대가 낮게 통을 하나 더 파서 좁은 홈으로 연결했다. 높은 통에서 포도송이들을 발로 짓이기면 즙이 홈을 타고 낮은 통으로 흘러간다. 그것을 병이나 가죽 부대에 담아 발효시킨다.

환상 중에 요한은 하나님의 진노의 포도주 틀과 그 극적인 결과를 목격했다. "성 밖에서 그 틀이 밟히니 틀에서 피가 나서 말굴레에까지 닿았고 천육백 스다디온(약 300킬로미터)에 퍼졌더라"(14:20). 이런 상징들은 이 환상에 그려진 전투가 상상을 초월할 정도로 대규모이며 피비린내가 날 거라는 명백한 사실을 보여준다. 일찍이 지구 역사상 여기에 근접한 일은 없었다. 요한계시록 14장 17-20절은 적그리스도 및 지상 왕들이 벌일 마지막 전투의 결과를 기막힌 이미지로 그려냈다. 포도의 수확은 "아마겟돈"으로 더 잘 알려진 하르-므깃도 골짜기에 전쟁하러 모일 사람들을 가리킨다. 이 대규모의 전투는 16장 16절과 19장 15-21절에 더 충분히 묘사된다. 그때 가서 우리는 그곳의 위치와 '모든 전쟁을 끝내는 전쟁'을 더 자세히 살펴볼 것이다. 다만 지금은 우리가 그 사건의 짤막하고 상징적인 예고편을 보고 있다는 사실을 아는 것이 중요하다.

곡물과 포도를 추수하는 환상은 구약의 낯익은 이미지들을 가지고 아마겟돈을 묘사하고 있다. 이사야 63장에 보면 심판자이신 하나님이 진노의 포도주 틀을 밟으시다가 의복에 빨갛게 물이 든다(63:1-3). 그분은 "내가 노함으로 말미암아 만민을 밟았으며 내가 분함으로 말미암아 그들을 취하게 하고 그들의 선혈이 땅에 쏟아지게 하였느니라"(63:6)고 부르짖으신다. 요엘 3장에도 동일한 종말의 심판이 비슷한 용어로 표현되어 있어, 요한계시록 14장에 나오는 상징들의 성격을 더 잘 이해할 수 있게 해준다.

> 너희는 낫을 쓰라 곡식이 익었도다
> 와서 밟을지어다 포도주 틀이 가득히 차고
> 포도주 독이 넘치니 그들의 악이 큼이로다
> 사람이 많음이여, 심판의 골짜기에 사람이 많음이여
> 심판의 골짜기에 여호와의 날이 가까움이로다

해와 달이 캄캄하며
별들이 그 빛을 거두도다
여호와께서 시온에서 부르짖고
예루살렘에서 목소리를 내시리니
하늘과 땅이 진동하리로다
그러나 여호와께서 그의 백성의 피난처,
이스라엘 자손의 산성이 되시리로다(욜 3:13-16).

"심판의 골짜기"란 성경의 므깃도라는 도시 근처에 있는 이스르엘 골짜기를 가리킨다. 예루살렘 성에서 한참 바깥인 그곳에서 세상의 군대들이 모여 심판을 받을 것이다. 아마겟돈은 하나님의 적들에게는 확실한 파멸을 초래하겠지만 그분의 백성들에게는 구원을 의미할 것이다. 그리스도와 하늘의 군대가 돌아와 적그리스도와 그의 군대를 멸할 것이다. 그 때 만왕의 왕께서 그분의 영원한 나라를 세우실 것이다(계 19:11-16).

적용

그리스도의 양날 검

지금까지 우리는 사도 요한의 예언의 말을 통하여 미래를 들여다보면서, 이 땅에 낫을 휘두르시고 하나님의 진노의 포도주 틀을 밟으시는 심판자 예수님을 보았다. 여기서 두 가지 원리가 떠오른다. 하나는 하나님의 은혜와 관계된 것이고, 또 하나는 그분의 공의와 관계된 것이다. 둘 다 신중히 숙고하기 바란다.

첫째, 하나님의 은혜는 우리에게 의를 선택할 자유를 준다. 창세기 2장 15-17절에서 하나님은 인류에게 첫 교훈을 가르치셨다. 선택의 자유라는 선물에 책임이 함께 따라온다는 교훈이었다. 아담과 하와는 순종할 수도 있고 불순종할 수도 있는 존재로 지음 받았다. 그들은 하나님께 복종할 수도 있었고 반항할 수도 있었다. 그런데 그들은 죄를 지음으로 죄의 노예가 되었고, 그리하여 인류는 죄와 사망의 상태로 곤두박질쳤다(롬 5:14, 고전 15:22). 그러나 그리스도의 죽음은 우리를 죄의 노예 상태로부터 해방시켰다(롬 6:5-7). 나아가 성령께서는 우리에게 악 대신 의를 선택할 수 있는 능력을 주신다(빌 2:12-13). 바울은 그리스도를 믿는 우리에게 그 자유로 자아를 섬기지 말고 하나님을 섬기라고 권고한다. 다음 말씀을 신중히 읽으면서 구체적인 명령들에 밑줄을 그어보라.

> 그러므로 너희는 죄가 너희 죽을 몸을 지배하지 못하게 하여 몸의 사욕에 순종하지 말고 또한 너희 지체를 불의의 무기로 죄에게 내주지 말고 오직 너희 자신을 죽은 자 가운데서 다시 살아난 자 같이 하나님께 드리며 너희 지체를 의의 무기로 하나님께 드리라(롬 6:12-13).

둘째, 하나님의 공의는 모든 인간에게 책임을 묻는다. 많은 그리스도인들은 자기가 은혜로 영원히 구원받았기 때문에 더 이상 하나님께 면밀히 조사받을 일이 없다고 믿는다. 이는 그리스도인과 심판에 관한 성경의 가르침을 왜곡한 것이다. 물론 "그리스도 예수 안에" 있는 자들에게는 정죄가 없으며(롬 8:1), 신자들은 하나님의 진노를 면하게 된다(살전 5:9). 하지만 성경은 "우리가 다 하나님의 심판대 앞에 서리라"(롬 14:10)는 사실도 분명히 밝힌다. 바울은 이 사실을 다음과 같이 더 자세히 설명했다. 이번에도 역시 대충 넘어가지 말고 이 경고를 자신의 것으로 신중히 받아들이기 바란다. 당신의 현재의 기쁨과 미래의 상급이 달린 문제다.

> 이 닦아 둔 것 외에 능히 다른 터를 닦아 둘 자가 없으니 이 터는 곧 예수 그리스도라 만일 누구든지 금이나 은이나 보석이나 나무나 풀이나 짚으로 이 터 위에 세우면 각 사람의 공적이 나타날 터인데 그 날이 공적을 밝히리니 이는 불로 나타내고 그 불이 각 사람의 공적이 어떠한 것을 시험할 것임이라 만일 누구든지 그 위에 세운 공적이 그대로 있으면 상을 받고 누구든지 그 공적이 불타면 해를 받으리니 그러나 자신은 구원을 받되 불 가운데서 받은 것 같으리라(고전 3:11-15).

> 이는 우리가 다 반드시 그리스도의 심판대 앞에 나타나게 되어 각각 선악간에 그 몸으로 행한 것을 따라 받으려 함이라(고후 5:10).

하나님께 조사받을 날이 다가오고 있다. 당신은 그리스도 안에서 얻은 자유를 가지고 죄에 지배당하지 않는 삶을 살아가고 있는가? 아니면 당신은 그리스도의 심판대에서 당신의 행위를 회계할 날이 있음을 잊어버렸는가? "나는 사람의 뜻과 마음을 살피는 자인 줄 알지라 내가 너희 각 사람의 행위대로 갚아주리라"(계 2:23)고 말씀하시는 그분에게서 당신은 어떤 말을 듣게 되겠는가?

하늘의 성전에서 나오는 심판(요한계시록 15:1-8)

1또 하늘에 크고 이상한 다른 이적을 보매 일곱 천사가 일곱 재앙을 가졌으니 곧 마지막 재앙이라
하나님의 진노가 이것으로 마치리로다
2또 내가 보니 불이 섞인 유리 바다 같은 것이 있고 짐승과 그의 우상과 그의 이름의 수를 이기고
벗어난 자들이 유리 바다 가에 서서 하나님의 거문고를 가지고 3하나님의 종 모세의 노래, 어린 양
의 노래를 불러 이르되

주 하나님 곧 전능하신 이시여
하시는 일이 크고 놀라우시도다
만국의 왕이시여
주의 길이 의롭고 참되시도다
4주여 누가 주의 이름을 두려워하지 아니하며 영화롭게 하지 아니하오리이까
오직 주만 거룩하시니이다
주의 의로우신 일이 나타났으매
만국이 와서 주께 경배하리이다 하더라

5또 이 일 후에 내가 보니 하늘에 증거 장막의 성전이 열리며 6일곱 재앙을 가진 일곱 천사가 성
전으로부터 나와 맑고 빛난 세마포 옷을 입고 가슴에 금 띠를 띠고 7네 생물 중의 하나가 영원토록
살아 계신 하나님의 진노를 가득히 담은 금 대접 일곱을 그 일곱 천사들에게 주니 8하나님의 영광과
능력으로 말미암아 성전에 연기가 가득 차매 일곱 천사의 일곱 재앙이 마치기까지는 성전에 능히 들
어갈 자가 없더라.

당신은 사무실 밖에 앉아 불안하게 안절부절못하고 있다. 비서가 자주 쇠테 안경 너머로 당신을 힐끗힐끗 쳐다본다. 당신이 앉아 있는 고급 의자는 편안해야 하는데 꼭 사형용 전기의자에 묶여 있는 기분이다. 벽시계가 똑딱거리며 시각을 가리킨다. 당신의 심장 박동

이 빨라진다. 당장이라도 저 문만 열리면 당신의 운명이 밝혀질 것이다. 저 문 뒤에서 감사(勘査) 요원들이 당신의 여러 가지 죄상을 의논하고 있다.

- 기한 초과
- 직무 유기
- 불복종
- 무능력

당신이 공황 상태에 빠지기 직전인 까닭은 당신에 대한 그들의 말이 다 옳기 때문이다! 당신은 모든 죄목에서 유죄다. 당신의 오랜 무책임이 드디어 대가를 불러와 이제 결과에 직면해야 할 때가 왔다.

우리도 누구나 한 번쯤 이런 비슷한 상황을 겪어보았다. 시험 중에 부정행위를 하여 교장실로 불려갔을 수도 있고, 규칙을 어겨 부모님께 혼났을 수도 있으며, 회사의 시간과 자원을 낭비하여 사장 앞에 섰을 수도 있다. 숨 막힐 듯한 두려움을 자아내는 그 정당한 죄책감은 아무도 좋아하지 않는다. 이것은 그저 발각되면 어쩌나 하는 두려움만이 아니다. 그보다 더 깊게, 책임을 질 것에 대한 두려움이다.

사실대로 말하자면 온 세상은 의롭고 거룩하신 하나님 앞에서 유죄 상태다. 그분은 우리의 모든 생각과 말과 행위를 아신다. 로마서 3장 23절에 "모든 사람이 죄를 범하였으매 하나님의 영광에 이르지 못하더니"라고 했다. 우리가 인정하기 싫을지라도, 모든 인간에게는 법을 주신 하나님께 대한 도덕적 책임 의식이 있다. 하나님은 그분의 도덕법을 모든 남녀노소의 마음속에 새겨놓으셨다(롬 2:14-15). 그 결과는 무엇인가? 유죄 판결이고 두려움이다. 세상의 심리학자들은 이 걷잡을 수 없는 죄책감을 없애보려고 온갖 합리화를 동원하지만, 성경은 "한번 죽는 것은 사람에게 정해진 것이요 그 후에는 심판이 있으리니"(히 9:27)라고 우리에게 거듭 상기시킨다.

심판을 선포하는 팻말을 몸에 앞뒤로 걸고 길거리에 서 있는 사람들이 아무리 괴짜처럼 보여도, 이들 대도시의 예언자들이 전하는 메시지는 본질상 정확하다.

회개하라!
종말이 가까웠다!
심판이 임박했다!

요한계시록 15장의 여덟 구절이 바로 그 메시지로 압축된다. 그것은 하나님의 성전에서 나오는 심판의 메시지다. 16장에 진노의 일곱 대접에 대한 무시무시한 환상을 기록하기 전에 요한은 임박한 심판의 짤막한 장면(15:1), 승리한 기쁨의 영광스러운 장면(15:2–4), 진노와 파멸의 무서운 장면(15:5–8)을 묘사한다.

—15:1—

"또 하늘에 크고 이상한 다른 이적을 보매"라는 첫 소절을 기점으로 새로운 환상이 시작된다. 이는 요한계시록 16장에 상술될 대접 심판의 서곡이다. 알다시피 계시록의 상당 부분은 갈수록 더 악하게 반항하는 인류에게 장차 하나님의 심판이 있을 것을 묘사하고 있다. 하지만 내가 당신에게 상기시켜 주어야 할 것이 있다. 당신이 예수 그리스도를 구주로 믿고 있다면 당신은 이런 대대적인 심판을 두려워할 필요가 없다. 그리스도를 영접하는 사람들은 이런 무서운 파멸의 날로부터 건짐을 받는다. 하지만 복음을 거부하는 사람들은 그대로 남아 임박한 진노를 당하게 된다.

이 구절에서 우리는 두 가지 중요한 사실을 볼 수 있다. 첫째, 일곱 대접은 미래의 7년 환난 기간의 끝부분에 집중될 일곱 재앙을 가리킨다. 이 구절에 "재앙"으로 번역된 단어는 직역하면 '타격, 상처'라는 뜻이다.[7] 그러니까 이 심판들은 유행성 독감이나 HIV처럼 장기간 계속되는 전염병이 아니다. 오히려 이 재앙들은 갑작스런 충격을 주며, 신속하고 혹독하고 파괴적이고 맹렬하다. 둘째, 일곱 대접의 심판은 하나님이 지상의 거민들에게 쏟으시는 진노의 마지막 표출이다. 이 심판은 아마겟돈 전쟁과 그리스도의 재림으로 절정에 이른다.

장차 임할 심판을 보여주는 이 짤막한 예고편에서 믿음의 사람들은 모두 희망을 얻어야 한다. 하나님의 심판은 소기의 목적을 이루고 종막을 고할 것이다. 그 목적이란 대환난 기간 중에 적그리스도와 그의 추종자들이 성도들에게 가한 대학살에 복수하는 것이다. 그

묵상의 서재

현실에 직면하라

그날따라 나는 유난히 일찍 사무실에 도착했다. 하늘이 흐리고 찌푸린 전형적인 가을 아침이었다. 그날의 일과를 생각하면서 열쇠 꾸러미를 더듬어 평소처럼 문을 급히 활짝 밀어젖힌 나는 그 자리에 죽은 듯 얼어붙었다. 어둡고 섬뜩한 서재 안을 보면서 등골이 오싹해져 왔다. 전등 스위치가 반대쪽에 있었으므로 나는 문간에 선 채로, 현실을 상기시키는 가장 무서운 물체를 응시하고 있었다.

내 교회 서재의 바닥 한복판에 관이 놓여 있고 그 위에 시든 꽃잎이 뿌려져 있었다. 뚜껑이 닫힌 관 위에 내 사진도 놓여 있었다! 이른 새벽에 몽롱한 사람을 깨우려면 이 방법이야말로 확실하다. 꿈쩍도 하지 않고 그렇게 꼬박 3분은 서 있었던 것 같다. 그러다 차츰 눈을 깜빡이며 정신을 차렸다. 귀신이라도 나타날 것 같아 시계를 확인해보니 다행히 초침이 여태 움직이고 있었다. 내가 무슨 악몽을 꾸고 있는 중은 아니었던 것이다. 내 모든 반사 작용은 정상으로 반응했고, 심장 박동은 내가 아직도 살아 있음을 확인해주었다.

하지만 사실 나는 언제나 살아 있지는 않을 것이다. 그것이 현실이다. 내 사무실에 관을 들여놓은 짓궂은 장난꾼은 내게 정신이 번쩍 나는 잊지 못할 교훈을 가르쳐주었다. 미래의 어느 날 고요하고 잔뜩 찌푸린 아침에, 이 옛 땅에 해는 다시 뜨겠지만 나는 이 몸에서 빠져나가고 없을 것이다. 내가 쓰던 책들에 먼지가 앉을 것이다. 누군가 다른 사람이 내 열쇠를 들고 다니고, 내 전화를 받고, 우편물을 확인하고, 자신의 웃음과 눈물로 그 방을 채울 것이다. 이런 생각을 감당하기가 힘들고 괴로울 수 있지만 그것이 현실이다.

나는 공상 속의 푹신푹신한 가짜 매트리스 위에서 꿈을 꾸느니 차라리 칼날처럼 예리하고 날카로운 현실 속에서 인생을 살아가고 싶다. 현실은 불이 꺼지지 않게 해주는 담금질한 부지깽이다. 현실은 엔진이 계속 돌아가게 해주는 점화 장치다. 현실은 감정이 논리를 지배하지 못하게 하는 엄연한 일련의 사실들이다. 모든 엘리스를 이상한 나라에서 나오게 하는 것이 현실이다. 현실의 굽힐 줄 모르는 의지는 얽히고설킨 미로에서 길을 잃은 수많은 방랑자들을 옳고 그름이 있고 진실과 거짓이 있는 현실 세계로 도로 데려다놓았다. 정서 질환이나 정신 질환에 걸린 환자들의 거의 대부분은 현실을 이탈했으며, 건강을 되찾으려면 다시 현실로 돌아가야 한다. 감당하기 힘들지라도 현실은 무엇에도 뒤지지 않는 실제적인 안전을 가져다준다. 의심의 여지없이 현실은 지상에서 가장 건강한 자리다.

좋든 싫든 어느 고요한 아침에 당신과 나는 어쩔 수 없이 현실에 직면해야 한다. 우리 내면의 시계 초침이 갑자기 멎을 것이고, 시간이 더 이상 존재하지 않을 것이다. 그 순간 – 사람들이 내 관을 주문하기도 전에 – 내 손에 영적 여권이 쥐어질 것이다. 당신은 어떤가? 당신의 여권에는 뭐라고 적혀 있을 것인가? 많은 사람들의 여권에 '정죄당한 사람'이라는 도장이 찍혀 있을 것이다. 그러나 예수 그리스도로 말미암은 하나님의 은혜 덕분에 내 여권에는 '구원받은 사람'이라고 쓰여 있을 것이다. 다시 한 번 묻는다. 당신의 여권에는 뭐라고 적혀 있을 것인가?

세상은 인간의 온갖 의견과 이론과 철학과 몽상 따위의 수렁에 빠져들고 있지만, 우리 주님은 현실의 반석 위에 견고히 서라고 우리를 부르신다. 그런 현실적인 사고방식은 어떤 내용들로 되어 있을까? 거기에는 다음과 같은 것들이 포함된다.

- 인간은 타락한 죄인이며 구주가 필요하다.
- 우리의 희망은 예수 그리스도의 죽음과 부활에 있다.
- 그분을 영접하면 즉각 영원히 용서받는다.
- 죽음은 기정사실이지만 끝은 아니다.
- 천국은 실존하며 지옥도 실존한다.
- 우리는 그분 앞에 서게 될 것이며 누구도 그것을 피할 수 없다.
- 준비할 시간은 지금이다.

당신도 직면하라. 그것이 현실이다.

종막이란 성도들이 부활하여 상을 얻고 천 년 동안 그리스도와 함께 통치하는 것이다.

—15:2–4—

진노와 더불어 하나님은 은혜를 보이신다. 이것은 하나님의 성품에 대한 불변의 원리다. 그분은 복수와 승리를 짝지우시고, 심판과 기쁨을 함께 보내신다. 그래서 15장 2–4절은 1절에 진노의 일곱 천사가 가져온 음울한 파멸과는 정반대의 모습을 보인다. 진노의 대접을 든 천사들이 줄지어 들어오는 동안 요한은 무수히 많은 구속받은 자들이 하나님의 보좌 앞에서 거문고를 들고 유리 바닷가에 쭉 퍼져 서 있는 것을 보았다. 이 사람들은 누구인가? 요한이 묘사한 그들은 환난 기간에 그리스도를 거부하라는 세 가지 무시무시한 압박을 견디고 승리한 사람들이다.

- 설득력과 카리스마를 갖춘 첫째 짐승의 군사적 위용을 통한 정치적 압박
- 기적을 행하여 미혹하는 둘째 짐승의 우상을 통한 종교적 압박
- 매매에 꼭 필요한 짐승의 수를 통한 경제적 압박

13장에 묘사된 이런 압박은 모든 사람을 생사의 기로로 몰아넣었다. 그들은 짐승을 경배하여 목숨을 건지든지, 아니면 짐승의 정권을 거부하고 목숨을 잃든지 둘 중 하나를 택해야 했다. 유리 바닷가에 서 있는 구속받은 자들은 그리스도께 충성하는 쪽을 택했는데, 유례없는 박해를 생각한다면 이는 어리석은 결정이었다. 하지만 순교한 선교사 짐 엘리엇(Jim Elliot)의 명언처럼, "영원한 것을 얻고자 영원할 수 없는 것을 버리는 자는 바보가 아니다."[8]

Z. Radovan/www.BibleLandPictures.com

고대의 수금

구속받은 자들의 이 거대한 무리는 하나님 보

좌 앞에서 승리의 노래를 부른다. 저마다 거문고를 연주하는데, 이는 현대의 오케스트라에 있는 대형 하프가 아니라 손에 드는 수금이라는 현악기다. 교육이나 설교와 달리 음악 사역은 영원히 계속된다! 우리 같은 유한한 존재들이 무한하신 하나님을 알면 알수록 그분을 찬양할 이유가 그만큼 더 많아지기 때문에 노래와 찬송은 끝날 일이 없다. 그래서 우리는 "나 같은 죄인 살리신 주 은혜 놀라워"의 마지막 절을 즐겨 부르는 것이다.

> 거기서 우리 영원히
> 주님의 은혜로
> 해처럼 밝게 살면서
> 주 찬양하리라.[9]

3-4절에서 요한이 보았듯 이 천상의 찬양대는 두 노래를 부른다. 하나는 "모세의 노래"이고 또 하나는 "어린 양의 노래"다. 이 두 노래가 무엇인가에 대해서 주석가들이 여러 이론을 내놓았다. 대부분이 동의하듯 모세의 노래에는 구약성경의 두 본문인 출애굽기 15장 1-18절과 신명기 32장 1-43절 중 하나나 혹은 둘 다의 가사가 반영되어 있을 것이다. 요컨대 그 두 본문은 이스라엘이 열 재앙을 통하여 이집트에서 해방된 일, 하나님이 이집트의 군대를 무찌르신 일, 약속의 땅에 들어가기 위한 준비 등을 노래하고 있다. 환난의 심판으로부터 건짐 받아 적그리스도의 패배와 그리스도가 세우시는 지상 나라를 목격하는 승리의 성도들에게 이 얼마나 적합한 내용인가! "어린 양의 노래"는 새 노래여서인지 요한이 가사를 적어놓았다.

두 노래 모두 하나님의 속성과 그분이 하신 일을 인하여 그분을 찬양하고 있다. 그분은 전능하신 하나님, 의롭고 참되신 왕, 홀로 거룩하신 분이다. 그분이 하신 일은 크고 놀라우며, 그분의 길은 의롭고, 그분은 만국의 경배를 받으시기에 합당한 분이다. 이 본문은 예배에 대한 심오한 진리 하나를 지적해준다. 노래가 옛것이든 새것이든 예배의 목적은 하나님의 장엄한 성품과 경외로운 행적을 인하여 그분을 영화롭게 하는 것이다.

보좌 앞에서 부른 두 노래의 관계에 대해 한 주석가는 이런 말을 했다.

> 모세의 노래는 홍해에서 불렀고, 어린 양의 노래는 유리 바다에서 부른다. 모세의 노래는 이집트를 이긴 승전가였고, 어린 양의 노래는 바벨론을 이긴 승전가다. 모세의 노래는 하나님이 자기 백성을 어떻게 인도해 내셨는가를 말했고, 어린 양의 노래는 하나님이 자기 백성을 어떻게 인도해 들이시는가를 말한다. 모세의 노래는 성경의 첫 노래였고, 어린 양의 노래는 성경의 마지막 노래다. 모세의 노래는 적의 멸망과 성도의 기대와 하나님의 공덕을 기념했고, 어린 양의 노래도 그 세 가지 주제를 똑같이 다룬다.[10]

—15:5-8—

요한은 환난을 이긴 성도들의 거대한 무리가 큰 소리로 부르는 승리의 노래를 듣다가 다시 다른 데로 시선이 끌렸다. 이 땅에 마지막으로 쏟아질 하나님의 진노가 천국에서 준비되고 있었다. 신자들이 천국에서 기뻐하고 있는 동안, 주님이 값없이 주시는 영생을 거부한 사람들은 드디어 오래도록 지연되어온 심판을 당하게 된다.

요한은 하늘의 성전을 보았는데 한때 예루살렘에 있던 물리적인 건물과 비슷했다. 요한이 이 글을 쓸 때쯤에는 이 땅의 성전은 이미 폐허가 된 지 25년도 더 지난 뒤였다. 하지만 지상의 성전은 하나님이 친히 설계하신 하늘 성전의 "모형"이었다(히 8:2-5). 다만 땅의 성전과 달리 하늘의 성전은 "지성소"가 열려 있다. 땅의 성전의 경우, 주님의 임재가 거하던 그곳은 늘 가려져 있었다(레 16:2-3, 히 9:2-7). 오직 대제사장만이 죄인인 백성들을 대표하여 1년에 한 번씩 지성소에 들어갈 수 있었다. 그러나 더 이상 죄인이 거하지 않는 하늘에서는 그리스도께서 친히 우리의 영원한 대제사장이 되신다. 하늘의 성도들에게는 아무것도 하나님의 영광을 가리지 못한다. 신자들에게는 하늘의 성막이 하나님께 막힘없이 나아갈 수 있는 성전이지만, 불신자들에게는 동일한 성막이 심판의 성전이 된다.

환상이 진행되면서 하늘에서 일곱 천사가 나오는데 저마다 흰옷을 입고 제사장의 복장을 갖추었다(15:6). 천사들은 엄숙하게 하나님의 보좌로 다가간다. 4-6장에 언급된 네 생물 중 하나가 그들 각자에게 "하나님의 진노를 가득히 담은" 대접을 준다(15:7). 여기 "대접"으로 번역된 단어는 물을 끓일 때는 물론 "전제(奠祭)를 마시거나 부을"[11] 때 쓰던 받침접

Ira Block/National Geographic Stock

전제(奠祭)에 쓰던 고대의 대접

시처럼 얇은 접시를 가리킨다. 어느 사전에는 요한계시록에 이 단어가 쓰인 것은 "내용물을 신속하게 비울 것을 암시한다"[12]고 덧붙여져 있다.

앞의 5장 8절에는 순교한 신자들이 신원을 구하는 기도가 나오는데, 이 대접들은 그들의 기도로 가득한 그 대접들과 연관이 있을 수 있다. 이 대접들은 그들이 하나님께 자신들의 고난과 죽음을 복수해달라고 간구한 데 대한 직접적인 응답이다. 이 진노의 대접들은 또한 "왜 의인이 억울한 일을 당하는데 악인은 벌을 받지 않는가"라는 오랜 의문에 대한 답이기도 하다. 사실은 하나님이 자비하셔서 사람들에게 회개할 기회를 주시고자 환난 기간 동안 심판의 전체 분량을 지연시키셨다(벧후 3:9). 그러나 우리는 결코 하나님의 자비를 악용해서는 안 된다. 심판은 연기된 것이지 아예 취소된 것이 아니다.

요한이 열린 성전을 계속 들여다보고 있는데 "하나님의 영광과 능력으로 말미암아 성전에 연기가 가득"했다(15:8). 모세 시대에 땅의 성막이 완성되었을 때와 같이(출 40:33-35) 하늘의 성막도 하나님의 거룩하고 영광스러운 임재로 충만했다. 비슷하게 이사야가 "높이 들린"(사 6:1) 보좌에 앉으신 주를 뵈었을 때도 하늘의 성전에 "연기가 충만"했다(6:4).

요한이 환상 중에 하늘에서 본 심판의 성전은 세 가지 중요한 차이점을 부각시켜준다.

성전에는 하나님의 영광이 가득하다.	땅에는 하나님의 진노가 가득하다.
과거에는 하나님의 진노가 죄인들을 구원하기 위하여 그리스도께 쏟아졌다.	미래에는 하나님의 진노가 죄인들을 심판하기 위하여 그들에게 쏟아진다.
하늘의 의인들은 선의 승리를 즐거워한다.	이 땅의 반항자들은 악의 파멸로 고통당한다.

적용

하늘에는 승리, 땅에는 복수

A. W. 토저는 이렇게 썼다. "우리는 하나님에 대해서 큰 소리로 많이들 말하지만 속으로는 그분이 부재하다고 생각한다. 과거에 계셨던 하나님과 미래에 계실 하나님 사이의 중간기에 자신이 살아가고 있다고 생각한다."[13] 모세의 노래는 하나님이 과거에 구원하신 일을 돌아보고, 어린 양의 노래는 그분이 미래에 복수하실 일을 내다본다. 그러나 요한계시록 15장에 요한이 환상 중에 본 하늘의 기쁨과 이 땅의 슬픔을 계기로 우리는 오늘 우리 자신의 상황으로 눈길을 돌려야 한다.

첫째, 우리는 하나님이 보호해주신다는 약속에 감사를 표해야 한다. 예수 그리스도를 믿은 이 땅의 사람들은 요한계시록 15장에 기록된 환난의 사건들이 있기 전에 "구름 속으로 끌어 올려 공중에서 주를 영접하게" 된다(살전 4:17). 선이 악을 이기는 최후의 승리는 아직 미래의 일이지만, 그리스도를 믿는 신자들은 원수를 이기는 승리를 인하여 지금 감사드릴 수 있다. 미래의 구원에 대한 이 소망과 관련하여 바울은 이렇게 썼다.

> 그뿐 아니라 또한 우리 곧 성령의 처음 익은 열매를 받은 우리까지도 속으로 탄식하여 양자 될 것 곧 우리 몸의 속량을 기다리느니라 우리가 소망으로 구원을 얻었으매 보이는 소망이 소망이 아니니 보는 것을 누가 바라리요 만일 우리가 보지 못하는 것을 바라면 참음으로 기다릴지니라(롬 8:23-25).

당신은 이런 속량과 구원의 희망을 품고 있는가? 그것은 당신의 일상적 태도에 영향을 미칠 정도로 생생한가? 부디 그 자리에까지 가기를 권한다! 약간의 자극이 필요하다면, 하나님의 보좌 앞에서 노래하는 성도들을 좀 더 자세히 보면 된다. 그들은 이미 승리하여 찬양과 감사의 노래를 부르고 있다. 당신이 외우고 있는 찬송이 하나도 없다면 이제부터라도 배우기 바란다. 모든 신자는 성경 외에 믿음의 노래를 몇 곡쯤은 알고 있어야 한다. 옛 노래들, 그 위대한 찬송가들을 소중히 여기라. 새로 나온 찬양곡들도 배우라. 혼자서 또는 가족과 함께 "시와 찬송과 신령한 노래들로 서로 화답하며 너희의 마음으로 주께 노래하며 찬송하며 범사에 우리 주 예수 그리스도의 이름으로 항상 아버지 하나님께 감사"하는 시간을 가지라(엡 5:19-20). 가족이 함께 노래하면 더 사이가 가까워진다.

둘째, 우리는 그리스도를 거부하는 사람들에게 관심을 보여야 한다. 교회가 휴거되고 적그리스도가 권좌에 오르고 나면, 많은 사람들은 그리스도를 거부한 자신의 선택이 후회스럽고 비참한 잘못이었음을 깨달을 것이다. 그러나 다른 사람들은 주권자이신 주 예수님을 계속 거부하고 그 결과 처참한 고통을 당할 것이다. 인생의 가장 중요한 결정은 아들 예수 그리스도를 통하여 우리를 보호해주신다는 하나님의 약속을 받아들이는 선택이다. 그러므로 오늘의 신자들은 잃어버린 영혼들에게 지대한 관심을 품어야 한다. 날로 더 그리스도가 하신 말씀들에 적대적이 되어가는 세상에서 당신은 그들을 향한 관심을 어떻게 표현할 것인가?

사도 베드로가 베드로전서 3장 15절에서 그 질문에 답하고 있다. 첫째, "너희 마음에 그리스도를 주로 삼아 (그분을) 거룩하게 하"라. 그리스도를 구별하고, 그분이 당신을 거룩한 그릇으로 구별하시게 하라. 자신을 드려 그분을 섬기되 언제 어디서나 누구를 위해서나 하라. 언제라도 그분이 신호를 보내시면 즉각 순종할 수 있도록 자원하는 군사로 준비되어 있으라.

둘째, "너희 속에 있는 소망에 관한 이유를 묻는 자에게는 대답할 것을 항상 준비"하라. 그리스도께서 당신을 어떻게 구원하셨는가에 관한 당신의 간증을 연습하라. 그것이 늘 입에 붙어 있게 하고, 거리낌 없이 진실하게 말하라. 변화된 삶의 기쁨 넘치는 간증보다 더 비신자들의 호기심을 불러일으키는 것은 별로 없다.

끝으로, 비신자들을 "온유와 두려움으로" 대하라. 스스로 의로운 척하는 현대판 바리새인의 모습은 금물이다. 판단하는 일은 하나님이 그분의 때에 하시도록 그분께 맡기라. 사람들을 얻으려고 애쓰되 씁쓸한 비웃음으로 하지 말고, 성령의 달콤한 열매인 "사랑과 희락과 화평과 오래 참음과 자비와 양선과 충성과 온유와 절제"(갈 5:22-23)로 하라. 타락한 세상에 그리스도를 전하는 일은 당신이 생각하는 것보다 쉽다.

자원하는 증인이 되어 복음의 메시지를 전하라. 당신의 삶이 변화된 간증을 나누라. 하나님의 구원의 은혜를 설득력 있고 매력 있게 제시하는 것을 잊지 말라.

최후의 큰 일곱 대접(요한계시록 16:1-21)

1또 내가 들으니 성전에서 큰 음성이 나서 일곱 천사에게 말하되 너희는 가서 하나님의 진노의 일
곱 대접을 땅에 쏟으라 하더라 2첫째 천사가 가서 그 대접을 땅에 쏟으매 짐승의 표를 받은 사람들
과 그 우상에게 경배하는 자들에게 악하고 독한 종기가 나더라

3둘째 천사가 그 대접을 바다에 쏟으매 바다가 곧 죽은 자의 피 같이 되니 바다 가운데 모든 생물
이 죽더라

4셋째 천사가 그 대접을 강과 물 근원에 쏟으매 피가 되더라 5내가 들으니 물을 차지한 천사가 이
르되 전에도 계셨고 지금도 계신 거룩하신 이여 이렇게 심판하시니 의로우시도다 6그들이 성도들과
선지자들의 피를 흘렸으므로 그들에게 피를 마시게 하신 것이 합당하니이다 하더라 7또 내가 들으니
제단이 말하기를 그러하다 주 하나님 곧 전능하신 이시여 심판하시는 것이 참되시고 의로우시도다
하더라

8넷째 천사가 그 대접을 해에 쏟으매 해가 권세를 받아 불로 사람들을 태우니 9사람들이 크게 태
움에 태워진지라 이 재앙들을 행하는 권세를 가지신 하나님의 이름을 비방하며 또 회개하지 아니하
고 주께 영광을 돌리지 아니하더라

10또 다섯째 천사가 그 대접을 짐승의 왕좌에 쏟으니 그 나라가 곧 어두워지며 사람들이 아파서
자기 혀를 깨물고 11아픈 것과 종기로 말미암아 하늘의 하나님을 비방하고 그들의 행위를 회개하지
아니하더라

12또 여섯째 천사가 그 대접을 큰 강 유브라데에 쏟으매 강물이 말라서 동방에서 오는 왕들의 길
이 예비되었더라 13또 내가 보매 개구리 같은 세 더러운 영이 용의 입과 짐승의 입과 거짓 선지자의
입에서 나오니 14그들은 귀신의 영이라 이적을 행하여 온 천하 왕들에게 가서 하나님 곧 전능하신
이의 큰 날에 있을 전쟁을 위하여 그들을 모으더라 15보라 내가 도둑 같이 오리니 누구든지 깨어 자
기 옷을 지켜 벌거벗고 다니지 아니하며 자기의 부끄러움을 보이지 아니하는 자는 복이 있도다 16세
영이 히브리어로 아마겟돈이라 하는 곳으로 왕들을 모으더라

17일곱째 천사가 그 대접을 공중에 쏟으매 큰 음성이 성전에서 보좌로부터 나서 이르되 되었다 하
시니 18번개와 음성들과 우렛소리가 있고 또 큰 지진이 있어 얼마나 큰지 사람이 땅에 있어 온 이래

로 이같이 큰 지진이 없었더라 [19]큰 성이 세 갈래로 갈라지고 만국의 성들도 무너지니 큰 성 바벨론
이 하나님 앞에 기억하신 바 되어 그의 맹렬한 진노의 포도주 잔을 받으매 [20]각 섬도 없어지고 산악
도 간 데 없더라 [21]또 무게가 한 달란트나 되는 큰 우박이 하늘로부터 사람들에게 내리매 사람들이
그 우박의 재앙 때문에 하나님을 비방하니 그 재앙이 심히 큼이러라.

나무랄 데 없어 보이는 고요한 토요일 아침이었다. 날씨가 유난히 푹했던 그 2월 1일은 세차하고 나서 이튿날 아침의 설교를 연습하기에 딱 좋은 시간이었다. 트럭을 한참 씻고 있는데 어디서 쾅 하고 굉음이 들렸다! 몇 블록쯤 떨어진 데서 큰 교통사고가 났나 보다 했다. 그런데 몇 분이 지나도록 사이렌도 울리지 않았고 아무 소리도 더 나지 않았다. 사방에 다시 정적이 내려앉았고 내 삶은 아무 일도 없었던 듯 계속되었다. 그러나 2월의 그 아침 내 머리 위로 저 아득한 상공에서 우주선 콜롬비아호가 폭발했다. 우주선은 대기권에 재진입하다가 창공에서 해체되면서 텍사스 북부의 광활한 구역에 파편을 흩뿌렸고, 비탄에 잠긴 일곱 가정의 저녁 식탁에 영영 빈자리를 남겼다.

바울이라는 사람이 고린도에서 철필을 꺼내 들고 데살로니가의 친구들에게 편지를 쓰던 그날도 비슷하게 평온했을지 모른다. 사실 사람들이 모이는 곳마다 온통 "평안하다, 안전하다"는 말들뿐이었는지도 모른다. 그래서 바울은 정신이 번쩍 들도록 이런 말을 썼다. "주의 날이 밤에 도둑 같이 이를 줄을 너희 자신이 자세히 알기 때문이라 그들이 평안하다, 안전하다 할 그 때에 임신한 여자에게 해산의 고통이 이름과 같이 멸망이 갑자기 그들에게 이르리니 결코 피하지 못하리라"(살전 5:2-3). 그로부터 15년쯤 후에 사도 베드로도 한밤중의 도둑이라는 똑같은 은유를 써서 독자들에게 이렇게 경고했다. "그러나 주의 날이 도둑 같이 오리니 그 날에는 하늘이 큰 소리로 떠나가고 물질이 뜨거운 불에 풀어지고 땅과 그 중에 있는 모든 일이 드러나리로다"(벧후 3:10). 두 사도의 메시지는 분명하다. 장차 이 땅에 임할 심판의 기간은 예고나 뉴스 속보나 경고 없이 온다는 것이다. 그날 비운의 콜롬비아호가 난데없이 내 머리 위로 폭발음을 낸 것처럼, 최후의 심판이 닥칠 때도 세상은 '정상 영업 중'일 것이다.

바울과 베드로는 장래의 심판을 경고했지만, 요한은 무시무시한 계시를 통하여 그것을 직접 목격했다. 요한계시록 16장에는 점점 강도를 더해가는 심판의 마지막 단계가 묘사되

어 있다. 7년 환난 기간 내내 무수히 많은 경고가 있었음에도 불구하고 고집스레 악 쪽에 서서 주님을 대적한 사람들에게 임할 심판이다. 마지막 일곱 대접의 진노와 이전의 일곱 나팔의 심판 사이에 몇 가지 유사성이 눈에 띌 수 있다. 하지만 자세히 보면 두 가지 중요한 사실이 관찰된다.

첫째, 하나님의 심판은 종말에 단 한 번의 돌연하고 비극적인 사건으로 임하여 모든 생명을 소멸시켜버리는 게 아니다. 오히려 그것은 전체 환난 기간에 걸쳐 많은 심판들로 이루어지며, 각 심판 때마다 또다시 회개의 기회가 주어진다. 둘째, 심판들은 갈수록 더 혹독해진다. 이것은 한편으로는 주님께 순복하게 하는 더 큰 자극이 되고, 한편으로는 모든 악이 완전히 끝날 때가 다 되었음을 보여준다. 이 기간에 그리스도를 믿을 사람들도 많이 있지만, 대다수의 사람들은 서글프게도 계속 불신과 반항으로 일관할 것이다.

진노의 일곱 대접을 잘 보면 알겠지만 처음 네 심판은 땅, 바다, 강, 해 등 자연계와 관계가 있다(16:1–9). 다음 두 대접은 짐승의 왕좌와 세상의 군대 등 정치 세계에 영향을 미친다(16:10–16). 마지막 일곱째 대접의 심판은 종합적으로 모든 심판을 종료시킨다(16:17–21). 지금부터 이 세 종류의 심판을 차례로 하나씩 살펴보기로 하자.

요한계시록에 나타난 환난 기간의 심판들

"인봉" 시리즈(계 6:1–8:5)	"나팔" 시리즈(계 8:6–9:21)	"대접" 시리즈(계 16:1–21)
1. 정복	1. 우박과 불(식물의 1/3이 불에 탐)	1. 독한 종기
2. 전쟁	2. 운석(바다 생물의 1/3이 죽음)	2. 바다가 독으로 오염됨 (모든 바다 생물이 죽음)
3. 기근과 가난	3. 수질 오염(물의 1/3이 독으로 오염됨)	3. 민물이 독으로 오염됨
4. 죽음(인구의 1/4)	4. 어둠	4. 인류가 불에 탐
5. 박해와 순교	5. 귀신이 메뚜기 떼로 공격함	5. 어둠과 아픔이 만연함
6. 지진	6. 귀신의 대부대(인류의 1/3이 죽음)	6. 거대한 군대의 침입
7. "나팔" 심판의 도입	7. "대접" 심판의 도입	7. 가장 파괴적인 지진과 우박

강도가 점점 심해지다가… 아마겟돈에서 절정에 달한다.

—16:1-9—

큰 음성이 나서 일곱 천사들에게 하나님의 진노의 일곱 대접을 땅에 쏟으라고 명하자(16:1) 요한은 천사들이 즉각 순종하는 것을 보았다. 그러나 그들은 유치원생들이 떼지어 진흙을 던지듯이 그냥 하늘 가장자리에 몰려들어 일제히 그릇을 비운 것이 아니다. 요한의 이 환상은 장차 지상에 있을 위험하고 섬뜩한 '기간'을 보여준다. 요한은 천사들이 정해진 순서대로 하나씩 차례로 엄숙하게 진행하는 것을 지켜보았다.

첫째 천사가 일곱이 선 줄 밖으로 나와 땅 위에 대접을 쏟았다(16:2). 매정하게 말할 생각은 없지만, 이 첫째 심판의 과녁과 결과를 보면 적외선 추적 미사일이나 스마트 폭탄이 연상된다. 첫 재앙을 당하는 사람들은 "짐승의 표를 받은 사람들과 그 우상에게 경배하는 자들"뿐이다. 진노의 마지막 일곱 대접은 분명히 7년 환난의 가장 말기에 시작된다. 기억하겠지만 짐승과 거짓 선지자는 환난의 후반기가 되어야 권좌에 오른다(13:5). 그 기간에 그들은 세계적인 프로그램을 전개하여, 자기들을 경배하는 사람들에게는 표를 새겨주고 그렇지 않은 사람들에게는 매매를 금지시킨다(13:11-18). 짐승의 표를 받고 그의 우상을 경배하는 사람들은 자기가 목숨을 건지고 가족들을 살린 줄로 알겠지만, 사실은 영원을 팔아 3년 정도를 샀을 뿐이다! 설상가상으로 짐승을 따르는 사람들은 전쟁까지 벌여가며, 자기들에게 동조하지 않고 그리스도를 믿는 사람들을 추격하고 박해하고 살해한다.

그렇게 하나님께 반항하고 그분의 백성을 공격한 결과로 이제 땅에 있는 사람들에게 즉시 "악하고 독한 종기"가 나는 것을 요한은 보았다. 존 필립스는 이 종기가 그들이 받았던 짐승의 표와 직결된 것일 수 있다고 보고 이렇게 썼다. "거기 오른손에 끔찍하게 썩은 불치의 암이 생긴다! 거기 얼굴에 혐오스럽고 흉측하게 일그러진 괴로운 부스럼이 생긴다! 인간들의 몰골은 흉해지고 고통은 끝이 없다."[14] 그러나 그리스도께 헌신하여 짐승의 표를 거부한 사람들은 거기서 면제된다! 적그리스도가 잠깐 권한을 받아 성도들을 크게 괴롭혔지만 이제부터 형세가 뒤집어진다. 진노의 첫 대접이 쏟아지고 나면 비로소 누구나 그 사실을 알게 된다.

종기가 난 사람들이 계속 비참하게 고통당하고 있는 가운데 둘째 천사가 대접을 들고 나타나 바다 위에 쏟는다. 요한의 상징적 환상 속에서 바닷물이 즉시 "죽은 자의 피 같이"

되었다. 나는 비위가 약한 편은 아니지만, 진하게 엉겨 붙은 끈적끈적한 피가 썩어서 악취를 풍기는 장면은 생각만 해도 속이 메슥거린다. 당신이 혹시 바닷가에 갔다가 해파리 떼가 해안으로 떠밀려와 죽은 광경을 본 적이 있다면 그 악취를 잘 알 것이다. 그런데 요한계시록의 이 환상은 그보다 수백만 배나 더 심각한 상황이다. 이전에 둘째 나팔의 심판 때에는 불 붙는 산이 바다에 던져져서 바다 생물의 3분의 1만이 죽었다(8:8-9). 그러나 요한이 본 독성 물질로 더럽혀진 죽음의 바다는 수질 오염이 어찌나 심한지 아무것도 살아남지 못한다. 이렇게 바다 생물이 멸종하자, 식품을 매매하려고 짐승의 표를 받았던 사람들은 경제에는 물론 목숨에도 치명타를 입는다.

지구의 악한 거민들은 삶이 위태로워진 것을 깨닫고 동요하며, 내륙의 강과 호수를 의지한다. 그러나 그들이 위안을 느낄 겨를도 없이 셋째 천사가 “강과 물 근원”에 대접을 쏟자 그 물도 피로 변한다. 환난의 전반기에 “쓴 쑥”이라는 별은 강과 샘의 3분의 1을 오염시켰고, 그래서 많은 사람들이 쓴 물 때문에 죽었다(8:10-11). 이번에는 결국 모든 민물이 피로 변하여, 안전하게 마실 물이 하나도 남지 않게 된다. 이제 이 땅의 사람들은 타는 목을 축이고자 하늘을 바라보며 새로 깨끗한 비가 내리기를 기도하는 수밖에 없다. 그러나 안타깝게도 그들은 메마른 불모의 영혼을 해갈하고자 마음을 하늘로 향하기를 거부한 지 이미 오래되었다!

이쯤 되면 당신은 이런 생각이 들 수 있다. ‘얼마나 처참한가! 하나님이 어떻게 이러실 수 있는가? 이 사람들이 정말 이런 극단적인 심판을 당해 마땅하단 말인가?’ 그러니 물과 관련된 천사가 여기서 불쑥 짤막한 찬송을 올려 진상을 분명히 밝힌 것은 매우 적합한 일이다. 요한이 듣는 데서 그 천사가 재천명한 것처럼, 이런 심판을 통하여 하나님은 그분의 완벽한 의로움과 거룩함을 드러내실 것이다(16:5). 이것은 이 진노를 직접 당하는 자들이 하나님의 백성에게 세계적인 대학살을 직접 자행했다는 사실을 만인에게 일깨워준다. 이들은 성도들을 순교시키고 선지자들을 살해하여(16:6) 그들의 거룩한 피를 땅에 흘렸다. ‘정의’란 사람이 마땅히 받을 결과를 받는 것인 만큼 세상의 악인들에게도 진정한 정의가 시행될 것이다. 사실 천사의 찬송은 “그들에게 피를 마시게 하신 것이 합당하니이다”라는 말로 끝난다. 그러자 화답의 후렴구라도 되듯 제단에서 한 음성이 나서 이 진리를 되풀이한다. “그러하다 주 하나님 곧 전능하신 이시여 심판하시는 것이 참되시고 의로우시도다”

(16:7). 천사와 제단 주변에 선 자들은 하나님의 의로우심과 선하심에 의문을 품을 여지를 누구에게도 남기지 않는다.

이 짤막한 찬송이 있은 후에 넷째 천사가 땅을 내려다보니 짐승의 표를 받은 사람들이 갈증을 풀려고 간절히 비를 기다리고 있다. 천사가 손을 들어 대접을 해에 쏟자 해의 열기가 너무 강렬해져 "불로 사람들을 태"운다. 이 땅의 사람들은 서늘한 빗방울을 받기는커녕 불 같은 태양광선에 타버린다. 이미 오래전부터 과학자들은 태양 표면이 불시에 대규모로 폭발할 수 있는 가능성을 우려해왔다. 그렇게 되면 대기권을 뚫고 들어오는 유해 광선들의 수가 많아진다. 환난의 말기에는 대기층이 너무 손상되어 태양광선이 더 이상 여과되거나 굴절되지 않을 것으로 보이며, 그 결과 온갖 종류의 기후 변화가 일어나 비참한 결과를 부를 것이다. 요즘 우리는 지구가 더워진다고 흥분하고 있는데, 그러한 종말의 지구 온난화에 비하면 지금은 따뜻한 봄날에 지나지 않을 것이다.

이렇게 연달아 네 번의 심판이 악한 인류를 굴복시켰으니 이제 인간들의 마음이 녹을 만도 하다. 종기와 기아와 갈증과 불에 시달리는 남녀들이 두 손을 들고 하나님께 불쌍히 여겨달라고 부르짖더라는 말이 다음 구절에 나올 법도 하다. 그렇다면 사랑의 하나님은 반드시 그들 심령의 부르짖음을 들으시고, 자신의 의로운 진노를 누그러뜨리시며, 이 마지막 단계에서도 회복과 소생의 기회를 주실 것이다! 사실 선지자 요엘은 총체적 심판의 직전에 주님의 성품에 있는 바로 그 점을 특별히 지적했다.

> 여호와의 말씀에 너희는 이제라도
> 금식하고 울며 애통하고
> 마음을 다하여 내게로 돌아오라 하셨나니
> 너희는 옷을 찢지 말고 마음을 찢고
> 너희 하나님 여호와께로 돌아올지어다
> 그는 은혜로우시며 자비로우시며
> 노하기를 더디하시며 인애가 크시사
> 뜻을 돌이켜 재앙을 내리지 아니하시나니
> 주께서 혹시 마음과 뜻을 돌이키시고

그 뒤에 복을 내리(지)… 아니하실는지
누가 알겠느냐(욜 2:12-14).

그러나 우리는 사람들이 겸손히 회개하기는커녕 오히려 더 마음이 완악해지는 모습밖에 볼 수 없다. 사탄을 숭배하는 자들은 심판에 대한 반응으로 하나님을 모독한다(16:9). 그들은 끝내 회개하지 않고 하나님께 영광을 돌리지 않는다. 생각해보라. 이 재앙들을 당하는 모든 사람은 당신이 지금 읽고 있는 동일한 예언들을 이미 접할 기회가 있었다. 7년 연속 그들은 방금 전에 성취된 예언들을 통하여 경고를 받았다. 그래서 반항을 고집할 구실이 없는데도 그들은 창조주와 구속자를 저주하고 욕한다.

—16:10-16—

나팔의 심판 때와 마찬가지로 대접도 처음 네 개는 자연계(땅, 바다, 물, 해)를 대상으로 한다. 원인은 초자연적이지만 '자연재해'라 할 수 있다. 그러나 나팔의 경우처럼 다섯째와 여섯째 대접의 심판은 더 초자연적이며 정치 세계(짐승의 나라와 세상 나라들)가 그 표적이다.

요한은 다섯째 천사가 짐승의 "왕좌"에 대접을 쏟는 것을 보았는데, 거기서 두 가지 결과가 나왔다. 짐승의 나라 전체에 어둠이 드리웠고, 사람들이 이루 말할 수 없는 고통에 시달렸다(16:10). 성경에서 "왕좌"라는 단어는 가구(家具)를 가리키는 것이 아니라 통치자의 권세의 자리를 가리킨다. 환난 기간 동안 이 "왕좌"는 특별히 적그리스도의 통치 본부를 가리키지만, 또한 그의 나라 전체와 42개월 동안 그에게 지배당할 자들을 다 포괄한다. 그 나라는 전에 없던 어둠을 경험할 것이다. 이 재난은 하나님이 수천 년 전에 이집트에 내리신 어둠의 재앙을 연상시킨다. 출애굽기 10장 21-23절에 그 재앙이 이렇게 묘사되어 있다.

> 여호와께서 모세에게 이르시되 하늘을 향하여 네 손을 내밀어 애굽 땅 위에 흑암이 있게 하라 곧 더듬을 만한 흑암이리라 모세가 하늘을 향하여 손을 내밀매 캄캄한 흑암이 삼 일 동안 애굽 온 땅에 있어서 그 동안은 사람들이 서로 볼 수 없으며 자기 처소에서 일어나는 자가 없으되 온 이스라엘 자손들이 거주하는 곳에는 빛이 있었더라.

요한계시록 16장 11절은 하나님의 적들이 당하는 고통들이 계속 누적된다는 사실을 우리에게 일깨워준다. 어둠이 그들을 덮치는 순간에도 첫 대접 때 생겨난 종기는 계속 곪아 터질 것이다. 햇볕에 타들어가는 몸을 서늘하게 축여주어야 할 물은 여전히 웅덩이들에 고여 악취를 발할 것이고, 한때 깨끗했던 바다는 썩어가는 피로 오염되어 있을 것이다. 믿기 어려운 일이지만, 그럼에도 불구하고 사람들은 회개하지 않고 계속 하나님을 비방할 것이다.

사람들이 한사코 회개하지 않는다고 언급된 것은 안타깝게도 이번이 마지막이다. 처음 다섯 재앙은 하나님이 인류에게 주시는 마지막 회개의 기회였다. 이제 더 이상 그런 기회가 없다. 진노의 대접들이 보여주듯이, 짐승의 표를 받은 사람들의 악한 생각과 마음과 의지는 이미 굳어졌다. 그들은 노아 세대의 사람들처럼 되었다. "여호와께서 사람의 죄악이 세상에 가득함과 그의 마음으로 생각하는 모든 계획이 항상 악할 뿐임을 보시고"(창 6:5). 사도 바울은 이런 절대적 타락의 상태를 로마서 1장에서 묘사했다. 다음 말씀들을 천천히 생각하면서 읽어보라.

> 하나님의 진노가 불의로 진리를 막는 사람들의 모든 경건하지 않음과 불의에 대하여 하늘로부터 나타나나니(롬 1:18).
>
> 하나님을 알되 하나님을 영화롭게도 아니하며 감사하지도 아니하고 오히려 그 생각이 허망하여지며 미련한 마음이 어두워졌나니(1:21).
>
> 그러므로 하나님께서 그들을 마음의 정욕대로 더러움에 내버려 두사 그들의 몸을 서로 욕되게 하게 하셨으니(1:24).
>
> 이는 그들이 하나님의 진리를 거짓 것으로 바꾸어 피조물을 조물주보다 더 경배하고 섬김이라(1:25).
>
> 이 때문에 하나님께서 그들을 부끄러운 욕심에 내버려 두셨으니(1:26).

그래서 진노의 여섯째 대접이 나오는데, 이때에 저 유명한 아마겟돈 전쟁의 무대가 갖추어진다. 7년 환난이 끝날 즈음 지구상에 남아 있는 군사력이 "하르-마게돈"(히브리어로 므깃도)이라는 곳으로 집결한다(16:16). 성경에 기술된 이 전투는 16장 12-16절에서 시작되어 잠시 활동이 끊겼다가 19장 11-21절에서 끝난다. 이 대규모의 전쟁에서 적그리스도와 땅의 군대는 그리스도와 하늘의 군대에 완전히 궤멸된다. 요한이 묘사한 이 마지막 전투에서 우리는 강, 왕들의 동맹, 불경한 삼위일체라는 세 가지 요소를 볼 수 있다.

요한의 환상에서 여섯째 천사의 대접에 담긴 진노는 유프라테스 강에 쏟아진다. 유프라테스 강은 창세 이래로 세계의 사건들에 없어서는 안 되는 부분이었다. 이 강은 에덴동산에 물을 댄 네 강들 가운데 하나였다(창 2:14). 하나님이 아브라함의 후손에게 약속하신 땅의 북쪽과 동쪽 경계도 본래 이 강이었다(창 15:18, 수 1:4). 히브리 민족은 이것을 그냥 "그 강"이나 "큰 강"이라 불렀다. 유프라테스(*Euphrates*)라는 헬라어 이름은 "단물"이라는

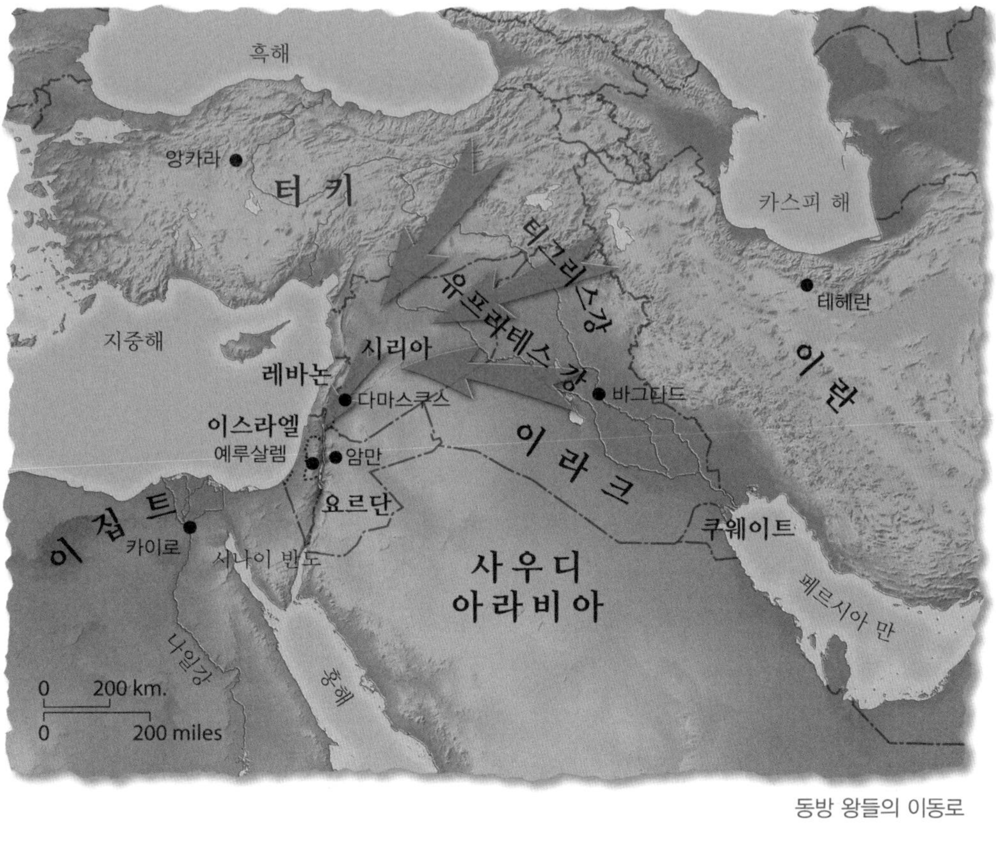

동방 왕들의 이동로

© Michael Svigel

오늘날의 이스르엘 골짜기

뜻이다.[15] 그러나 이미 심판으로 쓰게 변한 지 오래인 그 강물은 하나님의 진노가 거의 끝나갈 무렵에는 바짝 말라 "동방에서 오는 왕들"의 길이 될 것이다.

언뜻 보면 여섯째 대접의 결과가 동방의 왕들에게 도움이 되는 것처럼 보인다. 아마도 그들은 서쪽으로 이동하여 싸움에 가담하고 싶어 안달이 나 있었을 것이다. 하지만 성지에 모이려는 열망이 그들 자신의 선택이 아니라 귀신이 미혹한 결과임을 그들은 까맣게 모르고 있다. 요한은 불경한 '삼위일체'인 용과 짐승과 거짓 선지자의 입에서 "개구리" 같은 세 영이 뿜어져 나왔다고 묘사했다(16:13). 이 귀신들은 기만적인 표적과 기사를 이용하여 세상의 통치자들과 그들의 군대를 아마겟돈이라는 대평원으로 끌어들일 것이다. 한 주석가는 이 집결을 이렇게 설명했다.

> 사탄은 그리스도의 재림이 임박했음을 알고 세상의 군사력을 성지로 모이게 해 감람산에 재림하실 인자를 대적할 것이다(슥 14:4). 미혹되는 나라들이야 세상의 정치 권세를 얻기를 꿈꾸며 참전할지 모르지만, 사탄의 목적은 그리스도께서 다시 오실 때 하늘의 군대(19장에 소개되는)와 싸우는 것이다.[16]

불경한 삼위일체와 통치자들과 세상 군대는 악한 의도를 품고 행동하지만, 그럼에도 그들의 행동은 이미 예언된 것이며 하나님의 주권적인 통제 아래 있다. 주님은 악의 창시자는 아니시지만 악인들이 그들의 악행으로 자멸하도록 두실 것이다(롬 1:20-32). 그래서 결국 아마겟돈에 세상의 군대들이 모이고, 이스르엘 골짜기는 전쟁터가 된다. 왕들과 군대들은 그것을 세계 역사상 최대의 전쟁으로 알겠지만, 실제 내용을 보면 굳이 싸움이랄 것도 없다.

요한계시록 16장 16절에서 지상의 군대들이 아마겟돈에 집결한 상태로 활동이 정지된다. 마치 각 군대마다 자기네 총사령관의 지시를 기다리는 듯 말이다. 이 전투의 최종 결과는 요한계시록 19장에 가서야 기록된다. 그때 보겠지만 사탄의 군대는 마침내 그리스도의 군대라는 강적을 만난다. 그때까지 우리는 그리스도의 이 말씀을 묵상한다. "보라 내가 도둑 같이 오리니 누구든지 깨어 자기 옷을 지켜 벌거벗고 다니지 아니하며 자기의 부끄러움을 보이지 아니하는 자는 복이 있도다"(16:15).

—16:17-21—

세상 나라들이 싸우려고 광활한 이스르엘 골짜기에 모여 있는데 일곱째 천사가 마지막 대

성지와 성전

나사렛에서 자라난 여느 소년처럼 예수님도 현지의 지리와 그 고장을 둘러싼 산지의 역사적 의미를 아셨을 것이다. 오늘날 나사렛 구릉지라 불리는 그 고장 남쪽의 구릉지는 광활한 이스르엘 골짜기를 굽어보고 있는데, 이 골짜기는 세계 최강의 군사들이 무수히 많은 전쟁을 벌인 곳이다. 거기서 그분이 눈을 가늘게 뜨셨다면 골짜기 너머로 아득히 므깃도라는 고장도 보였을 것이다. 므깃도는 중동에서 군사적으로 가장 전략적인 도시로 잘 알려진 곳이다.

병력과 무역 물품을 메소포타미아에서 이집트로 실어 나르던 국제 대로(大路)는 갈멜 산 등성이를 구불구불 지나 이스라엘을 세로로 관통했다. 그 등성이를 넘어가는 가장 중요한 고개의 입구를 바로 므깃도가 지키고 있었다. BC 1468년에 가나안 족속들과 싸운 이집트의 투트모스 3세 왕은 그 요새의 중요성을 간파하고 "므깃도를 빼앗으면 일천 도시를 빼앗는 것이다"[17]라고 선언했다. 그곳에 문명이 층층이 쌓인 나머지 여태까지 고고학자들이 발굴해낸 것만도 자그마치 스무 개나 된다. 각 문명마다 그 지역이 중동의 무역을 장악하는 최고의 요충지임을 입증해준다.

유사 이래로 므깃도와 인근 산지와 이스르엘 골짜기는 전쟁이 끊이지 않던 곳이다. 지상 사역을 앞두신 젊은 예수님은 므깃도가 어느 날 적그리스도의 군대가 집결할 곳이 되리라는 것을 아셨다. 거기 모여서 그분의 주권적 통치에 도전하는 자들은 그 반역의 결과로 심판을 당하게 된다.

접에 담긴 것을 공중에 쏟는다. 그러자 즉시 성전에서 큰 음성이 나서 "되었다!"고 하신다. 여기 "되었다"로 번역된 동사는 과거의 사건이 현재에 미치는 결과를 강조한다. 즉, 이 단어는 "하나님의 심판이 이미 일어났고 역사가 끝까지 왔음"을 나타내며, "이 동사의 의미는 '발생하다, 일어나다'는 뜻과 통한다."[18] 다시 말해 세상과 세상을 더럽힌 악의 비참한 종말은 오래전부터 정해진 일이고, 역사 속에서 누누이 예언되었으며, 일곱째 대접을 쏟을 때 드디어 성취된다.

요한계시록 16장의 남은 몇 절에 이어지는 묘사는 요한이 요한계시록 17장 1절부터 22장 5절까지 상술할 내용을 압축한 것이다. 그가 재빨리 써내려간 말을 우리의 상상력을 살려 읽는다면 그야말로 등골이 오싹해진다.

- 하늘 이 끝에서 저 끝까지 번개가 번쩍인다.
- 우레가 우르릉 쾅쾅 대기권을 가른다.
- 사상 최악의 지진이 세상을 뒤흔든다.
- 적그리스도의 수도(首都)가 셋으로 갈라진다.
- 섬들이 바다 속으로 가라앉는다.
- 산들이 땅 속으로 주저앉는다.
- 60킬로그램에 달하는 우박이 땅으로 쏟아진다.

그나마 남아 있던 인류 문명은 훌훌 다 떨려나가고 석기 시대의 기초만 남는다. 땅은 말끔히 비워져 전격적인 개조를 기다리게 된다. 요한계시록에 묘사된 내용은 다름아닌, 우리가 알고 있는 세상이 끝난다는 것이다. 지형까지 포함해서 땅의 모든 것은 예수 그리스도의 천년 통치라는 새로운 정권을 위하여 준비된다.

적용

형세의 역전

무죄한 사람을 괴롭히고, 선 대신 악을 택하는 자들은 반드시 정의의 응징을 받을 것이다.

그러니 우리는 안심해도 된다. 짐승을 경배하는 자들은 목숨을 건지려고 짐승의 악한 정권에 충성할 것이고, 아마 몇 년 동안은 신자들을 박해하고 죽이고도 뒤탈이 없어 보일 것이다. 하지만 요한계시록이 상기시켜주듯 하나님의 심판을 피할 수는 없다.

오늘 우리의 경우도 마찬가지다. 겉보기에는 악한 자들이 벌을 면하는 것 같지만 반드시 청산의 날이 온다. 하나님이 분명히 밝히셨듯이, 악을 보상하고 선을 처벌하는 현 세상 체제는 비참한 최후를 맞는다. 요한계시록 16장에 나오는 장면들은 두 가지 핵심 진리로 압축될 수 있다. 현 세상 체제의 불의한 일들 속에서 살아가는 우리가 꼭 기억해야 할 진리다.

첫째, 이 세상의 정의는 언제나 왜곡되어 보인다. 시편 기자는 이렇게 탄식했다.

> 볼지어다 이들은 악인들이라도
> 항상 평안하고 재물은 더욱 불어나도다
> 내가 내 마음을 깨끗하게 하며
> 내 손을 씻어 무죄하다 한 것이 실로 헛되도다
> 나는 종일 재난을 당하며
> 아침마다 징벌을 받았도다(시 73:12-14).

다시 말해서 인생에는 억울한 일이 많다. 당신은 열심히 공부하고 고생해서 B^+를 받는데 동료 학생은 부정행위를 하거나 지름길로 가서 A학점은 물론 장학금까지 받는다. 못된 동료들은 온갖 아부와 비방으로 승진하는데 당신은 규정을 지키다 일자리를 잃는다. 당신은 자동차 보험에 들었는데 어떤 무보험 운전자가 당신을 치고는 처리비를 당신에게 떠넘긴다. 여태껏 당신이 겪은 부당한 일들은 무엇인가? 이 타락한 세상 체제 속에서 어쩔 수 없이 불의한 일들을 당할 때 당신은 그 좌절감을 어떻게 표현해왔는가? 시편 기자의 말에 당신도 공감이 가는가?

둘째, 하나님의 심판은 결코 피할 수 없는 현실이다. 동일한 시편 기자가 정신을 차리고 세상을 인간의 관점이 아닌 하나님의 관점으로 보게 되자 그의 말은 이렇게 이어진다.

> 내가 어쩌면 이를 알까 하여 생각한즉

그것이 내게 심한 고통이 되었더니
하나님의 성소에 들어갈 때에야
그들의 종말을 내가 깨달았나이다
주께서 참으로 그들을 미끄러운 곳에 두시며
파멸에 던지시니
그들이 어찌하여 그리 갑자기 황폐되었는가
놀랄 정도로 그들은 전멸하였나이다(시 73:16-19).

환난 기간의 반항자들이 자신의 악에 책임져야 하듯 모든 인간은 자신의 삶에 책임지도록 되어 있다. 심판을 피하는 것은 불가능하다. 이 사실을 상기하면 현 세상의 잔혹성과 당장 군림하는 듯한 불의를 소화하는 데 도움이 된다. 어느 날 형세가 역전되어 정의가 시행될 것이다.

이 세상의 불의가 언젠가는 무너지리라는 사실을 기억하면 엄청난 유익을 누릴 수 있다. 의를 위하여 우리가 견디는 억울함이 갑자기 가치 있게 느껴진다. 이런 신학에는 치유의 힘이 있어 우리의 분노와 좌절과 우울을 덜어줄 수 있다. 이 세상에서 죄와 싸우는 우리의 씨름에는 반드시 상이 따르고, 반대로 죄에 빠진 삶에는 반드시 벌이 따른다.

세계적 종교의 마지막 퇴장(요한계시록 17:1-18)

[1]또 일곱 대접을 가진 일곱 천사 중 하나가 와서 내게 말하여 이르되 이리로 오라 많은 물 위에 앉
은 큰 음녀가 받을 심판을 네게 보이리라 [2]땅의 임금들도 그와 더불어 음행하였고 땅에 사는 자들도
그 음행의 포도주에 취하였다 하고 [3]곧 성령으로 나를 데리고 광야로 가니라 내가 보니 여자가 붉은
빛 짐승을 탔는데 그 짐승의 몸에 하나님을 모독하는 이름들이 가득하고 일곱 머리와 열 뿔이 있으
며 [4]그 여자는 자주 빛과 붉은 빛 옷을 입고 금과 보석과 진주로 꾸미고 손에 금 잔을 가졌는데 가증
한 물건과 그의 음행의 더러운 것들이 가득하더라 [5]그의 이마에 이름이 기록되었으니 비밀이라, 큰
바벨론이라, 땅의 음녀들과 가증한 것들의 어미라 하였더라 [6]또 내가 보매 이 여자가 성도들의 피와
예수의 증인들의 피에 취한지라 내가 그 여자를 보고 놀랍게 여기고 크게 놀랍게 여기니 [7]천사가 이
르되 왜 놀랍게 여기느냐 내가 여자와 그가 탄 일곱 머리와 열 뿔 가진 짐승의 비밀을 네게 이르리라
[8]네가 본 짐승은 전에 있었다가 지금은 없으나 장차 무저갱으로부터 올라와 멸망으로 들어갈 자

니 땅에 사는 자들로서 창세 이후로 그 이름이 생명책에 기록되지 못한 자들이 이전에 있었다가 지
금은 없으나 장차 나올 짐승을 보고 놀랍게 여기리라 9지혜 있는 뜻이 여기 있으니 그 일곱 머리는
여자가 앉은 일곱 산이요 10또 일곱 왕이라 다섯은 망하였고 하나는 있고 다른 하나는 아직 이르지
아니하였으나 이르면 반드시 잠시 동안 머무르리라 11전에 있었다가 지금 없어진 짐승은 여덟째 왕
이니 일곱 중에 속한 자라 그가 멸망으로 들어가리라 12네가 보던 열 뿔은 열 왕이니 아직 나라를 얻
지 못하였으나 다만 짐승과 더불어 임금처럼 한동안 권세를 받으리라 13그들이 한 뜻을 가지고 자기
의 능력과 권세를 짐승에게 주더라 14그들이 어린 양과 더불어 싸우려니와 어린 양은 만주의 주시요
만왕의 왕이시므로 그들을 이기실 터이요 또 그와 함께 있는 자들 곧 부르심을 받고 택하심을 받은
진실한 자들도 이기리로다

15또 천사가 내게 말하되 네가 본 바 음녀가 앉아 있는 물은 백성과 무리와 열국과 방언들이니라
16네가 본 바 이 열 뿔과 짐승은 음녀를 미워하여 망하게 하고 벌거벗게 하고 그의 살을 먹고 불로
아주 사르리라 17이는 하나님이 자기 뜻대로 할 마음을 그들에게 주사 한 뜻을 이루게 하시고 그들
의 나라를 그 짐승에게 주게 하시되 하나님의 말씀이 응하기까지 하심이라 18또 네가 본 그 여자는
땅의 왕들을 다스리는 큰 성이라 하더라.

1844년에 카를 마르크스(Karl Marx)는 종교가 "인민의 아편"이라는 명언을 남겼다.[19] 이 정치 철학자는 모든 종교를 인간이 만들어낸 것으로 보았다. 그에게 종교란 사람들로 하여금 이 세상 체제의 고생을 피하여 삭막한 주변 세상 이외의 다른 것에서 희망과 확신과 위안을 얻게 하는 목발이었다. 마르크스는 종교를 찾는 인간의 욕망을 치료하려면 압제와 불평등이라는 현실을 타개해야 한다고 주장했다. 압제와 불평등 때문에 사람들이 외부의 심리적 도움을 구할 수밖에 없다고 본 것이다. 그래서 마르크스가 내놓은 해결책은 무엇이었던가? 바로 공산주의였다. 그러나 20세기에 공산주의라는 무신론 체제는 마르크스 자신이 비판한 종교, 즉 인간이 만들어낸 여느 '종교' 체제 못지않게 굉장한 종교적 열성에 의존했다.

종교가 '인민의 아편'이라는 마르크스의 비판에 그리스도인들은 심기가 불편해지곤 한다. 하지만 나는 그의 말이 옳다고 본다. 잠깐 기다리라! 나에게 공산주의자라는 딱지를 붙이기 전에(나는 결코 공산주의자가 아니다) 내 설명을 들어보라. 마르크스의 말은 "인간이 만들어낸" 모든 종교가 쓸모없다는 부분에서 옳았다. 그런 종교라면 사람들을 세상의 현실로부터 벗어나게 하려는 심리적 목발과 기만술에 지나지 않는다. 그러나 그는 용서받기 힘든 과오를 범했으니 곧 기독교까지 도매금으로 "인간이 만들어낸" 종교의 범주에 넣고 무신론

적 공산주의로 그것을 대체하려 한 것이다. 잠시 멈추어 마르크스의 말을 생각해보면 알겠지만, 인간이 만들어낸 종교에 대한 그의 비판은 아주 정확했으나 마찬가지로 인간이 만들어낸 그 자신의 해결책은 전적으로 잘못된 것이다.

성경에도 인간이 만들어낸 종교가 묘사되어 있어, 우리에게 이 문제를 보는 하늘의 시각을 가르쳐준다. 지금부터 나와 함께 대홍수 이후의 시기로 인류 역사를 거슬러 올라가, 노아가 죽은 후의 시날 땅으로 가보자. 그곳은 세계적 종교의 발상지다. 창세기 11장 1-9절의 바벨탑 사건은 웬만한 사람들은 다 아는 이야기다. 노아의 후손은 "생육하고 번성하여 땅에 충만하라"(9:1, 7)는 하나님의 명령에 순종하지 않고 동방의 시날 평지로 옮겨 갔다. 훗날 바벨론 제국이 세워질 자리였다. 거기서 그들은 세상에 두루 퍼지라는 하나님의 명을 거역한 채 오히려 함께 뭉쳐 탑을 쌓았다. 그 탑은 인간이 만들어낸 위대함을 상징한다. 다음 말씀에 나타난 그들의 인본주의적 태도를 생각해보라. "또 말하되 자, 성읍과 탑을 건설하여 그 탑 꼭대기를 하늘에 닿게 하여 우리 이름을 내고 온 지면에 흩어짐을 면하자 하였더니"(11:4). 하나님이 명하신 바로 그 일(온 지면에 흩어지는 일)을 피하기 위해서 사람들은 자기들의 이름을 내기로 한 것이다.

고대의 유대인 역사가 요세푸스(Josephus)가 지적한 대로, 흥미롭게도 이 고대인들은 탑을 쌓을 때 "구운 벽돌로 쌓고 역청으로 만든 모르타르로 접합하여 물이 스며들지 않게 했다."[20] 다시 말해서 그들은 하나님이 다시는 온 세상에 홍수를 보내지 않겠다고 하신 약속을 믿지 않고, 침수를 막고자 방수 탑을 쌓았던 셈이다! 뿐만 아니라 그들은 탑 꼭대기를 하늘에 닿게 하려 했다. 천국에 가는 길은 하나님만이 값없이 주실 수 있는 선물인데, 그들은 그것을 인간의 노력으로 얻어낼 물리적 수단으로 건설하려 한 것이다. 요세푸스가 인용한 고대의 다른 출처에는 이런 말이 나온다. "모든 인간의 언어가 하나였을 때 일부 인간들이 마치 천국에 오르기라도 할 듯이 높은 탑을 쌓았다."[21]

여기서 우리는 인간이 만들어낸 거짓 종교의 세 가지 기초를 볼 수 있다.

- 하나님의 약속을 저버리는 불신
- 하나님의 명령에 거역하는 불순종
- 하나님의 은혜를 거부하는 율법주의

국수주의적 단일 종교 아래 인류를 단합시키려는 이러한 시도에 대해 하나님은 단호히 대처하셨다. 그분은 그들의 단일 언어를 혼잡하게 하여 서로 알아듣기 힘든 여러 방언을 만드셨고, 불경한 목표를 위하여 함께 일할 수 없게 하셨다. 그 결과 어떻게 되었던가? 어쩔 수 없이 그들은 하나님이 이전에 주신 명령에 순종하여 땅에 충만하게 퍼져나갈 수밖에 없었다. 그들은 수많은 나라와 문화를 다양하게 창출하면서도 유일하신 참 하나님을 예배하는 부분에서만은 하나로 연합해야 했다. 그러나 나라들은 무수히 많은 종교를 만들어냈고, 자기들의 형상대로 수많은 신들을 지어냈다.

"바벨" 탑이 세워진 시날 평지는 결국 세계 최초의 제국 가운데 하나인 바벨론의 중심지가 되었다. 바벨론 사람들의 종교적 자만심은 사료에 잘 나타나 있다. "바벨론의 문헌에 보면 바벨론 도시를 건설한 일을 신들이 하늘에 천성(天城)을 건축한 것으로 표현해놓았다… 바벨론 사람들은 그 도시의 건설에 대단한 자부심을 품었고, 그곳이 난공불락일 뿐 아니라 천성, 즉 *bâb-ili*('하나님의 문')라고 자랑했다."[22] 그러니 세상의 영향력 있는 정치적, 종교적 중심지였던 이 제국이 함락된 후에도, "바벨론"이 불경한 인본주의적 종교 전반을 은유하는 단어가 된 것은 어쩌면 당연한 일이다.

그래서 요한계시록 원문에도 "바벨론"이 여섯 번 언급된다.

> 무너졌도다 무너졌도다 큰 성 바벨론이여 모든 나라에게 그의 음행으로 말미암아 진노의 포도주를 먹이던 자로다(14:8).
>
> 큰 성 바벨론이 하나님 앞에 기억하신 바 되어 그의 맹렬한 진노의 포도주 잔을 받으매(16:19).
>
> 그의 이마에 이름이 기록되었으니 비밀이라, 큰 바벨론이라, 땅의 음녀들과 가증한 것들의 어미라 하였더라(17:5).
>
> 무너졌도다 무너졌도다 큰 성 바벨론이여 귀신의 처소와 각종 더러운 영이 모이는 곳과 각종 더럽고 가증한 새들이 모이는 곳이 되었도다(18:2).

화 있도다 화 있도다 큰 성, 견고한 성 바벨론이여 한 시간에 네 심판이 이르렀다 (18:10).

큰 성 바벨론이 이같이 비참하게 던져져 결코 다시 보이지 아니하리로다(18:21).

우리는 반사적으로 이곳을 역사 속에 실존했던 도시 "바벨론"으로, 또는 고대의 바벨론에 해당하는 현재의 중동 지역인 이라크로 해석하고 싶을 수 있다. 하지만 "바벨론"이라는 이름은 이미 신약성경에서 로마라는 다른 도시를 은유적으로 가리키는 말로 등장하고 있다(벧전 5:13). 요한계시록에 상징적 언어가 즐겨 쓰이는 점으로 미루어, "바벨론"을 굳이 어느 특정한 도시나 나라로 보지 않고 종말의 불경하고 인본주의적인 세계적 종교 시스템을 대변한다고 보는 것이 가장 타당할 것이다. "월스트리트"라는 말이 미국의 금융 시스템 전체를 가리킬 수 있듯이, 요한계시록에 쓰인 "바벨론"이라는 말도 종말에 나타날 적그리스도의 종교적, 정치적, 경제적 제국을 가리킨다.

—17:1-6—

지상의 군대들이 큰 전투를 벌이려 아마겟돈에 모여 있고(16:16) 하나님의 마지막 진노에 대한 충격적 예고가 아직 천국의 회랑에 메아리치고 있는 그때(16:17-21), 드라마가 잔잔해지면서 요한의 주의를 환기시키는 부드러운 음성이 들려왔다. 하나님의 마지막 진노를 상징하는 대접들을 부었던 일곱 천사 가운데 하나가 갑자기 '묵시록을 여행하는 관광 안내원' 역할을 맡아 요한을 상징적인 환상들 속으로 데려가 여러 가지 이미지의 의미를 설명해준다. 요한에게만 들려준 관광 안내는 잠시 후에 엿듣기로 하고, 그 전에 약간의 설명을 요하는 요한계시록 17장의 몇 가지 핵심 문구와 이미지부터 살펴보기로 하자. 다음 표는 여러 가지 상징과 그것이 가리키는 바를 폭넓게 개괄한 일종의 '관광 팸플릿'이라 할 수 있다.

이미지들의 유력한 의미를 이렇게 염두에 두고 이제 우리는 요한에게 소개될 몇 가지 세부 사항을 간략히 지적할 수 있다. 우선 천사는 "큰 음녀"나 "바벨론"으로도 알려진 세계적 거짓 종교 시스템에 심판이 임할 것을 지적하려 했다(17:1). 이 음녀의 종교적 영향력은

요한계시록 17장의 등장인물들

문구 또는 이미지	성경 구절	설명
큰 음녀	17:1 – 8	행위에 기초한 인본주의적 종교. 모든 거짓 종교의 근원이며 교만과 자기만족을 내세우면서 하나님의 은혜를 거부하기 때문에 "음녀들의 어미"라 불린다.
많은 물	17:1, 15	세계적 종교의 영향력 아래 있는 온 세상 모든 사람과 집단들
짐승	17:3, 8, 11–14	종말에 세계 제국의 통치자이자 세계적 종교가 경배하는 대상인 적그리스도
"전에 있었다가 지금은 없으나 장차 무저갱으로부터 올라와"	17:8, 11	적그리스도는 세상을 놀라게 하여 정치적, 종교적 충성을 얻어내려고 그리스도의 죽음과 부활을 흉내 낼 것이다(13:3–4). 이 표현은 "이제도 있고 전에도 있었고 장차 올 자"(1:8)이시며 하늘로부터 오셔서 영원히 통치하실 하나님이신 그리스도와 대비된다.
일곱 머리	17:3, 7, 9–10	하나님과 그분의 백성을 대적할 세상의 일곱 제국. 그중 다섯(이집트, 앗수르, 바벨론, 메대–바사, 그리스)은 요한의 과거에 있었고, 하나(로마)는 요한의 현재에 존재하며, 나머지 하나(적그리스도의 제국)는 미래에 일어날 것이다.
일곱 산	17:9	고대 로마가 일곱 산 위에 세워지기는 했지만, 도시가 "일곱 산" 위에 세워졌다는 개념은 도시의 위용을 로마의 위용과 대등시하는 관행으로 사용되었다. 그래서 콘스탄티노플도 일곱 산 위의 도시로 통했고, 고대 세계의 다른 도시들도 마찬가지였다. 적그리스도의 수도에 문자적으로 일곱 산이 있을 거라는 의미인지는 확실하지 않다.
여덟째 왕	17:11	이전의 왕들 가운데 하나인 적그리스도가 또한 "여덟째" 왕이기도 하다. 이는 그의 통치가 1기와 2기로 나누어짐을 의미할 수 있다. 1기는 그의 기적적인 "죽음과 부활"이 있기 전이고("일곱째" 왕), 2기는 그 위업이 있고 나서 사탄이 자신의 정치력을 일부 지역에서 세계 제국으로 확장하는 때다("여덟째" 왕으로서).
열 뿔	17:3, 7, 12	열 개의 정치 세력들. 이들이 연합하여 적그리스도에게 힘을 실어주고 세상의 모든 권세를 그에게 돌릴 것이다.
"부르심을 받고 택하심을 받은 진실한 자들"	17:14	그리스도께서 만왕의 왕이요 만주의 주로 재림하셔서 짐승과 지상의 왕들을 이기실 때 "부르심을 받고 택하심을 받은 진실한 자들"도 그분과 함께 올 것이다. 이 동일한 무리를 지칭하여 "희고 깨끗한 세마포 옷을 입"은 "하늘에 있는 군대들"(19:14)이라 했다. 신약성경에서 성도들은 "부르심을 받은 자들," "택하심을 받은 자들," "진실한 자들"이라는 말로 흔히 표현된다. 따라서 이들은 부활하여 휴거했다가 아마겟돈 전쟁 때 그리스도와 함께 이 땅에 재림할 신자들이라 할 수 있다.

온 세상에 두루 퍼져 있을 것이다. 우상 숭배와 병행되는 영적 부도덕 때문에 세상은 영적으로 술 취한 상태에 빠져 있을 것이다(17:2). 사실 이것은 사탄이 주는 영적 '도취'인데, 인간이 만들어낸 종교가 "인민의 아편"이라고 한 카를 마르크스도 그 정도까지는 감히 상상도 못했을 것이다. 그렇기 때문에 귀신의 거짓 종교에 대한 심판은 그것을 열심히 따른 사람들에 대한 심판이기도 하다. 적그리스도와 그를 추종하는 자들에게 부어질 진노의 일곱 대접은 우리가 이미 자세히 목격한 바와 같다(16:1-21).

여정이 계속되면서 안내를 맡은 천사는 요한을 영의 세계로 데려간다. 거기서 그는 음란하고 낯 뜨거운 장면을 목격했다. 한 여자가 전형적인 옛 창녀의 옷차림과 치장을 하고 자신의 부도덕을 상징하는 잔을 들고 있다(17:4). 여자는 일곱 머리와 열 뿔이 달린 짐승을 타고 있는데(17:3) 이 짐승은 적그리스도를 상징한다(13:1).[23] 여자의 이름인 "큰 바벨론"은 비밀이기 때문에 해석이 필요하다(17:5). "땅의 음녀들과 가증한 것들의 어미"인 이 여자 때문에 무수한 종교들이 그녀의 본을 따를 것이다. 그 모든 종교가 합세하여 세상을 미지의 가증한 것들 속으로 끌어들일 것이다. 사실 이 여자 바벨론은 예수 그리스도를 위하여 순교당할 "성도들의 피"에 취한 상태로 그려져 있다(17:6). 이는 그녀로 대변되는 거짓 종교 체제가 하나님의 참된 종들을 수없이 박해하고 죽이는 데 열을 올릴 것을 뜻한다. 이 환상을 보고 난 요한은 "내가 그 여자를 보고 놀랍게 여기고 크게 놀랍게 여기니"(17:6)라고 적었다.

—17:7-18—

하늘의 관광 안내원은 요한의 얼굴에서 당황한 표정을 읽고는 이렇게 그를 안심시켜주었다. "왜 놀랍게 여기느냐 내가 여자와 그가 탄 일곱 머리와 열 뿔 가진 짐승의 비밀을 네게 이르리라"(17:7). 천사의 자세한 해석에 대한 몇 가지 유력한 설명은 앞의 표에 정리한 것과 같다. 그러므로 여기서는 전체 그림에 집중하기로 하자.

요한계시록 13장에 짐승과 거짓 선지자가 서로 협력했듯이 요한계시록 17장에 그 둘에 각각 상응하는 세계 제국과 세계 종교도 서로 떼려야 뗄 수 없이 얽혀 있다. 적그리스도가 통치하는 3년 반 동안, 세상은 전체주의적 정부와 반기독교적 '교회'의 궁극적 합병 체제 아래서 고생하게 된다.

짐승의 제국은 전 세계의 동맹국들, 곧 "백성과 무리와 열국과 방언들"(17:15)의 지원을 받는다. 세상의 모든 권세가 적그리스도에게 전권을 넘길 것이고(17:13), 그는 자신의 큰 수도에서 땅의 모든 왕을 다스릴 것이다(17:18). 본래 바벨탑의 꿈은 단일 통치자, 단일 언어, 단일 종교, 단일 경제를 갖춘 세계 정부를 세우는 것이었는데 그 꿈이 드디어 "잠시 동안" 실현된다(17:10, 12). 우리가 이미 보고 있듯이 종교적, 영적, 정치적 연합체를 이루려는 이런 욕망은 국제연합, 세계은행, 세계교회협의회 같은 기관들을 통하여 나타나고 있다. 그러나 이런 시도들은 참된 평화와 안전을 가져다주는 데 언제나 실패했으며, 적그리스도가 적대적 매수(買受)를 하기까지는 그들의 낙관적 시도들은 계속 실패할 것이다. 그러다 적그리스도가 왕좌에 이르면 단일한 세계 정부와 단일한 세계 종교가 마침내 출현할 것이다.

천사의 예언적 설명은 어처구니없는 아이러니로 끝난다. 인류의 영광을 실현하겠다던 세상 체제는 이중의 비극으로 막을 내린다. 우선 빈약한 동맹이 깨지면서 땅의 왕들이 서로 적대 관계로 돌아설 것이다(17:16–17). 그리고 그것이 아마겟돈 전쟁으로 극에 달하여 땅의 왕들이 모여 서로 싸울 것이다(16:12–16). 그러나 이 전투는 영광스러운 구원자께서 그분의 군대, 즉 부활하여 영화롭게 된 성도들을 이끌고 하늘로부터 강림하셔서 거짓 그리스도와 그의 군대에게 복수하실 때 완전히 끝난다(17:14, 19:14).

적용

마귀에게 속지 말라

마르크스는 인간이 만든 종교를 "인민의 아편"이라 했다. 요한계시록 17장에서 보듯이 말세에 마귀는 아주 강력한 영적 마약을 조제할 것이다. 거기에 비하면 코카인은 차라리 사탕 같을 것이다! 이러한 세계 종교는 미래의 환난 때 성취될 일이지만, 그렇다고 마귀의 동일한 종교적 미혹이 오늘날이라고 멀쩡히 살아 있지 않다는 뜻은 아니다. 사실 사도 요한은 우리에게 "적그리스도가 오리라는 말을 너희가 들은 것과 같이 지금도 많은 적그리스도가 일어났으니"(요일 2:18)라고 경고했다. 또한 그는 "적그리스도의 영(이)… 지금 벌써 세상에 있느니라"(4:3)고 덧붙였다.

거짓 종교의 마력은 현재에도 하나님의 은혜와 자비 대신 자기만족과 인간의 노력을 택한다. 하나님의 명령들을 버리고 옳고 그름을 제멋대로 정의한다. 그리고 '궤변적' 불신으로 하나님의 약속들을 저버린다. 그리스도인이라 해서 마귀의 미혹이 미치는 부정적 영향에서 자유로운 것은 아니다. 그러므로 우리는 두 가지 중요한 진리를 늘 염두에 두어야 한다.

첫째, 종교 활동은 충만하고 살아 있는 듯 느껴지지만 사실은 공허하고 죽은 것이다. 종교 활동의 배후 목적을 잃지 않고자 씨름하는 것은 그리스도 안에서 진정한 영적 삶의 정상적 일부다. 신자들은 구원받는 순간 새로운 피조물이 되지만, 우리를 구원한 값없는 은혜로 사는 삶이 그때부터 자동으로 시작되는 것은 아니다. 성장 과정에서 우리는 자꾸만 교만한 습성으로 되돌아가 스스로 만족을 얻으려 한다. 계속되는 하나님의 은총을 자기 힘으로 얻어내려 한다. 우리를 구원한 것이 값없는 은혜이듯 우리를 계속 지켜주는 것도 동일한 은혜임을 우리는 망각한다.

둘째, 사탄의 전략은 대단하고 유능해 보이지만 사실은 무능한 속임수일 뿐이다. 거짓의 아비인 사탄은 귀신의 무리와 함께 사람들을 부추겨, 인간의 노력으로 영생과 목적과 의미를 추구하게 만든다. 그래서 사람들은 자아를 믿으라는 그의 거짓말에 속아 자신의 노력으로 하나님의 은총을 얻어내려 한다. 반대로 사탄은 사람들을 스스로 정죄하게 만들기도 한다. 이것은 나쁜 짓을 한 사람은 하나님이 사랑하실 수 없다는 거짓말이다. 양쪽 다 사실이 아니다. 오히려 양쪽 다 우리와 하나님의 관계가 선행에 기초하고 있다는 사탄의 거짓말에서 비롯된 것이다. 믿음으로 말미암아 오직 은혜로 주시는 하나님의 구원은 사탄의 '그럴듯한' 전략을 단번에 무너뜨린다.

다음의 표를 활용하여 이 두 진리를 당신의 삶에 직접 적용하기 바란다. 우선 표 왼쪽에 있는 "흔한 거짓 진술들"을 읽으라. 그중 당신이 종종 생각하거나 말하는 것들에 표시해보라. 그다음 거기에 상응하는 "참 진술들"을 읽으라. 그것은 다 하나님의 말씀에 근거한 것들이다. 참과 거짓을 비교했으면 이제 당신의 머릿속에서 거짓된 생각들과 말들을 없애버리기로 의지적으로 결단하라. 그리고 그 다짐의 내용을 표 아래의 빈칸에 간단히 적으라.

자기를 의지하거나 자기를 정죄하게 하는 흔한 거짓 진술들	하나님의 은혜와 자비를 의지하게 하는 성경적인 참 진술들
내가 착한 사람이 되면 죽어서 천국에 갈 것이다.	우리가 천국에 가는 것은 우리의 어떤 행위 때문이 아니라 예수께서 우리를 대신하여 해주신 일 때문이다(롬 5:8, 갈 2:16, 엡 2:8-9).
내가 믿음이 없거나 불순종하면 주님이 복을 거두신다.	주님이 복을 주시는 유일한 동기는 그분 자신의 은혜다. 그분은 우리 힘으로 얻을 수도 없고 받을 자격도 없는 선물들로 자녀들에게 복 주기를 기뻐하신다(눅 11:11-13, 엡 3:14-21).
내게 힘든 일이 생기거나 고생할 때는 하나님이 내 죄나 불신 때문에 벌하시는 것이다.	우리를 성숙하게 하시려는 하나님 사랑의 징계의 일환으로 우리가 고생을 할 수는 있으나(히 12:5-11), 하나님은 결코 죄 때문에 우리를 영원히 정죄하지 않으신다(롬 8:1, 28). 우리는 죄로 타락한 세상에 살고 있기 때문에(롬 8:20-23) 힘든 상황을 경험하지만, 죄의 형벌을 받을 일은 그리스도 덕분에 절대로 없다(8:1, 28). 대신 그분은 사랑의 아버지로서 우리를 징계하신다.
내가 거룩하고 흠 없는 삶을 살고자 애쓰면 하나님은 내가 해를 당하지 않게 막아주신다.	주님은 우리가 해를 당하지 않게 막아주겠다고 약속하신 적이 없다(약 1:2-4, 벧전 4:12-14). 하지만 그분은 모든 일이 우리에게 선을 이룰 것(롬 8:28)과 결국 아무것도 우리를 그분의 사랑과 구원에서 끊을 수 없을 것(8:38-39)을 약속하셨다.
하나님은 그분의 몫을 하시니 나는 내 몫을 해야 한다. 중간에서 그분을 만나야 한다. 결국 "하나님은 스스로 돕는 자를 도우신다."	하나님은 우리가 우리 자신의 힘을 의지하지 않고 모든 일에 그분을 의지하기 원하신다(시 31:1-3, 요 15:3-5). 그분은 우리에게 필요한 모든 것을 공급해주신다.

은근히 나 자신을 의지하던 상태에서 전적으로 하나님의 은혜만 의지하는 사람으로 변하겠다는 다짐

지상의 대참사에서 천상의 할렐루야로(요한계시록 18:1-19:10)

1이 일 후에 다른 천사가 하늘에서 내려 오는 것을 보니 큰 권세를 가졌는데 그의 영광으로 땅이
환하여지더라 2힘찬 음성으로 외쳐 이르되 무너졌도다 무너졌도다 큰 성 바벨론이여 귀신의 처소와
각종 더러운 영이 모이는 곳과 각종 더럽고 가증한 새들이 모이는 곳이 되었도다 3그 음행의 진노의
포도주로 말미암아 만국이 무너졌으며 또 땅의 왕들이 그와 더불어 음행하였으며 땅의 상인들도 그
사치의 세력으로 치부하였도다 하더라

4또 내가 들으니 하늘로부터 다른 음성이 나서 이르되 내 백성아, 거기서 나와 그의 죄에 참여하
지 말고 그가 받을 재앙들을 받지 말라 5그의 죄는 하늘에 사무쳤으며 하나님은 그의 불의한 일을
기억하신지라 6그가 준 그대로 그에게 주고 그의 행위대로 갑절을 갚아 주고 그가 섞은 잔에도 갑절
이나 섞어 그에게 주라 7그가 얼마나 자기를 영화롭게 하였으며 사치하였든지 그만큼 고통과 애통함
으로 갚아 주라 그가 마음에 말하기를 나는 여왕으로 앉은 자요 과부가 아니라 결단코 애통함을 당
하지 아니하리라 하니 8그러므로 하루 동안에 그 재앙들이 이르리니 곧 사망과 애통함과 흉년이라
그가 또한 불에 살라지리니 그를 심판하시는 주 하나님은 강하신 자이심이라

9그와 함께 음행하고 사치하던 땅의 왕들이 그가 불타는 연기를 보고 위하여 울고 가슴을 치며
10그의 고통을 무서워하여 멀리 서서 이르되 화 있도다 화 있도다 큰 성, 견고한 성 바벨론이여 한
시간에 네 심판이 이르렀다 하리로다

11땅의 상인들이 그를 위하여 울고 애통하는 것은 다시 그들의 상품을 사는 자가 없음이라 12그 상
품은 금과 은과 보석과 진주와 세마포와 자주 옷감과 비단과 붉은 옷감이요 각종 향목과 각종 상아
그릇이요 값진 나무와 구리와 철과 대리석으로 만든 각종 그릇이요 13계피와 향료와 향과 향유와 유
향과 포도주와 감람유와 고운 밀가루와 밀이요 소와 양과 말과 수레와 종들과 사람의 영혼들이라
14바벨론아 네 영혼이 탐하던 과일이 네게서 떠났으며 맛있는 것들과 빛난 것들이 다 없어졌으니 사
람들이 결코 이것들을 다시 보지 못하리로다 15바벨론으로 말미암아 치부한 이 상품의 상인들이 그
의 고통을 무서워하여 멀리 서서 울고 애통하여 16이르되 화 있도다 화 있도다 큰 성이여 세마포 옷
과 자주 옷과 붉은 옷을 입고 금과 보석과 진주로 꾸민 것인데 17그러한 부가 한 시간에 망하였도다
모든 선장과 각처를 다니는 선객들과 선원들과 바다에서 일하는 자들이 멀리 서서 18그가 불타는 연
기를 보고 외쳐 이르되 이 큰 성과 같은 성이 어디 있느냐 하며 19티끌을 자기 머리에 뿌리고 울며
애통하여 외쳐 이르되 화 있도다 화 있도다 이 큰 성이여 바다에서 배 부리는 모든 자들이 너의 보
배로운 상품으로 치부하였더니 한 시간에 망하였도다 20하늘과 성도들과 사도들과 선지자들아, 그
로 말미암아 즐거워하라 하나님이 너희를 위하여 그에게 심판을 행하셨음이라 하더라

21이에 한 힘 센 천사가 큰 맷돌 같은 돌을 들어 바다에 던져 이르되 큰 성 바벨론이 이같이 비참
하게 던져져 결코 다시 보이지 아니하리로다 22또 거문고 타는 자와 풍류하는 자와 퉁소 부는 자와

나팔 부는 자들의 소리가 결코 다시 네 안에서 들리지 아니하고 어떠한 세공업자든지 결코 다시 네
안에서 보이지 아니하고 또 맷돌 소리가 결코 다시 네 안에서 들리지 아니하고 23등불 빛이 결코 다
시 네 안에서 비치지 아니하고 신랑과 신부의 음성이 결코 다시 네 안에서 들리지 아니하리로다 너
의 상인들은 땅의 왕족들이라 네 복술로 말미암아 만국이 미혹되었도다 24선지자들과 성도들과 및
땅 위에서 죽임을 당한 모든 자의 피가 그 성 중에서 발견되었느니라 하더라

19:1이 일 후에 내가 들으니 하늘에 허다한 무리의 큰 음성 같은 것이 있어 이르되

할렐루야 구원과 영광과 능력이 우리 하나님께 있도다 2그의 심판은 참되고 의로운지라 음행으로
땅을 더럽게 한 큰 음녀를 심판하사 자기 종들의 피를 그 음녀의 손에 갚으셨도다 하고 3두 번째로
할렐루야 하니 그 연기가 세세토록 올라가더라 4또 이십사 장로와 네 생물이 엎드려 보좌에 앉으신
하나님께 경배하여 이르되 아멘 할렐루야 하니

5보좌에서 음성이 나서 이르시되 하나님의 종들 곧 그를 경외하는 너희들아 작은 자나 큰 자나
다 우리 하나님께 찬송하라 하더라

6또 내가 들으니 허다한 무리의 음성과도 같고 많은 물 소리와도 같고 큰 우렛소리와도 같은 소
리로 이르되 할렐루야 주 우리 하나님 곧 전능하신 이가 통치하시도다 7우리가 즐거워하고 크게 기
뻐하며 그에게 영광을 돌리세 어린 양의 혼인 기약이 이르렀고 그의 아내가 자신을 준비하였으므로
8그에게 빛나고 깨끗한 세마포 옷을 입도록 허락하셨으니 이 세마포 옷은 성도들의 옳은 행실이로
다 하더라

9천사가 내게 말하기를 기록하라 어린 양의 혼인 잔치에 청함을 받은 자들은 복이 있도다 하고
또 내게 말하되 이것은 하나님의 참되신 말씀이라 하기로 10내가 그 발 앞에 엎드려 경배하려 하니
그가 나에게 말하기를 나는 너와 및 예수의 증언을 받은 네 형제들과 같이 된 종이니 삼가 그리하지
말고 오직 하나님께 경배하라 예수의 증언은 예언의 영이라 하더라.

사람들, 물체들, 사건들, 활동들 등 당신이 알고 있던 온 세상이 갑자기 무너진다면 어떻게 될까? 당신을 안락하게 만들어 주고, 호사를 누리게 하며, 즐겁게 해 주던 것들이 영영 없어진다면 어떻게 될까? 불길한 공상과학 영화처럼 들리지 않는가? 이런 생각은 사람들을 두렵게 한다. 증권시장이 붕괴되거나, 권력 구조가 무너지거나, 자신의 직장이 파산하거나, 자신이 사는 도시가 태풍에 초토화되기를 원하는 사람은 아무도 없다. 우리 삶의 대단히 많은 부분이 세상이 이대로 지속되는 데 의존하고 있다.

안타깝게도 많은 그리스도인들도 그와 다를 바 없다. 그들은 세상에 깊이 뿌리를 박고 있어 그들을 뽑아내려면 하나님만 한 불도저가 있어야 한다. 사람들이 농담 반 진담 반으

로 천국에 '이것'이 있었으면 좋겠다고 하는 말을 나는 평생 동안 들었다. 여기서 '이것'이란 그들이 어쩌다 좋아하게 된 일시적 쾌락의 출처를 말한다. 이를테면 골프, 초콜릿, 영화, 텔레비전 등이다. 그중 더러는 자기가 '저것'을 할 수 있을 때까지 주님이 재림하지 않으셨으면 좋겠다고 말하는 것까지 나는 들었다. 여기서 '저것'이란 그들이 아직 즐길 기회가 없었던 이 땅의 활동이나 사건을 말한다. 이를테면 결혼, 은퇴, 유럽 여행 등이 될 수 있다.

아마 우리도 자신에게 솔직해진다면 알게 될 것이다. 선뜻 인정하고 싶지는 않아도 자신이 위안, 편의, 호사, 여가 같은 이 세상 것들에 무척 집착하고 있음을 말이다. 그러나 요한계시록 18장에 이르면 우리는 섬뜩한 사실을 깨닫게 된다. 우리의 시간과 관심을 그토록 많이 잡아먹던 그 모든 세상 것들, 우리 삶의 그 모든 '이것'들과 '저것'들이 다 심판의 불에 타버린다는 것이다.

—18:1-3—

요한계시록 17장 끝에서 보았듯이 "바벨론"은 "땅의 왕들을 다스리는 큰 성"이다. 그곳은 말세에 적그리스도의 지배를 받을 불경한 세상 제국의 수도다. 미래에 나 중심주의의 메카이자 허영의 라스베이거스가 될 그곳은 온갖 거짓 종교와 악의 어미다. 프랑스의 파리처럼 그곳은 세련된 문화의 생활방식을 대변한다. 예루살렘처럼 그곳은 세계 종교의 중심지다. 워싱턴처럼 그곳은 정치권력이 넘쳐난다. 사실 세상의 내로라하는 도시들을 모두 합하여 하나의 거대 도시를 만들면 그것이 곧 "바벨론"이 될 것이다. 그 도시가 미래의 환난 때에 실제로 어디일지를 알아내는 일보다 더 중요한 것은 그곳이 적그리스도의 궁극적 세상 체제의 수뇌부가 되어 하나님과 그분의 백성을 대놓고 대적한다는 사실이다.

하지만 그곳은 오래가지 못한다! 사실 사탄은 하늘에서 내쫓기는 그 순간 "자기의 때가 얼마 남지 않은 줄을" 안다(12:12). 자기가 선전한 모든 약속을 어길 시간조차 없이 적그리스도의 가짜 유토피아는 무너지기 시작한다. 마치 기상 통보관이 예보하는 세기(世紀)의 폭풍이 속수무책인 해안 도시로 직행하는 것처럼, 그 필연적 붕괴는 이미 14장 8절에 예고된 바 있다. "무너졌도다 무너졌도다 큰 성 바벨론이여 모든 나라에게 그의 음행으로 말미암아 진노의 포도주를 먹이던 자로다."

요한계시록 18장도 세부 사항만 좀 더 추가되었을 뿐 똑같은 선고로 시작된다(18:1-3). 바벨론은 귀신들의 소굴이 될 것이다. 귀신들의 사명은 성적 부도덕으로부터 방종한 사치에 이르기까지 인간의 악을 극한까지 부추기는 것이다. 세상은 거기에 놀아날 대로 놀아나 일찍이 세상에 없던 요란한 죄의 파티를 벌일 것이다. 그러나 요한계시록 18장에 분명히 밝혀져 있듯이, 겨우 몇 년 안에 하나님이 드디어 "파티 끝!"을 선언하실 것이다.

—18:4-8—

이 막판에 하나님은 마지막으로 권유하신다. "내 백성아, 거기서 나와 그의 죄에 참여하지 말고 그가 받을 재앙들을 받지 말라"(18:4). 이 표현은 구약 시대에 하나님이 이스라엘에게 "여호와의 보복의 때"가 되기 전에 바벨론에서 도망하라고 명하시던 일을 연상시킨다(렘 51:6-9). 과거 바벨론이 그때의 악 때문에 심판받았듯 종말의 "바벨론"도 모든 사람을 데리고 무너질 것이다. 그래서 하나님은 마지막 진노의 대접들을 쏟으시기 전에 그분의 백성을 그 가운데서 불러내신다(18:4).

이렇게 하나님의 백성을 바벨론에서 나오라고 부르시는 일은 시간 순서상 요한계시록 15-16장에 묘사된 진노의 일곱 대접 앞에 위치한다. 따라서 그분이 지금 불러내시는 백성은 시온 산에 모인 144,000명을 가리킬 수 있다(14:1-5). 그들이 언급된 직후에 "영원한 복음"이 마지막으로 선포되고(14:6-7) 바벨론의 함락이 큰 소리로 선포된다(14:8).

바벨론에서 나오라는 부름과 더불어 그 음성은 또한 바벨론이 지독한 악 때문에 심판을 "갑절이나" 받을 것임을 기술했다(18:6). 형벌이 이토록 혹독한 이유는 무엇인가? 바벨론은 "자기를 영화롭게 하였으며" 극도의 교만과 자만심에 빠졌다(18:7). "교만은 패망의 선봉이요 거만한 마음은 넘어짐의 앞잡이니라"고 한 잠언 16장 18절이 가장 확실하게 적용되어 성취될 것이다.

—18:9-20—

하늘에서 난 그 경고에 이어 요한은 새로운 소리를 들었는데 이번에는 땅에서 나는 소리였다. 최후의 바벨론 대제국에 믿음과 소망과 사랑을 두었던 사람들로부터 대성통곡이 쏟아져 나왔다. 갑자기 완전히 망해버린 바벨론을 보며 그들은 세 번이나 깊은 고뇌를 토해냈다.

> 화 있도다 화 있도다 큰 성, 견고한 성 바벨론이여 한 시간에 네 심판이 이르렀다(18:10).

> 화 있도다 화 있도다 큰 성이여 세마포 옷과 자주 옷과 붉은 옷을 입고 금과 보석과 진주로 꾸민 것인데 그러한 부가 한 시간에 망하였도다(18:16–17).

> 화 있도다 화 있도다 이 큰 성이여 바다에서 배 부리는 모든 자들이 너의 보배로운 상품으로 치부하였더니 한 시간에 망하였도다(18:19).

이토록 사무치게 화를 외치는 곡성들 사이로, 요한은 적그리스도가 통치하던 3년 반 동안 땅을 지배했던 불경한 종교적, 정치적, 경제적, 문화적 제국에 일어날 철저한 내부 붕괴를 묘사했다. 요한계시록 17장에 이 시스템이 세상에 행사하던 종교적 지배력이 강조되어 있다면, 18장에는 이 시스템에 모든 것을 투자한 사람들이 누리던 사치가 강조되어 있다. 세상의 대제국이 무너지기 시작하자 그것을 사랑하던 사람들, 그것의 권력과 쾌락에 중독되어 있던 사람들이 괴로워 애통해한 것은 당연하다. 그들이 절대적 헌신을 바치던 대상인 적그리스도와 그의 제국이 그들의 눈앞에서 붕괴될 것이다. 동시에 그들이 미워하던 대상인 예수 그리스도와 그분의 백성들이 통치할 태세를 갖출 것이다.

요한은 세 부류의 사람들, 곧 땅의 왕들(18:9–10), 땅의 상인들(18:11–17), 바다의 무역상들(18:17–20)이 애통해하는 장면을 전했다. 짐승의 표를 받은 사람들에 한해서(13:17) 그동안은 거대한 세계 경제 속에서 필수품과 사치품은 무엇이든 구할 수 있었다(18:11–19). 그런데 이제 그들은 짐승의 제국이 그 무수한 보화들 속에서 불타는 것을 지켜보면서, 자신들의 때도 얼마 남지 않았음을 알게 된다. 바벨론의 온갖 사치를 누리던 그들은 평생 지속될 기회를 잡은 줄로 알았었지만, 형세가 역전되었음을 불현듯 깨닫게 된다. 사탄의 정부가 눈앞에서 해체되고 있으니, 마치 연합군이 승리하기 전날 밤 베를린의 나치처럼 적그리스도를 추종하는 무리들의 패배도 돌이킬 수 없는 사실이 된다. 애통하는 그들의 마지막 말이 그 기막힌 진리를 보여주고 있지만, 돌이키기에는 너무 늦었다. "하늘과 성도들과 사도들과 선지자들아, 그(바벨론)로 말미암아 즐거워하라 하나님이 너희를 위하여 그에게 심판을 행하셨음이라"(18:20).

—18:21–24—

끝으로, 한 힘센 천사가 맷돌을 들고 요한의 환상 중에 나타난다. 그는 맷돌을 깊은 바다에 던지는데, 이는 하나님의 심판이 끝났음을 상징한다. 그 정도 크기의 돌이라면 큰 물보라와 파문을 일으키며 영원히 망각 속으로 가라앉는다. 마찬가지로 적그리스도가 지배하던 세상 체제도 망할 때에 천지를 흔들며 세계 무대에서 사라져 영영 돌아오지 않는다(18:21).

세상 체제가 폐허로 변했으므로 세상의 모든 사치스러운 것들도 사라져 영영 돌아오지 않는다. 맷돌을 바다에 던진 힘센 천사는 앞으로 세상에 결코 다시 있지 않을 이 세상 것들을 쭉 열거한다. 잘 보면 그중 하나도 그 자체로 악한 것은 없다. 그러나 하나님의 영광을 위하여 쓰일 수 있는 그것들이 바벨론의 세상 체제에서는 인간을 영화롭게 하는 도구가 되었다. 이런 일상적인 것들이 사라진다는 것은 예술, 밤의 유흥 생활, 정교한 공예, 일반 노동 등 사회의 모든 부문이 완전히 망한다는 뜻이다. 예레미야가 반역하는 유다를 쳐서 예언하던 것과 같이, 한꺼번에 모든 것이 사라진다. "내가… 진멸하여 그들을 놀램과 비웃음거리가 되게 하며 땅으로 영원한 폐허가 되게 할 것이라… 내가 그들 중에서 기뻐하는 소리와 즐거워하는 소리와 신랑의 소리와 신부의 소리와 맷돌 소리와 등불 빛이 끊어지게 하리니"(렘 25:9–10).

끝으로, 마치 하나님이 세상 체제를 진멸하시는 일이 너무 극단적이거나 불의하거나 그냥 불필요한 일이라고 생각할지도 모르는 사람에게 상기시켜주듯이, 천사는 바벨론이 사라져야만 하는 이유를 우리에게 상기시켜준다. 심판이 필요한 이유는 다음과 같다. "네 복술로 말미암아 만국이 미혹되었도다 선지자들과 성도들과 및 땅 위에서 죽임을 당한 모든 자의 피가 그 성 중에서 발견되었느니라"(18:23–24).

—19:1–10—

고전 공상과학 영화 〈스타워즈〉는 죽음의 별이 현란하게 파괴되는 것으로 끝난다. 악과 폭정의 상징인 죽음의 별은 달만 한 크기의 우주 정거장으로서 은하수를 위협하던 곳이다. 대하 3부작 『반지의 제왕』은 모르도르의 어두운 탑이 흔적도 없이 완파되는 것으로 절정에 달한다. 그 탑은 마왕 사우론이 악한 압제를 일삼던 본거지다. 이와 마찬가지로 바벨론의 소멸도 현 세상 체제의 모든 악과 귀신의 세력이 망한다는 뜻이다. 〈스타워즈〉와 『반지의 제왕』이라는 허구의 세상에서 승자들이 악을 이기고 기쁨을 가누지 못했듯이, 위험하고 가증스러운 적그리스도의 나라가 정당한 종말을 맞을 때도 하나님의 백성이 기뻐하며 할렐루야를 합창하는 것은 당연한 일이다.

구약성경에 흔히 나오는 할렐루야라는 환성이 이곳에 선포되는 찬양 속에 네 번 등장한다(19:1, 3, 4, 6). 이 말은 단순히 "주를 찬양하라"는 뜻이며, 놀랍게도 신약성경에는 딱 이곳에만 나온다. 하나님 앞에 "할렐루야"를 외치는 사람들은 하늘의 성도들(19:1–3), 하나님 보좌 앞의 이십사 장로들(19:4), 허다한 무리(19:6) 세 부류의 사람들이다. 19장 1–10절에서 우리는 그들이 즐거워하는 이유를 적어도 네 가지 볼 수 있다. 우리 신자들은 요한계시록의 사건들이 다 이루어질 때까지 기다릴 필요가 없다. 우리는 하나님이 미래에 하실 일을 사모하며 바로 오늘 천상의 무리에 합류할 수 있다.

© Michael Svigel
올리브를 짤 때 쓰던 고대의 맷돌(복제품)

첫째, 그들은 하나님의 능력이

묵상의 서재

사치의 유혹

오랫동안 나는 아침에 차를 몰고 출근할 때마다 군침이 절로 도는 광경 앞을 지나가곤 했다. 그 때마다 나는 차 유리에 코를 납작하게 대고 최대한 오랫동안 쳐다보다 다시 현실로 돌아왔다. 내 시선을 사로잡은 것은 동네 진입로에 서 있는 어느 집의 미끈하고 반짝반짝 빛나는 보트였다. 유리 섬유로 된 야트막한 선체는 눈부신 감청색이었고, 맞춤형 트레일러까지 어디 하나 흠잡을 데가 없었다. 빙 둘러 쳐진 방풍 유리는 보석이 박힌 왕관처럼 빛났고, 엔진도 새벽빛을 받아 번쩍번쩍했다. 그 우아한 보화에 부족한 거라곤 딱 하나, 바로 나였다! 그 보트는 정말 엉뚱한 주인에게 가 있었다. 나는 상상 속에서 어느새 카탈리나 섬에 다녀왔다. 그것이 내 보트였다면 나는 그것을 왁스로 닦고 애지중지하며 구석구석 어루만졌을 것이며, 기회가 있을 때마다 가족과 친구들을 싣고 호수나 바다 위를 미끄러지듯 달렸을 것이다.

당신의 보화는 물에 뜨는 것이 아닐 수도 있다. 당신이 직접 골라보라. 사치품에 관한 한 선망의 대상이 될 만한 것들은 얼마든지 많이 있다. 당신의 경우는 뒷마당의 수영장, 거실의 세련된 가구, 수동 변속 장치가 달린 강력한 8기통 차, 값으로 칠 수 없는 골동품, 산장, 로마 여행, 최신 전자 기기, 예쁜 보석 따위일 수 있다. 그 밖에도 사치품을 꼽자면 한이 없다. 사치품을 탐하기로 하자면 우리의 상상력이 모자랄 정도다.

우선 우리는 성경이 사치품을 무턱대고 정죄하지 않는다는 사실을 알아야 한다. 바울은 자기가 “배부름과… 풍부(에도)… 처할 줄” 안다고 드러내놓고 말했다(빌 4:12). 풍부와 배부름은 그 자체로 죄가 아니다. 다시 말해, 사치품이 있다고 해서 무조건 우리가 바벨론의 품에 안겨 있는 것은 아니다. 그러나 사치품이 우리를 소유하기 시작하면 그때부터 우리는 바벨론에 홀리게 되고, 그것을 축으로 모든 것이 달라진다. 그렇게 되면 탐욕의 망령이 우리의 처소에 침입하여 우리의 자족하는 마음을 꼬드긴다. 그래서 우리는 예수께서 누가복음 12장 16-21절에 언급하신 그 농부처럼 된다. 그는 재물을 얻으려고 영혼을 버렸다. 예수님은 그 사람이 터무니없는 바보라고 말씀하셨다. 그에게는 사치품이 삶의 필수품이 되었고, 평안과 안전을 얻는 유일한 수단이 되었다.

지난 세월 나는 선물에 정신이 팔려 선물을 주시는 분을 놓쳐서는 안 된다고 자신을 다그치곤 했다. 사치 풍조에 물든 세상에서 우리 모두는 그렇게 해야 한다. 바벨론이 요염한 자태로 눈을 찡긋하며 우리를 그 화려한 생활방식으로 부를 때, 우리는 그 접근해오는 유혹을 물리치고 우리 영혼의 참 연인이신 주님께로 눈길을 돌려야 한다.

악을 이겼기 때문에 즐거워한다(19:1-2). 오늘날 그리스도인들이 "세상의 종말"을 말할 때, 대개 그것은 사탄이 부추기고 악한 남녀들이 조종하는 불의한 세상 체제가 끝난다는 뜻이다. 그 악한 세상이 끝나면 그것이 큰 즐거움의 이유가 된다. "큰 음녀"를 참되고 의롭게 심판하신다는 것은 곧 그 음녀에게 고통당한 성도들의 원한을 풀어주신다는 뜻이다.

둘째, 그들은 주 하나님이 통치하시기 때문에 즐거워한다(19:3-6). 그리스도께서 이 땅에 발을 디디시고 땅의 모든 권세를 멸하시기 전까지는 하나님은 사람들에게 자기 마음대로 살 수 있는 자유를 허락하신다. 그러나 당장이라도 하나님은 세상 나라들을 되찾으실 수 있다. 아담이 죄를 지어 사탄에게 바친 지배권이 어느 날 완전한 인간이신 예수 그리스도께로 다시 돌아올 것이다. 그때가 되면 사방의 모든 사람이 헨델의 '할렐루야 합창'을 함께 부르되, 하나님이 장래에 하실 일을 고대하면서가 아니라 이미 이루어진 일을 즐거워하면서 노래하게 된다. "할렐루야, 전능하신 주 하나님이 통치하시도다!"

셋째, 그들은 어린 양의 혼인 기약이 찼기 때문에 즐거워한다(19:7-8). 악인들의 장송곡이 서서히 사라지면서 의인들의 혼인을 알리는 종소리가 울리기 시작한다. 만왕의 왕께서 악을 정복하시고 통치를 시작하시면 그분의 신부인 교회가 그분의 곁에 서서 함께 통치할 것이다. 교회는 더 이상 갈등으로 더럽혀지거나 분열로 손상되거나 이단으로 얼룩지지 않을 것이다. 오히려 바울이 에베소서 5장 27절에 예언한 대로, 그리스도께서 "자기 앞에 영광스러운 교회로 세우사 티나 주름 잡힌 것이나 이런 것들이 없이 거룩하고 흠이 없게" 하실 것이다. 이 얼마나 즐거워할 일인가!

넷째, 그들은 혼인 잔치가 시작되기 때문에 즐거워한다(19:9). 다함께 모일 그 성대한 잔치를 한번 상상해보라! 그리스도인들은 종종 그 잔치에 대해서 이런저런 추측을 하곤 한다. 그것은 문자적인 연회일까, 아니면 형언할 수 없는 복의 상징일까? 앉은 자세로 진행되는 여러 코스의 식사일까, 아니면 푸짐한 뷔페일까? 음식은 어떤 것들이 나올까? 하지만 이것은 다 실없는 생각일 뿐이다! 이런 의문들은 상상력을 자극하기는 하지만 핵심을 완전히 놓친 것이다. 그 대연회의 관건은 메뉴가 아니라 주님이시다. 그리스도께서 최후의 만찬 때 제자들에게 주신 말씀이 종말에 그렇게 응하는 것이다. "그러나 너희에게 이르노니 내가 포도나무에서 난 것을 이제부터 내 아버지의 나라에서 새것으로 너희와 함께 마시는 날까지 마시지 아니하리라"(마 26:29). 하나님의 나라에서 온 교회가 영화롭게 되고 연합되면 그리스도께서 자신이 사랑하시는 성도들과 함께 앉아 얼굴을 마주보며 오랫동안 고대해 온 교제를 즐기실 것이다.

행여 이 내용을 소화하기 어려운 사람들이 있을까봐 천사는 요한에게 "이것은 하나님의 참되신 말씀이라"(19:9)고 재차 확인해주었다. 그 광경이 어찌나 압도적이고 그 확인의 말이 어찌나 위력적이던지 요한은 자기도 모르게 천사 앞에 엎드려 그를 경배하려 했다(19:10). 그러자 천사는 즉시 요한을 나무라며, 자기도 요한처럼 예수 그리스도의 종에 지나지 않음을 일깨워주었다. 우리가 예배할 대상은 가장 영광스러운 천사도 아니고 가장 높임받은 성도도 아니라 오직 하나님 한 분뿐이다. 우리의 찬양을 받기에 합당하신 분은 성부와 성자와 성령의 삼위일체이신 유일한 참 하나님뿐이시다.

지상의 대참사와 천상의 할렐루야로 이루어진 이 놀라운 환상들이 마무리되는 시점에서 천사는 요한의 주의를 다시 요한계시록의 궁극적 주제이신 그분께로 되돌려주었다. 과연 그분은 모든 예언이 언제나 가리키던 분이며, "예언의 영"(또는 핵심)이신 예수 그리스도

신부와 신랑

그리스도와 교회의 관계와 신랑과 신부의 관계가 갖는 유사성을 읽을 때 우리는 그런 유비가 생겨나게 된 문화적 정황을 이해할 필요가 있다. 고대 근동의 결혼 풍습은 21세기의 서구 문화와는 근본적으로 다르다. 유대인의 결혼 전통은 단번에 치르는 경사가 아니라 여러 단계로 구분되었다.

정혼. 이것은 현대의 '약혼'보다 훨씬 더 공식적이며 법적인 구속력도 강했다. 양가 부모들이 계약서에 인장을 찍고 나면 그때부터 혼례식을 준비하는 과정에 들어갔는데, 실제 예식은 1년 이상이 지나서야 치러졌다. 이 정혼 기간 동안 남자와 여자는 함께 살지는 않았지만 법적인 부부로 간주되었고, 정혼을 파기하려면 이혼 증서를 써야만 가능했다.

공개. 부부가 살 집이 마련되고 행사 일정이 모두 조율되고 나면 결혼의 다음 단계가 시작된다. 혼례식 이전에 있을 잔치를 치르기 위해서 신랑은 자기 집을 떠나 신부의 집으로 가고, 신부는 들러리인 친구들과 함께 기다리고 있다. 그제야 신랑은 약혼녀를 사랑하는 신부로 맞이한다.

예식. 신부를 공개하면서 이른바 '혼인 잔치'라는 긴 피로연이 시작된다. 이 잔치는 며칠씩 계속될 수 있다. 이 혼인 잔치가 끝나는 순간 신랑과 신부는 남편과 아내로서 모든 권리와 특권과 책임을 갖게 된다.[24]

교회와 그리스도의 혼인이라는 유비에는 고대 유대인들의 그러한 혼인 풍습이 반영되어 있다. 성부 하나님은 이미 앞을 내다보시고 "창세 전에"(엡 1:4) 교회를 택하셨다. 그 후로 구원받는 죄인들은 그리스도와 정혼한 사이가 된다. 이는 최후의 완성을 앞두고 있는 구속력 있는 관계다. 교회가 휴거되어 공중에서 주를 영접하는 일은 공개 단계에 해당된다(마 25:1-13, 살전 4:17). 마침내 어린 양의 혼인 잔치에서 결혼이 최종 완성되어 그리스도와 교회는 함께 앉아 이 땅을 다스리게 된다(계 20:4-6).[25]

이시다(19:10).

주

1. "바벨론"의 의미와 그것의 궁극적 붕괴에 대해서는 나중에 17–18장에서 더 자세히 다룰 것이다.
2. John F. Walvoord, *The Revelation of Jesus Christ: A Commentary*(Chicago: Moody Press, 1966), 220.
3. Julia Ward Howe, "The Battle Hymn of the Republic", in *The Hymnal for Worship and Celebration*, 569장.
4. Louw & Nida 편집, *Greek-English Lexicon of the New Testament*, 제1권, § 23.198.
5. Robert L. Thomas, *Revelation 8-22: An Exegetical Commentary*(Chicago: Moody Press, 1995), 222.
6. W. E. Vine, Merrill F. Unger, and William White, *Vine's Complete Expository Dictionary of Old and New Testament Words*(Nashville: Nelson, 1996), 536.
7. Bauer & Danker 편집, *A Greek-English Lexicon of the New Testament*, 825.
8. 다음 책에 인용된 말이다. Elisabeth Elliot, *Shadow of the Almighty: The Life and Testament of Jim Elliot*(New York: Harper & Brothers, 1958), 247. (『전능자의 그늘』 복있는 사람)
9. John Newton, "Amazing Grace", in *The Hymnal for Worship and Celebration*, 202장. (우리말 『찬송가』 405장)
10. Phillips, *Exploring Revelation*, 187.
11. H. G. Liddell & Robert Scott, *An Intermediate Greek-English Lexicon*(Oxford: Clarendon, 1986), 861.
12. Vine, Unger, & White 편집, *Vine's Complete Expository Dictionary*, 76.
13. A. W. Tozer, *The Divine Conquest*(Harrisburg, PA: Christian Publications, 1950), 23. (『성령 충만한 진짜 크리스천』 생명의 말씀사)
14. Phillips, *Exploring Revelation*, 190.
15. M. G. Easton, *Easton's Bible Dictionary*(전자판, Oak Harbor, WA: Logos Research Systems, 1996), "Euphrates" 항목.
16. Walvoord, "Revelation", *The Bible Knowledge Commentary*, 968. (『요한계시록–BKC 강해주석 시리즈 30』 두란노)
17. James Henry Breasted, *Ancient Records of Egypt: Historical Documents*(Chicago: Russell & Russell, 1906), 185.
18. Osborne, *Revelation*, 597.
19. Karl Marx, "Zur Kritik der Hegelschen Rechts–Philosophie", *Deutsch-Französische Jahrbücher* 1(1844): 72.
20. Josephus, *Antiquities of the Jews*, 1.116. (『요세푸스–유대 고대사』 생명의 말씀사)
21. 같은 책, 1.118.

22. Allen P. Ross, "Genesis", in *The Bible Knowledge Commentary: Old Testament Edition*(John F. Walvoord & Roy B. Zuck 편집; Wheaton, IL: Victor, 1985), 44–45.
23. 용(사탄) 자신도 일곱 머리와 열 뿔이 있다고 묘사되어 있기는 하지만, 17장 3절에 보면 짐승의 몸에 "하나님을 모독하는 이름들이 가득"하다고 했다. 이는 13장 1절의 적그리스도에 대한 묘사와 일치하는 표현이다.
24. Walvoord, "Revelation", *The Bible Knowledge Commentary*, 975.
25. Renald E. Showers, *Maranatha: Our Lord, Come! A Definitive Study of the Rapture of the Church*(Bellmawr, NJ: Friends of Israel Gospel Ministry, 1995), 164–69.

다시 오실 왕의 통치

요한계시록 19:11-22:21

조지 루카스(George Lucas)가 자신의 3부작 영화 〈스타워즈〉를 두 번째 영화인 〈제국의 역습〉으로 끝냈다고 생각해보라. 그 영화를 기억하는가? 한솔로가 철제 관 속에 냉동된 채로 악당 자바 헛에게 끌려가면서 마지막 자막이 올라간다. 성급한 루크 스카이워커는 친구들을 구하려고 제다이의 스승 요다에게 제다이 수련을 받다가 스승이 실망하여 고개를 내젓자 수련을 포기한다. 게다가 자신이 루크의 아버지라는 다스 베이더의 충격적인 주장에 관객들은 한편으로 믿을 수 없고 한편으로 역겹다는 느낌을 떨칠 수 없었다. 그러던 차에 조지 루카스가 〈제다이의 귀환〉으로 우주 무용담을 종결짓자, 은하 제국의 최종 패배를 보려고 며칠씩 극장 밖에서 줄을 서서 기다린 수백만의 관객들은 적이 안도했다. 〈스타워즈〉 팬이 아닌 사람들도 이 최종편을 보는 데는 돈을 아끼지 않았다. 왜 그랬을까? 아무도 애매한 결말을 좋아하지 않기 때문이다.

요한계시록의 이전 단락은 반드시 매듭지어야 할 애매한 결말을 많이 남겼다. 중심 줄거리로 말하자면 16장에서 진노의 일곱 대접이 모두 끝나면서 아마겟돈의 직전에까지 왔었다(16:16). 거기서 갑자기 극의 흐름이 끊기면서 17장에 '비밀 바벨론'과 그것을 사랑했던 모든 사람이 장차 망할 일이 삽입되고, 이어 18장에 바벨론의 전멸을 선포하는 일련의 노래들이 나온다. 만일 하나님이 이야기를 거기서 끝내셨다면, 한때 살 만했던 세상이 아무런 형태도 없이 텅 비어 있는 광경이 성경 예언의 마지막 이미지가 되었을 것이다. 하나님이 고난당한 성도들을 위하여 악인들을 응징하기는 하셨지만, 목숨을 잃은 충성된 신자들은 끝내 약속된 상을 받지 못했을 것이다.

그러나 안심하라! 드디어 최고의 이야기꾼께서 종말 드라마의 각본을 마무리하실 때가 되었다. 이 종결부의 클라이맥스에서 인류의 비참한 역사가 마무리되는 마지막 장은 하나님의 영광스러운 미래가 펼쳐지는 첫 장으로 바뀐다. 요한계시록의 드라마에서 여섯째이자 마지막 에피소드인 이 부분에 나는 "다시 오실 왕의 통치"라는 제목을 붙였다(19:11-22:21). 악한 통치자들의 마지막 운명이 묘사된 이전 단락에 이어 요한계시록의 줄거리가 재개되어 그리스도와 그분의 군대의 재림이 눈부시게 그려지는데, 그분의 군대는 바로 부활하여 영화롭게 된 신자들이다(19:11-21).

그리스도는 재림하신 후 성도들과 함께 평화와 정의의 천년 통치를 시작하신다. 태곳적부터 세상에 임한 저주가 그 기간에 걷히고 하나님의 지상 낙원이 건설된다. 완벽에 가

핵심 용어

δεύτερος θάνατος [*deuteros thanatos*, 듀테로스 타나토스] *(1208+2288)* '둘째 사망'

근본적인 성경적 의미에서 죽음이란 생명에서 분리된다는 뜻이다. 영적 죽음은 영생의 참 근원이신 하나님과의 관계가 분리되는 것이다(창 2:17, 엡 4:18). 물리적 죽음은 영과 몸이 분리되는 것이다(약 2:26). 때로 이 단어는 하나님의 길과 역사하심을 떠난 궤도, 즉 '죽음 같은' 생활방식을 강조한다(신 30:15). 요한계시록에는 "둘째 사망"이라는 독특한 용어가 소개된다. 이것은 둘째 부활인 악인들의 육체의 부활 이후에 있을 불신자들의 죽음을 가리키며(계 20:6, 14, 21:8), "오직 몸과 영혼을 능히 지옥에 멸하실 수 있는 이를 두려워하라" 하신 마태복음 10장 28절에 이미 그것이 암시되어 있다. 여기서 예수께서 말씀하시는 "지옥"이 요한계시록에는 "불못"으로 표현되어 있는데(20:14), 부활한 악인들은 거기서 영원히 고통을 당하게 된다.

δικαιοσύνη [*dikaiosynē*, 디카이오쉬네] *(1343)* '의, 공의, 공정함'

'의'라는 단어는 신약성경에서 여러 다양한 뉘앙스로 쓰였다. 바울은 오직 하나님의 은혜에 근거하여 믿음으로 신자들에게 전가되는 그리스도의 의를 종종 그 단어로 표현했다(롬 1:17, 3:22). 반면에 야고보는 가시적으로 드러나는 의로운 행동, 즉 바른 도덕성을 강조했다(약 1:20, 2:23). 요한계시록 19장 11절에서 이 단어는 세상을 향한 그리스도의 심판이 옳음을 나타낸다. 심판이나 벌이라면 무조건 "잘못됐다"거나 "불공평하다"고 믿는 우리 문화에서는 그 사실이 너무도 쉽게 망각되고 있다.

καινός [*kainos*, 카이노스] *(2537)* '새롭다, 참신하다'

이 단어는 늘 질적인 새로움을 가리킨다. 그냥 다른 정도가 아니라 완전히 우월하다는 뜻이다. 그러므로 '새것'이 오면 '옛것'은 폐기된다. 새것과 옛것 사이에 어느 정도 연속성과 유사성이 있을 수 있지만 절대로 '새것'을 옛것과 동격으로 여겨서는 안 된다. 그러므로 21장 1, 2, 5절에 묘사된 "새 하늘"과 "새 땅"은 완전히 새로운 세상 질서를 가리킨다. 이전의 악과 불완전함이 완전히 없어진 세상이다.

까운 이 기간은 사탄은 물론 모든 악과 고통과 사망까지도 최후의 멸망을 맞는 것으로 절정에 달한다(20:1-15). 그리하여 인간 구속을 위한 대하드라마는 유례없는 번영과 모자람 없는 완성이 영원히 계속되는 상태로 절정에 이르는데, 이것이 바로 새 하늘과 새 땅이다(21:1-22:5). 끝으로, 영화가 끝날 때 마지막 음악과 함께 자막이 올라가듯이 요한계시록의 마지막 말은 예수께서 속히 다시 오실 것을 확언해준다(22:6-21).

만왕의 왕이 오시다(요한계시록 19:11-21)

11또 내가 하늘이 열린 것을 보니 보라 백마와 그것을 탄 자가 있으니 그 이름은 충신과 진실이라
그가 공의로 심판하며 싸우더라 12그 눈은 불꽃 같고 그 머리에는 많은 관들이 있고 또 이름 쓴 것 하
나가 있으니 자기밖에 아는 자가 없고 13또 그가 피 뿌린 옷을 입었는데 그 이름은 하나님의 말씀이
라 칭하더라 14하늘에 있는 군대들이 희고 깨끗한 세마포 옷을 입고 백마를 타고 그를 따르더라 15그
의 입에서 예리한 검이 나오니 그것으로 만국을 치겠고 친히 그들을 철장으로 다스리며 또 친히 하
나님 곧 전능하신 이의 맹렬한 진노의 포도주 틀을 밟겠고 16그 옷과 그 다리에 이름을 쓴 것이 있으
니 만왕의 왕이요 만주의 주라 하였더라

17또 내가 보니 한 천사가 태양 안에 서서 공중에 나는 모든 새를 향하여 큰 음성으로 외쳐 이르되
와서 하나님의 큰 잔치에 모여 18왕들의 살과 장군들의 살과 장사들의 살과 말들과 그것을 탄 자들
의 살과 자유인들이나 종들이나 작은 자나 큰 자나 모든 자의 살을 먹으라 하더라

19또 내가 보매 그 짐승과 땅의 임금들과 그들의 군대들이 모여 그 말 탄 자와 그의 군대와 더불
어 전쟁을 일으키다가 20짐승이 잡히고 그 앞에서 표적을 행하던 거짓 선지자도 함께 잡혔으니 이는
짐승의 표를 받고 그의 우상에게 경배하던 자들을 표적으로 미혹하던 자라 이 둘이 산 채로 유황불
붙는 못에 던져지고 21그 나머지는 말 탄 자의 입으로부터 나오는 검에 죽으매 모든 새가 그들의 살
로 배불리더라.

내 친구 하나가 어느 여름 영국에 갔는데, 마침 그가 있던 런던의 그 지역을 여왕이 마차를 타고 지나가는 행사가 예정되어 있었다. 시민들이 일찍부터 거리에 운집하여 웅성거리고 있었다. 들뜬 런던 사람들과 관광객들은 여왕이 모습을 드러내기 오래전부터 양쪽 도로변에서 자리다툼을 했다. 마침내 여왕이 잔뜩 위용을 뽐내며 지나가자 그녀의 충성된 신민들과 단순한 관광객들이 금방 구별이 되었다. 영국 신민들은 진정으로 감격하여 숨을 죽였고 두 손을 가슴에 모았다. 그러나 미국인들은 쇼핑백을 한 아름 든 채 뒤로 물러나 태연하게 즐겼다. 마치 서커스 행렬을 즐기는 어린 자녀를 바라보는 부모들처럼 말이다. 동일한 영국의 군주이지만 상대가 누구냐에 따라 분명히 그 영향력이 달라진다.

그 장면은 나에게 장래에 있을 다른 왕의 행렬을 연상시킨다. 복종하는 신민들과 저항하는 무리들이 그 행렬을 함께 맞이하겠지만, 결국 반응은 똑같을 것이다. 그들의 국적과 문화와 언어는 물론 심지어 종교와도 관계없이 어느 날 "하늘에 있는 자들과 땅에 있는 자

그리스도께서 지상에 재림하셔야 하는 네 가지 이유

성경 전체를 보면 그리스도께서 문자적으로, 물리적으로 지상에 재림하셔야 하는 네 가지 이유가 나온다. 그분이 다시 오시기 전까지는 다음 네 가지 일이 보류 상태로 남게 된다.

첫째, 그리스도는 성경의 수많은 약속들을 성취하려고 다시 오신다. 스가랴 14장 4절에 보면 "그의 발이… 감람산에 서실 것이요"라고 했고, 예수께서 승천하신 후에 두 천사는 제자들에게 "이 예수는 하늘로 가심을 본 그대로 오시리라"(행 1:11)고 말했다. 신·구약 모두 그분이 지상에 다시 오실 것을 말하고 있다. 그분이 재림하지 않으신다면 이 둘을 비롯한 다른 많은 예언들은 성취되지 못한다.

둘째, 그리스도는 불신한 나라들을 심판하려고 다시 오신다. 솔로몬은 전도서 8장 11절에 "악한 일에 관한 징벌이 속히 실행되지 아니하므로 인생들이 악을 행하는 데에 마음이 담대하도다"라고 썼다. 현재의 은혜 시대는 어느 날 갑자기 끝날 것이다. 그때가 되면 사람들이 죄의 대가를 치르게 된다. 그분이 재림하지 않으신다면 오랜 악이 더 성행하게 될 뿐이다.

셋째, 그리스도는 지상을 지배하는 사탄을 제거하려고 다시 오신다. 바울은 사탄을 가리켜 "이 세상의 신"이라 했다(고후 4:4). 아담의 타락과 그리스도의 재림 사이의 중간 기간에는 사탄과 그의 귀신들이 이기는 것처럼 보이지만, 하나님의 계획대로 정권이 바뀔 것이다. 어느 날 사탄과 그의 수족인 귀신들은 축출되고, 그리스도와 그분의 성도들이 권좌에 오를 것이다.

넷째, 그리스도는 지상에 그분의 나라를 세우려고 다시 오신다. 이사야 9장 7절에 있듯이 메시아는 "다윗의 왕좌와 그의 나라에" 군림하실 것이다. 나아가 그리스도 자신도 어느 날 "자기 영광의 보좌에 앉을" 것을 말씀하셨다(마 19:28). 그리스도는 부재 군주로 다스리시는 것이 아니라 지상의 물리적인 왕좌에서 다스리실 것이다.

들과 땅 아래에 있는 자들"이 "모든 무릎을 예수의 이름에 꿇"고 "모든 입으로 예수 그리스도를 주라 시인하여 하나님 아버지께 영광을 돌"릴 것이다(빌 2:10–11).

그날이 오면 이 세상의 모든 잘못된 것들이 해결된다. 요한계시록 19장 11–21절에 보면, 주 예수 그리스도의 극적인 재림으로 마침내 공의가 넘쳐흐르게 된다. 그분은 환난에서 살아남아 해방을 기다리고 있는 자들에게는 왕으로 오시지만, 하나님의 백성을 박해하고 죽인 자들에게는 심판자로 오신다. 신기원을 여는 이 아마겟돈 전쟁에서 하나님은 마침내 악을 이기신다. 의인들을 향한 박해가 끝나고, 사탄과 귀신들의 계략이 수포로 돌아가며, 세상을 미혹하던 정치 지도자들과 종교 지도자들이 파멸을 맞는다. 그리스께서 승리하여 다시 오신다던 약속은 천국에서 지상으로 왕이 행차하심으로써 마침내 현실이 된다.

—19:11–16—

요한은 요한계시록 4장에서 하늘이 열린 것을 처음 보았다. 거기서 그는 하늘의 열린 문을 보았고, 한 음성이 그에게 이르되 올라와 이후에 일어날 일들을 보라고 했다(4:1). 문이 열린 그 초대를 통하여 요한은 순식간에 영의 세계로 들려 올라갔고, 그때부터 종말과 관계된 일련의 환상들이 시작되었다. 그런데 일곱 인봉과 일곱 나팔과 일곱 대접이 모두 끝난 지금, 요한은 끝으로 다시 "내가 하늘이 열린 것을 보니"(19:11)라고 썼다. 다만 이번에는 요한이 하늘로 들려 올라가기 위해서가 아니라 예수께서 땅으로 내려오시기 위해 하늘이 열렸다.

그리스도께서 백마를 타고 땅에 내려오시는 이 환상에는 흥미롭게도 그 말 탄 자가 예수님으로 밝혀져 있지 않다. 대신 요한은 우리의 위대하신 왕이 영화로우신 분임을 확실히 묘사하고 있다. 기억하다시피 예수님에 관한 증언이 예언의 영(또는 핵심)이다(19:10). 따라서 여기서 좀 더 시간을 들여 이 인물을 자세히 살펴보는 것이 바람직하다.

첫째, 그리스도는 백마를 타고 오신다(19:11). 요한계시록에 나오는 백마가 이번이 처음은 아니다. 예수께서 일곱 인봉의 두루마리에서 첫 인을 떼실 때도 "흰 말"이 등장했었다(6:2). 그 말을 탄 자는 거짓의 화신이었고, 적그리스도가 세운 악하고 기만적인 신정(神政) 체제였다. 그는 활과 면류관을 가졌는데, 이 관은 '승리자의 관'인 *stephanos*였다. 그는 나가서 세상을 정복하려 했고, 전쟁과 기근과 죽음이 그를 뒤따랐다(6:3-8).

전형적인 승리자의 월계관(*stephanos*)

© Ace Stock Limited/Alamy

왕의 면류관(*diadēma*)

Diadem, found in the burial mound at Khoklach, Sarmatian, (1st century AD)/ Hermitage, St. Petersburg, Russia/The Bridgeman Art Library

두 번째 백마를 타신 분은 그와 완전히 대조를 이루신다. 그분의 이름은 "충실과 진실"이며(19:11), 이는 "불의의 모든 속임으로 멸망하는 자들"(살후 2:10)을 노리는 적그리스도의 속셈과 대비된다. 적그리스도는 교만한 동기로 싸우지만(계 13:4) 그리스도는 공의를 바탕으로 심판하며 싸우신다(19:11). 요한의 환상 속에서 그리스도의 눈은 1장 14절에 처음 보았던 환상처럼 불꽃 같다(19:12). 이는 하늘의 모든 영광으로 오시는 그리스도를 보여준다. 그분의 눈빛은 우리 영혼을 응어리까지 꿰뚫어보시고 우리의 가장 깊은 생각과 동기까지 드러내신다.

잠시 있다 시들어 버리는 '승리자의 월계관'을 쓴 적그리스도와 달리 그리스도는 주권적 권세를 상징하는 금 '관'을 쓰셨고, 그것도 하나가 아니라 많이 쓰셨다. 대부분의 지상 왕들은 왕관을 하나만 쓰지만 그리스도의 많은 관은 그분이 "만왕의 왕이요 만주의 주"이심을 선포하며 그분의 절대 주권을 표현해준다. 1852년에 매튜 브리지스(Matthew Bridges)는 왕 예수께서 많은 관을 쓰신 이 이미지에서 감화를 얻어 웅장한 찬송가를 지었는데, 지금도 하나님의 사람들에게 애창되고 있다.

면류관 가지고
주 앞에 드리세
저 천사 기쁜 노래가
온 땅에 퍼지네
내 혼아 깨어서
주 찬송하여라
온 백성 죄를 속하신
만왕의 왕일세.[1]

요한은 예수님 위에 쓰인 신비로운 이름을 언급하면서 "자기밖에 아는 자가 없"다고 했다(19:12). 요한은 왜 굳이 예수님께 은밀한 이름이 있음을 언급했을까? 아마 그 은밀한 이름은 누구와도 공유할 수 없는 성부 아버지와의 독특한 관계를 나타낼 것이다. 흥미롭게도 일찍이 예수님은 "받는 자밖에는 그 이름을 알 사람이 없"는 이름을 신자들에게 주겠다고 약속하셨다(2:17). 이것은 신자들이 누리는 그리스도와의 깊고 인격적인 관계, 끊을 수 없는 관계를 보여준다. 그리스도와 아버지의 관계만큼이나 그 관계도 절대로 분리될 수 없다. 신이신 그리스도는 본래부터 하나님의 유일하고 영원한 아들이시지만, 신자들은 은혜로 그것을 일부나마 닮아 하나님의 유한한 입양된 자녀들로서 영화롭게 되었다.

그리스도의 옷은 "피 뿌린" 옷이다(19:13). 남의 옷에 묻은 피를 볼 때마다 우리에게 떠오르는 질문이 있다. "누구의 피인가? 본인의 피인가, 타인의 피인가?" 이 경우에 피 뿌린 옷은 그리스도께서 모든 사람을 위하여 "죽임을 당하신 어린 양"(5:12)이 되셨다는 사실을 상징할 수 있다. 또는 이것은 이사야 63장 3-4절을 가시적으로 암시하는 것일 수 있다. 거기에 보면 정복자 왕께서 그분의 옷에 피가 묻어 있는 이유를 이렇게 설명하신다.

> 만민 가운데 나와 함께 한 자가 없이
> 내가 홀로 포도즙 틀을 밟았는데
> 내가 노함으로 말미암아 무리를 밟았고
> 분함으로 말미암아 짓밟았으므로
> 그들의 선혈이 내 옷에 튀어
> 내 의복을 다 더럽혔음이니
> 이는 내 원수 갚는 날이 내 마음에 있고
> 내가 구속할 해가 왔으나.

요한계시록 19장의 문맥이 명백히 심판을 의미하므로 이 두 번째 해석이 더 일리가 있다. 그리스도의 피 뿌린 옷은 그분이 적들에게 심판을 시행하셨음과 그분의 지상 재림이 최후의 승리라는 사실을 나타낸다.

사도 요한은 복음서에 그리스도의 초림을 기록할 때 우선 그분의 정체를 "말씀"이라고 밝혔다. "태초에 말씀이 계시니라 이 말씀이 하나님과 함께 계셨으니 이 말씀은 곧 하나님이시니라… 말씀이 육신이 되어 우리 가운데 거하시매"(요 1:1, 14). 그리스도의 재림을 묘사할 때도 그는 그분에게 "하나님의 말씀"(계 19:13)이라는 호칭을 붙인다. 신 · 구약을 통틀어 "말씀"이라는 말에는 풍부한 의미가 들어 있다. 말씀은 하나님의 계시를, 그중에서도 특히 성경에 담긴 계시를 가리킨다(삼상 9:27, 마 15:6, 살전 2:13). 그러나 구약에 이미 "말씀"은 여호와의 물리적이고 인격적인 임재로 표현되어 있다(창 15:1-5, 렘 1:4-9). 그러므로 요한이 예수님을 "하나님의 말씀"이라 부른 것은 그분을 하나님의 계시의 표현으로만 아니라 하나님 자신의 표현으로 제시한 것이다. "하나님의 말씀"은 언제나 "우리와 함께하시는 하

예수님은 두 번 재림하시는가?

성경이 미래의 사건들을 펼쳐놓는 방식에 대한 내 나름의 이해에 비추어, 나는 그리스도의 재림을 성도들을 위한 강림과 성도들과 함께 오시는 강림으로 구분한다. 그렇다고 내가 그리스도의 재림이 두 번이라고 믿는다는 뜻은 아니다. 전혀 그렇지 않다. 그리스도의 초림이 무슨 뜻인지 생각해본다면, 그분이 동정녀에게서 태어나 하늘로 올라가실 때까지의 모든 사건이 거기에 포괄됨을 알 것이다. 이 초림은 그분의 유년기, 세례 받으신 일, 공생애 사역, 십자가의 죽음, 부활 등 30년이 넘는 기간을 아우른다. 마찬가지로 그분의 재림도 하나의 과정으로 볼 수 있다. 현재 그분은 아버지의 오른편에 앉아 우리의 대제사장과 중보자 역할을 하고 계신다(행 2:33, 히 8:1).

어느 날 그분은 자리에서 일어나 대제사장의 예복을 재판장의 법복과 왕의 왕복으로 갈아입으시고 우리의 세계 속으로 들어오실 것이다. 그 시점부터 그분의 사역은 지상을 향하여 이루어진다. 그분이 재판장과 왕으로 오셔서 7년 과정 중에 맨 처음으로 하실 일은 그분을 따르는 사람들을 호송하여 환난이 시작되기 전에 이 땅에서 데려가시는 것이다. 그 후에 그분은 악의 세력들에게 점진적으로 심판을 쏟으셔서 마침내 자신이 예루살렘에 왕으로 등극하실 준비를 하신다. 이 과정에 7년이 걸리지만 그래도 여러 단계에 걸친 단번의 재림으로 볼 수 있다.

그 7년 기간 동안에 우리는 그리스도께서 공중이나 지상에서 종말의 수많은 사건들에 직접 개입하시는 것을 볼 수 있다. 데살로니가전서 4장 17절에 보면, 그리스도께서 공중에까지만 내려오셔서 성도들을 다시 살려 땅에서 들어올려 가신다. 스가랴 14장 4절에는 "그의 발이… 감람산에 서실 것"이며, 그리하여 이스라엘의 남은 자들이 임박한 심판을 피하도록 감람산이 둘로 갈라진다고 했다. 요한계시록 14장 1절에서는 144,000명과 함께 시온 산에 서 계신 그리스도를 볼 수 있다. 사실 이스라엘의 그 남은 자들은 어린 양이 어디로 인도하시든지 따라간다고 했다(14:4). 이는 예수께서 144,000명의 유대인 신자들을 지휘하시고자 환난 기간 내내 이따금씩 지상에 나타나실 것을 암시할 수도 있다. 끝으로, 환난이 끝나면 그리스도는 하늘의 군대들과 함께 구름 속에 나타나셔서 아마겟돈에 모인 짐승과 그의 군대들을 멸하신다. 그러고 나서야 그분은 지상에 재림하셔서 예루살렘에서 다윗의 왕좌에 앉으신다(19:11–20:4). 이 모든 사건은 그리스도가 단번에 재림하실 때 이루어진다.

나님", 곧 임마누엘이시다.

그리스도께서 구름을 타고 내려오시는데 요한은 그분 혼자 오시는 것이 아님을 금세 알아차렸다. 그분의 뒤에 역시 백마를 타고 희고 깨끗한 세마포 옷을 입은 하늘의 군대들이 따라왔다(19:14). 이들의 정체를 천사들로 보고 싶을 수도 있지만 그전에 우리는 성경으로 성경을 해석해야 한다. 이미 요한계시록 17장 14절에 이 군대의 정체를 미리 밝혀놓았다. "어린 양은 만주의 주시요 만왕의 왕이시므로 그들(짐승과 그의 군대)을 이기실 터이요 또 그와 함께 있는 자들 곧 부르심을 받고 택하심을 받은 진실한 자들도 이기리로다." 여기 "부르심을 받고 택하심을 받은 진실한 자들"이라는 표현은 부활하고 영화롭게 되어 상급을 받은 성도들을 가리키며, 그들은 7년 환난이 시작될 때 휴거되었다. 그동안 그들은 보좌에 앉아 그리스도와 함께 통치할 준비를 하고 있었다. 그래서 그들은 그리스도께서 아마겟돈에서 최후의 심판을 시행하실 때 그분과 함께 내려올 것이다.

끝으로, 요한은 예수님의 입에서 예리한 검이 나왔다고 묘사했다(19:15, 참고 1:16, 2:16). 이 검은 그리스도께서 악한 나라들을 심판하실 때 대량 학살이 가능한 물리적 무기들을 쓰지 않으시고 가장 확실한 영적 무기인 하나님의 말씀으로 하실 것을 보여준다(엡 6:17, 히 4:12). 이사야 49장 2절에 보면, 종으로 오실 메시아께서 말씀하시기를 "(여호와께서) 내 입을 날카로운 칼 같이 만드시고 나를 그의 손 그늘에 숨기시며"라고 하셨다. 한동안은 그렇게 숨겨져 있었지만, 어느 날 하나님의 비밀 무기가 풀려나와 심판으로 이 땅을 칠 것이다.

요한은 구약성경의 몇몇 메시아 관련 본문들을 한데 엮어 장차 오실 왕을 묘사하고 있다. 우선 시편 2편 9절에 그리스도는 악한 이방 나라들을 철장으로 치실 다윗 왕가의 왕으로 소개된다. 이사야 11장 1절과 4절은 이 시에 더 살을 붙여 그 예언을 "이새의 줄기", 즉 메시아와 명백히 연결시키고, 심판의 "막대기"가 물리적인 것이 아니라 초자연적인 것임을 보여준다. "그의 입의 막대기로 세상을 치며 그의 입술의 기운으로 악인을 죽일 것이며." 끝으로, 악인들이 "심판의 골짜기", 즉 아마겟돈에 모여 하나님의 진노의 포도주 틀에 밟힘으로써 메시아는 구약의 예언들을 성취하실 것이다(사 63:3, 욜 3:13-14). 이 얼마나 놀라운 사건인가!

나사렛 예수께서 무슨 자격으로 이런 심판을 시행하시는 것일까? 예수님의 마지막 호칭이 이 질문에 확실히 답해준다. 그분의 옷과 다리에 기록될 정도로 심오한 그 호칭은 바로 "만왕의 왕이요 만주의 주"다. 이번 환상 중에 나오는 그리스도의 다른 어떤 이름보다도 이 유명한 호칭은 예수님이 전능하신 하나님과 더불어 온 땅을 다스리시는 최고의 인간 통치자이심을 밝혀준다. 다음 표는 "만왕의 왕"과 "만주의 주"라는 호칭이 구약성경에 어떻게 쓰였는지를 보여주는데, 이를 통하여 우리는 그리스도께 붙여진 이 호칭을 더 명확히 이해할 수 있다.

구약에서 "만왕의 왕"이라는 호칭은 언제나 지상 최고의 왕을 가리키며, "만주의 주"라는 호칭은 최고의 주이시며 신이신 하나님 자신을 가리킨다. 신약에서 바울은 이 호칭을 "유일하신 주권자"(딤전 6:15)이신 하나님께 적용한다. 그리고 요한계시록 17장 14절과 19장 16절에서는 이 호칭이 예수님께 적용된다. 그리스도가 하늘과 땅의 모든 권세를 지니신 완전한 신이시자 완전한 인간이시라는 증거가 이보다 더 확실할 수는 없다. 예수 그리스도는 자칭 "왕"이라는 모든 사람의 왕이시며, 자칭 "주"라는 모든 사람의 주이시다.

구약에 쓰인 "만왕의 왕"과 "만주의 주"

"만왕의 왕"		"만주의 주"	
에스라 7:12	아닥사스다 왕은 자신이 통치하는 지상 제국이 광활했기 때문에 "모든 왕의 왕"으로 자처한다.	신명기 10:17	여호와께서는 "신 가운데 신"이시며 "주 가운데 주"시오, 크고 능하시며 두려우신 하나님으로 묘사된다.
에스겔 26:7, 다니엘 2:37	느부갓네살 왕은 하나님이 그에게 광활한 지상 제국을 주셨기 때문에 "왕들 중의 왕"으로 지칭된다.	시편 136:2–3	시편 기자는 하나님의 인자하심이 영원함을 인하여 "신들 중에 뛰어난 하나님"과 "주들 중에 뛰어난 주"께 감사를 드린다.

—19:17–21—

사탄의 지상 세력들은 아마겟돈에 모여 있고(16:14–16, 19:19) 그리스도와 그분의 군대들은 하늘에 모여 있는데(19:11–16) 한 천사가 태양 안에 서서 온 세상의 주목을 끈다(19:17). 그런데 천사는 땅에 거주하는 사람들에게 말하는 것이 아니라 죽은 고기를 먹는 새들에게 메시지를 외친다. 새들은 이제 곧 벌어질 사체들의 잔치를 기다리며 전쟁터 위의 상공을 선회하고 있다. 천사는 아마겟돈 전쟁에서 죽을 모든 사람의 살을 먹으라며 새들을 "하나님의 큰 잔치"로 초대한다(19:17–18). 한 주석가의 표현대로 이 천사의 공표는

> 섬뜩하면서도 위력이 있어 전쟁이 붙기도 전에 결말이 확정되었음을 보장한다. 아이러니지만, 천사가 모든 새에게 명할 때 쓴 "모여"라는 동사는… 16장 14, 16절에 불경한 삼위일체가 나라들을 최후의 전쟁에 "모으더라"고 할 때와 같은 단어다. 악한 세력들이 아마겟돈에 모이는 바로 그때에 썩은 고기를 먹는 새들도 확정된 살육을 뒤처리하고자 부름을 받고 모인다.[2]

이 환상의 사실성을 깎아내리려 하는 것은 부질없는 짓이다. 예수께서도 자신이 오셔서 심판하실 때 나타날 이런 최종 결과를 친히 언급하신 바 있다. "번개가 동편에서 나서 서편까지 번쩍임 같이 인자의 임함도 그러하리라 주검이 있는 곳에는 독수리들이 모일 것이니라"(마 24:27-28).

그 임함의 구체적인 결과가 요한계시록 19장 20-21절에 묘사되어 있다. 아마겟돈 전쟁에 등장하는 각 '배역들'의 운명을 잘 보라. 짐승(적그리스도)과 거짓 선지자는 "산 채로 유황불 붙는 못에" 던져진다(19:20). 그들은 워낙 가증스럽고 극악하게 하나님을 모독했기 때문에 이 영원한 고통의 장소에 역사상 가장 일순위로 보내진다! 그리고 나중에 그리스도의 천년왕국이 끝나면 사탄과 세상의 모든 악인도 그들의 뒤를 따르게 된다(20:10, 14-15). 전쟁터에 남은 그 나머지 사람들은 그리스도의 입으로부터 나오는 검에 죽는다. 즉, 그들은 그리스도의 입술에서 나오는 말씀 한 마디에 쓰러진다. 존 필립스가 그것을 잘 표현했다.

> 그로써 갑자기 모든 게 끝날 것이다. 사실 전쟁이랄 것도 없다. 우리가 생각하는 그런 의미의 전쟁은 없다. 그저 큰 백마를 타신 그분으로부터 말씀 한 마디만 있을 것이다. 전에 그분이 무화과나무에게 말씀 한 마디를 하시자 나무가 말라죽었다. 전에 그분이 사나운 바람과 거센 풍랑에게 말씀 한 마디를 하시자 먹구름이 사라지고 파도가 잔잔해졌다. 전에 그분이 가련한 한 영혼 안에 꽉 들어차 있던 군대 귀신에게 말씀 한 마디를 하시자 귀신들이 즉시 도망갔다. 이제도 그분의 말씀 한 마디면 전쟁이 끝난다. 함부로 입을 놀리며 하나님을 모독하던 짐승은 그 자리에서 쓰러진다. 무저갱에서 나와 기적을 행하던 수다쟁이 거짓 선지자도 급소를 맞고 잠잠해진다… 그분이 말씀 한 마디를 더 하시면 공포에 질려 있던 군대들이 휘청휘청 비틀거리다 쓰러져 죽는다. 육군 원수들과 장성들, 해군 대장들과 공군 사령관들, 일반 병사들과 수병들 할 것 없이 모두가 일제히 쓰러진다. 그러면 독수리들이 내려와 현장을 가득 덮는다.[3]

물론 전쟁을 하겠다고 그 골짜기에 모인 지상 군대들의 사고방식은 물리적 영역에 국한되어 있다. 말씀으로 온 우주를 창조하신 전능하신 창조주께 총과 미사일을 들이대는 그 통치자들의 모습은 얼마나 어리석어 보일까! 어리석지만 그것은 또한 얼마나 타락한 인간다운 모습인가! 인간은 늘 자신의 능력과 기술을 과대평가하고 자랑할 뿐, 전지전능하신 우주의 주 앞에서 자신이 얼마나 연약한 존재인지를 결코 받아들일 줄 모른다.

요컨대 지상에서 누가 "아마겟돈"이라는 단어를 입 밖에 내기도 전에 전쟁은 이미 끝나 있을 것이다. 하나님이 끝이라고 정하시면 그때가 곧 끝이다!

적용

아마겟돈을 어떻게 적용할까?

그리스도는 장차 능력으로 오셔서 세상을 심판하실 것이다. 그분의 재림에 함축된 의미를 묵상하다 보면, 그리스도의 재림이라는 미래의 실체를 우리 현재의 삶에 접목하는 데 도움이 되는 세 가지 진리가 있다.

첫째, 그리스도께서 함께 계신가에 따라 설 자와 넘어질 자가 정해진다. 그리스도께서 다시 오실 때 두 부류의 사람은 건짐을 받는다. 하나는 이스라엘의 열두 지파 중에서 인을 맞은 144,000명이고, 또 하나는 환난 기간에 그리스도를 믿고 적그리스도의 박해를 이겨낸 이방인의 남은 신자들이다. 그 외의 모든 사람, 즉 끝까지 그리스도의 적으로 남아 짐승의 표를 받은 사람들은 다 죽임을 당할 것이다. 그날 한 개인이 서거나 넘어지는 기준은 예수님이시다.

그것은 오늘도 마찬가지다. 히브리서 9장 27–28절에 보면 "한번 죽는 것은 사람에게 정해진 것이요 그 후에는 심판이 있으리니 이와 같이 그리스도도 많은 사람의 죄를 담당하시려고 단번에 드리신 바 되셨고 구원에 이르게 하기 위하여 죄와 상관 없이 자기를 바라는 자들에게 두 번째 나타나시리라"고 했다. 오늘 우리는 믿음으로 반응해야 한다. 당신이 아직 그리스도만을 믿고 구원받아 그분의 군대에 입대하지 않았다면, 당신은 지금 무엇을 기다리고 있는가?

둘째, 최종 권세는 그리스도의 이름에 있으며 앞으로도 영원히 그럴 것이다. 바벨의 사람들이 자기네 이름을 내려고 "꼭대기를 하늘에 닿게 하여" 탑을 쌓은 때로부터(창 11:4) 인간들은 하나님의 이름을 아무거나 다른 권세로 대신하려 했다. 그들은 알라와 부처와 문선

명 같은 이름들로 그분의 이름을 대신하려 했고, 돈과 명예와 권력과 재물을 우상으로 삼았다. 또 그들은 대대로 모든 것이 발전해왔듯이 앞으로도 계속 그럴 줄로 알고 현재의 이 세상에 모든 삶을 걸었다. 그리스도께서 다시 오실 때 자신들이 믿던 힘이 기초부터 무너져 내릴 것을 망각한 채로 말이다(벧후 3:4–6). 훗날 "모든 무릎을 예수의 이름에 꿇게 하"실 때가 있음을 그들은 알아야 한다(빌 2:10). 이 진리에 비추어 당신이 자신에게 던져야 할 중요한 질문이 있다. 그분이 앉으셔야 할 자리인 당신 내면의 보좌를 노리는 사람이나 재산이나 지위나 우선적인 일은 무엇인가?

셋째, 그리스도의 말씀이 최후의 승리를 얻는다. 그리스도께서 능력으로 다시 오시면 "공중의 권세 잡은 자"(엡 2:2)이자 "이 세상의 임금"(요 12:31)인 사탄의 통치는 끝난다. 이 마지막 전쟁에서 사탄은 세상의 권좌로부터 쫓겨난다. 사탄은 대량의 철제 무기나 레이저 유도탄에 궤멸되는 것이 아니다. 오히려 "진리로 이기리로다"[4]라고 한 위대한 개혁가 마르틴 루터의 말대로 될 것이다.

훗날 사탄을 궤멸시킬 그 강력한 말씀이 또한 오늘 우리의 삶 속에서 악한 영의 세력들과 싸우라고 우리에게 주어진 말씀임을 신자들은 너무도 빨리 잊어버린다. 에베소서 6장 12절에 "우리의 씨름은 혈과 육을 상대하는 것이 아니요 통치자들과 권세들과 이 어둠의 세상 주관자들과 하늘에 있는 악의 영들을 상대함이라"고 했다. 이 귀신의 세력들을 물리칠 공격 무기로 하나님은 "성령의 검 곧 하나님의 말씀"을 우리에게 주셨다(엡 6:17). 오늘도 사탄은 각종 공론과 무지와 빗나간 생각과 불순종 등 모든 것을 동원하여 우리와 주님 사이를 갈라놓으려 하고 있다(고후 10:3–6). 그것을 무너뜨릴 수 있는 하나님의 지식과 지혜와 능력을 우리는 하나님의 말씀, 즉 성경에서 얻을 수 있다. 이렇듯 사탄과 죄에 맞서 싸우려면 더 잘 무장되어야 하는데, 당신이 성경이라는 영적 검을 갈기 위해서 현재 하고 있는 일은 무엇인가?

세상을 올바로 되돌리시다(요한계시록 20:1–10)

1또 내가 보매 천사가 무저갱의 열쇠와 큰 쇠사슬을 그의 손에 가지고 하늘로부터 내려와서 2용을
잡으니 곧 옛 뱀이요 마귀요 사탄이라 잡아서 천 년 동안 결박하여 3무저갱에 던져 넣어 잠그고 그
위에 인봉하여 천 년이 차도록 다시는 만국을 미혹하지 못하게 하였는데 그 후에는 반드시 잠깐 놓

이리라

4또 내가 보좌들을 보니 거기에 앉은 자들이 있어 심판하는 권세를 받았더라 또 내가 보니 예수를 증언함과 하나님의 말씀 때문에 목 베임을 당한 자들의 영혼들과 또 짐승과 그의 우상에게 경배하지 아니하고 그들의 이마와 손에 그의 표를 받지 아니한 자들이 살아서 그리스도와 더불어 천 년 동안 왕 노릇 하니 5(그 나머지 죽은 자들은 그 천 년이 차기까지 살지 못하더라) 이는 첫째 부활이라 6이 첫째 부활에 참여하는 자들은 복이 있고 거룩하도다 둘째 사망이 그들을 다스리는 권세가 없고 도리어 그들이 하나님과 그리스도의 제사장이 되어 천 년 동안 그리스도와 더불어 왕 노릇 하리라

7천 년이 차매 사탄이 그 옥에서 놓여 8나와서 땅의 사방 백성 곧 곡과 마곡을 미혹하고 모아 싸움을 붙이리니 그 수가 바다의 모래 같으리라 9그들이 지면에 널리 퍼져 성도들의 진과 사랑하시는 성을 두르매 하늘에서 불이 내려와 그들을 태워버리고 10또 그들을 미혹하는 마귀가 불과 유황 못에 던져지니 거기는 그 짐승과 거짓 선지자도 있어 세세토록 밤낮 괴로움을 받으리라.

죄는 모든 것을 망쳐놓는다.

죄는 대기를 오염시키고, 회사의 탐욕을 조장하며, 몸과 마음을 병들게 하고, 결혼 생활을 파괴하며, 중독을 부추기고, 전쟁을 선동한다. 죄는 사법 제도를 오염시키고, 정부를 부패하게 하며, 경제를 좀먹고, 거짓 종교를 조장한다. 사회와 문화의 어느 분야도 죄의 악영향에서 벗어나 있지 않다. 죄는 개인의 삶을 망치는 것처럼 또한 공동체와 국가와 지구별을 파멸시킨다. 신학자 로버트 파인(Robert Pyne)은 이렇게 말했다. "이기주의에 기초한 공동체는 대개 개인과 동일한 종류의 죄를 드러낸다… 이러한 집단적 죄의 표현을 개개인이 그 공동체 내부에서 인식하기란 어려우며, 그것을 피하기도 똑같이 어렵다."[5]

분명히 세상은 정상이 아니다. 어디를 보나 뭔가가 잘못되어 있다. 정직하고 성실한 사람들은 '모범생'이라 조롱받는다. 경제는 잘 돌아가는 것 같지만 사실 탐욕과 부패로 찌들어 있다. 화목한 교회들의 은은한 음성은 분열되는 교회들의 폭발음에 삼켜진다. 행복한 결혼생활이라는 개념은 신화처럼 들린다. 사법 체제는 가해자들의 권리를 보호하고 피해자들을 짓밟는다. 시인 제임스 러셀 로웰(James Russell Lowell)은 이런 상황을 이렇게 묘사했다.

> 진리는 영원히 단두대에 달리고
> 악은 영원히 왕좌에 올랐도다.[6]

과연 죄는 모든 것을 망쳐놓는다. 그러나 어느 날 그리스도께서 모든 것을 구속하실 것이다.

—20:1–6—

세상이 지녔던 본연의 모습은 지금의 현실과는 거리가 멀다. 인간의 마음에 깊은 동경을 불러일으키는 다음과 같은 이상적인 꿈들은 마치 비현실적인 공상처럼 들린다.

- 지상의 평화
- 만인을 위한 정의
- 행복한 결혼 생활
- 건강한 가정
- 화목한 관계
- 안전한 지역사회
- 깨끗한 도덕성
- 기회 균등
- 온전한 윤리성

이 세상에 과연 그런 때가 올까? 피조물의 구속을 바라는 깊은 탄식은 과연 응답될 것인가(롬 8:18–25)? 아니면 "행복하게 잘 먹고 잘 살았다"는 말은 동화의 마지막을 장식할 표현일 뿐 이 땅에서 영영 추방되고 말 것인가? 이 질문에 답하려면 세상이 정상이 아닌 이유를 정확히 알아야 한다. 세상이 거꾸로 뒤집힌 이유를 알아야만 어떻게 해야 세상을 다시 올바로 되돌릴 것인지를 알 수 있다. 너무 단순한 말처럼 들릴 위험을 무릅쓰고 세상이 정상이 아닌 이유를 세 가지로 말해본다면 다음과 같다.

첫째, 현재는 사탄에게 권한이 허용되어 있다. 사탄은 신화도 아니고 인류의 잘못된 선택이나 타락한 제도를 표현하는 상징적 개념도 아니다. 사탄은 실존하는 초자연적, 영적 존재이며 문화, 사회, 정치, 경제, 종교 등 세상의 많은 부분들을 지배하고 있다(요일 5:19).

세상을 올바로 되돌리려면 사탄이 권좌에서 쫓겨나야 한다. 그는 교활하고 눈에 보이지 않지만 무적의 존재는 아니다.

둘째, 예수께서 아직 지상에 절대적 권세를 행사하지 않으신다. 현재 그리스도는 아버지의 오른편에 앉아 계신다(벧전 3:22). 그분은 하늘과 땅의 모든 권세를 받으셨지만(마 28:18) 현 시대에는 아직 통치권을 다 행사하지 않으신다(히 2:8, 10:12-13). 예수께서 아직 지상에 그분의 나라를 세우지 않으셨으므로 세상의 정부들은 계속 부패한 상태로 죄를 짓는다. 세상을 올바로 되돌리려면 예수께서 왕좌에 올라 다스리셔야 한다.

셋째, 불의한 사람들이 다수이며 권세를 쥐고 있다. 선하고 의롭고 청렴한 지도자가 한 명 있다면 악하고 불의하고 부패한 지도자는 수십 명쯤 된다. 그들이 꼭 무지하거나 거짓되거나 미숙하거나 게으른 사람들은 아니다. 그들은 우리 모두와 마찬가지로 온갖 유혹에 넘어가기 쉬운 죄인일 뿐이다. 잠언 29장 2절에 "의인이 많아지면 백성이 즐거워하고 악인이 권세를 잡으면 백성이 탄식하느니라"는 말씀이 있다. 세상을 올바로 되돌리려면 의로운 통치자들이 다수가 되어 권세를 잡아야 한다.

하지만 기쁜 소식이 있다. 요한계시록에 약속된 황금기가 오면 모든 전쟁 무기가 평화의 도구로 바뀔 것이다. 모두가 함께 형통할 것이고, 만인이 평화를 누릴 것이다. 정의의 빛이 세상을 구석구석 비출 것이다. 이런 상태는 교육 기금, 정치 개혁, 사회 프로그램, 문화적 각성, 심지어 종교적 부흥을 통하여 이루어지는 것이 아니다. 그중 더러는 단기적으로 유망해 보일지 모르지만, 타락한 인류가 스스로 개혁하려는 노력은 결국 다 수포로 돌아가게 되어 있다. 세계 평화를 구하는 기도는 고상하고 경건하게 들리지만 사실은 부질없는 것이다. 세상의 진정한 변혁은 사탄과 그의 하수인들이 축출되고 예수 그리스도와 영화롭게 된 그분의 성도들이 이 땅을 다스릴 때에만 가능하다. 그리스도께서 완벽하게 통치하실 그 기간을 가리켜 신학자들은 '천년왕국' 또는 '천년 통치'라고 한다. 천년왕국이 나오는 주된 본문은 요한계시록 20장 1-6절이다.

그리스도의 재림에 관한 요한의 환상을 계속 공부하면서 우리는 바로 직전에 있는 19장의 장면을 놓쳐서는 안 된다. 요한이 본래 요한계시록을 쓸 때는 장절의 구분이 없었다. 그것은 본문을 찾아보기 쉽게 훨씬 나중에 추가된 것이다. 따라서 요한계시록 19장과 20장은 본래 끊지 않고 연달아 읽어야 한다. 두 장 사이에 활동이 중지된다는 암시가 없다. 19

천년왕국, 문자적인 것인가 은유적인 것인가?

요한계시록 20장 4-6절을 문자 그대로 읽으면, 장차 그리스도와 부활한 성도들이 천년왕국을 다스릴 것을 가르치고 있다. 하지만 교회사의 고금을 통틀어 일부 신학자들은 이 본문을 은유적으로 해석하는 쪽을 선택했다. 그들은 20장 4절에 묘사된 부활을 신자들이 구원받는 순간에 이루어지는 영적인 부활로 본다. 그렇게 되면 천년 통치는 교회사의 기간을 상징하는 것이 되고, 그 기간에 그리스도는 천국에서 하나님의 오른편에서 영적으로 통치하시는 것이 된다.[7] 흔히 이런 관점을 가리켜 천년왕국이 없다는 뜻으로 '무천년설'이라 한다.

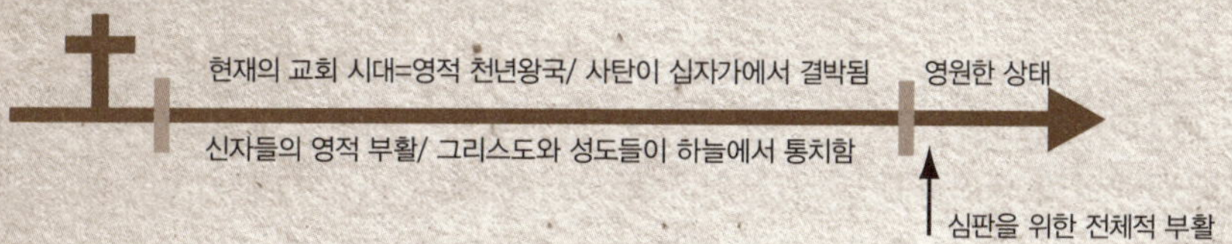

무천년설로 본 종말-은유적 관점

무천년설을 지지하는 사람들은 그리스도와 성도들이 현재 지상을 다스리고 있기 때문에 사탄이 은유적으로 "결박"되어 있다고 믿는다. 그것은 사탄이 세상에 완전한 기만을 행사할 수 없다는 의미다. 그래서 비신자들이 복음을 믿고 구원받는 일이 가능하다. 이런 관점에 따르면, 사탄이 결박되어 무저갱으로 추방되는 것은 마귀가 옥에 갇힌다는 뜻이 아니라 그의 힘이 제한된다는 뜻이다.

그러나 본문을 그대로 읽으면 지상의 문자적 천년왕국이 강한 설득력을 얻는다. 흔히 이런 관점을 가리켜 천년왕국 이전에 그리스도가 재림하신다 하여 '전천년설'이라 한다. 이 관점에 따르면 그리스도의 재림이 먼저 있고, 그 후에 지상에 문자적 천년 통치가 이루어진다. 성경의 다른 부분에 예수께서 친히 하신 말씀들도 그분이 재림하셔서 문자적 왕국을 세우실 것을 암시하고 있다(마 19:28-30, 행 1:6-8). 사도들 이후로 파피아스(Papias), 저스틴(Justin), 이레니우스(Irenaeus), 터툴리안(Tertullian) 등 초대 교회의 많은 저명한 교사들이 예수께서 재림하셔서 지상에 천년왕국을 세우실 것을 가르쳤다.[8]

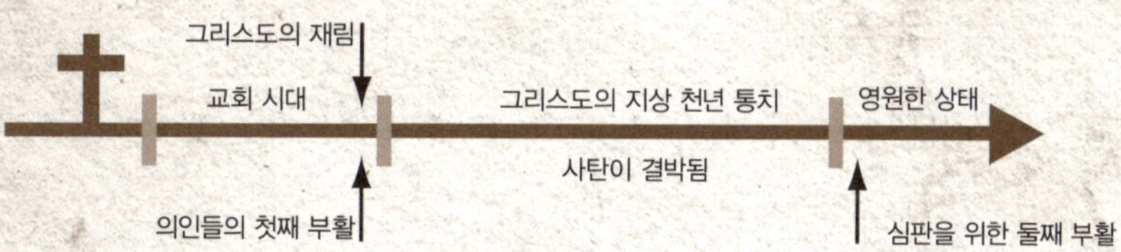

전천년설로 본 종말-문자적 관점

지상의 문자적 천년왕국을 믿던 본래의 이 관점이 점차 무천년설이라는 영적 해석으로 대체되었다. 5세기의 성 어거스틴(Augustine)은 그리스도인의 삶을 살아가는 과정 중에 문자적 천년왕국에서 영적인 천년왕국으로 관점을 바꾸었고, 그 후로 요한계시록 20장에 대한 그의 해석이 천주교 신학자들과 많은 개신교 신학자들을 지배하게 되었다.[9]

장 끝부분에서 그리스도와 하늘의 군대들이 땅을 향하여 내려와, 만왕의 왕이요 만주의 주께서 세상의 악한 군대들을 궤멸하시고 짐승과 거짓 선지자를 불못에 던지셨다. 종말의 무대에서 마지막까지 버티는 등장인물은 "큰 붉은 용" 사탄이다. 요한의 여러 환상에서 그는 불경한 '삼위일체'의 주모자로 그려진다. 용은 짐승에게 권세를 주었고 거짓 선지자에게 표적과 기사를 행할 능력을 주었다(13장). 또한 짐승과 거짓 선지자와 더불어 지상의 군대들을 아마겟돈으로 모았다(16장).

그리스도와 그분의 군대들이 아직 공중에 있는 상태에서 요한의 환상은 다음 단계로 진행된다. 바로 사탄이 결박되는 장면이다. 한 힘센 천사가 열쇠와 쇠사슬을 가지고 등장한다(20:1). 요한계시록에 무저갱의 "열쇠"가 등장하기는 이번이 처음이 아니다. 9장에서 한 타락한 천사에게 그곳의 열쇠가 주어졌고, 9장 11절에 그곳이 "무저갱"으로 밝혀져 있다. 열쇠를 받은 악한 천사는 무저갱을 열고 귀신들의 떼를 풀어놓았다(9:2-11). 그러나 20장 1절에 하늘의 천사가 무저갱의 열쇠를 들었을 때는 그 목적이 정반대다. 그는 악한 영들을 지상에 풀어놓은 것이 아니라 쇠사슬로 사탄을 결박하여 무저갱에 던지고 그 위를 인봉했다(20:2-3).

고대 세계에서 "무저갱"은 흔히 영적 "저승"을 가리켰다.[10] 이 경우에는 미래의 불못 심판 때까지 악한 귀신들을 가두어두는 곳을 의미한다(눅 8:30-31, 벧후 2:4). 그러므로 사탄이 무저갱 속에 봉쇄되면, 그가 지상에 미치던 영향력은 줄어드는 정도가 아니라 완전히 없어진다.

사탄이 더 이상 지도자들을 조종하거나, 죄인들을 유혹하거나, 약자들을 이용하거나, 강자들을 타락시킬 수 없는 세상을 상상해보라! 이로써 세상이 정상이 아닌 첫째 이유가 해결된다. 사탄이 천 년 내내 지상에 악을 행할 능력이 전무하다는 것은 모든 죄의 최초이자 최악의 원인이 무대에서 사라질 것을 의미한다. 그러나 요한계시록 20장 3절이 일깨워주듯이, 그리스도께서 재림하실 때 마귀가 던져질 곳은 불못이 아니라 무저갱이다. 누구든지 불못에 던져지면 다시 돌아올 수 없다. 그런데 사탄이 무저갱에 던져진다는 사실은 그가 어느 날 다시 풀려난다는 뜻이다. 하지만 그 기간은 "잠깐"으로 그칠 것이다(20:3).

요한은 요한계시록 20장 4절에 "또 내가 보좌들을 보니 거기에 앉은 자들이 있어 심판하는 권세를 받았더라"고 썼는데, 이 부분을 읽으며 "앉은 자들"이 누구인지 의아해하는 사람들이 얼마나 많은지 나로서는 정말 놀랄 정도다. 그랜트 오스본(Grant Osborne)은 "20장 4절보다 더 수수께끼 같은 구절은 요한계시록에 별로 없다"[11]고 썼다. 하지만 이 "수수께끼"는 그대로 공중을 보면 간단히 풀린다! 요한계시록 19장에서 시작되어 20장으로 이어지는 환상에서, "앉은 자들"이란 짐승과 거짓 선지자와 땅의 왕들과 사탄이 다 죽거나 무대에서 사라진 뒤로 아직 환상 속에 남아 있던 이들을 가리킨다. 그들은 다름아닌 그리스도와 그분의 군대들이다. 일단 사탄이 결박되고 나면 만왕의 왕과 그분의 군대인 성도들이 지상으로 마저 내려온다. 요한은 먼저 보좌들이 나타나는 것을 보았고, 그다음 그리스도와 그분의 군대들, 즉 환상 속에 마지막까지 남아 있던 등장인물들이 "거기에 앉은" 것을 보았다. 이로써 마침내 세상이 정상이 아닌 둘째 이유가 해결된다. 예수님이 이 땅에서 절대적 권세의 자리에 오르신다. 그분은 왕으로서 물리적으로 이스라엘을 다스리실 것이고, 그분의 영향력과 권세는 온 세상에 미칠 것이다.

그런데 그리스도는 혼자 다스리지 않으신다. 이미 마태복음 19장 28절에 예수님은 제자들에게 "내가 진실로 너희에게 이르노니 세상이 새롭게 되어 인자가 자기 영광의 보좌에 앉을 때에 나를 따르는 너희도 열두 보좌에 앉아 이스라엘 열두 지파를 심판하리라"고 약속하셨다. 또 예수님은 이 약속을 모든 신자에게로 확대하셨다. "이기는 자와 끝까지 내 일을 지키는 그에게 만국을 다스리는 권세를 주리니 그가 철장을 가지고 그들을 다스려 질그릇 깨뜨리는 것과 같이 하리라"(계 2:26-27). "이기는 그에게는 내가 내 보좌에 함께 앉게 하여 주기를 내가 이기고 아버지 보좌에 함께 앉은 것과 같이 하리라"(3:21). 이렇듯 흰옷을 입은 하늘의 군대에는 예수님의 첫 제자들과 이후에 그들의 말로 말미암아 믿게 된 교회의 성도들(요 17:20)이 다 포함된다

그런데 요한계시록 20장 4절에 보면, 통치하는 성도들의 무수한 군대에 한 부류가 더 추가되어 있다. 바로 환난 기간에 죽임당한 자들, 곧 "짐승과 그의 우상에게 경배하지 아니하고 그들의 이마와 손에 그의 표를 받지 아니한 자들"이다. 그들도 살아나 그리스도와 성도들과 함께 천 년 동안 다스릴 것이다. 이 의로운 통치자들은 도덕적 다수를 이루는 정도가 아니라 이 땅의 통치자들이라고는 오직 그들뿐이다. 돈이나 탐욕이나 교만이나 권력 때문에 부패해질 통치자는 단 한 명도 없다.

더 이상 정치적 음모가 대서특필될 일이 없다!

더 이상 뉴스에 스캔들이 폭로될 일도 없다!

뇌물이나 대가성 금품의 수수, 의사 진행의 방해, 애매하게 말끝을 흐리는 수법, 선거 공약을 어기는 일 따위는 더 이상 없다!

이 땅의 모든 정치 제도가 만들어내는 부패한 정책들은 영원히 사라진다. 이로써 끝으로, 세상이 정상이 아닌 셋째 이유가 해결된다. 악인들이 아닌 의인들이 다수가 되고, 거룩한 지도자가 권세를 잡는다.

영화롭게 된 하나님의 백성들은 그리스도의 뜻을 수행할 것이고, 신민들 사이의 분쟁을 판결할 것이다. 하지만 그들의 신민들은 누구인가? 환난에서 살아남았으나 아직 영화롭게 되지 않은 필멸의 몸을 지닌 사람들이다(고전 6:2). 여기에는 이스라엘의 남은 자들로 보전된 144,000명이 포함될 것이다. 그들은 다시 약속의 땅에 모여 메시아 아래서 이스라엘을 재건할 것이다. 거기에는 또한 환난에서 살아남은 이방인들도 포함될 것이다. 그들은 짐승의 표를 받지 않았으나 용케 짐승과 그의 악한 정권 아래서 죽임을 당하지 않고 벗어난 사람들이다. 이렇게 히브리인들과 이방인들을 망라한 필멸의 생존자들이 그리스도께서 지상에서 통치하시는 천 년 동안 다시 세상에 거주할 것이다.

여태까지 보았듯이 신약의 성도들은 환난 전에 부활하여 휴거되었다가 아마겟돈 전쟁 때 그리스도와 함께 내려올 것이다(19:11-14, 20:4). 또한 방금 보았듯이 환난 기간에 순교한 영혼들도 살아나 상을 받고 천년왕국 기간에 그리스도와 함께 다스릴 것이다(20:4). 그렇다면 아브라함, 모세, 선지자들 같은 구약의 성도들은 어떻게 될까? 그들은 언제 부활할까?

요한계시록에 그들이 구체적으로 언급되어 있지는 않지만 가능한 길은 실제로 두 가지뿐이다. 그들은 신약의 신자들이 부활할 때 같이 부활하거나(살전 4:17, 고전 15:52) 아니면 천년왕국이 시작될 때 환난 기간 동안 순교당한 사람들과 함께 부활할 것이다(20:4). 나는 다니엘 12장 13절에 근거하여 후자 쪽으로 마음이 기운다. 거기에 보면 천사가 "너는 가서 마지막을 기다리라 이는 네가 평안히 쉬다가 끝날에는 네 몫을 누릴 것임이라"고 말한다. 문맥상 "끝날"은 환난 기간의 끝을 가리키는 것으로 보인다(12:11-12).

구약의 성도들이 교회의 성도들 및 환난 기간의 성도들과 합류하는 시점이 정확히 언제이든 관계없이, 천년왕국이 시작될 때 전체 역사에서 모든 구원받은 사람이 영광스러운 몸으로 부활해 있을 것만은 확실하다. 그때까지 부활하지 않은 사람들은 오직 구원받지 못한 자들뿐이다. 20장 5-6절에서 요한이 묘사했듯이 이 첫째 부활에 참여하는 모든 사람 가운데 교회가 들어 있고, 첫째 부활은 그리스도로 시작되어 여러 단계를 거쳐 결국 모든 성도의 부활로 완성된다. "이는 첫째 부활이라 이 첫째 부활에 참여하는 자들은 복이 있고 거룩하도다 둘째 사망이 그들을 다스리는 권세가 없고 도리어 그들이 하나님과 그리스도의 제사장이 되어 천년 동안 그리스도와 더불어 왕 노릇 하리라."

—20:7-10—

성경은 그리스도의 나라가 영원할 것을 분명히 선포하고 있다. 이사야 9장 7절에 "그 정사와 평강의 더함이 무궁하며 또 다윗의 왕좌와 그의 나라에 군림하여 그 나라를 굳게 세우고 지금 이후로 영원히 정의와 공의로 그것을 보존하실 것이라"고 예언되어 있다. 이 예언에 대한 응답으로 천사는 동정녀 마리아에게 "주 하나님께서 그 조상 다윗의 왕위를 그에게 주시리니 영원히 야곱의 집을 왕으로 다스리실 것이며 그 나라가 무궁하리라"(눅 1:32-33)고 말했다. 그리고 어느 날 하늘에 큰 음성들이 나서 "세상 나라가 우리 주와 그의 그리스도의 나라가 되어 그가 세세토록 왕 노릇 하시리로다"(계 11:15)라고 외칠 것이다. 게다가 다니엘 7장 18절은 이 영원한 통치를 그분과 함께 다스릴 성도들에게까지 확장하고 있다. "지극히 높으신 이의 성도들이 나라를 얻으리니 그 누림이 영원하고 영원하고 영원하리라."

그리스도와 그분의 성도들의 나라가 이렇게 "세세토록" 있을 거라면, 요한계시록 20장에 그리스도의 통치 기간이 천 년으로 한정된 까닭은 무엇인가? 사실 천년 통치는 그리스도가 영원히 통치하실 첫 천 년에 지나지 않는다. 그리스도가 세우실 평화와 의의 상태는 그대로 영원히 계속된다. 성경은 그 점을 분명히 하고 있다. 사탄과 그의 거짓 메시아는 다시는 지상에서 세력을 되찾지 못한다. 그리스도와 그분의 성도들은 다시는 권좌에서 내려오지 않는다. 이 땅은 다시는 저주받지 않는다. 그러나 다른 의미에서, 그리스도께서 통치하시는 이 특정한 기간은 천 년 후에 끝날 것이다. 그제야 그분이 통치하실 나머지 기간이 시작된다.

유대인들과 이방인들을 통틀어 환난에서 살아남은 필멸의 생존자들은 천년왕국 기간에 이 땅에 살며 결혼도 하고 자녀도 낳는다. 천 년이 끝날 때쯤이면 세상은 수많은 세대에 걸친 그들의 후손들로 가득해질 것이다. 그들은 여전히 죽을 육신을 지니고 있으며, 더 중요하게는 오늘의 우리처럼 여전히 죄와 유혹과 싸울 것이다. 그 나라의 신민들은 부활한 통치자들과 다르다. 부활한 통치자들은 불멸의 존재로 영화롭게 되어 장가도 가지 않고 시집도 가지 않는다(마 22:30). 물론 그 천 년 동안에 물질세계는 에덴동산처럼 조화롭고 평화로운 곳이 된다(사 11:6-9, 65:20-25, 겔 36:33-36). 물론 사탄과 귀신의 세력들이 조종하던 인간 정부의 타락한 제도도 그리스도와 그분의 성도들로 대체된다(단 7:21-22). 하지만 인간들은 여전히 죄성을 지니고 있다. 그들은 그리스도의 형상을 닮아 온전하고 영화롭게 된 상태가 아니라 타락한 아담의 형상을 닮은 상태다.

천 년이 끝나면 환난에서 살아남은 자들의 후손들은 시험을 받게 된다. 천 년 동안 무저갱에 걷혀 있던 사탄이 잠시 풀려나(20:7) 만왕의 왕이요 만주의 주를 치러 갈 반역자들의 세력을 대규모로 신속히 집결시킬 것이다. 그 일이 어떻게 가능할까? 예루살렘에 좌정하신 메시아를 대적할 사람이 세상에 누구란 말인가?

"곡과 마곡"이라는 말에 단서가 있을 수 있다. 성경에서 이 말은 땅의 가장 먼 지역들에 퍼져 있는 하나님의 적들을 가리키는 용어로 흔히 쓰인다(겔 38:2-3, 계 20:8). 그러므로 사탄의 군대에 입대하는 자들은 아마 지리적으로 멀어, 메시아 왕국의 중심부인 예루살렘에서 가장 멀리 떨어진 도시들과 지역들 가운데서 나올 것이다. 그들은 또한 짐승의 맹공에서 살아남은 첫 조상들로부터 세대적으로 멀어, 그 기억이 이들 먼 후손들에게는 우화처럼 들릴 것이다. 끝으로, 이 반역자들은 영적으로 멀어, 겉으로는 도의상 예배와 시민의 의무를 다하겠지만 속으로는 수십 년에 걸친 냉소와 이기심과 반항심을 품고 있을 것이다.

어쨌든 용은 바다의 모래 같은 군대를 징집하는 데 문제가 없을 것이다. 그러나 사탄이 조종하는 "싸움"은 벌어지지 않는다. 단 한 방의 총을 쏘거나 단 한 마디 모독의 말도 입 밖에 내기 전에 하늘에서 불이 내려와 사탄과 그의 거대한 반란군을 삼켜버릴 것이다. 그제야 드디어 하나님은 마귀와 그의 모든 패거리를 한시적인 무저갱이 아닌 불못에 던지실 것이다(20:10). 불못은 본래 "마귀와 그 사자들"을 위하여 예비된 곳이다(마 25:41).

사탄의 짤막한 석방과 인간의 부질없는 반역은 두 가지를 증명해준다. 하나는 사탄이 완전히 구제 불능이라는 사실이고, 또 하나는 인간이 전적으로 타락했다는 사실이다. 상상하기 어려운 일일 수 있지만, 천 년 기간 중에 태어난 자녀들이라 해서 다 그리스도를 사랑하는 충성된 신민들은 아니다. 그리스도의 통치가 세상을 올바로 되돌려놓겠지만 그래도 많은 심령들은 거꾸로 뒤집힌 채로 있을 것이다. 그들은 겉으로는 따르지만 속으로는 악감정을 품을 것이다. 그 감정이 무르익어 추수하게 되었을 때, 사탄이 그들의 숨은 악에 꼭 들어맞는 메시지를 들고 온다. 분명히 말하지만 인간의 마음은 거짓되고 심히 악하다.

적용

성도의 잘못된 행실

창세기 3장에서 온 인류는 죄의 노예가 되었고, 사탄에게 취약한 존재가 되었으며, 쇠해가는 세상에서 고생하게 되었다. 그 후로 세상과 육체와 마귀, 이 셋은 경건함에 맞서 사투를 벌여왔다. 오늘 우리가 살아가는 세상은 우리의 동지가 아니다. "이 세상이나 세상에 있는 것들을 사랑하지 말라… 이는 세상에 있는 모든 것이 육신의 정욕과 안목의 정욕과 이생의 자랑이니 다 아버지께로부터 온 것이 아니요 세상으로부터 온 것이라"(요일 2:15-16). 마귀는 당연히 우리의 친구가 아니다. "근신하라 깨어라 너희 대적 마귀가 우는 사자 같이 두루 다니며 삼킬 자를 찾나니"(벧전 5:8). 그리고 육체는 늘 성령과 충돌을 일으킨다. "육체의 소욕은 성령을 거스르고 성령은 육체를 거스르나니 이 둘이 서로 대적함으로 너희가 원하는 것을 하지 못하게 하려 함이니라"(갈 5:17).

죄를 짓고 나면 우리는 자신의 타락하고 부패한 본성은 외면한 채 세상과 마귀를 탓하기 쉽다. 그러나 요한계시록 20장 7-8절의 실상으로 보건대, 그 '쉬운 탈출구'는 책임 회피에 지나지 않는다. 사탄이 천 년 동안 결박되어 있고 세상의 외적인 유혹들이 제거된 상태에서도 다수의 은밀한 반역자들은 사탄이 무저갱에서 풀려날 때 무르익어 추수하게 되어 있을 것이다. 사실 천년왕국이 끝날 때 마귀가 찾아낼 완악한 심령들이 어찌나 많은지 요한은 그들의 수가 "바다의 모래 같으리라"(20:8)고 했다. 어떻게 그것이 가능할까? 그리스도의 천년 통치 기간에 태어나 자라난 이 무수한 남녀들이 오늘의 당신과 나처럼 여전히 죄성을 가지고 있기 때문이다. 그리고 인간의 타락성 하나만으로도 그들이 파멸에 이르기에 충분하기 때문이다.

이처럼 요한계시록 20장은 인간의 타락성을 보여주는 좋은 예다. 여기에 비추어 나는 오늘의 우리를 위한 세 가지 중요한 진리를 강조하고 싶다.

첫째, 우리의 죄성에 관한 한 절대로 책임을 전가해서는 안 된다. 우리의 대적 사탄이 전적으로 악한데다 눈에 보이지 않다 보니 사탄보다 더 좋은 희생양은 없다. 또한 제멋대로 끼어드는 세상을 피할 수 없다 보니 우리는 세상의 억센 아가리에 걸려들 때면 늘 세상의 이런저런 덫을 탓하기 쉽다. 물론 때로는 그것이 맞다. 마귀와 세상은 거룩한 삶을 지독히도 어렵게 만든다. 하지만 이런 '책임 전가'가 매일의 습관이 되면, 우리는 자신이 비록 하나님의 은혜로 용서받고 '성도'로 선포되었어도 동시에 본성상 죄인이라는 사실을 망각하는 것이다. 우리는 책임 전가를 일삼을 것이 아니라 자신의 불순종에 대해서는 자신이 온전히 책임을 져야 한다.

그것이 둘째 진리로 이어진다. 우리의 죄성에 관한 한 절대로 우리의 타락한 속성을 경시해서는 안 된다. 다음의 성경 구절들을 깊이 생각해보라. 인정하고 싶지 않더라도 모두 우리에게 해당되는 내용들이다.

> 인생의 마음에는 악이 가득하여 그들의 평생에 미친 마음을 품고 있다가(전 9:3).

> 무릇 우리는 다 부정한 자 같아서 우리의 의는 다 더러운 옷 같으며(사 64:6).

> 의인은 없나니 하나도 없으며 깨닫는 자도 없고 하나님을 찾는 자도 없고 다 치우쳐 함께 무익하게 되고 선을 행하는 자는 없나니 하나도 없도다(롬 3:10-12).

> 내 속 곧 내 육신에 선한 것이 거하지 아니하는 줄을 아노니(롬 7:18).

우리 자신의 뿌리 깊은 타락성을 인정하지 않는 한 우리는 하나님의 놀라운 은혜를 깨달을 수 없다.

거기서 중요한 셋째 진리가 나온다. 거룩함에 관한 한 우리 안에서 역사하시는 하나님을 중시해야 한다. 그렇다고 우리가 두 손 놓고 앉아 있어야 한다는 말이 아니다. 인간의 자유 의지와 개인적 책임을 부정하는 것도 아니다. 다만 성경에 분명히 나와 있듯이, 그리스도를 믿는 신자들에게는 – 오직 신자들에게만 – 성령의 능력과 은혜가 주어져 있다. 성령께서 우리 안에서 역사하시고 우리를 능하게 하셔서 거룩한 삶을 살게 하신다. 다음의 익숙한 성경 구절들을 꼭 읽어보기 바란다. 전에도 여러 번 읽어보았겠지만 마치 처음 읽듯이 천천히 읽어보라.

> 너희는 그 은혜에 의하여 믿음으로 말미암아 구원을 받았으니 이것은 너희에게서 난 것이 아니요 하나님의 선물이라 행위에서 난 것이 아니니 이는 누구든지 자랑하지 못하게 함이라 우리는 그가 만드신 바라 그리스도 예수 안에서 선한 일을 위하여 지으심을 받은 자니 이 일은 하나님이 전에 예비하사 우리로 그 가운데서 행하게 하려 하심이니라(엡 2:8-10).

> 그러므로 도리어 크게 기뻐함으로 나의 여러 약한 것들에 대하여 자랑하리니 이는 그리스도의 능력이 내게 머물게 하려 함이라(고후 12:9).

> 이러므로 내가… 아버지 앞에 무릎을 꿇고 비노니 그의 영광의 풍성함을 따라 그의 성령으로 말미암아 너희 속사람을 능력으로 강건하게 하시오며(엡 3:14-16).

> 이로써 그 보배롭고 지극히 큰 약속을 우리에게 주사 이 약속으로 말미암아 너희가 정욕 때문에 세상에서 썩어질 것을 피하여 신성한 성품에 참여하는 자가 되게 하려 하셨느니라(벧후 1:4).

> 사람이 감당할 시험 밖에는 너희가 당한 것이 없나니 오직 하나님은 미쁘사 너희가 감당하지 못할 시험 당함을 허락하지 아니하시고 시험 당할 즈음에 또한 피할 길을 내사 너희로 능히 감당하게 하시느니라(고전 10:13).

> 그러므로 나의 사랑하는 자들아 너희가 나 있을 때뿐 아니라 더욱 지금 나 없을 때에도 항상 복종하여 두렵고 떨림으로 너희 구원을 이루라 너희 안에서 행하시는 이는

하나님이시니 자기의 기쁘신 뜻을 위하여 너희에게 소원을 두고 행하게 하시나니(빌 2:12-13).

단어 하나하나까지 다 읽었는가, 아니면 한두 줄씩 건너뛰었는가? 건너뛰었다면 다시 돌아가 이 여섯 구절을 천천히 주의 깊게 곱씹어보라. 방금 막 읽었듯이 우리는 사탄과 세상을 탓할 수 없다. 우리의 육체도 능히 극도의 악을 저지를 수 있다. 그러나 하나님이 우리에게 특별한 힘과 남다른 능력을 주셨다. 그러므로 선택은 우리의 몫이다. 사실 우리가 의를 행하지 않는 이유는 능력이 없어서가 아니라 원함이 없어서다. 책임 전가나 자기 연민을 선뜻 속히 버릴수록 우리는 성령께서 우리 안에 무한한 저수지처럼 두신 하나님의 능력을 그만큼 더 빨리 활용할 줄 알게 된다. 그렇게 되거든 우리 안에서 기적적으로 역사하시는 그분께 영광을 돌리라.

천국과 지옥(요한계시록 20:11-21:8)

[11]또 내가 크고 흰 보좌와 그 위에 앉으신 이를 보니 땅과 하늘이 그 앞에서 피하여 간 데 없더라 [12]또 내가 보니 죽은 자들이 큰 자나 작은 자나 그 보좌 앞에 서 있는데 책들이 펴 있고 또 다른 책이 펴졌으니 곧 생명책이라 죽은 자들이 자기 행위를 따라 책들에 기록된 대로 심판을 받으니 [13]바다가 그 가운데에서 죽은 자들을 내주고 또 사망과 음부도 그 가운데에서 죽은 자들을 내주매 각 사람이 자기의 행위대로 심판을 받고 [14]사망과 음부도 불못에 던져지니 이것은 둘째 사망 곧 불못이라 [15]누구든지 생명책에 기록되지 못한 자는 불못에 던져지더라

[21:1]또 내가 새 하늘과 새 땅을 보니 처음 하늘과 처음 땅이 없어졌고 바다도 다시 있지 않더라 [2]또 내가 보매 거룩한 성 새 예루살렘이 하나님께로부터 하늘에서 내려오니 그 준비한 것이 신부가 남편을 위하여 단장한 것 같더라 [3]내가 들으니 보좌에서 큰 음성이 나서 이르되 보라 하나님의 장막이 사람들과 함께 있으매 하나님이 그들과 함께 계시리니 그들은 하나님의 백성이 되고 하나님은 친히 그들과 함께 계셔서 [4]모든 눈물을 그 눈에서 닦아 주시니 다시는 사망이 없고 애통하는 것이나 곡하는 것이나 아픈 것이 다시 있지 아니하리니 처음 것들이 다 지나갔음이러라

[5]보좌에 앉으신 이가 이르시되 보라 내가 만물을 새롭게 하노라 하시고 또 이르시되 이 말은 신실하고 참되니 기록하라 하시고 [6]또 내게 말씀하시되 이루었도다 나는 알파와 오메가요 처음과 마지막이라 내가 생명수 샘물을 목마른 자에게 값없이 주리니 [7]이기는 자는 이것들을 상속으로 받으리라 나는 그의 하나님이 되고 그는 내 아들이 되리라 [8]그러나 두려워하는 자들과 믿지 아니하는 자들과

흉악한 자들과 살인자들과 음행하는 자들과 점술가들과 우상 숭배자들과 거짓말하는 모든 자들은 불과 유황으로 타는 못에 던져지리니 이것이 둘째 사망이라.

"희망을 버리라, 여기에 들어오는 모든 이여."[12]

이는 단테의 서사시 『신곡: 지옥편』에서 지옥문 위에 붙어 있는 유명한 말이다. 단테에 따르면 이 표지판 밑을 통과하는 사람들은 다시는 돌아 나올 수 있는 가망이 없다. 단테가 허구적으로 그려낸 천국과 지옥과 연옥의 세부 사항들은 환상적인 내용부터 이단적인 내용까지 다양하지만, 이것 하나만은 그의 말이 맞았다. 즉, 악한 자들의 마지막 종착지는 입구만 있는 일방통행로라는 것이다. 거기만 넘어가면 모든 희망이 사라지고, 불못에서 빠져나올 길이 없다.

요한계시록의 이 갑작스러운 단락에는 구원받지 못한 자들에 대한 최후의 심판이 묘사되어 있는데, 지난 2천 년 동안 이 대목은 신자들과 비신자들 모두에게 두려움과 슬픔과 실망을 불러일으켰다. 죄 때문에 영원히 고통당한다는 개념을 좋아하는 사람은 없다. 그렇지만 구원받은 자들과 구원받지 못한 자들의 구분은 분명하고 노골적이며 확연하고 꾸밈이 없다. 구원받은 사람들은 영원히 주님의 임재를 누리지만, 구원받지 못한 사람들은 영원히 그분을 떠나 살게 된다. 영원한 형벌이 일말의 희망도 없이 여실히 제시되어 있다. 하나님을 떠나서는 희망이 없기 때문이다.

그러나 영광스러운 사실이 있다. 희망이 없는 그 끔찍한 곳에 아무도 갈 필요가 없다는 것이다.

—20:11-15—

요한계시록 20장 11-15절에 무서운 장면이 묘사된다. 아무도 경험하고 싶지 않은 장면이다. 한 주석가는 이 부분을 가리켜 "성경 전체에서 가장 심각하고 엄숙하며 비극적인 본문이다"[13]라고 했다. 그 일이 벌어지는 시점은 그리스도께서 아마겟돈에서 모든 적들을 멸하신 후, 사탄과 그의 하수인들이 결박되고 예수께서 지상에서 다스리신 그 천 년 후, 악이 그리스도를 공격하고 세상을 되찾으려 최후의 발악을 한 후다. 그 일이 벌어지는 시점은 사탄과 적그리스도와 거짓 선지자가 불못에 던져진 후다. 사실 이것은 타락한 인류가 하나님 앞에서 마지막 결산을 하는 시간이며, 이름도 섬뜩하게 크고 흰 보좌의 심판이다.

요한계시록 20장 11절은 내용에 걸맞게 하나님으로 시작된다. 요한은 "크고 흰 보좌와 그 위에 앉으신 이"를 보았다. 보좌가 "크다"고 한 것은 하나님의 영원한 보좌이기 때문이다. 그것은 그분의 주권적 통치의 왕좌이며 무한한 정의의 자리다. 보좌가 "희다"고 한 것은 거기서 나오는 모든 판결과 선고가 그분의 무흠한 거룩하심에 어울리게 정결하고 의롭기 때문이다.

성부 하나님이 환상 속에 등장하시자마자 "땅과 하늘"은 그분의 임재를 "피하여 간 데 없"다. 마치 밀랍이 불꽃 앞에 녹는 것 같고 어둠이 빛에 쫓겨나는 것 같다. 환상 속에서 요한은 모든 존재가 치워져 무(無)가 되는 것을 보았다. 일찍이 하나님이 말씀으로 무에서 그것들을 불러내신 것만큼이나 간단했다. 이 이미지에 담긴 실상은 어떤 말로도 표현되지 않는다. 하나님의 초월성은 영원하고 무한하고 웅장하지만, 창조된 우주의 의존성은 더없이 한시적이고 유한하며 보잘것없다. 창조주와 피조물의 대비가 이보다 더 극명할 수는 없다.

하늘과 땅이 최후의 심판에 아무런 용도가 없어 치워진 상태에서(20:11) 하나님은 아직 심판받지 않은 마지막 부류의 인간들을 다루신다. 바로 구원받지 못한 사람들이다. 그들이 설 곳은 그들을 지으신 분 앞뿐이다. 첫째 부활에는 구약의 성도들, 신약의 성도들, 환난 기간에 믿은 성도들 등 모든 시대 하나님의 백성이 다 포함되었다. 이번 둘째 부활에서는 나머지 모든 사람이 살아난다. 즉, 그리스도 안에서 값없이 주시는 영생의 선물을 받지 않고 죽은 사람들이다. 이들은 영적으로 "죽은" 자들이다. 모든 것을 소멸하시는 하나님의 임재 앞에서 하늘과 땅이 떠나가 버렸으니, 이제 구원받지 못하고 죽은 자들은 전능하신 하나님을 피하여 숨을 데가 없다.

전체 역사에서 이 구원받지 못한 집단을 구성할 다양한 종류의 사람들을 생각해보라.

- 창조주 대신 우상들과 거짓 신들을 섬긴 사람들
- 하나님의 값없는 은혜를 저버리고 행위에 근거한 종교를 택한 사람들
- 그리스도의 복음을 여러 번 들었으면서도 그분을 거부하여 이제는 너무 늦어버린 사람들

인간은 사후에 어떻게 되는가?

"한번 죽는 것은 사람에게 정해진 것이요 그 후에는 심판이 있으리니"
(히 9:27).

	죽을 때	몸의 부활	심판	영원한 종착지
그리스도인	그리스도의 임재 / 무덤	휴거 때 부활	천국에 있는 그리스도의 심판대에서 상급의 심판	천국
구약의 신자	낙원/ 아브라함의 품 / 무덤	그리스도의 재림 때 부활	지상에서 상급의 심판	천국
환난 기간에 믿은 신자	그리스도의 임재 / 무덤	그리스도의 재림때 부활	지상에서 상급의 심판	천국
불신자	음부(스올/하데스)의 고통 / 무덤	천년왕국 끝에 부활	크고 흰 보좌에서 죄의 심판	지옥(게헨나)/ 불못

- 논리와 이성과 경험에 근거하여 하나님이 존재하지 않으신다고 결론지었던 사람들
- 타락한 본성 그대로 이기적이고 악하며 난폭하게 산 사람들

모든 죽은 자가 하나님의 보좌 앞에 모이자 "책들이 펴 있"었다(20:12). 어떤 책들에는 그들의 행위가 정확히 기록되어 있으나 그중 하나인 생명책에는 영원한 명단이 적혀 있다. "생명책"의 이미지는 구약성경에 깊이 뿌리를 두고 있다(출 32:32-33, 단 12:1-2, 말 3:16). 구약 시대의 신자들은 하나님의 약속들을 신뢰하고 옛 언약을 잘 받듦으로써 믿음으로 말미암아 은혜로 구원받았다. 새 언약을 도입하신 예수님은 제자들에게 "너희 이름이 하늘에 기록된 것으로 기뻐하라"(눅 10:20)고 하셨다. 비슷하게 바울도 신자들을 격려할 때 그들의 이름이 예수님의 다른 충실한 종들과 함께 생명책에 기록되어 있음을 상기시켰다(빌 4:3). 히브리서에도 교회가 "하늘에 기록된" 사람들로 이루어져 있다고 선포되어 있다(히 12:23).

사람의 이름이 생명책에 기록되려면, 자신의 의로 충분하다는 생각을 버려야 한다. 사도 바울이 썼듯이, "사람이 의롭게 되는 것은 율법의 행위로 말미암음이 아니요 오직 예수 그리스도를 믿음으로 말미암는 줄 알므로 우리도 그리스도 예수를 믿나니 이는 우리가 율법의 행위로써가 아니고 그리스도를 믿음으로써 의롭다 함을 얻으려 함이라 율법의 행위로써는 의롭다 함을 얻을 육체가 없느니라"(갈 2:16). 생명책에 이름이 기록된 신자들은 결코 행위에 근거한 심판을 받지 않는다. 따라서 그들은 크고 흰 보좌 앞에 소환될 일도 없다.

요한계시록 20장 12절이 말해주듯이, 다른 책들에는 각 사람의 선하고 악한 행위가 기록되어 있다. 이는 하나님이 악한 말이나 생각이나 행위 하나라도 결코 잊지 않으심을 상징한다. 그분은 구원받지 못한 각 사람의 악을 속속들이 아시며, 그것을 바탕으로 공의롭게 심판하신다. 그러나 우리가 기억해야 할 사실이 있다. 인간은 누구나 자신의 악한 행위들이 말소되어 동이 서에서 먼 것 같이 그것들을 하나님에게서 떠나가게 할 수 있다는 것이다(시 103:12). 어떻게 그럴 수 있는가? 자신의 이름을 영원한 생명책에 써주시겠다는 그리스도의 값없는 제의를 단순히 수락하고 영원한 구원을 받아들이면 된다. 그것은 우리 각자가 선택하기 나름이다. 우리는 지금 생명책에 등재되어 그리스도의 보좌에서 자신이 믿음으로 행한 선행에 대하여 상급을 받을 수도 있고, 아니면 불신 때문에 생명책에 이름이 오르지 못한 채 자신의 악한 행위에 근거하여 하나님의 보좌에서 심판을 받을 수도 있다.

어떤 사람들은 "나는 그 정도로 나쁜 사람이 아니다. 행위의 책에 한번 부딪쳐보겠다"고 생각할지 모른다. 그러나 그들이 잊어버린 중요한 진리가 하나 있다. 천국에 들어갈 자격이 되려면 행위의 책에 악한 행위는 하나도 기록되지 않고 오직 선행으로만 가득해야 한다. 하나님의 기준은 도덕적으로 흠이 없는 완벽한 상태다(약 2:10). 아무리 작은 죄일지라도 거기에 기록된 죄가 하나라도 그분께 보인다면 영원한 불못의 고통이 선고될 것이다. 성자 예수님을 제외하고 죄를 짓지 않고 산 사람은 아무도 없다(고후 5:21). 우리는 다 타락한 본성을 가지고 타락한 세상에 살고 있으므로 평생 동안 죄를 짓지 않고 살 사람은 아무도 없다(롬 3:23).

요한계시록 20장 12-13절에 보면 바다와 사망과 음부가 다 큰 자나 작은 자나 할 것 없이 죽은 자들을 내주었다고 했다. 즉, 모든 역사를 통틀어 하나님의 은혜를 거부한 모든 사람은 그분 앞에 서서 공정한 선고를 받게 된다. 20장 12-15절을 다시 한 번 읽으면서 "자기 행위를 따라" "자기의 행위대로"라는 말이 되풀이되는 것을 잘 보라. 불신자들이 이렇게 창조주 앞에 출두하는 목적은 각자의 죄목들이 낭독되는 것을 듣고 선고를 받기 위해서다. 한 주석가는 이 심판의 심각성을 이렇게 묘사했다.

> 피고들, 즉 역사상 구원받지 못한 모든 사람은 부활하여 사상 유례없는 재판을 받게 된다. 그들이 유죄냐 무죄냐를 가리기 위한 변론은 없다. 검사만 있고 변호사는 없다. 원고만 있고 변호인은 없다. 기소만 있고 피고측에서 준비한 변호는 없다. 유죄를 입증하는 증거만 제시되고 반론이나 반대 심문은 없다. 전혀 선처를 모르시는 재판장만 계시고 배심원은 없다. 일단 그분의 선고가 떨어지면 상소도 없다. 죄인들에게 가해질 형벌은 영원하여 가석방의 가망도 없고 감옥에서 빠져나올 길도 없다.[14]

최후의 심판은 판결, 선고, 형 집행의 세 단계로 이루어진다. 판결은 피고가 생명책에 등재되지 않았다는 사실을 확인하는 것만으로 정해진다. 판결이 정해졌으면 다음 단계는 선고인데, 선고는 철저히 피고의 행위에 근거한다. 여기에는 더 악하게 행동한 사람들일수록 남들보다 받는 형벌의 정도가 더 심할 것이 암시되어 있다. 그것이 실제로 이루어지는 과정은 하나님이 알아서 하실 것이다. 끝으로, 유죄가 정해지고 공정한 선고가 나왔으니 이제 재판장께서 형 집행을 명하신다. 그들은 요한이 “둘째 사망”이라 표현한 “불못”에 던져진다.

불못은 본래 “마귀와 그 사자들”을 위하여 예비된 곳이지만(마 25:41), 자신의 삶을 귀신들의 통치에 내준 사람들도 사탄과 짐승과 거짓 선지자와 귀신들이 보내진 곳과 똑같은 종착지로 영원히 가게 된다(계 19:20, 20:10). 크고 흰 보좌의 심판에 소환된 사람은 누구도 빠져나갈 수 없다.

—21:1-4—

하나님은 당신과 영원히 친밀한 관계를 누리도록 인류를 지으셨고, 인류에게 꼭 맞는 이상적인 세상을 지어주셨다. 그런데 죄가 우리를 향한 주님의 목적을 방해했다. 물론 죄는 인류와 하나님의 관계를 끊어놓았지만 죄의 파장은 거기서 그치지 않는다. 죄는 창조 세계 자체에 영향을 미쳐 그것을 부패하고 불화하며 적대적이게 만들었다. 농부들은 채소를 심고 잡초를 거둔다. 곡식과 과일과 화초를 기르려 해도 엉겅퀴와 들풀과 가시가 자란다. 인류의 악은 아담과 하와만 타락시킨 것이 아니라 창조 세계 전체에 영향을 미쳤다. 타락 이후로 에덴동산의 한복판으로부터 우주의 가장자리에 이르기까지 피조물은 구속받기 위하여 탄식하고 있다.

> 피조물이 허무한 데 굴복하는 것은 자기 뜻이 아니요 오직 굴복하게 하시는 이로 말미암음이라 그 바라는 것은 피조물도 썩어짐의 종 노릇 한 데서 해방되어 하나님의 자녀들의 영광의 자유에 이르는 것이니라 피조물이 다 이제까지 함께 탄식하며 함께 고통을 겪고 있는 것을 우리가 아느니라(롬 8:20-22).

그러나 하나님의 계획 속에서 죄는 결코 최후의 승자가 아니다. 크고 흰 보좌의 심판이 끝난 후에 하나님은 현재의 타락한 우주를 새것으로 대체하실 것이다. 주 예수 그리스도를 알고 사랑하는 모든 사람에게 이 “새 하늘과 새 땅”(21:1)은 미래의 희망이다. 그것은 오늘 우리 눈에 보이는 세상, 죄에 찌들어 깨지고 상한 세상과는 완전히 다를 것이다. 우리를 비통하고 슬프게 하던 것들은 다 과거 속으로 사라질 것이다. 요한계시록 21장 1-8절을 짤막한 예고편으로 하여 요한은 21장 9절부터 22장 5절까지 그 내용을 더 자세히 묘사하고 있다.

21장 1절의 새 하늘과 새 땅은 예컨대 우리가 "새 하루"라고 말할 때처럼 단지 시간 순서상의 의미에서 새로운 것이 아니다. 영화에 비유한다면 이것은 속편이 아니라 완전히 새로운 다른 작품이다. 음향을 더 또렷하게 하고 색상을 더 밝게 하고 어설픈 디지털 기술로 특수 효과를 첨가한 개정판이 아니다. 재편집이 아니라 리메이크다! 여기 "새"로 번역된 헬라어 단어 *kainos*는 '보통과 다르다, 감동적이다, 옛것보다 낫다, 가치나 매력에서 우월하다'[15]는 뜻이다. 앞에서 요한은 처음 하늘과 땅이 죄로 인한 모든 오염과 더불어 "피하여 간데 없"게 되는 것을 보았다(20:11). 다음 환상에서 요한은 하늘과 땅이 다시 돌아오는 것을 보았는데, 이번에는 죄로 오염되거나 영향을 입지 않은 새 하늘과 새 땅이었다(21:1). 무슨 일이든 완전하게 하시는 완전하신 하나님이 지으셨으니, 이것은 완전한 환경 속에 존재하는 완전한 곳이다. 현대의 한 그리스도인 작사가가 잘 표현했듯이, "그저 상상해볼 수 있을 따름이다."[16]

새 하늘과 새 땅의 거대한 무대 위에서 갑자기 스포트라이트가 하늘에서 내려오는 한 별에 집중된다. 바로 "거룩한 성 새 예루살렘"(21:2)이다. 이 "새 도시"는 3장에서 예수께서 친히 하신 말씀에 약속된 것이다. "이기는 자는… 내가… 하나님의 성 곧 하늘에서 내 하나님께로부터 내려오는 새 예루살렘의 이름(을)… 그이 위에 기록하리라"(3:12). 요한이 묘사한 이 도시는 신랑을 위하여 단장한 신부 같았다. 즉, 순결하고 찬란하며 사랑스럽고 우아하며 아름다웠다. 이 멋진 도시는 인간의 손이 아니라 하나님의 말씀으로 지어져 하나님께로부터 직접 내려온다. 하나님이 처소를 지으신다는 개념은 성경에서 천국과 관련된 전형적 표현이다. 다음 몇 가지 예를 생각해보라.

- 지극히 높으신 이는 (인간의) 손으로 지은 곳에 계시지 아니하시나니(행 7:48).
- 그리스도께서는 장래 좋은 일의 대제사장으로 오사 손으로 짓지 아니한 것 곧 이 창조에 속하지 아니한 더 크고 온전한 장막으로 말미암아(히 9:11).
- 그리스도께서는 참 것의 그림자인 손으로 만든 성소에 들어가지 아니하시고 바로 그 하늘에 들어가사 이제 우리를 위하여 하나님 앞에 나타나시고(히 9:24).

- 그들이 이제는 더 나은 본향을 사모하니 곧 하늘에 있는 것이라 이러므로 하나님이 그들의 하나님이라 일컬음 받으심을 부끄러워하지 아니하시고 그들을 위하여 한 성을 예비하셨느니라(히 11:16).
- 그러나 너희가 이른 곳은 시온 산과 살아 계신 하나님의 도성인 하늘의 예루살렘과 천만 천사와 하늘에 기록된 장자들의 모임과 교회와 만민의 심판자이신 하나님과 및 온전하게 된 의인의 영들과 새 언약의 중보자이신 예수와 및 아벨의 피보다 더 나은 것을 말하는 뿌린 피니라(히 12:22-24).

종합하면 하나님의 처소이자 의인들이 사모하는 그곳은 바로 인간의 손으로 짓지 않은

바다도 다시 있지 않더라?

대부분의 지구인들은 바다를 필수적이자 긍정적인 것으로 본다. 초등학교에서 배웠듯이 기후의 주기가 유지되려면 바다가 꼭 필요하다. 바다가 물을 정화시키면 그 물이 대기권으로 증발하여 구름을 형성했다가 비가 되어 다시 땅으로 내려온다. 바다가 없다면 대기권과 생태계는 지금과 완전히 달라질 것이다. 또한 바다는 좋은 휴양지이기도 하다! 해수욕장, 항구, 섬, 크루즈 여행 등 해상이나 해변은 가장 매혹적인 휴가지다. 바다를 끼고 있는 부동산은 값이 비싸 사회 고위층들의 전유물이다. 낚시, 요트, 다이빙처럼 심해에서 즐기는 레크리에이션은 많은 사람들에게 즐거움을 가져다준다. 분명히 사람들은 바다를 긍정적으로 본다.

그러나 고대 세계의 사람들에게는 바다가 신비롭고 무섭고 위험한 곳이었다. 바다는 혼돈의 세계였고 예고 없이 사람을 죽이는 위력을 지닌 곳이었다. 바다에 삼켜져 물고기 밥이 되는 것보다 더 불운한 운명은 없었다.[17] 해상 여행은 위험했다. 배들은 길을 잃거나 불시에 풍랑을 만나지 않도록 육지가 보이는 반경 내에서만 항해해야 했다. 동시에 배들은 육지에 너무 바짝 붙어 다녀서도 안 되었다. 자칫하면 암초에 걸리거나 바위가 삐죽 나온 벼랑에 부딪힐 수 있었기 때문이다. 해상 무역은 위험하고도 수지맞는 장사였다. 자신의 배가 상품을 싣고 멀리서 무사히 도착하면 부자가 되지만, 그렇지 못하면 모든 것을 잃었고 때로 목숨까지도 잃었다.

요한계시록에서 바다는 "옛 세상의 특징적 원리인 무질서나 사나움이나 불안정(참고 사 57:20, 시 107:25-28, 겔 28:8)"[18]을 상징하기도 한다. 요한계시록의 다른 부분들에 나오는 바다의 이미지를 보면, 바다가 온갖 우주적 악의 기원으로 그려져 있다(계 12:12, 13:1). 바다는 또한 하나님의 사람들을 박해하는 믿지 않는 나라들을 가리킬 수도 있다(12:12, 13:1). 분명히 고대 세계에서 바다는 혼돈과 재앙, 무질서와 파멸을 의미했다.

새 하늘과 새 땅의 환상을 본 요한은 "바다도 다시 있지 않더라"(21:1)고 애써 밝혀놓았다. 이는 새 세상의 질서가 지금의 이 땅과는 완전히 다를 것을 예시한다. 현대의 독자들은 이 계시에 당황할 수 있지만 요한과 동시대 사람들은 환호했을 것이다!

새 예루살렘 성이다. 현재 그것은 하나님이 계신 곳, 즉 눈에 보이지 않는 무한한 천국에 있다. 그러나 어느 날 이 도시가 새 땅으로 내려올 것이다. 그제야 비로소 진정한 의미에서 "보라 하나님의 장막이 사람들과 함께 있으매 하나님이 그들과 함께 계시리니 그들은 하나님의 백성이 되고 하나님은 친히 그들과 함께 계셔서"(21:3, 참고 요 1:14)라고 선포될 수 있다. "장막"이라는 말만 보고 착각해서는 안 된다. 구약 시대의 임시 장막과 달리 하나님의 임재는 인간들 가운데 영원히 계속될 것이다(22:5).

이렇게 하나님이 지상에 영광스럽게 임재하시면 많은 것들이 달라진다. 그분의 임재 안에 악이 거할 수 없으므로 악은 흔적도 없이 소멸된다. 무엇이든 옛 세상과 관계된 것은 다 "지나갔"고(21:4) 다시는 돌아오지 않는다. 사실 하나님이 영원히 임재하시기 때문에 사망과 애통과 곡함과 고통은 '카메오'로 출연하는 것조차 불가능해진다. 인류 역사의 드라마에 악역으로 출연했던 그것들은 리메이크되면서 깨끗이 삭제된다. 그것들은 영원히 사라질 것이다. 그에 대한 우리의 반응은 "없어져서 속이 시원하다!"이다.

새 하늘과 새 땅에 없는 것 12가지

- 바다가 없다(21:1). 혼돈과 재앙이 소멸되기 때문이다.
- 눈물이 없다(21:4). 아픈 추억들이 다른 것으로 대체되기 때문이다.
- 사망이 없다(21:4). 생명이 죽음을 삼키기 때문이다.
- 애통이 없다(21:4). 슬픔을 완전히 위로받기 때문이다.
- 곡함이 없다(21:4). 울음소리를 달래주시기 때문이다.
- 아픔이 없다(21:4). 인간의 모든 고통이 치료되기 때문이다.
- 목마름이 없다(21:6). 하나님이 은혜로 모든 갈증을 채워주시기 때문이다.
- 악이 없다(21:8,27). 모든 악이 추방되기 때문이다.
- 성전이 없다(21:22). 성부와 성자 하나님이 직접 임재하시기 때문이다.
- 밤이 없다(21:23-25, 22:5). 하나님의 영광이 영원한 빛을 발하시기 때문이다.
- 닫힌 문이 없다(21:25). 하나님의 문들은 늘 열려 있기 때문이다.
- 저주가 없다(22:3). 그리스도의 피가 그 저주를 영원히 거두었기 때문이다.

—21:5-8—

뜻밖에도, 보좌에 앉으신 영광의 성부 하나님께서 갑자기 특유의 침묵을 깨고 이 놀라운 말씀을 외치신다. "보라 내가 만물을 새롭게 하노라"(21:5). 이것은 이 환상 전체의 요점이

자 사실은 요한계시록 전체의 절정이다. 옛것은 퇴장하고 새것이 들어섰다. 생각해보라. 불치병이나 병원이나 휠체어나 장례식이 더 이상 없다. 법정이나 감옥도 더 이상 없다. 이혼이나 실패나 이별도 더 이상 없다. 심장 마비나 뇌졸중이나 치매나 중병도 더 이상 없다. 치료자나 약이나 수술도 더 이상 없다. 기근이나 재앙이나 참담한 재난도 없다. 그분이 모든 것을 새롭게 하신다!

하나님의 말씀을 불신하거나 최소한 재해석하기가 대단히 쉽기 때문에 그분은 요한을 보시며 "이 말은 신실하고 참되니 기록하라"(21:5)고 명하셨다. 마치 하나님은 당신이 반드시 약속하신 것들을 이루실 분이니 믿어도 좋다고 요한에게 그리고 그의 글을 읽을 모든 사람에게 상기시키시는 것 같다.

이어 하나님은 6절에서 두 가지를 덧붙여 그분의 의지가 확실함을 보증하신다. 우선 그분은 "이루었도다"라고 하셨다. 이 단어에는 완전히 끝났다는 의미가 들어 있다. 헬라어 단어 *gegonan*을 직역하면 "그것들은 되었다"라는 뜻이다. 이것은 예수께서 십자가에서 "다 이루었다"(*tetelestai*, 요 19:30)라고 말씀하신 그 단어와는 다르다. 후자는 과거의 일이 끝났음을 강조한다. 예수님의 경우, 세상의 죄를 위한 고난과 값의 지불이 끝났다는 뜻이다. 그러나 "이루었도다"라는 하나님의 말씀은 영원한 상태가 완전히 도래했음을 예고한다. 게다가 성령께서 요한에게 직설법 완료 시제를 쓰도록 인도하셨는데, 이는 하나님의 약속들이 확실하다는 것과 그분이 미래의 일을 이미 완료되어 결과가 지속되는 사건처럼 표현하실 수 있음을 확증해준다.

이어 하나님은 "나는 알파와 오메가요 처음과 마지막이라"고 말씀하셨다. 1장 8절과 22장 13절에도 나오는 이 호칭은 하나님이 미래를 속속들이 다 아시는 분이니 그분을 믿어도 된다는 사실을 우리에게 상기시켜준다. 오직 그분만이 우리의 인과(因果)의 세계를 벗어나 거하신다. 그러므로 그분은 시초부터 종말을 선포하실 수 있으며, "나의 뜻이 설 것이니 내가 나의 모든 기뻐하는 것을 이루리라"(사 46:10)고 당당히 말씀하실 수 있다.

끝으로, 하나님은 우리 모두를 위하여 약속과 경고를 함께 되풀이하신다(21:7-8). 약속은 "이기는 자"(21:7)에게 주어진다. 이기는 자란 완벽한 삶을 살았거나 십계명을 지켰거나 수많은 예식과 의식을 준수한 사람이 아니다. 그보다 우리는 오직 믿음으로 세상을 이긴다. "무릇 하나님께로부터 난 자마다 세상을 이기느니라 세상을 이기는 승리는 이것이니

묵상의 서재

유산 상속

신자들이 "이것들"을 모두 상속받는다는 약속(21:7, 참고 고전 3:22–23)을 읽을 때면 나는 벅찬 감격을 가눌 길이 없다. 우리가 하늘 아버지로부터 받을 유산은 상상을 초월한다. 하지만 동시에 그것은 오래전 나의 부모님이 돌아가시면서 남겼던 이 땅의 유산을 생각나게 한다.

아버지가 돌아가신 뒤에 아내와 나는 어머니가 외할아버지로부터 받았던 유산의 일부를 우리가 물려받게 되었다는 통지를 받았다. 놀랍게도 우리는 천연 가스 유정에서 나오는 로열티를 상속받은 것이다! 우리는 텍사스 태생인지라 석유 유정이라든가 수지맞는 천연 가스 산업에 대하여 잘 알고 있었다. 그 계통 사람들이야말로 저택을 소유하고, 고층 빌딩의 꼭대기 층에서 식사하며, 자가용 제트기로 돌아다니고, 무엇이든 원하는 대로 다 하는 사람들이었다. 그런데 이제 우리도 그 계통의 지분을 갖게 된 것이다.

통지서를 읽으면서 나는 "여보, 이것 좀 봐요!"라고 외쳤다. 아내는 나만큼 감동하지 않았다. 그래도 나는 밀어붙였다. "잠깐 이것 좀 봐요! 믿어지지 않는 유산이오!"

지극히 현실적이고 분별이 밝은 아내는 내 말을 듣고도 별로 낙관하지 않았다. 결국 나는 누나한테 전화를 걸었다. "여보세요, 누나… 편지 받았어?"

"응. 우린 부자가 될지도 몰라!" 누나가 말했다. 드디어 나는 말이 통하는 사람을 만났다!

"맞아! 정말 굉장하지!"

그래서 우리는 부자가 될 날을 매주 간절히 기다렸다. 천연 가스 유정의 금전적 가치는 얼마나 될까? 어마어마한 금액의 돈이 가히 상상이 되지 않았다. 유정의 가치가 그저 한 해에 수천 달러만 된다고 해도 로열티가 매번 수백 달러는 되지 않겠는가 말이다. 게다가 그것이 '거저 생긴 돈'이라면 결코 우습게 볼 일이 아니었다.

드디어 첫 로열티가 우편함에 수표로 도착했다. 나는 두근거리는 가슴으로 봉투를 확 뜯어 수표를 꺼냈다.

1달러 37센트

다시 말해서 수표에 적힌 금액은 종잇값과 우푯값과 우체부의 수고비를 합한 것만큼도 되지 않았다! 결국 나는 고리타분한 상속 문건을 전부 읽어보기로 했다. 알고 보니 우리가 상속받은 지분은 1퍼센트의 1/2의 1/4의 1/50의 1/30의 1/10의 1/8의 1/2 정도밖에 되지 않았다! 텍사스에서 그 천연 가스 유정 때문에 부자가 되는 사람이 나온다면 스윈돌 집안 사람은 아닐 것이다. 다음번에 온 수표는 금액이 그보다도 더 적었다! 어마어마한 부는 사라지고 냉엄한 현실만 남았다.

하지만 이 실망과 달리 기쁜 소식이 있다. 우리가 하늘 아버지로부터 받을 영원한 유산은 그와는 다르다. 전혀 다르다! 그분은 우리가 "모든 것들"(21장 7절의 "이것들"이 헬라어 원문에는 "모든 것들"로 되어 있다-역주)을 상속받을 것이라고 말씀하셨다. 우리 각자가 하나님의 약속을 백 퍼센트 다 받는다. 내 머리로는 잘 이해가 되지 않지만 사실이다. 우리는 그리스도와 동료 신자들과 함께 '부분 상속자' 정도가 아니라 '공동 상속자'다. 이 땅에서는 아무도 상상할 수 없는 모든 보화와 영생의 수혜자가 되는 것이다.

우리의 믿음이니라 예수께서 하나님의 아들이심을 믿는 자가 아니면 세상을 이기는 자가 누구냐"(요일 5:4-5). 요한계시록에도 요한은 성도들을 "어린 양의 피와 자기들이 증언하는 말씀으로써 그(사탄)를 이"긴 자들로 묘사했다(계 12:11). "이기는 자"가 되는 길은 자신의 노력이나 공로를 통해서가 아니라 하나님의 아들 한 분만을 믿음으로만 가능하다. 그리스도를 믿는 신자들은 또한 하나님의 자녀가 되어 요한계시록에서 말한 모든 좋은 것을 상속받게 되고(참고 21:7), 그리하여 "이기는 자"가 된다.

그러나 이기지 못할 사람들도 무수히 많다. 그것이 기쁜 소식에 내재된 이면이다. 누구나 다 죄와 교만을 버리고 용서와 영생이라는 값없고 과분한 선물을 받아들이는 것은 아니다. 오히려 하나님은 두려워하는 자들과 믿지 않는 자들과 악한 자들과 살인자들과 음행하는 자들과 신성을 모독하는 자들과 우상을 숭배하는 자들과 속이는 자들은 둘째 사망, 곧 불못에 던져진다고 엄숙하게 환기시키신다(21:8). 이 두 부류의 운명이 이보다 더 극명하게 대조적일 수는 없다. 신자들도 불신자들도 장차 영원히 살지만 정반대 되는 별개의 장소에서 살 것이다. 요한이 복음서를 쓴 주된 목적이 그것으로 설명된다. 그는 아직 그리스도를 믿지 않는 사람들을 설득하여 당장 그분을 믿게 하려고 요한복음을 썼다(요 20:31)! 요한계시록에서도 요한은 하나님이 영생을 베푸실 것과 그것을 받아들이지 않을 때 반드시 따를 확실한 결과를 독자들에게 거듭 상기시켰다.

적용

하나님의 약속들은 우리를 깨끗하게 한다

요한은 자신의 첫 편지에 "사랑하는 자들아 우리가 지금은 하나님의 자녀라 장래에 어떻게 될지는 아직 나타나지 아니하였으나 그가 나타나시면 우리가 그와 같을 줄을 아는 것은 그의 참모습 그대로 볼 것이기 때문이니"(요일 3:2)라고 썼다. 하나님이 미래에 대하여 계시해주신 내용은 우리에게 희망을 불어넣어주기에 충분하다. 비록 우리가 자세한 내막을 다 모르고 심오한 약속들에 함축된 의미를 모두 깨달을 수 없을지라도, 이미 우리에게 있는 정보만으로도 소망을 얻고 기대감을 품기에 충분하다.

그러나 요한은 미래를 아는 또 다른 중요한 목적을 얼른 덧붙인다. "주를 향하여 이 소망을 가진 자마다 그의 깨끗하심과 같이 자기를 깨끗하게 하느니라"(요일 3:3). 그리스도를 신뢰하는 자들에게 약속된 영원한 복들을 알면 그것이 우리의 현재 삶을 깨끗하게 하는 효과가 있다. 요한이 마음속에 떠올린 과정은 다음과 같다.

약속들을 앎 + 현재의 소망 = 더욱 깨끗해짐

새 하늘과 새 땅이 내려오면 현재 타락한 세상의 더러운 것들이 다 없어지듯이(계 21:1–4), 그리스도와의 관계와 성령의 내주하시는 임재도 우리의 삶을 점차 깨끗하게 변화시킨다. 사실 사도 바울은 우리가 그리스도께 회심한 일을 말할 때 "새로운 피조물"이라는 말을 썼다. "그런즉 누구든지 그리스도 안에 있으면 새로운 피조물이라 이전 것은 지나갔으니 보라 새 것이 되었도다"(고후 5:17).

잠시 시간을 내서 요한계시록 21장 1–8절에 언급된 '처음 것들'을 깊이 생각해보면 좋을 것이다. 그것들은 새 세상에서 추방될 것이다. 다음 표에서 죄의 고질적 결과나 행위 가운데 당신에게 가장 큰 영향을 미치는 것들을 몇 가지 꼽아보라. 그 다음에 "소망이 어떻게 힘이 되는가" 칸의 성경 구절들을 공부하면서, 죄의 고질적 결과나 행위와 관련된 중요한 진리들 또는 약속들에 주목하라. 끝으로, "승리를 얻는 길"을 보여주는 본문들을 바탕으로 당신 자신에게 어떻게 적용할 것인지를 숙고하여 맨 오른쪽 칸에 기록하라.

천성(天城)이 공개되다(악은 입장 사절) (요한계시록 21:9–22:5)

9일곱 대접을 가지고 마지막 일곱 재앙을 담은 일곱 천사 중 하나가 나아와서 내게 말하여 이르되
이리 오라 내가 신부 곧 어린 양의 아내를 네게 보이리라 하고 10성령으로 나를 데리고 크고 높은 산
으로 올라가 하나님께로부터 하늘에서 내려오는 거룩한 성 예루살렘을 보이니 11하나님의 영광이 있
어 그 성의 빛이 지극히 귀한 보석 같고 벽옥과 수정 같이 맑더라 12크고 높은 성곽이 있고 열두 문이
있는데 문에 열두 천사가 있고 그 문들 위에 이름을 썼으니 이스라엘 자손 열두 지파의 이름들이라
13동쪽에 세 문, 북쪽에 세 문, 남쪽에 세 문, 서쪽에 세 문이니 14그 성의 성곽에는 열두 기초석이 있
고 그 위에는 어린 양의 열두 사도의 열두 이름이 있더라

15내게 말하는 자가 그 성과 그 문들과 성곽을 측량하려고 금 갈대 자를 가졌더라 16그 성은 네모가
반듯하여 길이와 너비가 같은지라 그 갈대 자로 그 성을 측량하니 만 이천 스다디온이요 길이와 너

	죄의 고질적 결과 또는 행위	소망이 어떻게 힘이 되는가	승리를 얻는 길	개인적 적용
죄의 결과	눈물, 애통, 곡함 (정서적 고통)	이사야 61:1–3	베드로전서 1:6–8	
	아픔, 사망(육체적, 정신적 고통)	요한복음 11:17–27	데살로니가전서 4:13–18	
	목마름(육체적 욕망)	요한복음 4:10–14	시편 42:1–11	
	두려움(불안, 염려)	마태복음 6:25–34	베드로전서 5:7	
죄의 행위	믿지 않음 (불신과 불충)	마가복음 9:23–24	누가복음 22:31–32	
	흉악함(반항의 죄, 파괴적인 죄)	히브리서 12:1–11	요한계시록 2:5	
	살인(미움, 폭력)		에베소서 4:26–27	
	음행(포르노, 혼외의 성적인 죄)		데살로니가전서 4:3–5	
	점술(미신, 복술)		사도행전 19:18–19	
	우상 숭배(물질만능 주의, 거짓 종교)		디모데전서 6:9–11	
	거짓말(속임수, 부정직)		에베소서 4:25	

비와 높이가 같더라 [17]그 성곽을 측량하매 백사십사 규빗이니 사람의 측량 곧 천사의 측량이라 [18]그
성곽은 벽옥으로 쌓였고 그 성은 정금인데 맑은 유리 같더라 [19]그 성의 성곽의 기초석은 각색 보석으
로 꾸몄는데 첫째 기초석은 벽옥이요 둘째는 남보석이요 셋째는 옥수요 넷째는 녹보석이요 [20]다섯
째는 홍마노요 여섯째는 홍보석이요 일곱째는 황옥이요 여덟째는 녹옥이요 아홉째는 담황옥이요 열
째는 비취옥이요 열한째는 청옥이요 열두째는 자수정이라 [21]그 열두 문은 열두 진주니 각 문마다 한
개의 진주로 되어 있고 성의 길은 맑은 유리 같은 정금이더라

[22]성 안에서 내가 성전을 보지 못하였으니 이는 주 하나님 곧 전능하신 이와 및 어린 양이 그 성
전이심이라 [23]그 성은 해나 달의 비침이 쓸 데 없으니 이는 하나님의 영광이 비치고 어린 양이 그 등
불이 되심이라 [24]만국이 그 빛 가운데로 다니고 땅의 왕들이 자기 영광을 가지고 그리로 들어가리라
[25]낮에 성문들을 도무지 닫지 아니하리니 거기에는 밤이 없음이라 [26]사람들이 만국의 영광과 존귀를
가지고 그리로 들어가겠고 [27]무엇이든지 속된 것이나 가증한 일 또는 거짓말하는 자는 결코 그리로
들어가지 못하되 오직 어린 양의 생명책에 기록된 자들만 들어가리라

[22:1]또 그가 수정 같이 맑은 생명수의 강을 내게 보이니 하나님과 및 어린 양의 보좌로부터 나와
서 [2]길 가운데로 흐르더라 강 좌우에 생명나무가 있어 열두 가지 열매를 맺되 달마다 그 열매를 맺
고 그 나무 잎사귀들은 만국을 치료하기 위하여 있더라 [3]다시 저주가 없으며 하나님과 그 어린 양의
보좌가 그 가운데에 있으리니 그의 종들이 그를 섬기며 [4]그의 얼굴을 볼 터이요 그의 이름도 그들의
이마에 있으리라 [5]다시 밤이 없겠고 등불과 햇빛이 쓸 데 없으니 이는 주 하나님이 그들에게 비치심
이라 그들이 세세토록 왕 노릇 하리로다.

타오르는 등잔불 아래서 열한 사람의 눈이 휘둥그레져 빛나고 있다. 유다가 나가고 문이 닫히자마자 스승의 이상한 말씀이 다시 시작된다. 말은 되는 소리지만 식탁에 둘러앉은 열한 사람에게는 도무지 그 의미가 묘연하기만 하다. "지금 인자가 영광을 받았고 하나님도 인자로 말미암아 영광을 받으셨도다… 작은 자들아 내가 아직 잠시 너희와 함께 있겠노라… 너희는 내가 가는 곳에 올 수 없다고 말한 것과 같이 지금 너희에게도 이르노라… 새 계명을 너희에게 주노니 서로 사랑하라"(요 13:31–34).

모두들 입을 다문 채 스승을 말똥말똥 쳐다보고만 있지만 베드로는 다르다. 그는 "사랑하라"는 마지막 명령일랑 무시한 채 "너희는 올 수 없다"는 부분을 붙들고 늘어진다. 식탁의 모든 사람이 알고 있듯이 베드로가 한번 하겠다면 아무도 말릴 수 없다. 항상 도전하기 좋아하는 베드로가 다른 열 사람의 생각을 큰 소리로 표현한다. "주여 어디로 가시나이까"(13:36).

예수님은 대답은 하지 않으시고 베드로를 똑바로 쳐다보시며 똑같은 말씀을 되풀이하신다. "내가 가는 곳에 네가 지금은 따라올 수 없으나 후에는 따라오리라"(13:36).

고집쟁이 베드로의 말이 갑자기 방어적인 논조로 바뀐다. "주여 내가 지금은 어찌하여 따라갈 수 없나이까 주를 위하여 내 목숨을 버리겠나이다"(13:37).

예수님은 천천히 고개를 저으신다. "정말이냐, 베드로야? 네가 나를 위하여 목숨을 버리겠느냐?" 그분이 한숨을 내쉬신다. "사실은 오늘 밤이 지나고 새벽에 닭이 미처 울기도 전에 네가 세 번 나를 부인할 것이다"(13:38, 나의 번역).

그 질책에 말문이 막힌 베드로는 깜빡이는 등잔불로부터 뒤로 물러나 식탁만 응시하고 있다. 이어지던 어색한 침묵이 예수님의 말씀으로 깨진다.

> 너희는 마음에 근심하지 말라 하나님을 믿으니 또 나를 믿으라 내 아버지 집에 거할 곳이 많도다 그렇지 않으면 너희에게 일렀으리라 내가 너희를 위하여 거처를 예비하러 가노니 가서 너희를 위하여 거처를 예비하면 내가 다시 와서 너희를 내게로 영접하여 나 있는 곳에 너희도 있게 하리라 내가 어디로 가는지 그 길을 너희가 아느니라 (요 14:1-4).

이 말씀은 제자들의 마음속을 깊이 휘저어놓는다. 그들은 상상의 날개를 펴고 그것이 무슨 의미일지 생각에 잠긴다. 처소? 예비? 우리를 위하여? 베드로가 불빛에서 저만치 떨어져 앉아 자신의 변함없는 충정을 해가 뜨기 전에 예수님께 증명해 보일 길을 궁리하고 있는데 도마가 입을 연다. "주여 주께서 어디로 가시는지 우리가 알지 못하거늘 그 길을 어찌 알겠사옵나이까"(14:5).

예수님이 하신 대답은 남은 평생 동안 그들을 떠나지 않게 된다. "내가 곧 길이요 진리요 생명이니 나로 말미암지 않고는 아버지께로 올 자가 없느니라"(14:6).

잊지 못할 그 밤에 사도 요한도 열한 제자 중에 있어, 예수님 곁에 앉아 단어 하나하나까지 다 빨아들이고 있었다. 그로부터 수십 년 후에 그는 그때의 일들을 숙고하며 그리스도의 약속을 기록했다. 그분은 장차 자신이 다시 오셔서 교회를 자신에게로 영접하실 것과 그들을 위하여 예비된 특별한 장소-거할 곳이 많은 아버지 집-를 주실 것을 약속하셨다.

60년이 지나고 1세기가 끝나갈 무렵, 요한은 성도들의 영원한 처소인 새 하늘과 새 땅에 대한 관광 안내를 받게 된다.

비록 많은 오해와 끝없는 추측의 대상이 되어오기는 했지만, 그리스도인들이 흔히 말하는 "천국"은 실제로 우리가 영원히 살게 될 장소다. "우리는 죽으면 천국에 간다"는 그리스도인들의 말은 전체적으로 맞는 말이다. 그래서 바울은 "몸을 떠나"는 것이 곧 "주와 함께 있는 그것이라"고 했다(고후 5:8). 죽음으로 이 세상을 떠나는 사람들은 비록 현재의 천상 세계에 주님과 함께 있게 되지만, 결국 우리의 영원한 집은 새 하늘과 새 땅이다. 그리고 이 새 세상의 중심부는 새 예루살렘이다. 그곳은 삼위일체 하나님의 영원한 처소이며, 그분이 영광스러운 빛으로 그 성을 밝혀주신다. 거기서 우리는 영화롭게 된 부활의 몸을 입고 전능하신 주 하나님, 천사들, 역사상 모든 세대의 구속받은 성도들과 더불어 영원히 교제를 나눌 것이다. 그리고 하나님과의 관계와 서로 간의 관계에서 영원히 함께 자라갈 것이다.

요한은 21장 9절부터 22장 5절까지 새 예루살렘을 자세히 묘사하면서, 뜻밖의 이미지들을 통하여 낙원에 대해 우리가 보통 가장 많이 하는 질문들에 답해준다. 이제부터 우리도 요한의 눈을 통하여 그 진기한 장면들을 둘러볼 텐데, 이 여정을 우리는 누구나 감상하도록 값진 예술 작품들을 전시해둔 화랑에서 관광 안내를 받는 것으로 생각하면 도움이 될 것이다. 다만 명심해야 할 것이 있다. 성령의 감화로 말미암아 예언적으로 베일을 벗는 그곳이 곧 우리의 영원한 집이라는 사실이다. 대부분의 세부 사항은 우리에게 "거울로 보는 것 같이 희미"하게 신비로 남아 있겠지만(고전 13:12), 천성이 공개되는 이 여정을 통하여 우리는 힘을 얻어야 하고, 최후의 영원한 거주지를 기쁨으로 사모하며 살아가야 한다.

—21:9-10—

영화 제작자들이 말하는 새 예루살렘의 '설정 장면'을 방금 막 보았으니, 이제 우리는 원거리의 광각 화면을 뒤로하고 천천히 천성의 핵심부로 진입할 것이다. 우리는 불빛이 점멸하는 전체 경관 위로 쑥 솟아올라 도시의 세부 구조를 살펴보고 그곳의 영광에 푹 젖어들 것이다. 요한과 함께 관광 안내를 받아 새 예루살렘에 들어서면 하나님의 영원한 도성의 기원, 전체 모습, 외부, 규모, 자재, 독특한 특성, 광채, 축복 등을 답사할 진기한 기회가 우리에게 주어진다.

첫째, 천성의 기원을 잘 보라(21:9–10). 회개하지 않는 죄인들에 대한 하나님의 마지막 심판이 아득히 멀어져가자 이제 진노의 대접들을 부었던 일곱 천사 중 하나가 요한의 팔을 잡아끌어 그를 새 예루살렘의 관광으로 인도한다. 천사는 그 도시를 "신부 곧 어린 양의 아내"(21:9)라 부른다. 하나님의 "신부" 또는 "아내"라는 이미지는 성경에서 여러 가지 의미를 지닌다.

- 물리적 예루살렘 또는 "시온 산"과 그 주민들(사 54:6, 62:5)
- 이스라엘 곧 구약의 하나님 백성(렘 2:32, 호 1:2)
- 교회 곧 신약의 하나님 백성(계 19:7, 22:17)

"신부 곧 어린 양의 아내"로 표현된 새 예루살렘은 아마도 구약과 신약의 개념을 통칭하는 것으로 보인다. 그렇다면 새 예루살렘은 하나님이 모든 시대 모든 구속받은 자들의 처소로 지으신 실존하는 장소다. 구약의 신자들이나 신약의 신자들이나 모두 하나님으로부터 오는 그 도성에서 살게 된다. 예수께서 우리를 위하여 처소를 준비하러 가실 때 생각하신 곳이 바로 그곳이다(요 14:2–3). 히브리서 11장 10절과 12장 22절에 보면 하늘의 예루살렘, 곧 영원한 시온 성이 "하나님이 계획하시고 지으실" 곳으로 나와 있다. 영의 세계에서 높은 산으로 들려 올라간 요한은 이 천성이 지상으로 완전히 내려오는 것을 목격했다. 새 예루살렘이 하나님께로부터 하늘에서 내려온 것이다.

—21:11—

둘째, 요한은 천성의 전체 모습에 초점을 맞춘다. 성령의 감동으로 새 예루살렘을 묘사할 때 요한은 "영광"과 "빛"이라는 두 단어로 그 눈부신 외관을 전했다. 헬라어로는 각각 *doxa*와 *phōstēr*인데, 이 둘이 짝을 이루어 하나님의 찬란한 영광이라는 동일한 현상을 묘사하고 있다. 이 영광은 15장 8절과 21장 23절에도 언급되어 있는데, 아마도 불같이 타오르는 하나님의 임재를 가리키는 말일 것이다(유대 교사들은 그것을 *shekinah*라고 불렀다). 쉐키나 영광은 히브리 민족이 이집트를 탈출할 때 그들의 머리 위에서 타올랐고, 성막에서 그분의 백성들 가운데서 찬란히 빛났으며, 성전의 언약궤 위에서 그룹들 사이에 좌정했다(출 40:34-35, 겔 43:5).[19]

요한은 하나님의 이 찬란한 영광을 "벽옥"(헬라어로 *iaspis*)에 견주고 있는데, 아마 그가 의미한 것은 현대의 "벽옥"(*jasper*)이 아니라 완벽하게 투명한 흠 없는 다이아몬드일 것이다. 한 주석가는 "이처럼 천국의 수도는 찬란히 타오르는 하나님의 영광을 새 하늘과 새 땅 전체에 굴절시켜주는 흠 없는 거대한 다이아몬드로 그려져 있다"[20]고 썼다. 하나님이 우리를 위하여 예비하신 그곳은 감히 이 땅의 무엇에도 비할 수 없다. 아무리 최고의 표현을 엄선한다 해도 놀랍도록 충만한 그분의 영광을 담아낼 수는 없다.

—21:12-14—

셋째, 천사의 안내에 따라 요한은 천성의 외부를 둘러본다. 제일 먼저 요한의 눈에 띈 것은 열두 문과 열두 기초석이 있는 크고 높은 성곽이다. 주석가 앨런 존슨(Alan Johnson)은 고대 도시들의 기초와 관련하여 이렇게 말했다.

> 고대 도시들의 기초는 대개 땅속에서부터 층층이 쌓아 올린 큰 돌들로 이루어졌고, 그것이 길게 뻗어나가 성곽을 형성했다. 1세기 예루살렘의 성벽과 기초석들이 최근에 발굴되었다. 거기서 발견된 큰 돌들 가운데 어떤 것들은 너비 약 1.5미터, 높이 1.2미터, 길이 9미터에 무게가 각각 80-100톤에 이르며, 현재의 지표면 밑으로 14-19단까지 층을 이루고 있다.[21]

요한이 본 영광스러운 도시의 성곽은 육중한 열두 기초석 위에 놓여 있었고, 그 위로 정방형 도시의 각 방향마다 세 개씩 모두 열두 문이 있었으며, 열두 천사가 그 문들을 지키고 있었다(21:12-13). 도시의 눈부신 빛에 맞추어 요한의 시력이 조정되자 문들과 기초석들 위에 새겨진 단어들이 보였다. 문들에 쓰여 있는 이스라엘 열두 지파의 이름은 구약의 하나님 백성 전체를 상징하고(21:12), 기초석들 위에 있는 그리스도의 열두 사도의 이름은 신약의 하나님의 교회를 상징한다(12:14). 이처럼 이 도시는 신·구약의 신자들을 통틀어 하나님의 연합된 백성의 처소가 될 것이다. 그들은 모두 예수 그리스도께서 이루신 일을 바탕으로 구원받은 사람들이다.

—21:15–17—

넷째, 요한은 천성의 규모를 알게 되었다. 요한이 환상 중에 본 도시의 크기는 어마어마하여 길이와 너비와 높이가 모두 약 2,400킬로미터에 달했다! 이쯤 되면 도시의 규모가 믿을 수 있을 만한 한계를 넘어서는 듯 보인다. 회의론자들은 지구에 우스꽝스러운 정육면체를 붙여 다음과 같은 이미지들을 그려내곤 하는데, 그렇게 된다면 지구는 궤도에서 흔들흔들하다 기울어져 아마 태양 속으로 빨려들어가고 말 것이다.

이 이상한 모양새 때문에 많은 해석자들은 요한이 말한 새 예루살렘의 수치를 딱히 문자적으로 받아들이지 않는다. 하지만 우리는 두 가지를 기억해야 한다. 첫째, 이 도시의 비범한 너비와 길이와 높이는 요한의 시대에도 오늘날만큼이나 믿기 어려운 것이었다. 사실 요한의 시대에는 많은 이들에게 2,400킬로미터가 사람이 살고 있는 세상 전체의 거리처럼 보였을 테니, 그 숫자가 오늘의 우리에게보다 더 믿기 어렵게 들렸을 것이라고 말할 수 있다. 둘째, 이 수치가 영적이고 상징적인

일부 해석자들이 현재의 지구상에 표시한 새 예루살렘

것이 아니라 인간이 사용하는 문자적 수치임을 요한 자신도 알았던 것으로 보인다. 그래서 그는 사람의 측량과 천사의 측량이 같다고 애써 밝혔다(21:17). 이렇게 측량이 문자적인 것이라면, 지구의 표면에 비하여 어마어마하게 큰 이 도시의 규모를 어떻게 설명할 것인가?

이 거대한 도시가 현재의 땅에 들어맞을 수 없다는 점에서는 비판자들의 말이 맞다. 하지만 하나님이 영원한 상태로 빚으실 새 땅에는 그것이 비율상 완벽하게 어울릴 것이다(21:1). 새 지구가 얼마나 클지는 성경에 나와 있지 않지만, 우리가 이미 알고 있듯이 그곳은 바다가 없는 등 현재의 지구와는 지리적으로 다르다(21:1). 뿐만 아니라 그것이 하나님의 새로운 창조 세계의 수도이며 그 기원이 하나님 자신임을 생각할 때, 우리는 그 어마어마한 규모에 놀라서는 안 된다. 그곳은 헤아릴 수 없이 많은 성도들과 무수한 천사들이 영원히 살 곳이다.

—21:18-21—

다섯째, 요한은 천성의 자재를 묘사한다. 지금까지 전체 구조와 규모를 담아내던 성경의 렌즈가 이제 성곽과 문과 기초석의 실제 소재와 색깔로 클로즈업된다. 쉽게 말하자면 새 예루살렘은 멋있게 치장되어 있다. 요한이 처음에 이 도시를 "신부가 남편을 위하여 단장한 것 같더라"(21:2)고 표현한 것도 무리가 아니다. 더 구체적으로 우리는 네 가지 중요한 특성을 볼 수 있다.

(1) 도시의 기초석은 벽옥, 남보석(사파이어), 옥수, 녹보석(에메랄드), 홍마노, 홍보석, 황옥, 녹옥, 담황옥(토파즈), 비취옥, 청옥, 자수정 등 "각색" 보석으로 꾸며져 있다(21:19-20). 이런 자재는 그 도시의 성곽 안에 거할 사람들의 엄청난 다양성을 상징할 것이다. 다른 부분에 나와 있듯이, 그리스도는 자신이 흘리신 피로 "각 족속과 방언과 백성과 나라 가운데에서 사람들"을 사서 "우리 하나님 앞에서 나라와 제사장들"을 삼으셨다(5:9-10).

(2) 도시 자체는 "수정 같이 맑"고, 도시를 둘러싼 거대한 성곽은 투명한 유리로 되어 있다(21:11, 18). 현재의 타락한 세상에서 사람들은 프라이버시와 안전을 유지하려고 벽을 쌓는다. 물론 벽은 호기심에 찬 구경꾼들을 막아 우리의 일거수일투족을 보지 못하게 해주는 물리적 방벽이 될 수도 있다. 또한 관계적인 면에서 피해를 막거나, 자신의 수치를 가리거

나, 남들에게 거리를 두는 정신적, 정서적, 영적 장벽이 될 수도 있다. 하지만 천성에는 그런 식의 비밀과 안전이 필요 없다. 오늘의 그리스도인들도 하나님의 은혜와 영광을 어느 정도 반사할 수 있는데, 그 방법은 사생활의 "지성소"로 숨는 것이 아니라 사람들에게 투명해지는 것이다. 그러려면 우리의 속도 겉처럼 늘 깨끗해야 한다. 그래야 사람들이 우리를 통하여 하나님의 영광을 볼 수 있다.

(3) 도시로 들어가는 문들은 각각 하나의 큰 진주로 만들어져 있다(21:21). 흔히들 "진주문"의 의미를 간과할 때가 많은데, 존 필립스는 이렇게 썼다.

> 다른 보석들은 다 쇠붙이 아니면 돌이지만 진주는 굴 안에서 생성되는 보석이다. 살아 있는 살점이 빚어내는 유일한 보석인 셈이다. 굴은 염증이나 상처를 겸손히 받아들여, 자기를 아프게 찌르는 불쾌한 이물질로 진주를 만들어낸다. 진주란 굴이 가해자에게 내놓는 답변이라 할 수 있다.[22]

진주는 아름답게 변한 고통, 영광의 관을 쓴 고난을 상징한다. 천국의 문간에 진주가 영원히 박혀 있다는 이 상징을 읽으면서 우리가 떠올려야 할 것이 있다. 그리스도의 고난에는 영원한 목적이 있으며 그것이 우리에게 천국을 열어주었다는 사실이다(요 10:9, 14:6). 또 하나 이를 통하여 확신할 수 있는 것은, 그리스도를 위한 우리 자신의 고난에도 목적이 있으며 그분이 그것을 사용하여 우리의 삶 속에서 그분의 영광을 드러내실 수 있다는 사실이다(롬 5:3-5, 빌 3:8-11, 약 1:2-4).

(4) 도시의 길은 정금으로 되어 있다(21:21). 한번 상상해보라! 이 세상에서 가장 귀하게 치는 보석이 새 예루살렘에는 흔하게 널려 있다. 사도 요한이 살았던 에베소는 길에 대리석이 깔려 있어 유난히 호화로웠고, 그래서 로마 제국에서 가장 풍요로운 도시 중 하나였다. 하지만 새 예루살렘의 풍요는 에베소나 그 어느 도시보다도 훨씬 월등할 것이다. 수많은 범죄자들이 금 때문에 사람을 죽였는데, 거기서는 그 금을 아스팔트처럼 밟게 될 것이다. 그곳에는 허영심도 없고 물질만능주의도 없다. 시기심이나 탐욕도 없다. 무엇보다 좋은 것은, 길에 금이 깔린 곳에는 가난한 사람이 없다는 것이다.

—21:22—

여섯째, 천성의 독특한 특성을 생각해보자. 이 찬란한 환상을 보면서 누구한테나 생겨날 가장 자연스러운 의문은 "안에는 무엇이 있는가?"일 것이다. 지금까지 우리는 이 도시의 외적인 규모와 자재를 보았고 길도 살짝 엿보았다. 하지만 안에는 무엇이 있을까? 성경에 나오는 역사 속의 예루살렘을 기준으로 삼는다면, 도시 한복판에 위풍당당하게 서 있을 성전을 예상할 만도 하다. 그럴듯한 추측이지만 틀렸다. 대신 요한계시록 21장 22절에 "성 안에서 내가 성전을 보지 못하였으니 이는 주 하나님 곧 전능하신 이와 및 어린 양이 그 성전이심이라"고 했다.

인간들은 위용 있는 건물을 종교 활동과 연결시키는 경향이 있다. 바티칸의 으리으리하고 화려한 건물들이라든가 거대한 황금색 돔을 자랑하는 예루살렘의 바위 사원(Dome of the Rock)처럼 말이다. 건물이 그보다 작은 우리의 교회들도 우리에게는 하나님을 배우고 예배하는 신성한 장소로 통한다. 그러나 새 예루살렘에는 예배용으로 구별된 특별한 건물이 필요 없다.

물론 현재의 교회 시대에서 하나님은 예배의 장소를 예루살렘의 물리적 성전에서 교회 자체, 즉 신자들의 몸이라는 영적 "성전"으로 전환하셨다(고전 3:16, 엡 2:19-22). 그러나 모든 시대의 모든 구속받은 자가 거할 미래의 새 예루살렘에서는 성부와 성자 하나님 자신이 예배의 중심지가 된다. 모든 거민은 성령의 임재 안에서 성령의 능력으로 영원히 예배하게 된다.

—21:23-27—

일곱째, 천성의 광채가 보인다. 첫 창조의 나흘째 날에 주님은 해와 달과 별들을 지어 땅을 비추게 하시고 계절과 연한을 이루게 하셨다(창 1:14-19). 그러나 새로운 창조 세계에는 계절이 없으며, 하나님이 하늘과 땅에 그분 자신의 영광을 비추시기 때문에 그런 발광체들도 필요 없다.

성경 전체에서 빛과 어둠의 이미지는 두 개의 상반되는 우주적, 영적 세계를 나타내는 말로 쓰인다.

- 진리 대 오류(요 3:21, 요일 1:5-8)
- 하나님의 완전한 질서 대 죄의 부패한 무질서(요 1:1-5)
- 정결한 영혼 대 더러운 육신(롬 13:12-14)
- 하나님의 하늘나라 대 사탄의 세상 나라(골 1:13-14)

창세기 1장의 창조 기사를 자세히 보면 알겠지만, 해와 달과 별들이 창조되기 전에 빛이 먼저 있었다(1:3, 14). 창조 활동 속에 계시는 하나님의 임재가 그렇게 밝은 빛으로 나타났을 수 있다. 그분이 창조 작업을 시작하실 때 쉐키나 영광이 우주를 비춘 것이다.

죄가 들어온 뒤로 세상은 더 이상 하나님이 본래 설계하신 방식대로 돌아가지 않게 되었다. 하나님의 영광스러운 임재가 거두어진 상태를 아담과 하와가 맨 먼저 경험했다. 그들은 세상의 어둠 속으로 던져졌다. 타락으로 변질된 세상은 사탄에게 복종하며 경쟁 체제로 돌아가기 시작했고, 성경의 시인들과 그 밖의 저자들은 그것을 "어둠"이라 표현했다.[23] 그러다 예수 그리스도라는 빛이 어둠을 뚫고 들어오셨다(요 1:1-5, 8:12, 12:35-36, 46). 요한에 따르면, 그리스도께서 사셨고 가르치셨고 신자들 안에 심어주신 진리는 또한 빛이기도 하다. 그분은 우리를 그 빛 가운데서 행하도록 부르셨다(요일 1:5-7).

새 예루살렘에 밤이 없다는 요한의 말은 문자적인 의미지만 영적으로도 적용된다. 새 세상에는 오류, 부패한 죄, 타락한 육신, 세상의 악한 통치가 근절된다(계 21:27). 빛이 어둠을 몰아내듯이 거룩하게 빛나는 하나님의 임재가 모든 악과 거짓을 몰아낸다. 만국은 그 빛 가운데로, 즉 하나님의 영광 가운데로 다닌다(21:24). 그들은 열린 문을 지나 막힘이나 주저함 없이 하나님의 임재 안으로 들어간다(21:25-26).

—22:1-5—

끝으로, 요한은 천성의 축복을 묘사한다. 태초에 하나님은 땅을 인간이 살아가기에 꼭 맞는 곳으로 지으셨다. 그곳은 자물쇠가 없어도 안전했고, 양식이 풍족하여 기근을 몰랐으며, 일도 고역스럽지 않았고, 밭에 잡초가 없었으며, 관계에 갈등이 없었다. 그러나 첫 남녀가 세상에 죄를 들여놓으면서 모든 것이 달라졌다(창 3:14–19). 그 직접적 결과로 그들은 에덴동산에서 추방되었고, 다시 생명나무에 다가가 영생할 수 없게 되었다(3:22–23). 그 순간부터 인류는 부조화와 질병과 궁극의 죽음으로 치닫게 되었다.

그러나 새 예루살렘의 한가운데서 모든 구속받은 자는 생명나무에 마음대로 다가갈 수 있다. 그 나무는 하나님과 그리스도의 보좌로부터 흘러나오는 생명수의 강 좌우에 줄지어 심겨져 있다(22:1–2). 타락과 그로 인한 저주가 마침내 완전히 뒤집힌다. 사실 이 단락의 마지막 몇 구절은 다시 한 번 인용할 만하다. 어떤 주석가도 이 본문 자체를 능가할 수 없다. 천천히 주의 깊게 읽으면서 그 진리가 온전히 당신의 영혼 속에 파고들게 하라.

> 다시 저주가 없으며 하나님과 그 어린 양의 보좌가 그 가운데에 있으리니 그의 종들이 그를 섬기며 그의 얼굴을 볼 터이요 그의 이름도 그들의 이마에 있으리라 다시 밤이 없겠고 등불과 햇빛이 쓸 데 없으니 이는 주 하나님이 그들에게 비치심이라 그들이 세세토록 왕 노릇 하리로다(22:3–5).

적용

천국을 향한 향수

하나님의 사람들은 얼마나 멋진 희망을 가졌는가! 그것을 여러 종교의 헛된 희망, 가공의 신화들, 괴상한 민속 신앙 등과 비교해보면 우리 그리스도인들이 왜 천국에 향수를 느끼며 살아가는지 알 수 있다. 우리의 천성을 다른 종교들이 말하는 천국의 희망과 비교해보노라면 내가 지상에서 가장 복 받은 사람이라는 심정을 떨칠 수 없다.

- 불교와 힌두교와 많은 뉴에이지 종교는 다른 종류의 생명체로 윤회가 되풀이된다고 믿는다. 이는 영적으로 부질없는 헛수고다!
- 도교는 죽음을 냉담하게 바라본다. 도교를 신봉하는 사람들에게 죽음은 궁극의 망각된 상태요 아무것도 하지 않는 상태다. 그런 지루함도 없을 것이다!

- 일부 이슬람교에서 믿는 낙원은 70명의 처녀들이 남자들의 육체적 쾌락을 채워주는 곳이다. 솔직히 이것은 새 예루살렘보다 라스베이거스에 더 가까워 보인다!
- 모르몬교는 사람이 결국 각자의 세상에서 신이나 여신이 되어 각자의 영적 아기들로 그곳을 채워나간다고 믿는다. 할 일이 너무 많다!

사후 세계에 대한 이런 잘못된 관점들을 일방적으로 매도하기 전에 우리가 간과해서는 안 될 것이 있다. 일부 그리스도인들도 그 못지않게 천국을 자신의 관념대로 잘못 알고 있다는 것이다. 그들은 자신들이 초대형 날개를 달고 구름 속에 떠서 하프를 뜯는 모습을 상상한다. 대신 우리는 천국을 더 성경적인 관점에서 생각해야 한다. 당신을 천국으로 데려가신 분과 영원히 얼굴을 마주보며 누릴 관계를 상상해보라. 어둠도 없고 질병도 없으며 죽음의 위협도 없다. 모든 것이 열려 있고, 투명하며, 빛으로 가득하고, 하나님의 임재로 충만하다.

지금까지 요한계시록 21장 9절부터 22장 5절까지를 공부했는데, 거기에 묘사된 우리의 최종 종착지는 당신이 현재 겪고 있는 좌절이나 슬픔이나 두려움과 어떤 관계가 있는가? 다음 일주일 동안 실험을 하나 해보라. 날마다 최소한 30분씩 시간을 내서 21장 1절부터 22장 5절까지를 읽고, 새 세상에 대한 당신의 생각을 일기장에 써보는 것이다. 현 세상의 문제들, 각종 사회악, 당신이 현재 겪고 있는 시련 등과 구체적으로 대비해서 적으라. 구체적으로 해야 한다. 생각에 창의력을 발휘하고 마음껏 상상의 날개를 펴라. 마지막으로 이 작업이 당신의 태도, 결정, 대인관계에 미치고 있는 영향을 반추해보라.

천성에는 악, 슬픔, 고난, 죄, 이기심이 존재하지 않는다. 사망은 결코 생각조차 나지 않는다. 모든 좋은 것은 결코 끝나지 않는다. 하나님의 백성들은 그분을 찬양하고 공경하며 영원히 그분을 즐거워한다. 거기가 진짜 우리의 집이다. 나의 어머니도 거기 계시고 아버지도 거기 계신다. 예수님을 믿고 죽은 나의 조부모와 친구들과 친척들도 거기에 가 있다. 그들은 집에 있으며, 거기서 영원히 살 것이다.

당신은 향수를 느끼고 있는가?

타락한 세상에 주시는 마지막 말씀(요한계시록 22:6-21)

6또 그가 내게 말하기를 이 말은 신실하고 참된지라 주 곧 선지자들의 영의 하나님이 그의 종들
에게 반드시 속히 되어질 일을 보이시려고 그의 천사를 보내셨도다 7보라 내가 속히 오리니 이 두루
마리의 예언의 말씀을 지키는 자는 복이 있으리라 하더라

8이것들을 보고 들은 자는 나 요한이니 내가 듣고 볼 때에 이 일을 내게 보이던 천사의 발 앞에
경배하려고 엎드렸더니 9그가 내게 말하기를 나는 너와 네 형제 선지자들과 또 이 두루마리의 말을
지키는 자들과 함께 된 종이니 그리하지 말고 하나님께 경배하라 하더라

10또 내게 말하되 이 두루마리의 예언의 말씀을 인봉하지 말라 때가 가까우니라 11불의를 행하는
자는 그대로 불의를 행하고 더러운 자는 그대로 더럽고 의로운 자는 그대로 의를 행하고 거룩한 자
는 그대로 거룩하게 하라

12보라 내가 속히 오리니 내가 줄 상이 내게 있어 각 사람에게 그가 행한 대로 갚아 주리라 13나는
알파와 오메가요 처음과 마지막이요 시작과 마침이라

14자기 두루마기를 빠는 자들은 복이 있으니 이는 그들이 생명나무에 나아가며 문들을 통하여 성
에 들어갈 권세를 받으려 함이로다 15개들과 점술가들과 음행하는 자들과 살인자들과 우상 숭배자들
과 및 거짓말을 좋아하며 지어내는 자는 다 성 밖에 있으리라

16나 예수는 교회들을 위하여 내 사자를 보내어 이것들을 너희에게 증언하게 하였노라 나는 다윗
의 뿌리요 자손이니 곧 광명한 새벽 별이라 하시더라

17성령과 신부가 말씀하시기를 오라 하시는도다 듣는 자도 오라 할 것이요 목마른 자도 올 것이요
또 원하는 자는 값없이 생명수를 받으라 하시더라

18내가 이 두루마리의 예언의 말씀을 듣는 모든 사람에게 증언하노니 만일 누구든지 이것들 외에
더하면 하나님이 이 두루마리에 기록된 재앙들을 그에게 더하실 것이요 19만일 누구든지 이 두루마
리의 예언의 말씀에서 제하여 버리면 하나님이 이 두루마리에 기록된 생명나무와 및 거룩한 성에 참
여함을 제하여 버리시리라

20이것들을 증언하신 이가 이르시되 내가 진실로 속히 오리라 하시거늘 아멘 주 예수여 오시옵소서

21주 예수의 은혜가 모든 자들에게 있을지어다 아멘.

래비 재커라이어스(Ravi Zacharias)는 "우리 사회는 미로 같은 문화적 지뢰밭을 지나고 있으며, 가장 혹독한 대가는 우리가 세상에 내보내는 우리의 자녀들이 치르고 있다"[24]고 썼다. 미로, 지뢰밭 그리고 보지도 않고 아무데로나 가거나 무조건 뛰고 보는 생기발랄한 젊은이들. 이는 현 세상을 잘 압축한 말이다.

20세기에 일어난 세대는 이전 세대들이 부동의 진리로 믿던 것들을 다분히 거부했을 뿐 아니라 아예 '진리'라는 개념 자체에 회의를 품었다. 그 비참한 결과로 생겨난 철학 체계를 지식인들은 '상대주의'나 '포스트모더니즘'이라 부른다. 이 신념에 따르면 진리란 기껏해야 어느 특정한 문화나 사회가 품고 있는 공통된 신념들로 정의된다. 그러다 보니 한 개인이나 단체가 자신의 세계에 의미를 부여하려고 사용하는 신념 체계가 반드시 다른 개인이나 단체에게도 유효한 것은 아니다(그 반대의 주장은 '정치적 공정성'을 잃는 처사다).

이런 개념은 언론과 학계와 기타 여론 형성층을 통하여 계속해서 21세기의 대다수 사람들의 사고를 형성하고 있다. 젊은 세대들은 어쩔 수 없이 상대주의의 미로 속을 정처 없이 헤매고 있으며, 정서적 불안과 두려움과 무력감을 느끼고 있다. 가는 곳마다 지뢰밭이 기다리고 있음을 그들은 모르고 있지만, 그 해로운 기만들과 부도덕한 행위들이 재앙은 물론 때이른 죽음마저도 부를 수 있다.

사도 바울은 젊은 제자 디모데에게 말세의 주된 특징은 진리를 거부하는 만연된 현상이라고 경고했다(딤전 4:1-2, 딤후 4:3-4). 이런 경고의 맥락에서 요한계시록은 정확히 말세의 세대에게-또한 모든 세대에게-필요한 것을 제시하고 있는데, 그것은 바로 객관적으로 검증된 확실한 진리다. 이 진리로 무장한 사람들은 더 큰 안정감과 더 깊은 믿음과 더 강한 용기로 타락한 세상에 맞설 수 있다.

—22:6-7—

6절의 대명사 "그"는 지금까지 요한을 새 예루살렘의 관광으로 안내한 그 천사를 가리킨다(21:9-10, 15-16, 22:1). 요한은 심오한 광채와 이해의 범위를 넘어서는 규모와 영원한 집을 환상 가운데 숨을 죽이고 바라보고 있었다. 그런 요한에게 천사는 "이 말은 신실하고 참된지라"(22:6)는 말이 필요함을 알았다. 주 예수님과 성부 하나님이 우리가 믿을 수 있는 분이듯(3:14, 19:11, 21:5) 새 예루살렘에 관한 묘사도 믿을 만한 것이다. 요한은 1장 1절을 시작할 때 썼던 말을 다시 덧붙여 독자들에게 이렇게 환기시켰다. "주 곧 선지자들의 영의 하나님이 그의 종들에게 반드시 속히 되어질 일을 보이시려고 그의 천사를 보내셨도다"(22:6). 이어 그는 누구든지 속히 오실 그리스도를 생각하며 이 책의 말씀을 지키는 자들에게 축복의 약속을 되풀이해 말했다(22:7).

이 모두는 세 가지 중요한 권면을 전하기 위한 것인데, 이는 혼란에 빠진 문화에 특히 설득력 있는 권면이다. 첫째, 우리는 신실하고 참된 말을 믿어야 한다. 경고와 약속을 모두 포함해서 요한계시록은 예언하시는 성령의 능력으로 말미암아 그리스도를 통하여 하나님 아버지께로부터 온 것이기 때문에 이보다 더 확실할 수는 없다. 성령께서 감동하신 이 진리야말로 얼마든지 믿을 수 있는 것이다.

둘째, 우리는 예언된 일이 이루어질 날을 사모해야 한다. 현대인들은 현재와 과거에 대해서 무엇이든 확실히 안다는 것이 가능한 일인지 회의한다. 그러니 미래에 대해서는 더 말할 것도 없다. 그러나 진리의 하나님을 믿는 우리 신자들은 "내가 말하였은즉 반드시 이룰 것이요 계획하였은즉 반드시 시행하리라"(사 46:11)고 말씀하시는 그분을 신뢰할 수 있다. 우리는 늘 준비된 상태로 살아야 한다. 물론 현재의 본분이나 앞날의 준비를 게을리해서는 안 되겠지만, 동시에 그리스도께서 속히 오셔서 우리를 집으로 데려가실 그날을 늘 사모해야 한다.

셋째, 우리는 계시된 내용을 지켜야 한다. 듣는 것과 지키는 것은 다르다. 지킨다는 것은 권고에 반응하고 명령에 순종한다는 뜻이다. 예언의 주목적은 지식이 아니라 순종이다. 죄의 최종 결과를 보면서 우리는 삶 속에서 악을 끊어야 한다. 장차 올 세상에서 누릴 복을 생각한다면 지금 감사와 예배의 삶을 사는 것이 분명히 최선의 선택이다.

—22:8-11—

천사의 확언이 있은 후에 사도 요한도 직접 도장을 찍어 여태까지 자기가 보고 들은 모든 내용을 확증했다. 그는 앞에서 기술한 내용을 정말 자신이 보았음을 본인의 명예를 걸고 단언했다(22:8). 그런데 그는 메시지에 어찌나 압도되었던지 잠시 판단력을 잃고, 자신의 천국 관광을 인도한 천사를 경배하려고 엎드렸다.

오직 하나님 한 분만을 예배해야 한다는 것은 요한계시록 전체를 관통하는 일관된 주제다. 요한의 초기 환상들에 보면 하늘의 수많은 천사들이 하나님을 예배한다(4-5장). 그 뒤로 환상들이 계속 전개되는 동안에도 중간중간 핵심 사건들 사이로 예배가 등장한다. 13

장과 14장에 이르면 짐승이 신으로 자처하면서 참된 예배를 막으려 든다. 그런데도 요한이 한 번도 아니고 두 번씩이나 하나님 아닌 다른 것을 경배하는 실수를 범했다는 것이 내게는 뜻밖으로 보인다(19:10, 22:8-9).

엉뚱한 대상을 충동적으로 경배하는 요한의 모습에서 우리는 저마다 경고를 받아야 한다. 유한하고 타락한 우리 피조물들은 우리의 전적인 애정을 받으시기에 합당하신 분을 망각한 채 순간에 취하기가 얼마나 쉬운가! 우리 인간들은 하나님의 놀라운 복을 새로 받으면 선물과 선물을 주시는 분을 얼마나 혼동하기 일쑤인가. 다행히 천사가 즉시 요한을 나무라며 그의 주의를 오직 하나님 한 분께로 다시 돌려주었다(22:9).

천사가 요한에게 준 마지막 메시지는 이 예언의 책을 인봉하지 말라는 것이었다(22:10). 이 책의 세부 사항들은 종말이 다가올수록 더 분명해지겠지만, 이 책의 전체 그림을 파악하는 것은 어렵지 않다. 본래 이 책은 인봉하여 선반에 둔 채 먼지나 뒤집어쓰게 하라고 주신 것이 아니라 읽고 공부하고 깨닫고 적용하라고 주신 것이다. 우리는 이 책의 경고들을 선포하여 최대한 많은 사람들을 불못에서 돌아서게 해야 한다. 동시에 우리 신자들은 이생의 소망의 구심점을 늘 영원한 본향에 두고, 이 책의 진리들을 통해 자신을 깨끗하게 하면서 다시 오실 주님을 기다려야 한다.

"불의를 행하는 자는 그대로 불의를 행하고 더러운 자는 그대로 더럽고"(22:11)라고 한 천사의 마지막 말은 이상해 보인다. 마치 악한 자들에게 회개하지 말고 계속 악하게 살라고 부추기는 것 같다. 그러나 요한계시록 전체에서 누누이 회개를 촉구하고 있는 점으로 미루어 이 말의 의도는 그런 뜻이 아니다. 오히려 그런 표현 자체가 일종의 경고일 수 있다. 그것을 풀어쓰면 이렇게 될 것이다. "너희 악을 행하는 자들아, 어디 한번 계속 악하게 살아보라. 어떻게 되나 보라. 또 모든 더러운 죄인들아, 계속 진흙탕에 굴러보라. 하나님이 깨끗하게 해주시겠다는데도 그렇게 무시해보라. 어떤 결과를 당할지는 너희가 이미 본 그대로다. 너희 의롭고 거룩한 성도들은 계속 의를 행하고 계속 거룩하게 살라. 때가 되면 상급을 받을 것이다."

—22:12-16—

여러 증인들이 날인한 법정 문건처럼, 예수께서 친히 문건에 서명하여 내용의 진실성을 증언하신다. 그러면서 그분은 다섯 가지를 선포하시는데, 그 하나하나에 요한계시록의 주요한 메시지가 압축되어 있다.

첫째, 예수님은 "보라 내가 속히 오리니"(22:7, 12)라고 말씀하셨다. 2천 년도 더 지난 지금, 예수님의 이 선포는 사기꾼의 또 다른 거짓 주장처럼 보일 수 있다. 하지만 "속히"로 번역된 헬라어 단어를 알면 도움이 된다. 이 단어는 그분이 금방 오신다기보다 그 사건이 불시에 벌어진다는 뜻이다. 그리스도께서 재림하실 정확한 시점은 하나님만이 아시지만, 우리 쪽에서 보면 그 일은 지금 당장이라도 벌어질 수 있다. 그것은 예수께서 이 말씀을 하시던 그 순간부터 사실이었다. 그리스도의 재림은 확실하고도 임박한 일이며, 당신이 이 책을 다 읽는 바로 오늘 그분이 오실 수도 있다.

둘째, 예수님은 "내가 줄 상(또는 삯)이 내게 있어 각 사람에게 그가 행한 대로 갚아주리라"(22:12)고 말씀하셨다. 그분은 누구든지 믿기만 하면 오직 은혜로 구원을 얻도록 해주셨지만, 그 값없는 선물을 끝내 거부할 사람들이 있다. 주 예수님이 이 땅에 다시 오시면 그런 사람들을 심판하실 것이다. 이미 회개의 기회는 다 지나갔고, 각 사람의 영원한 운명은 정해졌다. 구원받지 못한 사람들은 명예나 부나 직함이나 지위에 관계없이 자신의 죄에 합당한 결과를 받을 것이다. 다시 말해서 그리스도의 상벌은 결코 편견이 없이 공의로울 것이다.

셋째, 예수님은 "나는 알파와 오메가요 처음과 마지막이요 시작과 마침이라"(22:13)고 말씀하셨다. 앞에서 배웠듯이 헬라어 알파벳에서 알파는 첫 글자이고 오메가는 마지막 글자다. 성경 주석가 존 맥아더(John MacArthur)는 그리스도께서 자신을 이렇게 지칭하신 데 대하여 이런 흥미로운 말을 했다. "알파벳은 지식을 저장하고 알리는 뛰어난 수단이다. 영어 알파벳의 스물여섯 글자를 배열하는 조합의 수는 거의 무한하며, 거기에 모든 지식을 담아 전달할 수 있다. 그리스도는 최고의 주권적 알파벳이시다."[25] 그분은 시작부터 마침까지 모든 진실의 근원이시다.

넷째, 예수님은 "자기 두루마기를 빠는 자들은 복이 있으니 이는 그들이 생명나무에 나아가며 문들을 통하여 성에 들어갈 권세를 받으려 함이로다"라고 말씀하신 뒤, 그에 덧붙여 악인들은 영광의 문 안에 결코 들어갈 수 없음을 환기시키셨다(22:14-15). 예수님은 요한계시록의 마지막 복에 엄한 경고를 병치하신다. "안과 밖"의 분명한 구분을 잘 보라. 조금도 모호한 구석이 없다. 포스트모던 철학의 상대주의를 좋아하는 사람들은 '옳고 그름', '선과 악', '진실과 거짓', '정통과 이단' 등의 딱 부러지는 구분을 거부한다. 그러나 세상의 빛이신 그분이 어둠 속에 들어오시면, 애매했던 부분들이 다 확실해지면서 어둠은 단번에 쫓겨날 것이다.

다섯째, 예수님은 "나 예수는 교회들을 위하여 내 사자를 보내어 이것들을 너희에게 증언하게 하였노라 나는 다윗의 뿌리요 자손이니 곧 광명한 새벽 별이라"(22:16)고 말씀하셨다. 이 마지막 말씀은 요한계시록 전체가 진실임을 증언해준다. 왕이 공식 문건에 왕의 인장을 찍듯이 예수님은 요한계시록의 예언들에 다윗의 아들이자 하나님의 아들이신 자신의 명예를 거신다. 그분의 입에서 경고들과 약속들이 나왔으니 이제 돌이킬 수 없다. 요한계시록의 내용은 전적으로 신실하고 참되신 분이 주신 것이므로 진실하고 참되다.

유명한 유언들

마지막 유언을 통해 우리는 흔히 그 사람의 성품을 엿볼 수 있고, 어떤 때는 그 사람이 가장 중시했던 것이 무엇인지 알게 된다. 어떤 유언은 심오하고 어떤 유언은 즉흥적이며, 때로는 뜻밖의 유언도 있다. 역사 속의 유명한 인물들이 남긴 마지막 유언을 몇 가지 소개하면 다음과 같다.

"천국에서는 나도 소리를 들을 수 있겠지. 벗들이여, 이제 박수를 쳐주게. 희극은 끝났다네." -루트비히 판 베토벤, 작곡가[26]

"나는 모든 것이었지만 모든 것은 결국 아무것도 아니다. 내게는 온 세상도 너무 작았지만 이제 내 유해는 작은 단지 하나에 다 들어갈 것이다." - 세베루스(Severus), 철학자[27]

"아, 죽는 게 이런 것인가? 이 방긋 웃는 친구를 나는 얼마나 적으로 알고 두려워했던가." - 토머스 굿윈(Thomas Good-win), 청교도, 런던 매그덜린 대학 학장[28]

"이보다 기분이 좋았던 적은 없다!" -더글러스 페어뱅크스(Douglas Fairbanks), 배우[29]

"이렇게 끝낼 수는 없다. 내가 무슨 말이라도 했다고 사람들에게 전하라." - 판초 비야(Pancho Villa), 혁명가[30]

"내 안에서 위대한 예술가가 죽고 있다! 이제 너무 늦었다." - 네로, 로마 황제[31]

"오, 이제 내가 신(神)이 되려나 보다. 황제는 서서 죽어야 한다"(실제로 그는 서 있었다). - 베스파시안, 로마 황제[32]

"성경에서 용감하고 승리에 찬 내용을 읽어주게." - F. B. 마이어(Meyer), 목사 겸 저술가[33]

—22:17—

마지막 유언은 영향력이 있다. 짤막한 말 속에 아주 많은 것들이 농축되어 있기 때문이다. 유언은 한 인생의 진수를 뽑아내는 능력이 있다. 유언을 보면 그 주인공의 위트, 고뇌, 평안, 분노, 긍지, 기쁨이 드러난다. 요한계시록의 마지막 다섯 구절은 하나님의 영감으로 된 말씀 중에서 그리스도의 재림 전까지 우리에게 주어진 마지막 말씀이다. 성령께서 요한계시록 전체의 근본 목적과 메시지를 그 몇 줄에 담아 표현하신다.

우선 하나님은 모든 목마른 자들을 계속 "오라"고 초대하신다. 사실 요한계시록 전체를 우리는 더러운 세상과 그 악에서 나와 하나님의 영원한 잔치에 들어오라는 하나의 커다란 초대로 볼 수 있다. 주께서 미래의 사건들을 계시해주시는 궁극적 이유는 사람들을 그분께로 이끄시기 위해서다. 책 전체에 암시적으로 흐르던 초대가 이 마지막 말씀에 확실히 명시된다.

17절에 보면 성령과 신부가 먼저 초대하는데, 말하자면 둘이 한목소리로 말하는 셈이다. 성령은 교회 안에 내주하시며 교회에 능력을 주시고, 교회는 땅끝까지 복음의 기쁜 소식을 전하도록 보냄 받았다(행 1:8). 그 다음으로 "듣는 자"는 요한이 자기 자신을 가리키는 말일 것이다. 즉, 요한은 이 책의 환상들을 보고 들은 사람이다. 초대의 내용은 이 구절의 나머지 부분에 분명히 나와 있다. 대상은 누구든지 영적 음료에 목마른 사람이며, 생명수는 아무 값없이 거저 제공된다! 목마름과 물의 이미지는 사도 요한의 글에 단골로 등장한다(참고 요 4:10-14, 7:37-39). 오직 그리스도만이 인간 심령의 가장 깊고 절대적인 갈증들을 풀어주실 수 있다.

—22:18-19—

요한은 만인을 초대한 뒤에 준엄한 경고를 덧붙인다. 요한계시록의 말씀을 고치는 것과 관련하여 "만일"로 시작되는 두 개의 조건절이 나온다. 만일 누구든지 어떤 이유로든 이 예언의 말씀에 뭔가를 덧붙이면, 그 사람은 이 책에 기록된 재앙들로 심판을 받을 것이다. 반대로 만일 누구든지 이 예언에서 조금이라도 빼면, 하나님이 그 사람에게서 이 책에 기록된 영원한 복들을 제하실 것이다. 다시 말해서 하나님은 자신의 영감으로 기록된 말씀을 더없이 중시하신다!

이 경고는 수천 년 전에 이스라엘 백성이 약속의 땅에 정착하기 직전에 하나님이 그들에게 주신 말씀과 비슷하다. 그분은 “내가 너희에게 명령하는 말을 너희는 가감하지 말고 내가 너희에게 내리는 너희 하나님 여호와의 명령을 지키라”(신 4:2)고 말씀하셨다. 하나님의 감동으로 기록된 성경을 신자들이 고의로 가감할 리야 없지만, 그 일은 굳이 펜이나 지우개를 꺼내지 않더라도 다른 식으로도 이루어질 수 있다. 좀 더 교묘하게 하나님의 말씀을 고치는 다음과 같은 방식들을 생각해보라.

- 불순종–성경의 명백한 명령들에 의지적으로 반항한다.
- 무시–기록된 내용을 의도적으로 무시한다.
- 왜곡–하나님 말씀의 진의를 일부러 곡해하여 자신의 견해에 뜯어 맞춘다.
- 희석–다른 전통이나 문건이나 교사를 ‘권위적 진리’로 첨가한다.

일부 선의의 신학자들은 성경의 특정한 번역본이나 풀어쓴 성경이 22장 18-19절의 기준에 위배된다고 주장한다. 그런가 하면 선의의 성경 학도들이 본의 아니게 범하는 오류도 하나님의 말씀을 “가감하는” 행위에 해당한다고 주장하는 사람들도 있다. 물론 성경을 제대로 다루는 일은 교회의 건강에 절대적으로 중요하다. 하지만 22장 18-19절의 경고는 고의적으로, 악의를 품고, 속이려는 뜻에서 하나님의 권위적 말씀을 불순종하거나 무시하거나 왜곡하거나 희석하는 사람들에게 해당된다. 일상생활 속에서 말씀을 듣고, 받아들이고, 내면화하고, 적용하면 우리는 말씀을 지키는 것이다.

—22:20-21—

요한계시록은 축도로 끝난다. 축도(benediction)라는 단어는 라틴어로 “좋다”는 뜻의 *bene*와 “말하다”는 뜻의 *dicere*로 이루어진 합성어에서 왔다.[34] 지도자들이 모임을 해산하거나 서신을 맺을 때 “좋은 말”, 즉 축복으로 끝내는 것이 고대의 관습이었다. 요한계시록에는 신자들과 불신자들 모두의 영원한 운명을 묘사하는 불안한 환상들이 많이 나오지만, 여기 끝에서는 주 예수께서 친히 "내가 진실로 속히 오리라"(22:20)는 "좋은 말"로 우리를 안심시켜주신다. 이보다 더 희망을 주는 약속은 없다!

예수님의 말씀에 요한은 우리 모두를 대변하여 "아멘"으로 답했다. 히브리어의 감탄사를 음역한 *amēn*이라는 단어는 '확증하다, 지지하다, 찬성하다, 확신하다'는 뜻의 동사에서 왔다.[35] "그렇게 되기를!"로 직역할 수 있다. 이어 요한은 "주 예수여 오시옵소서"라고 자신의 기도를 덧붙인다. 이 마지막 문구는 1세기의 유대인 그리스도인들 사이에서 널리 쓰이던 "마라나타(*Maranatha*)"라는 아람어 경구에서 파생된 것일 수 있다. 그 말은 "우리 주여 오시옵소서"라는 뜻이다(고전 16:22). 아람어로 *mare*는 하나님의 이름인 여호와를 지칭할 때 쓰던 단어다. 그러므로 요한계시록 끝에 요한은 예수님을 속히 다시 오실 신인(神人)으로 고백한 것이다.

이 책은 편지글의 형태를 띠고 있으므로 그리스도인들의 편지에 나타나는 특유의 축복으로 마무리된다(롬 16:20, 갈 6:18). 목사이자 저술가인 고 J. 버논 매기(Vernon McGee)의 말처럼 구약은 저주가 언급되며 끝나지만(말 4:4–6) 신약은 은혜의 축복으로 끝난다(계 22:21).[36] 이 축복의 대상은 교회만이 아니라 모든 사람이다. 과연 하나님은 모든 사람에게 다함없는 은혜를 베푸신다.

이 요한계시록 주석–나아가 신약 인사이트 시리즈 전체–도 하나님의 마지막 책에 나오는 마지막 말씀으로 맺어야 제격일 것 같다. 단순하고도 심오한 이 말씀은 그 자체로 충분하며, 감히 내가 그것을 능가할 수 없다. 그래서 그것을 하나의 기도로 선포하면서 나도 함께 "아멘!"으로 화답하고자 한다.

주 예수의 은혜가 모든 자들에게 있을지어다.

아멘.

주

1. Matthew Bridges, "Crown Him with Many Crowns", in *The Hymnal for Worship and Celebration*, 234장 (우리말 『찬송가』 25장)
2. Osborne, *Revelation*, 687.
3. Phillips, *Exploring Revelation*, 236.
4. Martin Luther, "A Mighty Fortress is Our God", in *The Hymnal for Worship and Celebration*, 26장. (우리말 『찬송가』 384장)
5. Roberty A. Pyne, *Humanity and Sin: The Creation, Fall, and Redemption of Humanity*(Swindoll Leadership Library, Charles R. Swindoll 편집, Nashville: Word, 1999), 223.
6. James Russell Lowell, "The Present Crisis", in *The Complete Poetical Works of James Russell Lowell*(Horace E. Scudder 편집, The Cambridge Edition of the Poets, Boston: Houghton Mifflin, 1897), 67.
7. 천년왕국에 대한 다양한 관점은 다음 책을 참고하라. Robert G. Clouse 편집, *The Meaning of the Millennium: Four Views*(Downers Grove, IL: InterVarsity Press, 1977). (『천년왕국』 성광문화사)
8. 현대의 전천년설 지지자들은 그리스도의 재림에 선행될 7년 환난과 관련하여 휴거의 시점에서 종종 이견을 보인다. 전천년설의 그런 요소는 이 표에 반영하지 않았다. 이 표는 천년왕국을 보는 두 가지 주된 해석을 비교한 것일 뿐이다. 세 번째 관점으로 어떤 면에서 무천년설과 비슷한 후천년설이 있다. 이 관점의 지지자들은 그리스도가 황금기 이후에 재림하실 것이고, 그 황금기에 모든 사람이 그리스도인이 되어 세상이 정의롭고 아름다워질 것이라고 본다. 그러려면 세상이 미래로 갈수록 점점 나아진다는 낙관적 관점이 필요하다. 천년왕국에 대한 다양한 관점을 개괄한 책으로 다음을 참고하라. Millard Erickson, *A Basic Guide to Eschatology: Making Sense of the Millennium*(Grand Rapids: Baker, 1998), 55–106.
9. 천년왕국의 문자적 관점을 변호한 책으로 다음을 참고하라. John F. Walvoord, *End Times: Understanding Today's World Events in Biblical Prophecy*(Swindoll Leadership Library, Charles R. Swindoll 편집, Nashville: Word, 1998), 185–205.
10. Bauer & Danker 편집, *A Greek-English Lexicon of the New Testament*, 2.
11. Osborne, *Revelation*, 703.
12. Dante Alighieri, *Inferno*, 3편, 이탈리아어로 번역한 것. (『신곡: 지옥편』 민음사)
13. John MacArthur, *Revelation* 12–22(MacArthur New Testament Commentary, Chicago: Moody Press, 2000), 245.
14. 같은 책 245–246.
15. Gerhard Kittel 편집, *Theological Dictionary of the New Testament*(Geoffrey W. Bromiley 편집 및 번역, Grand Rapids: Eerdmans, 1967), 3:447. (『구약원어 신학사전: 킷텔 원어사전』 요단출판사)
16. Bart Millard and MercyMe, "I Can Only Imagine", from *Almost There* (2001).
17. Thomas, *Revelation 8-22*, 433.
18. 같은 책, 440.
19. Osborne, *Revelation*, 749.
20. MacArthur, *Revelation 12-22*, 279.

21. Johnson, "*Revelation*", 12:596.
22. Phillips, *Exploring Revelation*, 254.
23. 시편 107:10-11, 잠언 2:13, 4:19, 이사야 5:20, 9:2, 42:6-7, 마태복음 6:22-23, 누가복음 1:78-79, 요한복음 1:5, 로마서 2:17-21, 골로새서 1:13-14.
24. Ravi Zacharias, *Recapture the Wonder*(Brentwood, TN: Integrity, 2003), 27.
25. John MacArthur Jr., *The MacArthur Bible Commentary*(Nashville, TN: Nelson, 2005), 1993.
26. Herbert Lockyer 편집, *Last Words of Saints and Sinners*(Grand Rapids: Kregel, 1975), 117. (『죽음 앞에서 남긴 마지막 말』 생명의 말씀사)
27. 같은 책, 76.
28. 같은 책, 56.
29. Roy Robinson 편집, *Famous Last Words: Fond Farewells, Deathbed Diatribes, and Exclamations upon Expiration*(New York: Workman, 2003), 1.
30. 같은 책, 177.
31. Lockyer, Last Words, 75.
32. 같은 책, 76.
33. 같은 책, 72-73.
34. *Merriam-Webster's Collegiate Dictionary*(10판, Springfield, MA: Merriam-Webster, 2000), "benediction" 항목.
35. R. Laird Harris, Gleason L. Archer Jr., & Bruce K. Waltke 편집, *Theological Wordbook of the Old Testament*(Chicago: Moody Press, 1980), 1:51.
36. J. Vernon McGee, *Thru the Bible with J. Vernon McGee*, 제5권, *1 Corinthians-Revelation*(Nashville: Nelson, 1981), 1080.

찰스 스윈돌의 신약 인사이트 시리즈
요한계시록

1쇄 발행 2012년 8월 30일
2쇄 발행 2021년 10월 28일

지은이 찰스 스윈돌
옮긴이 윤종석
펴낸이 고종율

펴낸곳 주) 도서출판 디모데 〈파이디온 선교회 출판 사역 기관〉
등록 2005년 6월 16일 제 319 – 2005 – 24호
주소 서울특별시 서초구 서초대로 141–25(방배동, 세일빌딩 8층)
전화 마케팅실 070) 4018–4141
팩스 마케팅실 031) 902–7795
홈페이지 www.timothybook.com

값 30,000원
ISBN 978–89–388–1504–0 04230
ISBN 978–89–388–1499–9 (세트)